Veröffentlichung des Arbeitskreises
„Wahlen und politische Einstellungen"
der Deutschen Vereinigung für
Politische Wissenschaft (DVPW)

Herausgegeben von
Dr. Evelyn Bytzek, Koblenz-Landau
Prof. Dr. Ulrich Rosar, Düsseldorf
Dr. Markus Steinbrecher, Mannheim.

Schriftenreihe des Arbeitskreises „Wahlen und politische Einstellungen" der Deutschen Vereinigung für Politische Wissenschaft (DVPW)

Herausgegeben von
Dr. Evelyn Bytzek, Koblenz-Landau
Prof. Dr. Ulrich Rosar, Düsseldorf
Dr. Markus Steinbrecher, Mannheim.

Thorsten Faas • Kai Arzheimer
Sigrid Roßteutscher • Bernhard Weßels (Hrsg.)

Koalitionen, Kandidaten, Kommunikation

Analysen zur Bundestagswahl 2009

Herausgeber
Prof. Dr. Thorsten Faas
Universität Mainz, Deutschland

Prof. Dr. Sigrid Roßteutscher
Universität Frankfurt am Main, Deutschland

Prof. Dr. Kai Arzheimer
Universität Mainz, Deutschland

Prof. Dr. Bernhard Weßels
Wissenschaftszentrum Berlin, Deutschland

ISBN 978-3-531-18047-2
DOI 10.1007/978-3-531-94010-6

ISBN 978-3-531-94010-6 (eBook)

Die Deutsche Nationalbibliothek verzeichnet diese Publikation in der Deutschen Nationalbibliografie; detaillierte bibliografische Daten sind im Internet über http://dnb.d-nb.de abrufbar.

Springer VS
© Springer Fachmedien Wiesbaden 2013
Das Werk einschließlich aller seiner Teile ist urheberrechtlich geschützt. Jede Verwertung, die nicht ausdrücklich vom Urheberrechtsgesetz zugelassen ist, bedarf der vorherigen Zustimmung des Verlags. Das gilt insbesondere für Vervielfältigungen, Bearbeitungen, Übersetzungen, Mikroverfilmungen und die Einspeicherung und Verarbeitung in elektronischen Systemen.

Die Wiedergabe von Gebrauchsnamen, Handelsnamen, Warenbezeichnungen usw. in diesem Werk berechtigt auch ohne besondere Kennzeichnung nicht zu der Annahme, dass solche Namen im Sinne der Warenzeichen- und Markenschutz-Gesetzgebung als frei zu betrachten wären und daher von jedermann benutzt werden dürften.

Lektorat: Verena Metzger, Daniel Hawig

Gedruckt auf säurefreiem und chlorfrei gebleichtem Papier

Springer VS ist eine Marke von Springer DE. Springer DE ist Teil der Fachverlagsgruppe Springer Science+Business Media.
www.springer-vs.de

Inhalt

Koalitionen, Kandidaten, Kommunikation:
Die (un)gewöhnliche Bundestagswahl vom 27. September 2009 7
Thorsten Faas / Kai Arzheimer / Sigrid Roßteutscher / Bernhard Weßels

Wahlbeteiligung

Warum haben Sie nicht gewählt? Eine Analyse der Bundestagswahl 2009 17
Christina Eder

Koalitionen

Präferenzbildung in Zeiten von „Koalitionspolygamie":
Eine Untersuchung von Einflüssen auf Koalitionspräferenzen
bei der Bundestagswahl 2009 43
Evelyn Bytzek

Koalitionspräferenzen als erklärende Komponente des Wahlverhaltens:
Eine Untersuchung anhand der Bundestagswahl 2009 57
Marc Debus

Kandidaten

Merkel reloaded:
Eine experimentelle Untersuchung zur Relevanz von Geschlecht und
physischer Attraktivität aus Anlass der Bundestagswahl 2009 79
Katharina Rohrbach / Ulrich Rosar

Benachteiligung von Minderheiten: Eine experimentelle Untersuchung der
Wirkung des Kandidatengeschlechts und der -herkunft auf das Wählerverhalten 105
Ina E. Bieber

Ausmaß und Formen des innerparteilichen Wettbewerbs auf der Wahlkreisebene:
Nominierung der Direktkandidaten für die Bundestagswahl 2009 129
Marion Reiser

Pretty Politicians:
Die physische Attraktivität von Spitzenkandidaten, ihr Einfluss bei Wahlen
und die These der Personalisierung des Wahlverhaltens 149
Ulrich Rosar / Markus Klein

Informationen und Wissen

Politisches Lernen im Wahlkampf bei der Bundestagswahl 2009 173
Sascha Huber

Individuelle Unterschiede in der Verarbeitung politischer Informationen:
Der Einfluss von *Need for Cognition* und *Need to Evaluate* auf Parteisympathien 199
Alexander Glantz

Politische Kommunikation

Wirkungen von veröffentlichten Wahlumfragen auf die Koalitionserwartung,
die Wahlbeteiligung und die Wahlentscheidung bei der Bundestagswahl 2009:
Eine Mehrebenenanalyse auf der Grundlage der Rolling Cross-Section-Befragung
der German Longitudinal Election Study (GLES) 221
Hanna Hoffmann / Markus Klein

Die Qual der Wahl:
Entscheidertypen bei der Bundestagswahl 2009 247
Markus Steinbrecher

Bundestagswahlen im Kontext

„Völlig losgelöst?":
Eine Analyse der Entkopplung der Ergebnisse von Bundestags- und
Landtagswahlen in Deutschland auf Kreisebene 273
Markus Steinbrecher

Opposition macht mobil:
Zur Bedeutung von differenzieller Mobilisierung bei Landtagswahlen 303
Michael Bergmann / Thomas Plischke

Verzeichnis der Autorinnen und Autoren 327

Koalitionen, Kandidaten, Kommunikation:
Die (un)gewöhnliche Bundestagswahl vom 27. September 2009

Thorsten Faas / Kai Arzheimer / Sigrid Roßteutscher / Bernhard Weßels

1. Einleitung: Die (un)gewöhnliche Bundestagswahl vom 27. September 2009

Wirft man aus heutiger Sicht einen Blick zurück einerseits auf die Bundestagswahl vom 27. September selbst, andererseits auf die Publikationen, die in ihrem Nachgang veröffentlicht wurden, so bleibt man zuweilen etwas ratlos zurück. Dabei war die Wahl durchaus besonders: Es war nämlich nach 1998 erst die zweite in der Geschichte der Bundesrepublik, bei der das Wählervotum (und nicht die Koalitionsarithmetik der Parteien nach der Wahl) entschied, wer nach der Wahl regieren würde. Hinzu kommen eine Reihe weiterer Besonderheiten, etwa die niedrigste Wahlbeteiligung oder die höchsten Anteile für kleine Parteien. Auch die Zahl der Publikationen, die inzwischen zu dieser Wahl vorgelegt worden sind, ist beachtlich – allerdings verweisen deren Titel auf keinen dieser besonderen Aspekte. Konzentriert man sich nur auf jene Publikationen, die die Bundestagswahl 2009 in der Gesamtschau in den Blick nehmen, so zeugen diese Titel dieser Publikationen von einer Unbestimmtheit, was diese Wahl nun zu bedeuten habe. Dies gilt sowohl für den von Karl-Rudolf Korte herausgegebenen Band „Die Bundestagswahl 2009: Analysen der Wahl-, Parteien-, Kommunikations- und Regierungsforschung" (Korte 2010) als auch den von Eckhard Jesse und Roland Sturm herausgegebenen Band „Bilanz der Bundestagswahl 2009: Voraussetzungen, Ergebnisse, Folgen" (Jesse/Sturm 2012) ebenso wie den „Blauen Band", der dieses Mal von Bernhard Weßels, Harald Schoen und Oscar Gabriel herausgeben wird und den klassischen Titel „Wahlen und Wähler: Analysen aus Anlass der Bundestagswahl 2009" trägt (Weßels et al. 2013). Oskar Niedermayer hat aus Sicht der Parteienforschung einen Band unter dem Titel „Die Parteien nach der Bundestagswahl 2009" (Niedermayer 2011), Christina Holtz-Bacha einen Band aus Sicht der Kommunikationswissenschaft mit dem Titel „Die Massenmedien im Wahlkampf: Das Wahljahr 2009" (Holtz-Bacha 2010), Jens Tenscher schließlich einen Band aus Sicht der vergleichenden Wahl- und Wahlkampfforschung: „Superwahljahr 2009: Vergleichende Analysen aus Anlass der Wahlen zum Deutschen Bundestag und zum Europäischen Parlament" (Tenscher 2011) vorgelegt.

Zwar haben einige Autoren sich für programmatischere Titel entschieden. Das ändert aber wenig an der augenscheinlichen Abstinenz, die Bedeutung dieser Bundestagswahlen auszuloten. Gemeinsame Tendenzen in den Aussagen ergeben sich ohnehin nicht. Aus dem Kontext der *German Longitudinal Election Study* ist einerseits der Sammelband „Zwischen Langeweile und Extremen: Die Bundestagswahl 2009" hervorgegangen (Rattinger et al. 2011), andererseits der von Evelyn Bytzek und Sigrid Roßteutscher herausgegebene Band

„Der unbekannte Wähler? Mythen und Fakten über das Wahlverhalten der Deutschen" (Bytzek/Roßteutscher 2011). Der Band von Heinrich Oberreuter (2011) trägt den Titel „Am Ende der Gewissheiten: Wähler, Parteien und Koalitionen in Bewegung". Gemeinsam scheint ihnen zu sein, dass sie auf Veränderungen und Brüche in der bisherigen Linie des Wählerverhaltens in Deutschland hinweisen. Andere Publikationen betonen hingegen den besonderen ökonomischen Kontext dieser Wahl, so etwa die Herausgeber des Special Issues der *Electoral Studies*, deren Einleitung den Titel trägt „Germany's Federal Election in September 2009 – Elections in Times of Duress" (Rohrschneider/Jung 2012) oder auch Thomas Saalfeld (2011), der seine Einleitung zum Special Issue von *German Politics* mit „A Seemingly Boring Election amidst Economic Turmoil" überschrieben hat. Thorsten Faas (2010) verweist mit seinem Überblicksartikels in *West European Politics* – „The German Federal Election of 2009: Sprouting Coalitions, Drooping Social Democrats" – auf einen dritten Aspekt, während die Demoskopen mit ihrer Perspektive auf den Regierungswechsel einen vierten Aspekt betonen, wie sowohl der Beitrag von Richard Hilmer (2010) in der Zeitschrift für Parlamentsfragen („Bundestagswahl 2009: Ein Wechsel auf Raten") als auch von der Forschungsgruppe Wahlen („Regierungswechsel ohne Wechselstimmung") in *Aus Politik und Zeitgeschichte* (Jung et al. 2009) zeigen. Auch Tissy Bruns (2009) bringt in diesem Heft die mit dieser Wahl verbundenen Widersprüchlichkeiten mit ihrem Titel „Mehr Optionen, gesunkene Erwartungen" auf den Punkt.

Der Blick in die Publikationen stiftet nur wenig Orientierung, was diese Bundestagswahl bedeutet hat. Leider hilft an dieser Stelle auch ein Blick auf die nackten Zahlen und Fakten rund um die Wahl nur bedingt weiter: Nach dem kurzen Intermezzo der (allseits ungewollten) Großen Koalition konnten nach der Wahl 2009 wieder ganz klassisch zwei „Wunschpartner" eine gemeinsame Koalition mit einer eigenen Mehrheit an Zweitstimmen und Parlamentssitzen eingehen – auch wenn dies im Vorfeld der Wahl keineswegs sicher gewesen ist. Dem stehen wahrhaft extreme Werte gegenüber, etwa mit Blick auf den Zweitstimmenanteil der SPD, den gemeinsamen Stimmenanteil der beiden großen Volksparteien Union und SPD oder auch die Wahlbeteiligung. Nie waren diese Werte niedriger als bei dieser Bundestagswahl 2009. Auch Volatilitäts- und Fraktionalisierungsindizes haben Rekordwerte angenommen (Faas 2010). Die Zahl der so genannten Spätentscheider lag 2009 ebenfalls auf vergleichsweise hohem Niveau – ohne allerdings den diesbezüglichen Spitzenwert aus dem Jahre 2005 zu übersteigen. Auffällig ist auch das strategische Verhalten eines Teils der Wählerschaft, der mit seinem Splittingverhalten einer Koalitionspräferenz klaren Ausdruck verlieh und der FDP den höchsten Stimmenanteil bei einer Bundestagswahl bescherte (Weßels/Wagner 2011).

Somit ergibt sich sowohl in der Befassung mit der Bundestagswahl 2009 in der Literatur als auch im Blick auf die nackten Zahlen und Fakten für diese Wahl und die Entwicklung des Wählerverhaltens eine eigenwillige Mischung aus alten (Koalitions-)Mustern, neuen Rekordwerten und fortgesetzten Trends. Vor dem Hintergrund genau dieser Mischung glauben wir, mit dem vorliegenden Band einen wichtigen Beitrag zur Wahl- und Wählerforschung in Deutschland leisten zu können, gerade auch im Vorfeld der Wahlen, die in naher

Zukunft stattfinden werden – wie die Bundestagswahl 2013, die Europawahl 2014 und eine Reihe von Landtagswahlen.

2. Die Jahrestagungen 2009 und 2010

Dass sich der Arbeitskreis „Wahlen und politische Einstellungen" der Deutschen Vereinigung für Politische Wissenschaft (DVPW) mit Wahlen beschäftigt, bedarf keiner besonderen Hervorhebung oder Erläuterung. Dass der Arbeitskreis aus Anlass von Bundestagswahlen eine Veröffentlichung in seiner Reihe vorlegt, ist gute Tradition, wie nicht zuletzt die Bände zur Bundestagswahl 2002 (Brettschneider et al. 2004) und zur Bundestagswahl 2005 (Brettschneider et al. 2007) zeigen. In jüngerer Vergangenheit hat sich allerdings die Perspektive, mit der innerhalb des Arbeitskreises Wahlen analysiert werden, erweitert, wie nicht zuletzt die beiden jüngsten Publikationen aus dem Arbeitskreis zeigen: Sowohl der Sammelband „Information – Wahrnehmung – Emotion" (Faas et al. 2010) als auch das kürzlich erschienene Themenheft der Zeitschrift „methoden – daten – analysen: Zeitschrift für Empirische Sozialforschung" zum Thema „Innovative Methoden der Wahl- und Einstellungsforschung" unterstreichen diese Entwicklung. Zwar bildet die Beschreibung und Erklärung von Wahlen und Wählerverhalten weiterhin eine tragende Säule der Arbeit des Kreises, allerdings – gegeben die oben angerissenen Entwicklungen im Wählerverhalten – unter zusätzlichem Rückgriff auf neuere theoretische und methodische Ansätze, etwa aus den Bereichen der Politischen Psychologie oder der politischen Kommunikationsforschung. Wenn es weniger stabile Selbstverständlichkeiten des Wählerverhaltens gibt, dann muss sich auch die Perspektive, mit der wir uns Wahlen und dem Wählerverhalten nähern, entsprechend ändern, „kurzsichtiger" und ebenso flexibel werden.

Entsprechend wurde auch die Ausrichtung der Jahrestagungen 2009 und 2010 gewählt. Die 2009 in Frankfurt unter Federführung von Sigrid Roßteutscher und ihrem Team organisierte Tagung stand unter dem Titel „Nebenwahlen: Wahlen, Wähler und Legitimation in der Mehrebenen-Demokratie" und hat sich Wahlen damit aus einer institutionell geprägten, auf die Mehrebenenthematik fokussierten Perspektive genähert. Die Jahrestagung 2010 ist von Bernhard Weßels und seinem Team am Wissenschaftszentrum in Berlin organisiert worden. Sie stand ganz im Zeichen der Bundestagswahl 2009, allerdings in der skizzierten erweiterten Perspektive. Sprichwörtlich gilt die Figur von „Kontinuität und Wandel" also nicht nur für die Wahl selbst, sondern auch für Auseinandersetzung mit ihr.

Aus Beiträgen zu diesen beiden Tagungen ist der vorliegende Sammelband entstanden. Die Mehrheit der Beiträge ist bestimmten, besonders bemerkenswerten Aspekten der Bundestagswahl 2009 gewidmet, nämlich Fragen der Wahlbeteiligung, von Koalitionen, von kurzfristigen Kandidateneffekten sowie von Informations- und Kommunikationsaspekten. Abgerundet wird der Band durch drei Beiträge, die eine breitere Perspektive einnehmen und sich aus der Mehrebenenperspektive heraus mit Landtagswahlen beschäftigen.

Der Bedeutung des Themas angemessen widmet sich *Christina Eder* im allerersten Beitrag den Hintergründen der (niedrigen) Wahlbeteiligung bei der Bundestagswahl. Ihrer

Forschungsfrage „Warum haben Sie nicht gewählt?" geht sie dabei im Gegensatz zu vielen anderen Beiträgen zur Wahlbeteiligungsforschung unter Rückgriff auf *offene* Fragen und Antworten nach. Vor diesem Hintergrund kommt sie daher auch nicht nur zu dem inhaltlichen Ergebnis, dass vier Hauptgründe – nämlich mangelnde Auswahl an Kandidaten, Parteien und Programmen, Unzufriedenheit mit Politik und politischem Personal, Desinteresse sowie ein Gefühls, nicht ausreichend repräsentiert zu werden – für die Nichtwahl in Deutschland verantwortlich sind, sondern kann auch zeigen, dass sich die durchaus umstrittenen offenen Fragen gewinnbringend nutzen lassen.

Spätestens seit der vorgezogenen Bundestagswahl 2005 ist das Thema „Koalitionen" von der politischen Agenda nicht mehr wegzudenken – auf Ebene von Bund und Ländern. Die Frage wird uns auch im laufenden Wahljahr 2013 begleiten; aus heutiger Sicht scheint die Wahl 2009 mit ihrer Konsequenz einer einlösbaren Wunschkoalition geradezu ein Ausreißer gewesen zu sein. Gleichwohl drängt sich die Frage auf, wie eigentlich Bürgerinnen und Bürger mit der neuen Koalitionsvielfalt umgehen. Sowohl *Evelyn Bytzek* als auch *Marc Debus* gehen in ihren jeweiligen Beiträgen diesen Fragen nach, wobei *Evelyn Bytzek* Koalitionspräferenzen als abhängige, *Marc Debus* sie dagegen als unabhängige Variable heranzieht.

Evelyn Bytzek kann in ihrem Beitrag zeigen, dass das Zustandekommen von Koalitionspräferenzen, dem bislang in der Forschung nur vergleichsweise geringe Aufmerksamkeit zuteil geworden ist, sehr wohl systematischen, über Parteipräferenzen hinausgehenden Mustern folgt. Wähler berücksichtigen demnach vor allem wahrgenommene Problemlösungskompetenzen von und die ideologische Distanz zu Koalitionen. Damit kann sie auch indirekt zeigen, dass Koalitionen eigenständige Bewertungsobjekte in den Augen vieler Wähler sind und nicht bloß Aggregationen von Einzelparteien, wie es häufig in Modellen strategischen Wählens angenommen wird.

Marc Debus nimmt in seinem Beitrag Koalitionspräferenzen als gegeben an und fragt nach den mit ihnen verbundenen Konsequenzen für das Wählerverhalten. Tatsächlich kann er einen eigenständigen Einfluss solcher Koalitionswünsche auf das Wählerverhalten nachweisen. In der Regel folgen die Wähler dabei den auch seitens der Parteien geäußerten Koalitionswünschen; allerdings gibt es auch einige Abweichungen von diesem Muster. Nach den Ergebnissen von *Marc Debus* wären etwa FDP-Wähler durchaus offen für eine sozialliberale Koalition gewesen, umgekehrt wären Teile der Wählerschaft der Grünen offen für schwarz-grüne Bündnisse gewesen; zu beidem ist es bekanntlich nicht gekommen – aber vielleicht ja im Wahljahr 2013?

Neben den Koalitionen standen und stehen auch *Kandidaten* zunehmend im Mittelpunkt des Interesses. Das gilt einerseits für die Spitzen- und Kanzlerkandidaten, aber auch zunehmend für Kandidaten in den Wahlkreisen. Gerade der Frage des Geschlechts wird dabei wachsendes Interesse zuteil. Immerhin werden inzwischen nicht nur das Land insgesamt, sondern auch vier von sechzehn Ländern von Frauen regiert. Diesem Aspekt widmen sich in ihren Beiträgen auch sowohl *Katharina Rohrbach* und *Ulrich Rosar* als auch *Ina E. Bieber*. Beide Beiträge eint zudem, dass ihnen eine experimentelle Studie zugrunde liegt und dass sie jeweils in Ergänzung zum Geschlecht einen zusätzlichen Erklärungsfaktor für die Bewertung von Kandidaten berücksichtigen.

Bei *Katharina Rohrbach* und *Ulrich Rosar* ist dieser Faktor die (experimentell variierte) physische Attraktivität von Spitzenkandidaten. Und sie kommen zu dem Ergebnis, dass sich (höhere) physische Attraktivität von Kanzlerkandidaten auszahlt, das Geschlecht dagegen nicht. Damit bestätigen sich erneut auch analoge Befunde zur Bundestagswahl 2005. Angela Merkel ist bei diesen beiden Wahlen für die Union weder Bonus noch Malus gewesen. *Ina E. Bieber* berücksichtigt in ihrer Studie neben dem Geschlecht auch einen möglichen Migrationshintergrund von Kandidaten. Ihr Fokus liegt dabei nicht nur auf den beiden Kanzlerkandidaten; vielmehr geht es ihr um die Wahrnehmung von politischen Rolleninhabern insgesamt. Dabei kann sie zeigen, dass eine Kandidatin im Vergleich zu einem Kandidaten ebenso wie eine Person mit Migrationshintergrund im Vergleich zu einer Person ohne Migrationshintergrund für bestimmte Themenfelder und Ministerien besonders kompetent erachtet werden, aber auch andere Persönlichkeitszuschreibungen erfahren. Ein Migrationshintergrund wirkt sich auch nachteilig auf die Wahlchancen aus; ein entsprechender Effekt für das Geschlecht zeigt sich dagegen nicht.

Einem anderen, aber nicht minder wichtigen Aspekt im Kontext der Kandidatendebatte widmet sich *Marion Reiser*. Sie untersucht das Ausmaß und die Formen des innerparteilichen Wettbewerbs zwischen verschiedenen Kandidaten auf der Wahlkreisebene. Basierend auf der Analyse von 661 Nominierungsprozessen in Wahlkreisen kann *Marion Reiser* zunächst zeigen, dass es nur in einem guten Viertel zu einem expliziten Wettbewerb auf der letztlichen Nominierungskonferenz zwischen zwei oder mehr Kandidaten kam; ein Teil des Wettbewerbs spielt sich allerdings schon vorher ab. Gerade das erneute Antreten eines Amtsinhabers macht einen Wettbewerb unwahrscheinlicher; darüber hinaus spielt den Ergebnissen zufolge auch die Größe des Selektorats eine wichtige Rolle.

Eine längsschnittliche Perspektive auf Kandidaten legen *Ulrich Rosar* und *Markus Klein* an und leisten damit einen Beitrag zur andauernden Personalisierungsdebatte in Wissenschaft und Öffentlichkeit. Sie untersuchen, welchen Beitrag die physische Attraktivität der Spitzenkandidaten von Union und SPD bei bundesdeutschen Landtagswahlen geleistet haben. Dabei können sie insgesamt erneut zeigen, dass die physische Attraktivität von Politikern sich auf deren Abschneiden auswirkt; die genaue Wirkungsweise ist allerdings kontextabhängig. Die einfache Personalisierungsthese des Wahlverhaltens, die in der öffentlichen Debatte gerne bemüht wird, kann aber – wieder einmal – nicht bestätigt werden.

Explizit knüpfen die Beiträge von *Sascha Huber* und *Alexander Glantz* an den Vorläufer des vorliegenden Bands an, indem sie explizit die Bereiche von „Wissen" und „Informationen" thematisieren. *Alexander Glantz* greift dabei in seinem Beitrag auf die psychologischen Konstrukte *need for cognition* und *need to evaluate* zurück und kann deren Nutzen für die Wahl- und Einstellungsforschung überzeugend nachweisen. So kommen Wähler mit einem starken Bedürfnis, Dinge zu bewerten, zu polarisierten Einschätzungen von Parteien. Umgekehrt weisen Wähler mit einem relativ hohen *need for cognition* konsistentere Einstellungsmuster auf. Allerdings bleiben für den Autor noch zahlreiche Fragen nach der Integration dieser Konzepte in den Kanon der Wahl- und Einstellungsforschung offen, insgesamt aber zeige sich, dass es sich lohne, dem Zusammenspiel von Persönlichkeit und politischer Informationsverarbeitung weiter nachzugehen.

Das bestätigen auch die Ergebnisse von *Sascha Huber*, der in seinem Beitrag zeigen kann, dass Wähler selbst im Zuge des vermeintlich so langweiligen Wahlkampfs 2009 politisches Wissen erlernt haben (um es danach allerdings auch wieder rasch zu vergessen). Allerdings gilt dies nicht für alle Wählerschichten in gleichem Maße: Erneut lassen sich signifikante Effekte psychologischer Dispositionen – *need for cognition, need to evaluate, need for cognitive closure* – nachweisen, während dies für Emotionen entgegen den Erwartungen des *affective intelligence models* nicht gilt. Auch Kommunikations-, Geschlechts- und Bildungseffekte lassen sich zeigen, wobei letztere ohnehin bestehende Unterschiede im Zuge des Wahlkampfs weiter vergrößern.

In der Tradition der politischen Kommunikationsforschung stehen die Beiträge von *Hanna Hofmann* und *Markus Klein* sowie von *Markus Steinbrecher*. *Hanna Hofmann* und *Markus Klein* liefern einen Beitrag zur noch immer schwelenden Debatte zum möglichen Einfluss von Wahlumfragen auf das Wahlverhalten. Bezugnehmend auf einen Beitrag von Faas/Schmitt-Beck (2007) aus einem früheren Band des Arbeitskreises können sie zeigen, dass die dort berichteten direkten Effekte auf die Parteiwahl bei adäquater Modellierung in Form einer Mehrebenenanalyse verschwinden. Einzig die früheren Befunde zu Erwartungen an den Ausgang der Wahl können sie bestätigen – diese reagieren auf veröffentlichte Meinungsumfragen.

Markus Steinbrecher knüpft mit seiner Analyse „Die Qual der Wahl" an frühe Arbeiten von Paul F. Lazarsfeld und Kollegen und ihre Typologie von Wählern (und ihrem Entscheidungsverhalten) an. Er verwendet das Wahlkampfpanel des *German Longitudinal Election Study*, um die alte Typologie in die heutige Zeit zu übertragen. In einem zweiten Schritt beschreibt er dann die verschiedenen Typen anhand verschiedener sozialstruktureller und sozialpsychologischer Merkmale.

Ein weiterer Beitrag von *Markus Steinbrecher* sowie der Beitrag von *Michael Bergmann* und *Thomas Plischke* runden den Band ab und setzen die Bundestagswahl 2009 in einen breiteren Mehrebenen-Kontext. *Markus Steinbrecher* geht in diesem Beitrag der Frage nach, inwieweit sich die Ergebnisse von Bundestags- und Landtagswahlen im Zeitverlauf entkoppeln. Tatsächlich kann er zeigen, dass die Unähnlichkeit von Wahlergebnissen auf den verschiedenen Ebenen des politischen Systems insbesondere seit 1990 deutlich zugenommen hat. Als wichtiger Einflussfaktor erweist sich insgesamt die Amtsdauer der *Bundes*regierung – je länger diese bereits amtiert, desto stärker divergieren die Ergebnisse. Andere Faktoren wie der relative Termin der Landtags- im Vergleich zur Bundestagswahl ebenso wie unterschiedliche Wahlbeteiligungsraten wirken sich in Ost- und Westdeutschland teils sehr unterschiedlich aus. *Michael Bergmann* und *Thomas Plischke* beschäftigen sich in ihrer Analyse explizit mit differenzieller Mobilisierung von Regierungs- und Oppositionsparteien bei Landtagswahlen. Lassen sich Anhänger der auf Bundesebene regierenden Parteien wirklich schlechter bei Landtagswahlen mobilisieren? Tatsächlich lässt sich mindestens ein Viertel der Verluste von im Bund regierenden Parteien darauf zurückführen.

Die in diesem Band vertretenen Beiträge nähern sich der zunehmenden Vielfalt und den abnehmenden Sicherheiten über Wahlen und Wähler damit aus ganz unterschiedlichen und der zunehmenden Komplexität Rechnung tragenden Perspektiven. Nicht nur wird die Nachfrageseite bei Wahlen neben traditionellen Fragen und Problemen durch neue und innovative Ansätze aus der Sozialpsychologie, dem Blick auf Koalitionen als Wahlobjekte oder dem Faktor physischer Attraktivität komplementiert – um nur einige Aspekte zu nennen, sondern auch die Angebotsseite der Politik wird mit Fragestellungen zu den Chancen von Kandidaten oder den innerparteilichen Nominierungsverfahren und -kalkülen in den Blick genommen. Dass daraus nicht schon im ersten Anlauf eine integrierte Perspektive und ein komplettes theoretisches Erklärungs- und Deutungsangebot zu den neueren Tendenzen im Wählerverhalten und dem Verhalten und Handeln politischer Akteure wie Parteien und Kandidaten resultiert, ist dem Umstand der Bewegung und Veränderung der Wähler- und Parteienlandschaft geschuldet. Dass die vorgelegten Beiträge Schritte in die Richtung sind, Wahlen und Wähler besser zu verstehen, daran besteht kein Zweifel. Für „Große Botschaften", wohin der Wandel geht, ist es noch zu früh.

Nach dieser Kurzübersicht zu den Beiträgen des vorliegenden Bandes darf ein Dank an die verschiedenen Personen und Institutionen nicht fehlen, ohne deren finanzielle und/oder tatkräftige Unterstützung weder die beiden Tagungen noch dieser Sammelband zustande gekommen wären. Für die Jahrestagung des Arbeitskreises 2009 in Frankfurt gilt dies insbesondere für Evelyn Bytzek und das Hilfskraftteam der Professur von Sigrid Roßteutscher. Dank gilt auch dem Verein der Freunde und Förderer der Universität Frankfurt, der die Durchführung der Tagung finanziell unterstützt hat. Die Jahrestagung 2010 am WZB in Berlin wäre ohne den Einsatz von Katarina Pollner (WZB) und zahlreicher Hilfskräfte nicht möglich gewesen. Auch am Zustandekommen dieses Sammelbandes haben keinesfalls nur die Herausgeber und Autoren mitgewirkt: Josephine Hörl und Anne Schäfer (an der Universität Mannheim) sowie Christian Schulze, Judith Schenk und Simone Ndongala (an der Johannes Gutenberg-Universität Mainz) haben durch gründliches Kontrollieren und Korrigieren aus einzelnen Beiträgen erst einen Sammelband werden lassen. Auch ihnen an dieser Stelle ein herzliches „Dankeschön"! Dies gilt zu guter Letzt auch für Daniel Hawig und Verena Metzger von Springer VS, mit denen gemeinsam wir die Reihe der Bände des Arbeitskreises „Wahlen und politische Einstellungen" hiermit fortsetzen können.

Literatur

Brettschneider, Frank/van Deth, Jan/Roller, Edeltraud (Hrsg.) (2004): Die Bundestagswahl 2002: Analysen der Wahlergebnisse und des Wahlkampfes. Wiesbaden: VS Verlag für Sozialwissenschaften.
Brettschneider, Frank/Niedermayer, Oskar/Weßels, Bernhard (Hrsg.) (2007): Die Bundestagswahl 2005: Analysen des Wahlkampfes und der Wahlergebnisse. Wiesbaden: VS Verlag für Sozialwissenschaften.
Bruns, Tissy (2009): Mehr Optionen, gesunkene Erwartungen. In: Aus Politik und Zeitgeschichte, 51/2009, 3-5.
Bytzek, Evelyn/Roßteutscher, Sigrid (Hrsg.) (2011): Der unbekannte Wähler? Mythen und Fakten über das Wahlverhalten der Deutschen. Frankfurt a.M./New York, NY: Campus.
Faas, Thorsten (2010): The German Federal Election of 2009: Sprouting Coalitions, Drooping Social Democrats. In: West European Politics 33: 4, 894-903.

Faas, Thorsten/Schmitt-Beck, Rüdiger (2007): Wahrnehmung und Wirkungen politischer Meinungsumfragen. Eine Exploration zur Bundestagswahl 2005. In: Brettschneider, Frank/Niedermayer, Oskar/Weßels, Bernhard (Hrsg.): Die Bundestagswahl 2005: Analysen des Wahlkampfes und der Wahlergebnisse. Wiesbaden: VS Verlag für Sozialwissenschaften, 233-267.

Faas, Thorsten/Arzheimer, Kai/Roßteutscher, Sigrid (Hrsg.) (2010): Information – Wahrnehmung – Emotion: Politische Psychologie in der Wahl- und Einstellungsforschung. Wiesbaden: VS Verlag für Sozialwissenschaften.

Hilmer, Richard (2010): Bundestagswahl 2009: Ein Wechsel auf Raten. In: Zeitschrift für Parlamentsfragen 41: 1, 147-180.

Holtz-Bacha, Christina (Hrsg.) (2010): Die Massenmedien im Wahlkampf: Das Wahljahr 2009. Wiesbaden: VS Verlag für Sozialwissenschaften.

Jesse, Eckhard/Sturm, Roland (Hrsg.) (2012): Bilanz der Bundestagswahl 2009: Voraussetzungen, Ergebnisse, Folgen. Baden-Baden: Nomos.

Jung, Matthias/Schroth, Yvonne/Wolf, Andrea (2009): Regierungswechsel ohne Wechselstimmung. In: Aus Politik und Zeitgeschichte, 51/2009, 12-19.

Korte, Karl-Rudolf (Hrsg) (2010): Die Bundestagswahl 2009: Analysen der Wahl-, Parteien-, Kommunikations- und Regierungsforschung. Wiesbaden: VS Verlag für Sozialwissenschaften.

Niedermayer, Oskar (Hrsg.) (2011): Die Parteien nach der Bundestagswahl 2009. Wiesbaden: VS Verlag für Sozialwissenschaften.

Oberreuter, Heinrich (Hrsg.) (2011): Am Ende der Gewissheiten: Wähler, Parteien und Koalitionen in Bewegung. München: Olzog.

Rattinger, Hans/Roßteutscher, Sigrid/Schmitt-Beck, Rüdiger/Weßels, Bernhard (Hrsg.) (2011): Zwischen Langeweile und Extremen: Die Bundestagswahl 2009. Baden-Baden: Nomos.

Rohrschneider, Robert/Jung, Franziska (2012): Germany's Federal Election in September 2009 – Elections in Times of Duress. In: Electoral Studies 31: 1, 1-4.

Saalfeld, Thomas (2011): A Seemingly Boring Election amidst Economic Turmoil. In: German Politics 20: 1, 1-11.

Tenscher, Jens (Hrsg.) (2011): Superwahljahr 2009: Vergleichende Analysen aus Anlass der Wahlen zum Deutschen Bundestag und zum Europäischen Parlament. Wiesbaden: VS Verlag für Sozialwissenschaften.

Weßels, Bernhard/Wagner, Aiko. (2011): Regionale Differenzierung des Wahlverhaltens. In: Rattinger, Hans; Roßteutscher, Sigrid; Schmitt-Beck, Rüdiger (Hrsg.): Zwischen Langeweile und Extremen: Die Bundestagswahl 2009. Baden-Baden: Nomos: 119-130.

Weßels, Bernhard/Gabriel, Oscar W./Schoen, Harald (Hrsg.) (2013): Wahlen und Wähler: Analysen aus Anlass der Bundestagswahl 2009. Wiesbaden: Springer VS.

Wahlbeteiligung

Warum haben Sie nicht gewählt?
Eine Analyse der Bundestagswahl 2009

Christina Eder

1. Einleitung

„Wahlbeteiligung erreicht historischen Tiefstand" titelte die Welt online am 27.09.2009[1], denn nicht einmal drei Viertel der Wahlberechtigten hatten bei der Bundestagswahl den Weg an die Urne gefunden. Sie setzten damit einen Trend fort, der in Deutschland seit rund 30 Jahren auf allen staatlichen Ebenen festzustellen ist (Eilfort 2006: 56). Abbildung 1 zeigt den Verlauf der Wahlbeteiligung bei den Bundestagswahlen seit 1949 und seit 1990 getrennt für Ost- und Westdeutschland. An den ersten freien Wahlen nach Ende des Zweiten Weltkriegs nahmen 78,5 Prozent der Wahlberechtigten teil, bei der zweiten Wahl 1953 waren es schon 86 Prozent, bei den folgenden vier Wahlen jeweils rund 87 Prozent. Die höchste Wahlbeteiligung in der Geschichte der Bundesrepublik war 1972 mit 91,1 Prozent zu verzeichnen. Es handelte sich dabei um die Wiederwahl der sozial-liberalen Koalition unter Kanzler Willi Brandt. Seitdem sinkt die Wahlbeteiligung stetig, mit einer kurzen Erholung 1998. Diese Wahl markierte das Ende der Ära Kohl und resultierte in der ersten rot-grünen Bundesregierung unter Kanzler Gerhard Schröder. Die Wahlbeteiligung im Osten der Republik lag stets unter der im Westen, wobei die Differenz zwischen knapp drei Prozent im Jahr 1990 und fast acht Prozent 1994 schwankt. Bei der letzten Wahl 2009 betrug der Unterschied exakt sieben Prozent. Wenn, wie Dahl (1971: 1) argumentiert, die stetige Verantwortlichkeit der Regierung gegenüber den Präferenzen der Bürger unbestritten zu den Hauptcharakteristiken einer Demokratie zählt und regelmäßig stattfindende Wahlen das wichtigste und am weitesten verbreitete Instrument zur Repräsentation der Interessen des Volkes in den modernen Demokratien sind, dann wird mit Blick auf diese Graphik verständlich, warum mit jeder Wahl in der Öffentlichkeit, aber auch in der Forschung, eine neue Diskussion über Hintergründe und Motive der Abstinenzler beginnt.

---

1 http://www.welt.de/politik/bundestagswahl/article4648093/Wahlbeteiligung-erreicht-historischen-Tiefstand.html.

Abbildung 1: Wahlbeteiligung bei Bundestagswahlen (in % der Wahlberechtigten)

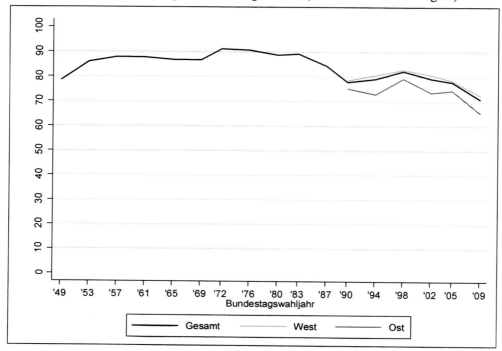

Quelle: Bundeswahlleiter. Eigene Darstellung.

Der Zweck einer demokratischen Wahl ist es, Volksvertreter zu wählen, die sich um die politischen Geschicke des Landes kümmern. Dies impliziert, dass der Wille des Volkes, wie auch immer er aussehen mag, repräsentiert wird. Wenn man mit Verba et al. (1993: 455) einverstanden ist, die sagen, dass eine Demokratie auf „the fundamental ideal of the equal consideration of the needs and preferences of each citizen" gründet, dann birgt eine Situation, in der Wahlenthaltung vorherrscht, das Risiko, dass manche Interessen unterrepräsentiert oder sogar komplett ignoriert werden. Zudem benötigt eine demokratische Regierung zur Umsetzung ihres Programms den Rückhalt der Mehrheit der Bevölkerung. Je niedriger die Wahlbeteiligung, desto geringer ist jedoch der Anteil der Gesamtbevölkerung, der hinter der regierenden Mehrheit steht, womit sich ultimativ auch die Frage nach der Legitimation des politischen Systems und der getroffenen Entscheidungen stellt.

Das Ziel dieses Artikels ist jedoch weniger die theoretische Diskussion um die Implikationen einer sinkenden Wahlbeteiligung. Dieser Punkt wird beispielsweise von Armingeon (2000), Bennet und Resnick (1990), Lijphart (1998), de Nève (2009), Schäfer (2011) sowie im Sammelband von Starzacher et al. (1992) behandelt. Vielmehr geht es um die Frage, wer sich hinter ‚den Nichtwählern' verbirgt und vor allem, welche Gründe sie zur Stimmenthaltung bewogen haben. Das Problem gehört zu den grundlegendsten Themen der empirischen Wahlforschung (vgl. Arceneaux und Nickerson 2009; Arzheimer 2009; Bühlmann et al. 2003; Eilfort 1991, 1994; Falter und Schumann 1993; Gavin 1996; Golzem und Liepelt 1977; Lane und Ersson 1990; Midtbø und Hines 1998; Narud und Valen 1996; Rattinger und Krämer 1995; Schoen und Falter 2003; Steinbrecher et al. 2007; Van Egmond et al. 1998; Wenzel und Rattinger 2004; Zelle 1995). Der vorliegende Beitrag steht in der Tradition dieser bisherigen Forschung, wenn er sich der Nichtwahlgründe für die Bundestagswahl 2009 annimmt, allerdings mit einer entscheidenden Neuerung: Anstatt allein auf den soziostrukturellen Hintergrund der Wähler oder ihre politischen Einstellungen zurückzugreifen, sollen die Bürger selbst zu Wort kommen. Hierzu wird der Nachwahlquerschnitt der German Longitudinal Election Study (GLES) verwendet (Rattinger et al. 2011), der für alle Befragten, die angaben, nicht gewählt zu haben, eine Frage nach den Gründen für dieses Verhalten enthält. Im Gegensatz zu anderen Studien war diese Frage hier offen konzipiert, das heißt, die Befragten konnten frei antworten und die für sie subjektiv wichtigsten Gründe nennen. Es entstand somit die besondere Gelegenheit, diese offenen Nennungen mit den in der Literatur üblicherweise angegebenen theoriegeleiteten Gründen zu vergleichen und somit das individuelle Antwortverhalten und die Erkenntnisse der Forschung einander gegenüberzustellen.

Neben der Darstellung der Ergebnisse geht es auch um die Frage, ob und inwieweit man diesen Selbstauskünften der Bürger über ihre Motive trauen kann. Umfragen leben von der Kooperationsbereitschaft der Befragten; dies gilt zum einen für die Teilnahme an der jeweiligen Studie und zum anderen für die Beantwortung der Fragen. Wie in Abschnitt 3 dargelegt leiden Wahlstudien zumeist unter ‚overreporting', das heißt, Personen, die nicht an der Wahl teilgenommen haben, geben fälschlicherweise an, eben dies doch getan zu haben.[2] Dieser Fehler kann entstehen, wenn im kognitiven Prozess vom Verstehen des Fragetextes bis zur Formulierung der Antwort etwas ‚schief' läuft, der Befragte sich also zum Beispiel nicht korrekt erinnert (Faulbaum et al. 2009: 37ff.). Er könnte aber auch bewusst falsch antworten, um Nichtwissen oder Fehlverhalten zu verschleiern (soziale Erwünschtheit). In der vorliegenden Studie werden daher die offenen Antworten mit weiteren Angaben der Befragten zu ihrem politischem Verhalten und ihren politischen Einstellungen in Beziehung gesetzt.

Bisher existiert lediglich eine Studie, die sich der offenen Fragen zur Analyse von Nichtwahlgründen bedient (Wenzel und Rattinger 2004), daher ist die vorliegende Untersuchung mehrheitlich explorativ angelegt. Präzise Hypothesen lassen sich (noch) nicht an jeder Stelle formulieren, deshalb geht es zunächst um eine systematische Beschreibung der bisherigen Erkenntnisse über den Zusammenhang zwischen Selbstauskünften und Rekonstruktion durch den Forscher. Im nächsten Abschnitt wird näher auf den Stand der (Nicht-)Wahlforschung und die verwendeten theoretischen Ansätze eingegangen, bevor das methodische Vorgehen und die Daten eingehend beschrieben werden. Es folgen die Überprüfung der formulierten

---

2   Darüber hinaus ist davon auszugehen, dass sich einige Nichtwähler, und hier insbesondere diejenigen, die sich vom politischen System abgewandt haben, auch nicht an Studien wie der GLES beteiligen. Die aus Umfragen gewonnenen Erkenntnisse sind somit stets mit einer gewissen Verzerrung behaftet, was bei ihrer Interpretation berücksichtigt werden muss.

Annahmen sowie die Interpretation der Ergebnisse. Eine Zusammenfassung der Erkenntnisse und ein Ausblick auf die weitere Forschung runden den Beitrag ab.

2. Theoretischer Hintergrund

Bevor wir uns den theoretischen Ansätzen zur Erklärung der Wahlverweigerung zuwenden, soll zunächst der Begriff ‚Nichtwähler' näher betrachtet werden. Im Gegensatz zur Medienmeinung, die häufig von der „Partei der Nichtwähler" spricht, geht die wissenschaftliche Literatur nicht mehr davon aus, dass es ‚die' Nichtwähler als homogene Gruppe gibt (vgl. Eilfort 2006). Stattdessen finden sich in verschiedenen Veröffentlichungen Versuche, Typen von Nichtwählern anhand unterschiedlicher Kriterien zu kreieren. De Nève (2009: 30) entwickelt beispielsweise vier Gruppen: systematische Exklusion, strukturelle Exklusion, individueller Wahlverzicht und unechte Nichtwähler. Die systematische Exklusion beruht auf rechtlichen Einschränkungen und umfasst beispielsweise Ausländer ohne Wahlrecht, die strukturelle Einschränkung bezieht sich auf informelle Exklusions- beziehungsweise Diskriminierungsmechanismen, die sich in einer geringen Wahlbeteiligung ethnischer Minderheiten auswirkt. Persönliche Motive führen zu individuellem Wahlverzicht, technische Pannen resultieren in unechten Nichtwählern. Hierzu zählen alle Personen, die zwar in den Wahlregistern aufgeführt sind, diesem Kreis jedoch eigentlich nicht angehören, weil sie beispielsweise mittlerweile in einen anderen Wahlbezirk umgezogen oder verstorben sind. Für die Schweiz identifizieren Bühlmann et al. (2003: 40ff.) mittels Faktoren- und Clusteranalyse sechs Typen: die politisch Desinteressierten, die alternativ Partizipierenden, die Protestierenden, die Inkompetenten, die sozial Isolierten und die Politikverdrossenen. Eilfort (1991) nennt Dauer- und grundsätzliche Nichtwähler, die an mehreren Wahlen hintereinander nicht teilnehmen sowie konjunkturelle und saisonale Nichtwähler, die für sie weniger wichtige Wahlen auslassen. Für die vorliegende Analyse sind all diejenigen Typen von Bedeutung, die der Wahl aufgrund individueller Entscheidungen fernbleiben, systematische und strukturelle Gründe sind hingegen nicht von Interesse.

In der wissenschaftlichen Literatur gibt es eine ganze Reihe von Erklärungen für Wahlabstinenz. Der *Rational Choice Ansatz* wurde von Anthony Downs (1968) mit seiner ökonomischen Theorie des Wählens entscheidend vorangetrieben. Er geht davon aus, dass es sich bei Wählern um rationale, das heißt die Kosten und Nutzen der zur Verfügung stehenden Optionen abwägende, Individuen handelt. Sie wählen diejenige Partei, die ihnen den größten individuellen Nutzen verspricht oder bleiben der Urne fern, wenn die Kosten des Wählens den voraussichtlichen Nutzen übersteigen. Dies kann der Fall sein, wenn alle Parteien einen niedrigen Nutzen im Vergleich zu den Kosten des Wahlakts aufweisen, aber auch wenn alle Parteien ein vergleichbarer Nutzen zugeordnet wird, so dass sich der Aufwand des Wählens für das Individuum nicht ‚lohnt'.

Das Hauptproblem dieser Überlegungen liegt in der Notwendigkeit, den zukünftigen Nutzen einer Alternative zu errechnen sowie in den Kosten, die durch diese Berechnungen, aber auch den eigentlichen Wahlakt entstehen. Zum einen fallen Opportunitätskosten in der

Zeit an, die für die Kalkulationen und die Beschaffung der dafür notwendigen Informationen sowie den Gang zum Wahllokal benötigt werden. Des Weiteren unterscheiden sich die Beschaffungskosten je nach Bildungsstand und politischem Interesse des Individuums. Schließlich ist der Wert der einzelnen Stimme bei einer Wahl so extrem klein, dass der Anreiz, sich Informationen zu beschaffen und dann auch noch das Haus zu verlassen, extrem gering wird. Die Kosten des Wählens können diesem Ansatz zu Folge den Nutzen somit schnell übersteigen und die rationalen Wähler daher den Urnen fernbleiben (Braun 1999: 68f.). Da entgegen dieser Überlegungen die meisten Bürger am Wahltag jedoch ihre Stimme abgeben, wurden verschiedene Zusatzannahmen getroffen, um das Paradox des Wählens erklären zu können (Brady et al. 1995; Olson 1965). Diese Erweiterungen haben den Erklärungsansatz einiger Kritik ausgesetzt, dennoch hat er sich als sehr fruchtbar erwiesen und die empirische Wahlforschung stark geprägt. Zur Erklärung der Wahlteilnahme ist er aufgrund der angesprochenen Probleme jedoch nur „eingeschränkt" tauglich (Caballero 2005: 344). Für diese Untersuchung wird er daher nur in Teilen weiter verwendet.

Im Mittelpunkt des soziologischen Ansatzes der *Columbia School* (Berelson et al. 1954; Lazarsfeld et al. 1944) steht nicht der rationale homo oeconomicus, sondern vielmehr der homo sociologicus. Statt Kosten und Nutzen einer Wahlentscheidung gegeneinander abzuwägen, begreift dieser „die Stimmabgabe als eine Gelegenheit, seinen im Laufe der Zeit erworbenen Einstellungen Ausdruck zu verleihen, ohne darauf zu achten, zu welchen Konsequenzen sein Votum in der konkreten Situation führen könnte" (Schoen 2005: 137). Die mikrosoziologischen Überlegungen der Columbia School ergänzen Lipset und Rokkan (1967) durch ihren makrosoziologischen *Cleavage-Ansatz*. Ihrer Argumentation zufolge sind die (westeuropäischen) Gesellschaften durch vier Spannungslinien gekennzeichnet, an denen entlang sich die Parteien bilden und bewegen: Zentrum vs. Peripherie, Kirche vs. Staat, Stadt vs. Land und Kapital vs. Arbeit. Die Bürger wählen diejenige Partei, die ihrer Bevölkerungsgruppe am nächsten steht und ihre Interessen somit am besten vertritt.

Beiden Ansätzen ist gemein, dass sie „Traditionslinien in der empirischen Wahlforschung begründen" konnten (Schoen 2005: 182) und zumindest Teilaspekte der Wahlentscheidung erklären können. Diese beziehen sich jedoch eher auf die Frage, für welche Partei sich ein Wähler entscheidet und weniger auf eine Prognose, ob er überhaupt teilnehmen wird. Zudem sind Vorhersagen in heutiger Zeit durch die Auflösung der traditionellen Wählermilieus aufgrund von Modernisierungs- und Individualisierungstendenzen unserer Gesellschaften (vgl. Inglehart 1977; Putnam 2000) schwieriger geworden. Der Ansatz spielt daher im Weiteren keine zentrale Rolle.

Die Fähigkeit, „individuelles Wahlverhalten konzeptionell schlüssig mit Merkmalen der politischen und sozialen Umwelt des Wählers zu verknüpfen" attestieren Schoen und Weins (2005:205) einem weiteren bedeutenden Ansatz der empirischen Wahlforschung, dem sozialpsychologischen Ansatz der *Michigan School* (Campbell et al. 1964; Campbell et al. 1954). Hier steht die Erklärung des Wahlverhaltens mittels politischer Einstellungen im Vordergrund. Als zentrale Determinanten werden die ‚civic orientations' herangezogen. Hierzu zählen die Identifikation mit einer Partei, die Einstellung gegenüber Sachfragen (issues) und gegenüber individuellen Merkmalen der politischen Kandidaten sowie die Konformität mit Gruppennormen, die political Efficacy und das Wahlpflichtgefühl, wobei letzteres den größten Einfluss auf die Wahlteilnahme ausübt.

Wie die soziologischen Ansätze ergeben sich auch für die Michigan-Schule Erklärungsprobleme, sobald eine Person verschiedenen Einflüssen ausgesetzt ist. Dennoch soll ein Teil des Konzepts, insbesondere die Parteiidentifikation, die Efficacy und das Wahlpflichtgefühl, im Analyseteil zur Anwendung kommen.

Speziell für die deutsche Situation finden sich zwei weitere Thesen zur Erklärung der allgemein sinkenden Wahlbeteiligung. Die „Normalisierungsthese" (Roth 1992) argumentiert, dass die Bundesrepublik im internationalen Vergleich seit 1949 eher überdurchschnittliche Beteiligungsraten bei nationalen Wahlen aufwies und dass das seit dem Ende der 1970er-Jahren zu beobachtende Absinken schlichtweg eine Angleichung an den westlichen Durchschnitt und damit keineswegs ein Grund zur Sorge sei. In den Augen des Autors wird die Wahlnorm weniger wichtig, dass heißt, die Deutschen sehen die Wahlteilnahme zunehmend weniger als eine Bürgerpflicht an. Politisch wenig bis nicht interessierte Wähler blieben daher eher zu Hause. Für Roth (1992: 61f.) ist eine hohe Wahlbeteiligung folglich eher kritisch zu sehen, denn von sprunghaften Steigerungen profitierten vor allem extreme Parteien, da sie es überdurchschnittlich gut schafften, die Nichtinteressierten an die Urne zu mobilisieren. Feist (1992) sieht in der zunehmenden Abstinenz hingegen eher ein Krisensymptom. Für sie ist Nichtwählen kein Zeichen von Apathie, sondern entweder Ausdruck von Protest gegen die aktuelle Politik oder von Misstrauen gegenüber den Politikern beziehungsweise von Resignation und damit durchaus ein Grund zur Beunruhigung.

Für Landtags-, Kommunal- und insbesondere Europawahlen wird zudem immer wieder argumentiert, dass sie als „second-order-elections" wahrgenommen würden, ihnen also eine geringere Bedeutung zukäme, weswegen mehr Wähler den Urnen fernblieben (Reif und Schmitt 1980).[3] Neben der Bedeutung der Wahl findet sich häufig der Begriff der Verdrossenheit zur Erklärung für die Nichtteilnahme an Wahlen (vgl. Arzheimer 2002; Falter und Schumann 1993; Perea Anduiza 2002; Söderlund 2008). Die „Politikverdrossenheit" wurde 1992 in Deutschland sogar zum Wort des Jahres gekürt, was ihre Bedeutung auch weit über die Politikwissenschaft hinaus unterstreicht.[4] Bei Walter und Lühmann (2010: 3) werden drei andere Entwicklungen als Ursache für zunehmende Wahlmüdigkeit aufgezählt. Erstens, die steigende Komplexität und Interdependenz politischer Probleme, die eine Beurteilung der Politik immer schwerer mache. Zweitens, Internationalisierung und Europäisierung der Politik, die politische Entscheidungen zunehmend von den Bürgern weg nehme sowie drittens, die „Säkularisierung und Entheimatung der Individuen, in deren Folge homogene Lebenslagen sich zu diffusen Lebensstilen und lebenslange Bindungen in beliebig kündbare Beziehungen auflösen" (ibid: 3). Die zunehmende Individualisierung und Modernisierung heutiger westlicher Gesellschaften und der damit verbundene Werte- und Milieuwandel resultieren demnach in schwächeren Parteibindungen und folglich sowohl in einer steigenden Zahl von

---

3   Da nur eine Wahl betrachtet wird, ist dieses Argument für die vorliegende Analyse jedoch nicht von Bedeutung.

4   Daneben existieren noch die Termini Parteien-, Politiker-, und Demokratieverdrossenheit.

Wechselwählern, als auch in immer mehr Wahlabstinenzlern, deren Motivation zur Stimmabgange für die Parteien immer schwieriger wird.[5]

Aus all diesen Überlegungen lassen sich mehrere Verhaltensannahmen ableiten, die in Tabelle 1 überblicksartig dargestellt sind. Alle sind den persönlichen Motiven des Wahlverzichts nach de Nève (2009) zuzuordnen und decken sich in weiten Teilen mit den Schweizerischen Typen von Bühlmann et al. (2003). *Unzufriedenheit* kann sich konkret oder eher diffus manifestieren, sich also gegen die Politik im Ganzen und die Politiker oder aber gegen einzelne politische Entscheidungen oder einzelne Personen richten. Darunter fallen auch Denkzettel, die vom Wähler an die Parteien verteilt werden, sowie das Fernbleiben von der Urne aus Protest. *Desinteresse* zählt ebenfalls zum Standardrepertoire der Wahlbeteiligungsforschung. Hier wird davon ausgegangen, dass mangelndes politisches Interesse negativ auf die Wahlbereitschaft wirkt. Hinter dem Grund *Indifferenz* verbirgt sich eine wahrgenommene Alternativlosigkeit: Der Wähler ist der Meinung, dass sich die Parteien oder Kandidaten so sehr ähneln, dass es keinen Unterschied macht, für welche Alternative er sich letztlich entscheidet, weswegen es für ihn sinnlos erscheinen mag, seine Stimme überhaupt abzugeben. Roth (1992) folgend ist es zudem denkbar, dass ein Wähler zuhause bleibt, weil er mit der aktuellen Situation *zufrieden* ist, mit jeder Regierungsalternative leben könnte und folglich keine Notwendigkeit in der Stimmabgabe sieht.[6] Hat der Wähler hingegen das Gefühl, von den zur Wahl stehenden Parteien und Kandidaten nicht (ausreichend) repräsentiert zu werden, so wird er der Urne fernbleiben (*Entfremdung*).

Tabelle 1: Mögliche Gründe für die Wahlabstinenz

Grund	Zusammenhang
Unzufriedenheit	Ein unzufriedener/frustrierter Wähler wird an der Wahl nicht teilnehmen.
Desinteresse	Ein politisch nicht interessierter Wähler wird an der Wahl nicht teilnehmen.
Indifferenz	Ein Wähler, der glaubt, dass keine echten Alternativen zur Wahl stehen, wird an der Wahl nicht teilnehmen.
Zufriedenheit	Ein Wähler, der mit jeder Regierungsalternative leben könnte, wird an der Wahl nicht teilnehmen.
Entfremdung	Ein Wähler, der sich und seine Interessen nicht vertreten fühlt, wird an der Wahl nicht teilnehmen.

Quelle: Bundeswahlleiter. Eigene Darstellung

---

5   In der international-vergleichenden Wahlforschung werden weitere Gründe genannt, die allerdings in Untersuchungen einzelner Staaten nicht von Bedeutung sind, da sie auf alle Wähler gleichermaßen wirken. Klingemann (2009: 7) führt in diesem Zusammenhang zum Beispiel das Wahlsystem, das Parteiensystem und das Alter einer Demokratie auf. Bei Freitag (1996) findet man die Wahlpflicht, den Umfang von Regierungen und Regierungskoalitionen, den Zeitpunkt der Wahl, die Häufigkeit von Regierungswechseln oder -änderungen, das Alter des Frauenwahlrechts, die Stärke parteiförmiger Organisationen, den Organisationsgrad der Gewerkschaften, das Ausmaß der Staatstätigkeit und die Partizipationstradition als Erklärungsfaktoren für Niveauunterschiede in der Wahlbeteiligung zwischen achtzehn westlichen Demokratien seit 1960. Rattinger (2009: 242) listet unter anderem die Notwendigkeit einer aktiven Registrierung wie in den USA, politische Instabilität und die ökonomische Situation eines Landes auf.

6   Ich danke den Gutachtern für diesen Hinweis.

3. Datengrundlage und methodisches Vorgehen

Die verwendeten Daten entstammen dem Nachwahl-Querschnitt der GLES[7], die 2009 im Zusammenhang mit der Bundestagswahl durchgeführt wurde. Ab dem ersten Tag nach der Wahl bis Ende November wurden insgesamt 2117 Personen persönlich (face-to-face) zu wahlrelevanten Aspekten befragt. Dazu zählen beispielsweise die nach Ansicht des Befragten größten politischen Probleme des Landes, die gewählte Partei, die Einstellung gegenüber politischen Themen, die Parteiidentifikation und verschiedene sozio-demographische Angaben wie Alter, Bildung und Beruf. Die für diese Untersuchung zentrale Frage war Nummer 37. Wer die Wahlteilnahme verneinte, der wurde direkt anschließend gebeten, einen oder mehrere Gründe für das Fernbleiben von der Urne anzugeben. Im Unterschied zu den meisten Studien handelte es sich dabei um eine offene Frage, das heißt, dem Probanden waren keinerlei Antwortkategorien vorgegeben. Diese verbatim-Antworten wurden mittels eines Schemas vercodet und bilden den Kern der folgenden Analyse. Im Gegensatz zu anderen Veröffentlichungen ist es daher möglich, die individuellen Abstinenzgründe zu ermitteln und mit ihnen zu arbeiten. Bisher musste an dieser Stelle zumeist auf theoretische Überlegungen zurückgegriffen werden.[8]

Offene Fragen in statistisch verwertbare Codes zu transferieren ist nicht unproblematisch (vgl. Swyngedouw 2001). Um Fehler zu minimieren, wurde ein mehrstufiges Verfahren gewählt. Als Ausgangspunkt diente das Codeschema einer vergleichbaren Studie aus dem Jahr 2002.[9] In einem ersten Schritt wurden redundante, nicht vergebene und schwer voneinander abzugrenzende Kategorien umformuliert, zusammengefasst oder gelöscht. Das neue Schema wurde zunächst an den Daten von 2002 und dann an 100 Testfällen aus 2009 überprüft, zwischen den drei Testcodern bestand dabei eine Intercoderreliablität von annähernd 70 Prozent. Die Coder waren dazu angehalten, Schwierigkeiten mit dem Schema einerseits und nicht eindeutig einzuordnende Fälle andererseits zu notieren. Anschließend wurden mehrere Experten befragt und das Schema entsprechend der gewonnenen Erkenntnisse überarbeitet. Eine zweite Vercodungsrunde brachte Übereinstimmungen von über 75 Prozent zwischen den drei Codern bei wiederum 100 Testfällen. Nach kleineren Veränderungen wurde ein weiterer Intercodertest, diesmal zwischen den bisherigen Testcodern und dem Erhebungsinstitut, das mit der Vercodung betraut wurde, durchgeführt. Da auch dieser zu zufriedenstellenden Ergebnissen führte, wurde das Codeschema mit entsprechenden Arbeitshinweisen an die Vercoder versehen und offiziell freigegeben.

Ein Problem von Wahlumfragen ist das so genannte ‚overreporting': Befragte geben an, gewählt zu haben, obwohl dies gar nicht stimmt. Als Hauptgrund für dieses Verhalten gilt soziale Erwünschtheit (vgl. Schoen und Falter 2003). In einer Interviewsituation möchte sich der Befragte nicht die Blöße geben, ein in der Gesellschaft missbilligtes Verhalten, wie

---

7   Studiennummer ZA5301 (Version 3.0.0). Für weitere Angaben siehe Literaturverzeichnis unter Rattinger et al. (2011).
8   Als Ausnahme siehe Wenzel und Rattinger (2004).
9   Politische Einstellungen, politische Partizipation und Wahlverhalten im vereinigten Deutschland 2002 (Studiennummer ZA3861, Falter et al. (2003)).

zum Beispiel das Nichtwählen, zuzugeben und sagt daher die Unwahrheit. Da "vote misreporters resemble actual voters more closely than they do nonvoters, (…) adding them to the ranks of the voters does not introduce major compositional changes" (Sigelman 1982: 55).[10] Die Folgen für die Aussagekraft der Ergebnisse sind also nicht sehr groß. Zudem kann es sein, dass sich verschiedene Arten von Falschangaben ausgleichen, denn „wer im Interview angibt, dass er nicht wählt, kann dennoch seine Stimme einer Partei geben oder gegeben haben. Wer umgekehrt sagt, er wähle eine bestimmte Partei, kann auch gar nicht gewählt haben. Und wer über die Wahl einer Partei berichtet und auch tatsächlich zur Wahl gegangen ist, muss noch lange nicht die angegebene Partei gewählt haben" (Rattinger 2007: 63).[11] Da das Wahlverhalten großer Bevölkerungsteile ohne Verletzung des Wahlgeheimnisses bis heute jedoch nur über Umfragen zu erheben ist, nehmen wir die damit verbundenen Risiken in Kauf. Zudem weist Kleinhenz (1995) darauf hin, dass der Nichtwähleranteil in Deutschland aufgrund der in Abschnitt 2 angesprochenen technischen Fehler systematisch überschätzt wird, die Differenz zwischen der offiziellen Wahlbeteiligung des Bundeswahlleiters und der angegebenen Wahlbeteiligung in Umfragen sollte also kleiner sein als sie den Zahlen nach augenscheinlich ist.

Ein noch größeres Problem von Umfragen sind Totalverweigerer[12], also Personen, die an der Befragung überhaupt nicht teilnehmen wollen. Das bereinigte Brutto des Nachwahlquerschnitts betrug 4118 Haushalte. Von diesen verweigerten 845 jegliche Auskunft, weitere 426 Zielpersonen wollten nicht an der Studie teilnehmen und noch einmal 37 weigerten sich nach Kenntnisnahme der Befragungstechnik (computergestütztes Interview) (GLES 2011: 11). Über diese Personen kann keinerlei Aussage getroffen werden, es ist jedoch wahrscheinlich, dass es sich bei einem gewissen Prozentsatz um wenig bis nicht politisch Interessierte, beziehungsweise um eher uninformierte, schlechter ausgebildete junge Menschen handelt (Behnke et al. 2006: 170; Milner 2005). Denkbar ist ebenfalls, dass diese nicht gewählt hatten und deshalb nicht an einer Wahlumfrage teilnehmen wollten. Da keine Daten zu diesen Verweigerern zur Verfügung stehen, können sie leider auch nicht untersucht werden. Dazu kommen weitere 53 Personen, die auf die Frage nach dem Nichtwahlgrund keine Angaben machten oder mit ‚weiß nicht' antworteten (item-nonresponse). Über sie liegen zwar andere Angaben vor, über die Gründe ihrer Wahlabstinenz kann jedoch nichts ausgesagt werden.[13]

Das methodische Vorgehen ist dreistufig. Zunächst werden die offenen Antworten aus deskriptiver Warte beleuchtet und kategorisiert. In einem zweiten Schritt werden die Nichtwähler 2009 und diejenigen, die bereits 2005 der Urne fernblieben, getrennt betrachtet, um

---

10 Siehe auch Caballero (2005: 335).
11 Vergleiche auch Caballero (2005: 334f.), Harbaugh (1996) oder Proner (2011: 212ff., 285). Weniger optimistisch ist Smeets (1995). Proner (2011) stellt in ihrem Vergleich von ALLBUS und ALLBUS+ keine bedeutenden Unterschiede im Bezug auf politische Einstellungen fest, findet aber, dass Verweigerer an Umfragen unter Standardbedingungen „dem System und der Gesellschaft kritisch gegenüber" stehen (ibid: 288).
12 Totalverweigerer sind eine Gruppe der Totalausfälle, womit alle Fälle bezeichnet werden, die nicht befragt werden konnten (unit-nonresponse). Weitere Gründe können beispielsweise fehlerhafte Adressen, Abwesenheit durch Arbeit oder Urlaub, eine schwere Krankheit oder mangelnde Sprachkenntnisse sein.
13 Es wäre zwar möglich, die Motive dieser Personen über ihre übrigen Einstellungen zu untersuchen, es würde sich dabei dann jedoch nicht länger um die von den Befragten selbst angegebenen Gründe handeln.

gegebenenfalls Unterschiede zwischen beiden Gruppen feststellen zu können. Der dritte Schritt wird von der Frage geleitet, ob die angegebenen Nichtwahlgründe mit den individuellen Einstellungsmustern korrespondieren. Hierzu werden die in Tabelle 1 aufgeführten Nichtwählergruppen und die Ergebnisse des ersten Schritts zusammengeführt. Als Bezugsgruppe dienen stets die Wähler und deren Einstellungsmerkmale, die sich mit der Bereitschaft zur Wahlteilnahme in Beziehung setzen lassen.

4. Analyse

Von 2117 Befragten verneinten 429 die Frage nach der Wahlteilnahme 2009, 1645 gaben an, gewählt zu haben. Die Nichtwähler machen somit 20,3 Prozent der gültigen Antworten aus. Die offizielle Wahlbeteiligung lag bei 70,8 Prozent, was zeigt, dass auch diese Daten durch ‚overreporting' verzerrt sind. Allerdings sind sie es glücklicherweise nicht übermäßig stark, denn „the gap between reported and actual turnout has sometimes approached 20 percent" (Sigelman 1982: 47), der Nachwahlquerschnitt liegt demgegenüber nur bei knapp neun Prozent.[14]

Von den 429 Nichtwählern gaben 376 Personen mindestens einen Grund für ihre Abstinenz an. Von 53 Befragten konnten keine Antworten notiert werden, weil sie entweder keine Angaben machten (49 Personen) oder mit ‚weiß nicht' (4 Personen) antworteten. Von den 26 verschiedenen Gründen, die genannt wurden, deuten 13 und damit die Hälfte auf unzufriedene und/oder frustrierte Wähler hin. Drei Gründe beziehen sich auf mangelnde Auswahl, vier auf die Tatsache, dass sich Wähler nicht repräsentiert fühlen, drei zeugen von politischem Desinteresse, drei weitere haben mit Abwesenheit und Krankheit zu tun. Vier Teilnehmer gaben ‚sonstige' Gründe an, die keiner der Kategorien im Codeschema zugeordnet werden konnten. Tabelle 2 zeigt die Verteilung der Wähler auf die Kategorien. Die Gruppen wurden auf Basis theoretischer Überlegungen gebildet, die Zuordnung ist dem Anhang zu entnehmen. Für fast 40 Prozent der Befragten war *Indifferenz* der Hauptgrund für ihre Wahlabstinenz. Von diesen 143 Per-

Tabelle 2: Nichtwahlgründe 2009

Grund	Absolute Anzahl	Prozentualer Anteil
Unzufriedenheit	87	23.7
Desinteressen	50	13.6
Indifferenz	143	39.0
Entfremdung	35	9.5
Abwesend	8	2.2
Keine Zeit	21	5.7
Krank	23	6.3
Summe	367	100.0

Anmerkung: Ohne Antwortkategorie ‚Sonstiges' (4 Befragte) und ‚persönliche Gründe' (2 Befragte). Gerundete Werte.

---

14 Zu den Verzerrungen der amtlichen Wahlbeteiligung siehe oben.

sonen gaben 116 und damit 81 Prozent an, dass sie nicht teilnahmen, weil sie der Meinung waren, Wählen sei überflüssig und zwecklos, was man wähle sei egal und man habe die Wahl zwischen Pest und Cholera. Der zweitwichtigste Grund in dieser Gruppe war der Vorwurf, Programme und Inhalte hätten nicht überzeugt (17 Prozent).

Knapp ein Viertel aller Befragten gaben *Unzufriedenheit* als Grund für ihr Fernbleiben von der Urne an. Darunter fallen Argumente wie nicht eingehaltene Versprechen, machthungrige, egoistische Politiker, die nur an sich selbst denken und nicht auf die Wähler hören, Enttäuschung, sowie mangelndes Vertrauen in die Politik und ihre Vertreter.

Fünfzig Personen, also etwa ein Achtel, machten sich aus *Desinteresse* nicht auf den Weg ins Wahllokal. Die Hälfte dieser Gruppe hat nach eigener Aussage kein Interesse an Politik und Wahlen sind ihr egal. Sieben Personen gaben an, keine Lust auf die Wahl gehabt zu haben und vier bekundeten, das Wahlsystem oder die Politik allgemein nicht zu verstehen. Dreizehn Personen gehen selten, nie oder aus Prinzip nicht zur Wahl.

Rund ein Zehntel ging nicht zur Wahl, weil es sich nicht ausreichend repräsentiert fühlte und Interessen nicht vertreten wurden (*Entfremdung*). Eine Person erklärte, keinen Bezug zum politischen Personal zu haben, da Deutschland der „Obama" fehle.

Weitere 52 Befragte waren am Wahltag berufsbedingt *nicht anwesend* oder verreist, hatten, beispielsweise durch Krankheits- oder Todesfälle in der Familie, *keine Zeit* zur Stimmabgabe oder waren so *krank*, dass sie nicht wählen gehen konnten. Ein gewisser Prozentsatz dieser Gruppe hätte durch Briefwahl oder frühere Stimmabgabe sicherlich dennoch vom Wahlrecht Gebrauch machen können, für einen anderen Teil der Gruppe ist die Wahlabstinenz hingegen durchaus nachvollziehbar.

Kein Befragter war aus *Zufriedenheit* nicht zur Wahl gegangen, daher wird dieser Nichtwählertyp im Folgenden nicht weiter betrachtet.

Insgesamt gaben über 86 Prozent der Nichtwähler 2009 an, dass ihnen die Entscheidung der Wahl fernzubleiben eher leicht oder sogar sehr leicht gefallen sei. Von den Unzufriedenen fand kein einziger die Entscheidung schwer, zwei Drittel fiel sie sehr leicht, bei den Desinteressierten fiel die Entscheidung sogar über 76 Prozent sehr leicht. Unter den Indifferenten liegt die Quote bei 58 Prozent, unter den Entfremdeten bei 50 Prozent. Alle weiteren Gruppen enthalten zu wenige Fälle, um statistisch gesicherte Aussagen treffen zu können.

Mancher Befragte nutzte die Möglichkeit, mehr als einen Grund für sein Fernbleiben von der Urne anzugeben. Die Erkenntnisse der eben durchgeführten Analyse des Hauptgrundes setzen sich jedoch beim zweiten Grund fort: Unzufriedenheit und mangelnde Alternativen sind auch hier die häufigsten Nennungen, gefolgt von Desinteresse. Da davon ausgegangen wird, dass der erste Grund, den eine Person bei der Beantwortung einer solchen offenen Frage nennt, der für sie individuell wichtigste ist, weil er ihr als erstes in den Sinn kam, beschränkt sich die folgende Untersuchung auf die erste Nennung. Zudem spiegeln die zweiten Gründe die Kategorien des Hauptgrundes größtenteils wieder. Ein dritter Grund wurde nur von einer einzigen Person angegeben, vier und mehr Gründe kamen nicht vor.

Im nächsten Schritt sollen nun zwei Gruppen von Nichtwählern getrennt untersucht werden: diejenigen, die nur 2009 keine Stimme abgaben und diejenigen, die auch 2005 der Urne fernblieben. Hierzu wird die Rückerinnerungsfrage verwendet, die im Nachwahlquerschnitt gestellt wurde. Für diese Frage nach der Teilnahme an der Bundestagswahl 2005 gaben 1571 der 2117 Befragten an, gewählt zu haben, 376 verneinten dies.[15]

Tabelle 3: Nichtwahl 2005 und 2009

		Wahl 2009		
		Ja, ich habe gewählt	Nein, ich habe nicht gewählt	Summe
Wahl 2005	Ja, ich habe gewählt	1418	137	1555
	Nein, ich habe nicht gewählt	141	232	373
	Summe	1559	369	1928

Anmerkung: Ohne Antwortkategorie ‚trifft nicht zu', ‚keine Angabe' und ‚weiß nicht' (186 Befragte).

Verbindet man beide Fragen nach der Wahlteilnahme, so erhält man die in Tabelle 3 abgebildete Kreuztabelle. Hier sieht man, dass 232 der 369 Nichtwähler in 2009 auch 2005 schon nicht an die Urne gingen. Damit können fast 63 Prozent der Abstinenzler als wiederholte Nichtwähler (Eilfort 1991) klassifiziert werden. Diese Erkenntnis wirft die Frage auf, ob sich mehrmalige Nichtwähler in ihren Gründen von einmaligen Nichtwählern unterscheiden. Es ließe sich vermuten, dass wiederholtes Fernbleiben zum Beispiel für größere Unzufriedenheit mit den Leistungen der Politik und der Politiker spricht oder das unter einmaligen Nichtwählern diejenigen häufiger vertreten sein sollten, die mit ihrem Verhalten einen Denkzettel verteilen wollten. Außerdem könnte man annehmen, der oftmals als langweilig und wenig spannend kritisierte Wahlkampf 2009 hätte seine Spuren unter den einmaligen Nichtwählern stärker hinterlassen als unter den wiederholten Verweigerern, die schlicht schwerer bis gar nicht zu motivieren sind.

Tatsächlich zeigt Tabelle 4, dass es in den Kategorien Unzufriedenheit und Entfremdung keinen bedeutenden Unterschied zwischen den beiden Gruppe gibt, bei den Indifferenten je-

Tabelle 4: Nichtwahlgründe nach Typen (in %)

Grund	2005 gewählt	Bereits 2005 nicht gewählt	
Unzufriedenheit	27.0	24.2	
Desinteressen	4.1	15.2	
Indifferenz	30.3	46.5	
Entfremdung	10.7	8.6	
Abwesend	4.9	0.5	
Keine Zeit	8.2	2.5	
Krank	14.8	2.5	
Summe	122	198	320

Anmerkung: Nichtwähler 2009. Ohne ‚trifft nicht zu' (45 Befragte) und ‚weiß nicht' (2 Befragte).

---

15 Auf 152 traf die Frage nicht zu, 14 antworteten ‚weiß nicht', 4 machten keine Angaben.

doch sehr wohl, immerhin sind mehr als zwei Drittel der Kritiker mangelnder Alternativen auch 2005 schon nicht wählen gegangen. Zudem scheinen einmalige Nichtwähler häufiger durch Abwesenheit, Krankheit oder aus Zeitgründen von der Urne ferngehalten worden zu sein als wiederholte Nichtwähler. Für letztere ließe sich daher annehmen, dass Abwesenheit oder Krankheit vorgeschobene Gründe sind, um dem Interviewer gegenüber nicht zugeben zu müssen, dass man tatsächlich keine Lust auf die oder kein Interesse an der Wahl hatte.

Zuletzt soll noch die Frage beantwortet werden, ob die angegebenen Nichtwahlgründe mit den Einstellungsmustern der Befragten korrespondieren. Hierzu werden die Nichtwähler analog der angegebenen Gründe in vier Gruppen eingeteilt, in Unzufriedene, Desinteressierte, Indifferente und Entfremdete. Die übrigen Gruppen weisen zu geringe Fallzahlen auf und können daher nicht in die weitere Analyse einbezogen werden. Schon die Entfremdeten erreichen mit 35 Personen eine kritische Größe, ihre Ergebnisse müssen daher mit Vorsicht betrachtet werden. Als Bezugsgruppe dienen jeweils die Wähler, als Einstellungsmerkmale werden eine ganze Reihe von Variablen herangezogen, die im GLES-Nachwahlquerschnitt abgefragt wurden. Es interessiert dabei, ob diejenigen, die angaben, aus Unzufriedenheit nicht gewählt zu haben, tatsächlich besonders frustriert sind; ob die Desinteressierten wirklich wenig am politischen Geschehen interessiert sind; ob die Entfremdeten auch bei anderen Fragen angeben, dass sie ihren politischen Einfluss für zu gering halten und ob sich Nichtwähler in dieser Hinsicht von Wählern unterscheiden.

Tabelle 5 gibt eine erste Antwort auf diese Fragen. Die Parteiidentifikation zeigt an, ob zwischen dem Befragten und einer Partei eine engere Bindung besteht. Für die vorliegende Untersuchung ist es dabei unerheblich, zu welcher Partei er diese aufgebaut hat. Es wird erwartet, dass Wähler höhere Werte aufweisen als Nichtwähler. Auch beim politischen Interesse sollten Wähler höhere Werte erhalten, zudem sollten für die Desinteressierten besonders geringe Werte festzustellen sein. Die Wahlnorm bezeichnet die Bedeutung, die das Individuum dem Wahlakt zurechnet und kann sowohl internalisiert sein als auch von außen, zum Beispiel durch soziale Kontrolle, an eine Person herangetragen werden (Klein und Rosar 2005: 181; Rattinger und Krämer 1995). Je geringer diese ausgeprägt ist, desto eher sollte ein Befragter dem Wahllokal fernbleiben. Die Demokratiezufriedenheit sollte bei Wählern höher sein als bei Nichtwählern und bei den Unzufriedenen besonders niedrig. Die Entfremdeten sollten besonders selten eine Partei angeben, von der sie sich vollständig vertreten fühlen. Bei Indifferenten und Entfremdeten sollten für die Frage nach dem Unterschied zwischen den Parteien besonders geringe Werte aufgedeckt werden. Sowohl die Unzufriedenen, als auch die Entfremdeten sollten zudem auffällige Werte auf den beiden Efficacy-Items aufweisen. Internal Efficacy wird hier verstanden als „the individual's belief that means of influence are available to him", external Efficacy als „the belief that the authorities or regime are responsive to influence attempts" (Balch 1974: 24; zitiert in Vetter 2000: 104).

Tabelle 5: Einstellungsmerkmale (in %)

Grund	Partei-identifikation	Politisches Interesse	Wahlnorm	Demokratie-zufriedenheit	Vertretung	Unterschied Partei
Unzufriedene	19	6	5	12	6	12
Desinteressierte	19	0	13	32	4	5
Indifferente	15	3	10	15	4	8
Entfremdete	14	9	17	6	0	14
Wähler	70	24	74	46	38	36
T-Test	+	+	+	+	+	+

Grund	Internal Efficacy	External Efficacy
Unzufriedene	25	2
Desinteressierte	8	0
Indifferente	20	1
Entfremdete	14	3
Wähler	40	16
T-Test	-	+

Anmerkung: Kumulierte Prozentwerte. Parteiidentifikation für eine der fünf großen Parteien oder eine andere Partei; politisches Interesse stark oder ziemlich stark; Wahl ist Bürgerpflicht trifft eher zu und trifft voll und ganz zu; sehr und ziemlich mit Demokratie in Deutschland zufrieden; fühle mich von mindestens einer Partei vollständig vertreten; große Unterschiede zwischen Parteien; internal und external Efficacy trifft überhaupt nicht und eher nicht zu. T-Test für Mittelwertvergleiche von Gruppen, Wähler vs. Nichtwähler. + = T-Test signifikant, – = T-Test nicht signifikant.
Lesehilfe: 19 Prozent der Unzufriedenen gaben eine Identifikation mit einer Partei an, 6 Prozent behaupteten ein starkes oder ziemlich starkes politisches Interesse zu haben etc.

Tabelle 5 zeigt anschaulich, dass es tatsächlich in den meisten Einstellungskategorien einen Unterschied zwischen Wählern und Nichtwählern gibt. Nichtwähler weisen seltener eine Parteiidentifikation auf, sie zeigen weniger politisches Interesse, die Akzeptanz der Wahlnorm ist geringer ausgeprägt, sie sind mit der Demokratie weniger zufrieden, sie befinden nicht notwendigerweise, dass es einen Unterschied zwischen den Parteien gibt, sie fühlen sich weniger gut vertreten, sie sind eher der Meinung, dass sie wenig Möglichkeiten haben, das politische System zu beeinflussen und im Grunde überzeugt davon, dass ihnen kein Gehör geschenkt wird.

T-Tests auf Gruppenunterschiede in den Mittelwerten zeigen, dass es – mit Ausnahme der internal Efficacy – signifikante Differenzen zwischen Wählern und Nichtwählern gibt, die im vorherigen Absatz aufgestellten Vermutungen treffen dennoch nicht immer zu. Es stimmt, dass Wähler eine höhere Parteiidentifikation aufweisen als Nichtwähler, sie sind auch interessierter am politischen Geschehen und ihre Wahlnorm ist wesentlich stärker ausgeprägt. Nach eigenen Angaben Desinteressierte geben nicht an, politisch interessiert zu sein. Wähler sind zufriedener mit der Demokratie in Deutschland, angeblich Unzufriedene sind jedoch tatsächlich nicht unzufriedener als die übrigen Nichtwählergruppen. Nichtwähler fühlen sich schlechter vertreten. Wähler nehmen Unterschiede zwischen den Parteien größer wahr als Nichtwähler. Zudem zeigen sich hier, wie angenommen, signifikante Unterschiede in den

Mittelwerten zwischen den Entfremdeten und den Unzufriedenen bzw. den Desinteressierten. Die Ergebnisse der Efficacy-Items überraschen: für internal Efficacy gibt es keinen signifikanten Unterschied zwischen Wählern und Nichtwählern, auch wenn prozentual gesehen mehr Wähler der Meinung sind, dass sie die Möglichkeit haben, das politische System zu beeinflussen. Bei der external Efficacy unterscheiden sich beide Gruppen wiederum signifikant voneinander, Wähler glauben eher daran, dass ihnen von der Politik Gehör geschenkt wird als Nichtwähler, die im Prinzip überhaupt nicht davon ausgehen. In beiden Fällen sind die Werte der Desinteressierten niedriger als die der beiden anderen Nichtwählerkategorien, sie stehen dem politischen System als Ganzem somit ferner als die beiden anderen Gruppen.

Da wiederholte T-Tests über die einzelnen Gruppen methodisch nicht unproblematisch sind, wurden die eben gefundenen Erkenntnisse über vorhandene und fehlende Unterschiede zwischen den einzelnen Nichtwahlgründen mittels einfaktorieller Anova überprüft. Die F-Statistiken werden nur für Wahlnorm und die external Efficacy signifikant, zwischen den übrigen Gruppen besteht also auf den Einstellungsitems kein bedeutender Mittelwertunterschied. Die Scheffé- Prozedur als Post-hoc-Test bestätigt diese Erkenntnisse. In Bezug auf die external Efficacy besteht ein Unterschied zwischen den Unzufriedenen und den übrigen drei Gruppen, sie haben somit weniger das Gefühl, das politische System beeinflussen zu können beziehungsweise ihren Interessen auf der politischen Bühne Gehör verschaffen zu können. Die Resultate können die zu Beginn getroffenen Annahmen damit zumindest zum Teil bestätigen.

5. Zusammenfassung

Wer sind die Nichtwähler der Bundestagswahl 2009 und warum zogen sie es vor, der Urne fernzubleiben? Ziel des Artikels war es, diese beiden Fragen zu beantworten. Im Unterschied zu vielen anderen Nichtwähler-Studien konnte hier nicht nur auf theoretische Überlegungen gebaut werden, sondern mit den verbatim-Antworten aus dem Nachwahl-Querschnitt der German Longitudinal Election Study (GLES) gearbeitet werden. Sind deutsche Nichtwähler also weniger politisch interessiert, mit schwacher Wahlnorm und ohne Parteibindung, wie oft behauptet wird?

Die Ergebnisse zeigen, dass das von kanadischen und holländischen Nichtwählern gezeichnete Bild (Milner 2005; Smeets 1995), bis zu einem gewissen Grad auch auf Deutschland zutrifft. Nichtwähler bleiben der Urne aus vier Hauptgründen fern: mangelnde Auswahl an Kandidaten, Parteien und Programmen, Unzufriedenheit mit Politik und politischem Personal, Desinteresse und wegen des Gefühls, nicht ausreichend repräsentiert zu werden. Krankheit und Urlaub sind eher selten die Ursache für die Stimmenthaltung. Außerdem lässt sich festhalten, dass sich Wähler und Nichtwähler voneinander unterscheiden, allerdings nicht auf allen getesteten Faktoren. Ferner stimmen angegebene Nichtwahlgründe und übrige Einstellungsmuster bis zu einem gewissen Punkt miteinander überein.

Die Analyse der offenen Frage nach dem Nichtwahlgrund zeigt zudem, dass die bisherige Forschung in ihrer eher theoriegeleiteten Untersuchung der Wahlabstinenzler durchaus richtig lag: wer sich nicht vertreten fühlt oder meint, keine wirkliche Auswahl an Parteien, Kandidaten und Programmen zu haben oder sich nicht für Politik interessiert, der nimmt auch nicht an der Wahl teil. Ob sich daraus automatisch schließen lässt, dass ein „Obama" oder wie 1972 ein Willi Brandt die Menschen zurück an die Urnen holen kann, darf jedoch bezweifelt werden. Um derartige Vermutungen zu bestätigen oder zu verwerfen, sind weitergehende Analysen, beispielsweise zu Entwicklungen über die Zeit, von Nöten. Dennoch lässt sich aus diesen Ergebnissen durchaus eine Empfehlung an Parteien und Politikstrategen ablesen: Die Politik täte gut daran, wieder näher an die Menschen heranzurücken und ihnen das Gefühl zu vermitteln, tatsächlich ein Mitspracherecht zu haben, denn Demokratie bedeutet „Regierung des Volkes, für das Volk und durch das Volk"[16], nicht gegen oder ohne es.

Literatur

Arceneaux, Kevin und David W. Nickerson, (2009): Who Is Mobilized to Vote? A Re-Analysis of 11 Field Experiments. American Journal of Political Science 53: 1–16.
Armingeon, Klaus, (2000): Gründe und Folgen geringer Wahlbeteiligung. In: Jan van Deth, Hans Rattinger und Edeltraud Roller (Hg.), Die Republik auf dem Weg zur Normalität? Wahlverhalten und politische Einstellungen nach acht Jahren Einheit, S. 43–64. Opladen: Leske und Budrich.
Arzheimer, Kai, (2002): Politikverdrossenheit: Bedeutung, Verwendung und empirische Relevanz eines politikwissenschaftlichen Begriffs. Wiesbaden: Westdeutscher Verlag.
Arzheimer, Kai, (2009): Contextual Factors and the Extreme Right Vote in Western Europe, 1980-2002. American Journal of Political Science 53: 259–275.
Balch, George I., (1974): Multiple Indicators in Survey Research: The Concept 'Sense of Political Efficacy'. Political Methodology 1: 1–43.
Behnke, Joachim, Nina Baur und Nathalie Behnke, (2006): Empirische Methoden der Politikwissenschaft. Paderborn: UTB.
Bennet, Stephen Earl und David Resnick, (1990): The Implications of Nonvoting for Democracy in the United States. American Journal of Political Science 34: 771–802.
Berelson, Bernard, Paul F. Lazarsfeld und William N. McPhee, (1954): Voting. A Study of Opinion Formation in a Presidential Campaign. Chicago: University of Chicago Press.
Bühlmann, Marc, Markus Freitag und Adrian Vatter, (2003): Die schweigende Mehrheit. Eine Typologie der Schweizer Nichtwählerschaft. In: Pascal Sciarini, Sybille Hardmeier und Adrian Vatter (Hg.), Schweizer Wahlen 1999. Elections Fédérales 1999, S. 27–58. Bern: Haupt.
Brady, Henry E., Sidney Verba und Kay L. Schlozman, (1995): Beyond SES: A Resource Model of Political Participation. American Political Science Review 89: 271–294.
Braun, Dietmar, (1999): Theorien rationalen Handelns in der Politikwissenschaft. Eine kritische Einführung. Opladen: Leske und Budrich.
Caballero, Claudio, (2005): Nichtwahl. In: Jürgen W. Falter und Harald Schoen (Hg.), Handbuch Wahlforschung, S. 329–365. Wiesbaden: VS Verlag für Sozialwissenschaften.
Campbell, Angus, Philip E. Converse und Warren E. Miller, (1964): The American Voter. An Abridgement. New York: Wiley.
Campbell, Angus, Gerald Gurin und Warren E. Miller, (1954): The Voter Decides. Evanston: Row, Peterson and Company.

---

16 Abraham Lincoln, Gettysburg Address, 1863.

Dahl, Robert A., (1971): Polyarchy. Participation and Opposition. New Haven: Yale University Press.
Downs, Anthony, (1968): Ökonomische Theorie der Demokratie. Tübingen: J.C.B. Mohr.
Eilfort, Michael, (1991): Die Nichtwähler. Bedeutung, Erfassung und Analyse eines andersartigen Wahlverhaltens. In: Hans-Georg Wehling (Hg.), Wahlverhalten, S. 224–241. Stuttgart: W. Kohlhammer GmbH.
Eilfort, Michael, (1994): Die Nichtwähler. Wahlenthaltung als Form des Wahlverhaltens. Paderborn: Ferdinand Schöningh Verlag.
Eilfort, Michael, (2006): Wahlenthaltung: Ein vielschichtiges Phänomen mit wachsender Bedeutung. Wählen ist nicht mehr Konvention, Enthaltung nicht mehr nur Desinteresse. In: Beate Hoecker (Hg.), Politische Partizipation zwischen Konvention und Protest. Eine studienorientierte Einführung, S. 55–73. Opladen: Verlag Barbara Budrich.
Falter, Jürgen W.; Oscar W. Gabriel und Hans Rattinger (2003): Politische Einstellungen, politische Partizipation und Wählerverhalten im vereinigten Deutschland 2002 (Studie zur Bundestagswahl 2002). GESIS Datenarchiv, Köln. ZA3861 Datenfile Version 1.0.0, doi:10.4232/1.3861.
Falter, Jürgen W. und Siegfried Schumann, (1993): Nichtwahl und Protestwahl: Zwei Seiten einer Medaille. Aus Politik und Zeitgeschichte B11: 36–49.
Faulbaum, Frank, Peter Prüfer, und Margit Rexroth, (2009): Was ist eine gute Frage? Die systematische Evaluation der Fragenqualität. Wiesbaden: VS Verlag für Sozialwissenschaften.
Feist, Ursula, (1992): Niedrige Wahlbeteiligung – Normalisierung oder Krisensymptom der Demokratie in Deutschland? In: Karl Starzacher, Konrad Schacht, Bernd Friedrich und Thomas Leif (Hg.), Protestwähler und Wahlverweigerer. Krise der Demokratie?, S. 40–57. Köln: Bund-Verlag.
Freitag, Markus, (1996):Wahlbeteiligung in westlichen Demokratien. Eine Analyse zur Erklärung von Niveauunterschieden. Swiss Political Science Review 2: 1–36.
Gavin, Neil T., (1996): Class Voting and the Labour Party in Britain: The Analysis of Qualitative Data on Voting Preference in the 1987 General Election. Electoral Studies 15: 311–326.
German Longitudinal Election Study (GLES), (2011): GLES 2009: Nachwahl-Querschnitt ZA5301, Version 3.0.0, Studienbeschreibung. Study Materials 2011/06. GESIS – Leibniz-Institut für Sozialwissenschaften.
Golzem, Friederike und Klaus Liepelt, (1977): Wahlenthaltung als Regulativ. Die sporadischen Nichtwähler. In: Claus Böhret (Hg.), Wahlforschung. Sonden im politischen Markt, S. 140– 175. Wiesbaden: Westdeutscher Verlag.
Harbaugh, William T., (1996): If People Vote Because They Like To, Then Why Do So Many Of Them Lie? Public Choice 89: 63–76.
Inglehart, Ronald, (1977): The Silent Revolution. Changing Values and Political Styles among Western Publics. Princeton: Princeton University Press.
Klein, Markus und Rosar, Ulrich, (2005): Die Wähler ziehen Bilanz: Determinanten der Wahlteilnahme und der Wahlentscheidung. In: Manfred Güllner, Hermann Dülmer, Markus Klein, Dieter Ohr, Markus Quandt, Ulrich Rosar und Hans-Dieter Klingemann (Hg.), Die Bundestagswahl 2002. Eine Untersuchung im Zeichen hoher politischer Dynamik, S. 181–198. Wiesbaden: VS Verlag für Sozialwissenschaften.
Kleinhenz, Thomas, (1995): Die Nichtwähler. Ursachen der sinkenden Wahlbeteiligung in Deutschland. Opladen: Westdeutscher Verlag.
Klingemann, Hans-Dieter, (2009): The Comparative Study of Electoral Systems. Oxford: Oxford University Press.
Lane, Jan-Erik und Svante Ersson, (1990): Macro and Micro Understanding in Political Science: What Explains Electoral Participation? European Journal of Political Research 18: 457–465.
Lazarsfeld, Paul F., Bernard Berelson und Hazel Gaudet, (1944): The People's Choice. How the Voter Makes up his Mind in a Presidential Campaign. New York: Columbia University Press.
Lijphart, Arend, (1998): The Problem of Low and Unequal Voter Turnout – and What We Can Do About It. Wien: Institut für Höhere Studien.
Lipset, Seymour Martin und Stein Rokkan, (1967): Cleavage Structures, Party Systems and Voter Alignments. An Introduction. In: Seymour Martin Lipset und Stein Rokkan (Hg.), Party Systems and Voter Alignments: Cross-National Perspectives, S. 1–64. New York: Collier-Macmillan.
Midtbø, Tor und Kjell Hines, (1998): The Referendum-Election Nexus: An Aggregate Analysis of Norwegian Voting Behavior. Electoral Studies 17: 77–94.
Milner, Henry, (2005): Are Young Canadians Becoming Political Dropouts? A Comparative Perspective. IRPP Choices 11: 1–26.
Narud, Hanne Marthe und Henry Valen, (1996): Decline of Electoral Turnout: The Case of Norway. European Journal of Political Research 29: 235–256.

de Nève, Dorothée, (2009): NichtwählerInnen – eine Gefahr für die Demokratie? Opladen: Verlag Barbara Budrich.
Olson, Mancur, (1965): The Logic of Collective Action. Cambridge: Harvard University Press.
Perea Anduiza, Eva, (2002): Individual Characteristics, Institutional Incentives and Electoral Abstention in Western Europe. European Journal of Political Research 41: 643–673.
Proner, Hanna, (2011): Ist keine Antwort auch eine Antwort? Die Teilnahme an politischen Umfragen. Wiesbaden: VS Verlag für Sozialwissenschaften.
Putnam, Robert D., (2000): Bowling alone. The Collapse and Revival of American Community. New York: Simon and Schuster.
Rattinger, Hans, (2007): Wechselwähler 1990 bis 2002. In: Hans Rattinger, Oscar W. Gabriel und Jürgen W. Falter (Hg.), Der gesamtdeutsche Wähler. Stabilität und Wandel des Wählerverhaltens im wiedervereinigten Deutschland, S. 37–65. Baden-Baden: Nomos.
Rattinger, Hans, (2009): Einführung in die politische Soziologie. München: Oldenburg.
Rattinger, Hans und Jürgen Krämer, (1995): Wahlnorm und Wahlbeteiligung in der Bundesrepublik Deutschland: Eine Kausalanalyse. Politische Vierteljahresschrift 36: 267–285.
Rattinger, Hans, Sigrid Roßteutscher, Rüdiger Schmitt-Beck und Bernhard Weßels, (2011): Nachwahl-Querschnitt (GLES 2009). GESIS Datenarchiv, Köln. ZA5301 Datenfile Version 3.0.0, doi:10.4232/1.10351.
Reif, Karlheinz und Hermann Schmitt, (1980): Nine Second-Order National Elections. A Conceptual Framework for the Analysis of European Election Results. European Journal of Political Research 8: 3–44.
Roth, Dieter, (1992): Sinkende Wahlbeteiligung – Eher Normalisierung als Krisensymptom. In: Karl Starzacher, Konrad Schacht, Bernd Friedrich und Thomas Leif (Hg.), Protestwähler und Wahlverweigerer. Krise der Demokratie, S. 58–68. Köln: Bund-Verlag.
Schäfer, Armin, (2011): Der Nichtwähler als Durchschnittsbürger: Ist die sinkende Wahlbeteiligung eine Gefahr für die Demokratie? In: Evelyn Bytzek und Sigrid Roßteutscher (Hg.), Der unbekannte Wähler? Mythen und Fakten über das Wahlverhalten der Deutschen, S. 133–154. Frankfurt/New York: Campus Verlag.
Schoen, Harald, (2005): Soziologische Ansätze in der empirischen Wahlforschung. In: Jürgen W. Falter und Harald Schoen (Hg.), Handbuch Wahlforschung, S. 135–185. Wiesbaden: VS Verlag für Sozialwissenschaften.
Schoen, Harald und Jürgen W. Falter, (2003): Nichtwähler bei der Bundestagswahl 2002. Politische Studien 54: 34–43.
Schoen, Harald und Cornelia Weins, (2005): Der sozialpsychologische Ansatz zur Erklärung von Wahlverhalten. In: Jürgen W. Falter und Harald Schoen (Hg.), Handbuch Wahlforschung, S. 187–242. Wiesbaden: VS Verlag für Sozialwissenschaften.
Söderlund, Peter, (2008): Retrospective Voting and Electoral Volatility: A Nordic Perspective. Scandinavian Political Studies 31: 217–240.
Sigelman, Lee, (1982): The Nonvoting Voter in Voting Research. American Journal of Political Science 26: 47–56.
Smeets, Ingrid, (1995): Facing Another Gap: An Exploration of the Discrepancies Between Voting Turnout in Survey Research and Official Statistics. Acta Politica 30: 307–334.
Starzacher, Karl, Konrad Schacht, Bernd Friedrich und Thomas Leif (Hg.), (1992): Protestwähler und Wahlverweigerer. Krise der Demokratie? Köln: Bund-Verlag.
Steinbrecher, Markus, Sandra Huber und Hans Rattinger, (2007): Turnout in Germany. Citizen Participation in State, Federal, and European Elections since 1979. Baden-Baden: Nomos Verlag.
Swyngedouw, Marc, (2001): The Subjective Cognitive and Affective Map of Extreme Right Voters: Using Open-Ended Questions in Exit Polls. Electoral Studies 20: 217–241.
Van Egmond, Marcel, Nan Dirk De Graaf und Cees Van der Eijk, (1998): Electoral Participation in the Netherlands: Individual and Context Influences. European Journal of Political Research 34: 281–300.
Verba, Sidney, Kay L. Schlozman, Henry Brady und Norman H. Nie, (1993): Race, Ethnicity and Political Resources: Participation in the United States. British Journal of Political Science 23: 453–497.
Vetter, Angelika, (2000): Frischer Wind in einer alten Beziehung? Political Efficacy und die Bundestagswahl 1998. In: Jürgen Falter, Oscar W. Gabriel und Hans Rattinger (Hg.), Wirklich ein Volk? Die politischen Orientierungen von Ost- und Westdeutschen im Vergleich, S. 79–109. Opladen: Leske und Budrich.
Walter, Franz und Michael Lühmann, (2010): Die Empörungsgesellschaft. Populismus hier, Parteienverachtung dort: Das Land wird zur Empörungsgesellschaft. Eine aggressive Anti-Politik gedeiht, mit fatalen Folgen. Zeit online Artikel vom 17.03.: 1–4.
Wenzel, Eva und Hans Rattinger, (2004): Nichtwähler und Protestwähler – eine strategische Größe des Parteiensystems? In: Hans Zehetmair (Hg.), Das deutsche Parteiensystem. Perspektiven für das 21. Jahrhundert, S. 28–44. Wiesbaden: VS Verlag für Sozialwissenschaften.

Zelle, Carsten, (1995): Social Dealignment versus Political Frustration: Contrasting Explanations of the Floating Vote in Germany. European Journal of Political Research 27: 319–345.

Anhang

Das Codeschema für die offene Frage basiert auf dem der Studie „Politische Einstellungen, politische Partizipation und Wahlverhalten im vereinigten Deutschland 2002" (Studiennummer ZA3861, Falter et al. (2003)).

Gruppierung der Antwortkategorien „Gründe für Nichtwahl"

Unzufriedenheit
- Verhalten der Politiker (Skandale, Äußerungen)
- Wegen Politikern/Parteien allgemein
- Versprechen werden nicht eingehalten
- Politiker/Parteien sind machthungrig, egoistisch, machen was sie wollen, hören nicht auf Wähler
- Politiker/Parteien sind Betrüger, Verbrecher, Lügner, korrupt
- Politiker/Parteien wollen nur die Stimme
- Enttäuscht von Politik/Politikern/Parteien
- Kein Vertrauen in Politik/Politiker
- Aus Protest
- Halte nichts von Demokratie
- Unzufrieden allgemein/mit System/mit Politikfeld
- Politikverdrossenheit (bei tatsächlicher Nennung des Begriffs)
- Identifiziere mich nicht mit diesem Land/dieser Gesellschaft

Desinteresse
- Wähle selten, wähle nie, wähle aus Prinzip nicht
- Kein Interesse, keine Motivation, Politik ist mir egal, Wahlen sind mir egal, einfach so
- Verstehe das Wahlsystem/die Politik nicht, kenne mich nicht aus, keine Ahnung von Politik/Parteien
-

Indifferenz
- Parteien/Politiker sind sich zu ähnlich, keine Unterschiede
- Überflüssig, zwecklos, was man wählt ist egal, es passiert nichts, Pest oder Cholera, bringt nichts
- Weiß nicht, wen ich wählen soll, meine Partei ist nicht angetreten, Konzepte/Programme/Inhalte überzeugen mich nicht

Entfremdung
- Meine Stimme zählt nicht, zu wenig Mitbestimmung
- Kein Bezug zum Kanzlerkandidaten/Wahlkreiskandidaten, kein „Obama"
- Meine Interessen werden nicht vertreten, mir hilft keiner, für mich interessiert sich keiner
- Fühle mich nicht repräsentiert

Liste der verwendeten Items

Wahlbeteiligung

Bei der Bundestagswahl am 27. September kamen viele Bürger nicht dazu, ihre Stimme abzugeben oder nahmen aus anderen Gründen nicht an der Wahl teil. Wie war es bei Ihnen: Haben Sie gewählt oder haben Sie nicht gewählt?
- Ja, habe gewählt
- Nein, habe nicht gewählt
- trifft nicht zu
- weiß nicht
- keine Angabe

Nichtwahlgrund

Und warum haben Sie nicht gewählt? Bitte nennen Sie mir die für Sie wichtigsten Gründe. [Offene Frage]
- trifft nicht zu
- weiß nicht
- keine Angabe

Schwierigkeit der Entscheidung

Fiel Ihnen die Entscheidung, bei dieser Bundestagswahl nicht wählen zu gehen, sehr schwer, eher schwer, eher leicht oder sehr leicht?
- sehr schwer
- eher schwer
- eher leicht
- sehr leicht
- trifft nicht zu
- weiß nicht
- keine Angabe

Rückerinnerung I

Wenn Sie an die Bundestagswahlen vor vier Jahren, am 18. September 2005, zurückdenken, waren Sie da wahlberechtigt?

- Ja
- Nein
- trifft nicht zu
- weiß nicht
- keine Angabe

Rückerinnerung II

Und sind Sie damals wählen gegangen?

- Ja
- Nein
- trifft nicht zu
- weiß nicht
- keine Angabe

Parteiidentifikation

In Deutschland neigen viele Leute längere Zeit einer bestimmten politischen Partei zu, obwohl sie auch ab und zu eine andere Partei wählen. Wie ist das bei Ihnen: Neigen Sie – ganz allgemein gesprochen – einer bestimmten Partei zu? Und wenn ja, welcher?

- CDU
- CSU
- SPD
- FDP
- Bündnis 90/Die Grünen
- Die Linke
- Andere Partei und zwar
- Keine Partei
- weiß nicht
- keine Angabe

Politisches Interesse

Einmal ganz allgemein gesprochen: Wie stark interessieren Sie sich für Politik: sehr stark, ziemlich stark, mittelmäßig, weniger stark oder überhaupt nicht?

- sehr stark
- ziemlich stark
- mittelmäßig
- weniger stark
- überhaupt nicht
- weiß nicht
- keine Angabe

Wahlnorm

Jetzt möchte ich gerne Ihre Meinung zu einigen allgemeinen Aussagen zur Politik wissen. Bitte geben Sie zu jeder der folgenden Aussagen an, inwieweit Sie diese zutreffend finden oder nicht zutreffend. „In der Demokratie ist es die Pflicht jedes Bürgers, sich regelmäßig an Wahlen zu beteiligen."
- trifft überhaupt nicht zu
- trifft eher nicht zu
- teils/teils
- trifft eher zu
- trifft voll und ganz zu
- weiß nicht
- keine Angabe

Demokratiezufriedenheit

Wie zufrieden oder unzufrieden sind Sie – alles in allem – mit der Demokratie, so wie sie in Deutschland besteht? Sind Sie sehr zufrieden, ziemlich zufrieden, teils/teils, ziemlich unzufrieden oder sehr unzufrieden?
- sehr zufrieden
- ziemlich zufrieden
- teils/teils
- ziemlich unzufrieden
- sehr unzufrieden
- weiß nicht
- keine Angabe

Vertretung

Bitte sehen Sie sich einmal die folgende Liste von Gruppen und Organisationen an, von denen sich viele Bürger vertreten fühlen. Sagen Sie mir bitte für jede dieser Gruppen oder Organisationen unabhängig davon, ob Sie darin Mitglied sind oder nicht, ob sie Ihrer Meinung nach Ihre Interessen vertritt oder Ihren Interessen entgegensteht. Benutzen Sie dafür die Skala von -2 bis+2. -2 bedeutet, dass die Ziele der Gruppe/Organisation Ihren Interessen entgegenstehen.+2 bedeutet, dass die Ziele der Gruppe/Organisation Ihre Interessen vertritt.
- Die CDU/CSU
- Die SPD
- Die FDP
- Bündnis '90/Die Grünen
- Die Linke

Unterschied zwischen Parteien

Wie war das eigentlich im Wahlkampf mit den politischen Parteien? Konnte man zwischen den Parteien große politische Unterschiede feststellen, kleinere Unterschiede oder überhaupt keine Unterschiede?
- große Unterschiede
- kleinere Unterschiede
- überhaupt keine Unterschiede
- weiß nicht
- keine Angabe

Internal Efficacy

Jetzt möchte ich gerne Ihre Meinung zu einigen allgemeinen Aussagen zur Politik wissen. Bitte geben Sie zu jeder der folgenden Aussagen an, inwieweit Sie diese zutreffend finden oder nicht zutreffend. „Politische Fragen sind für mich oft schwer zu verstehen."
- trifft überhaupt nicht zu
- trifft eher nicht zu
- teils/teils
- trifft eher zu
- trifft voll und ganz zu
- weiß nicht
- keine Angabe

External Efficacy

Jetzt möchte ich gerne Ihre Meinung zu einigen allgemeinen Aussagen zur Politik wissen. Bitte geben Sie zu jeder der folgenden Aussagen an, inwieweit Sie diese zutreffend finden oder nicht zutreffend. „Die Parteien wollen nur die Stimmen der Wähler, ihre Ansichten interessieren sie nicht."
- trifft überhaupt nicht zu
- trifft eher nicht zu
- teils/teils
- trifft eher zu
- trifft voll und ganz zu
- weiß nicht
- keine Angabe

Koalitionen

Präferenzbildung in Zeiten von „Koalitionspolygamie": Eine Untersuchung von Einflüssen auf Koalitionspräferenzen bei der Bundestagswahl 2009

Evelyn Bytzek

1. Einleitung

Eine wichtige Funktion von Wahlen ist die Bestimmung einer Regierung für die nächste Legislaturperiode. In Mehrparteiensystemen bestehen Regierungen in der Regel aus Koalitionen mehrerer Parteien, so auch in der Bundesrepublik Deutschland. Es ist damit nicht das Wahlergebnis, das notwendigerweise darüber entscheidet, welche Parteien regieren, sondern die Koalitionsverhandlungen. Ein gutes Beispiel hierfür stellt die Bundestagswahl 2005 dar, bei der es knapp nicht für eine schwarz-gelbe Mehrheitsregierung gereicht hat: Als Alternative zu einer schwarz-gelben Regierung wäre eine Koalition aus SPD, Grünen und der Linken möglich gewesen, gebildet wurde jedoch eine große Koalition. Wähler, die mit ihrer Wahlentscheidung beeinflussen wollen, welche Regierung sich nach der Wahl bilden wird, sollten dies folglich beim Urnengang beachten. Aus diesem Grund spielen Koalitionspräferenzen bei der Untersuchung von Wahlentscheidungen eine immer größere Rolle, insbesondere in Hinblick auf strategisches Verhalten in Verhältniswahlsystemen (z. B. in Aldrich et al. 2005, Blais et al. 2006, Gschwend 2007, Meffert/Gschwend 2010, Pappi/Thurner 2002). Das Zustandekommen von Koalitionspräferenzen ist jedoch noch weitestgehend unerforscht. Vor dem Hintergrund, dass Koalitionspräferenzen Einfluss auf Wahlentscheidungen nehmen (vgl. Bytzek 2010, Pappi/Gschwend 2005), stellt dies eine nicht hinzunehmende Lücke der Wahlforschung dar. Diese Lücke zu schließen wird durch die unklare Koalitionssituation nach der Bundestagswahl 2005 umso wichtiger, da hierdurch bislang wenig bekannte Koalitionsmodelle wie beispielsweise die sogenannte Jamaika-Koalition aus CDU/CSU, FDP und Grünen diskutiert wurden. Die Bildung von Koalitionspräferenzen ist folglich komplexer geworden, zeitgleich erfahren Koalitionsoptionen immer mehr Beachtung in der Wahlkampfberichterstattung. Eine Untersuchung zum Zustandekommen von Koalitionspräferenzen ist daher dringend geboten. Klar ist bislang lediglich, dass Partei- und Koalitionspräferenzen eng zusammenhängen (Pappi 2007). Da eine Partei in mehreren möglichen Koalitionen enthalten sein kann, lassen sich aber weitere Einflüsse neben der Parteipräferenz vorstellen. Im Folgenden wird daher untersucht, welchen Einfluss Partei- und Koalitionsbewertungen auf Koalitionspräferenzen haben. Als Koalitionsbewertungen werden hierbei die Problemlösungskompetenz und die ideologische Distanz von Koalitionen zu den Wählern herangezogen. Zur Untersuchung von Einflüssen auf Koalitionspräferenzen bei der Bundestagswahl 2009 wird im Folgenden Gebrauch von Daten der German Longitudinal Election Study (GLES) gemacht. Der empirischen Analyse zum Einfluss von Parteipräferenzen und Koalitionsbewertungen auf Koalitionspräferenzen werden theoretische Überlegungen zum Wirkungszusammenhang vorangestellt. Im Anschluss daran wird die unumstrittene Wirkung von Partei- auf Koalitionspräferenzen empirisch genauer betrachtet, um zu sehen, ob Raum für weitere Erklärungsfaktoren bleibt. Darauf aufbauend wird dann das Gesamtmodell mit der Problemlösungskompetenz und der ideologischen Distanz zu Koalitionen als koalitionsspezifischen Erklärungsfaktoren vorgestellt.

2. Theoretische Überlegungen zu Einflüssen auf Koalitionspräferenzen

Der enge Zusammenhang zwischen Partei- und Koalitionspräferenzen konnte bereits mehrfach gezeigt werden (z. B. bei Meffert/Gschwend 2007, Pappi 2007). Hierbei kann angenommen werden, dass die Parteipräferenzen den Koalitionspräferenzen vorgelagert sind, diese also beeinflussen. Der Grund hierfür ist, dass Parteien manifeste politische Objekte darstellen, die mit gesellschaftlichen Gruppen und Problemfeldern verbunden sind. Präferenzen zu Parteien können daher sehr früh gebildet werden und relativ stabil sein. Koalitionen stellen dagegen latente politische Objekte dar, da ihre Bildung von einer Vielzahl von Faktoren abhängt. Zudem setzen sich Koalitionen aus Parteien zusammen, die Bewertung der Parteien sollte folglich eine wichtige Rolle für Koalitionspräferenzen spielen (vgl. Meffert et al. 2009 für eine ähnliche Argumentation).

Hier wird argumentiert, dass nicht eine eindeutige Parteipräferenz (oder beispielsweise auch die Parteiidentifikation) die Koalitionspräferenz bestimmt. Eine solche Parteipräferenz legt zunächst nur fest, dass die gewünschte Koalition die präferierte Partei enthalten soll, doch selbst dann besteht Auswahl aus mehreren Koalitionsmöglichkeiten. Vorstellbar sind viele Faktoren, die die Bewertung der Koalitionen innerhalb dieses *choice sets* beeinflussen. Ein wesentlicher Faktor dürfte die Bewertung der Koalitionspartner sein, da diese die Politikgestaltung der Koalition beeinflussen und zudem auch rein affektive Zu- und Abneigungen eine Rolle spielen können. Einen großen Einfluss auf Koalitionspräferenzen sollten folglich die Bewertungen aller darin enthaltenen Parteien haben.

Koalitionen sind jedoch mehr als die Summe ihrer Teile, den Parteien. Die Frage ist nun, was weitere Faktoren sein könnten, die Koalitionspräferenzen beeinflussen. Bei der Suche nach diesen Faktoren macht es zwar Sinn, bekannte Einflüsse auf Parteipräferenzen heranzuziehen, da deren Bedeutung für die Bewertung politischer Objekte bereits gezeigt werden konnte. Dennoch muss die spezielle Situation von Koalitionen hierbei Beachtung finden. Da Kandidaten und retrospektive Bewertungen für genuine Koalitionsbewertungen eine geringe Rolle spielen dürften, sozialstrukturelle Bewertungen sich hingegen stark in den Parteipräferenzen niederschlagen werden, konzentriert sich die die nachfolgende Argumentation auf zwei Faktoren: die Problemlösungskompetenz und die wahrgenommenen ideologischen Positionen von Koalitionen.

Dass die wahrgenommene Problemlösungskompetenz Einfluss auf Parteipräferenzen nimmt, ist relativ unumstritten und wurde zuerst vom sogenannten sozialpsychologischen (oder: Michigan-) Modell der Wahlentscheidung gezeigt. Die Wähler wissen folglich, welche politischen Probleme für sie am wichtigsten sind und welche Partei am besten in der Lage ist, diese Probleme zu lösen (genauer hierzu Schoen/Weins 2005). Dies kann auch auf Koalitionen übertragen werden. Mehr noch: Durch den Einfluss der Parteiidentifikation auf die Problemlösungskompetenz besteht die Gefahr, dass Parteipräferenz und Problemlösungskompetenz nur zwei Seiten einer Medaille sind und zwar einer starken Parteiidentifikation. Bei Koalitionen ist diese Gefahr geringer, da nicht von einer Identifikation mit Koalitionen ausgegangen wird. Auch folgt die Problemlösungskompetenz von Koalitionen nicht automatisch aus der Kompetenz von Parteien: Man kann beispielsweise zwei Parteien für gut geeignet halten, aktuelle Probleme zu lösen. Dies muss aber nicht bedeuten, dass beide zusammen die Probleme lösen können. Koalition bedeutet Kompromisse finden (müssen). Sind die Parteien nicht kompromissfähig und blockieren sich stattdessen gegenseitig, nutzt es dem Wähler nichts, wenn die Regierung aus eigentlich kompetenten Parteien besteht, selbst wenn sich seine präferierte Partei darunter befindet. Daher wird von einem Einfluss der wahrgenommenen Problemlösungskompetenzen von Koalitionen auf Koalitionspräferenzen ausgegangen.

Neben der Einschätzung, ob die Koalitionäre gut zusammenarbeiten und damit aktuelle Probleme lösen werden, darf ein weiterer Faktor nicht unterschätzt werden. Laut der räumlichen Theorie des Parteienwettbewerbs bilden Wähler ihre Parteipräferenzen auf Basis der Distanz zwischen ihrer Position und den Positionen der Parteien in einem politischen Raum (genauer hierzu Pappi/Shikano 2007: Kap. 9). Für die Bildung von Koalitionspräferenzen sollte folglich die Distanz zu den Positionen der Koalitionen ausschlaggebend sein (Pappi 2007). Die Schwierigkeit liegt nun darin, dass die ideologischen Positionen von Koalitionen aus den Parteipositionen abgeleitet werden müssen. Sind die Wähler dazu in der Lage (was letztlich nur empirisch gezeigt werden kann, siehe hierzu Abschnitt 4.2), könnte eine Koalition in Hinblick auf das rationale Kalkül sogar stärker präferiert werden als eine Partei, sollte diese näher an der Position eines Wählers liegen als eine der Parteien (vgl. Bytzek 2010). Daher wird als zweite wesentliche Koalitionsbewertung, die einen Einfluss auf Koalitionspräferenzen haben sollte, die ideologische Distanz zu Koalitionen herangezogen. Eine schematische Darstellung der angenommenen Wirkungsbeziehungen zeigt Abbildung 1.

Als Koalitionspräferenzen werden hierbei die Einstufungen von Koalitionen nach ihrer Erwünschtheit auf einer Skala von -5 (überhaupt nicht erwünscht) bis +5 (sehr erwünscht, dem sogenannten Skalometer) betrachtet. Im nächsten Abschnitt wird zunächst untersucht, welchen Einfluss Parteipräferenzen auf Koalitionspräferenzen nehmen, bevor im darauffolgenden Abschnitt eine empirische Untersuchung des Gesamtmodells geschieht.

Abbildung 1: Einflüsse auf Koalitionspräferenzen

Quelle: Eigene Darstellung.

3. Der Zusammenhang zwischen Partei- und Koalitionspräferenzen

Auch in der vorliegenden empirischen Analyse zeigt sich der enge Zusammenhang zwischen Partei- und Koalitionspräferenz, beispielsweise anhand der durchschnittlichen Bewertung unterschiedlicher Koalitionen, wenn man diese nach Parteipräferenzen getrennt betrachtet (Tabelle 1). Koalitionen, in denen die präferierte Partei enthalten ist, werden deutlich besser bewertet als andere Koalitionen. Doch gibt es Abstufungen in beide Richtungen: So bewerten Befragte mit CDU/CSU-Präferenz eine schwarz-gelbe Koalition am besten, erst mit einigem Abstand folgen Große und schwarz-grüne sowie Jamaika-Koalition. Bei den aus Sicht dieser Gruppe nicht wünschenswerten Koalitionen sticht die rot-rot-grüne Koalition mit einer sehr negativen Durchschnittsbewertung von -3,3 heraus. Erstaunlich ist hier auch, dass die rot-grüne Koalition minimal besser bewertet wird als eine sozialliberale oder eine Ampelkoalition, obwohl diese den Wunschpartner der CDU/CSU, die FDP, enthalten. Da die FDP die zweite Präferenz vieler CDU/CSU-Wähler ist, spricht dies für einen von Parteipräferenzen unabhängigen Einfluss auf Koalitionspräferenzen.

Dennoch würde man bei einer Regression der Koalitionspräferenzen auf die Parteien-Skalometer erwarten, dass die Bewertung von in der Koalition enthaltenen Parteien positive Effekte, die Bewertung von nicht in der Koalition enthaltenen Parteien negative Effekte hat. Zugleich sollte dieser Zusammenhang jedoch nicht perfekt sein, die Parteienskalometer werden die Koalitionspräferenzen also nur teilweise erklären können. Tabelle 2 zeigt die Ergebnisse eines solchen einfachen Modells[1], die die Erwartungen bestätigen.

---

[1] Die folgenden Darstellungen beschränken sich auf vor der Wahl als realistisch wahrgenommene Koalitionsoptionen und schließen somit aufgrund der antizipierten Mehrheitsverhältnisse eine sozialliberale und aufgrund der Präferenz der CDU/CSU für eine schwarz-gelbe Koalition eine schwarz-grüne Koalition aus.

Tabelle 1: Durchschnittlicher Skalometerwert von Koalitionen

	Präferenz für:					
	Alle Befragten	CDU/CSU	SPD	FDP	Die Linke	Bündnis 90/ Die Grünen
Große Koalition	-1.2	-0.6	-0.3	-2.1	-2.4	-1.9
Schwarz-gelbe Koalition	-0.5	2.1	-2.2	2.2	-2.8	-2.6
Rot-grüne Koalition	-0.5	-2.0	1.3	-2.3	-0.3	1.7
Sozialliberale Koalition	-1.4	-2.2	-0.4	-0.9	-2.0	-1.2
Schwarz-grüne Koalition	-1.6	-0.9	-2.2	-1.9	-2.3	-1.1
Ampelkoalition	-1.3	-2.4	-0.5	-1.3	-1.5	-0.4
Jamaika-Koalition	-1.7	-0.9	-2.5	-0.9	-2.6	-1.7
Rot-rot-grüne Koalition	-1.5	-3.3	-0.9	-3.2	1.5	-0.2
Anzahl Befragte	1960	656	458	209	359	278

Quelle: Vorwahl-Querschnittsbefragung der German Longitudinal Election Study (ZA5300). Messung der Parteipräferenz: Höchster Skalometerwert; falls aufgrund von Rangplatzbindungen oder fehlenden Werten nicht vorhanden, Parteiidentifikation.

Es fällt auf, dass die positiven Effekte von in der Koalition enthaltenen Parteien stärker sind als die negativen Effekte anderer Parteien. Die einzige Ausnahme bildet die Ampelkoalition, bei der der negative Effekt der CDU-Bewertung größer ist als die positiven Effekte von SPD-, FDP- und Grünen-Skalometer. Zusammen mit der schlechten Bewertung dieses Koalitionsmodells durch Befragte, die die CDU/CSU präferieren, könnte man den Eindruck gewinnen, dass diese Gruppe der FDP keine Koalitionsoption gönnt, die die CDU/CSU ausschließt. Dennoch scheinen Koalitionspräferenzen generell eher durch die Wünschbarkeit als durch die Ablehnung von Koalitionen, die nicht die eigene Partei enthalten, zustande zukommen. Des Weiteren zeigt die erklärte Varianz, dass Parteibewertungen Präferenzen für Lagerkoalitionen (Schwarz-gelb, Rot-grün und Rot-rot-grün) gut erklären können, Präferenzen für lagerübergreifende Koalitionen hingegen weniger gut. Generell lässt jedoch auch eine erklärte Varianz von 58% bei der schwarz-gelben Koalition Raum für weitere Einflüsse auf Koalitionspräferenzen.

Tabelle 2: Einfluss der Parteibewertung auf Koalitionspräferenzen

	Große Koalition	Schwarz-gelbe Koalition	Rot-grüne Koalition
Skalometer CDU	0.25 (0.04)***	0.27 (0.03)***	-0.20 (0.03)***
Skalometer CSU	0.08 (0.04)**	0.17 (0.03)***	-0.01 (0.03)
Skalometer SPD	0.37 (0.03)***	-0.28 (0.02)***	0.43 (0.02)***
Skalometer FDP	-0.17 (0.03)***	0.46 (0.02)***	-0.20 (0.02)***
Skalometer Linke	-0.03 (0.02)	-0.16 (0.02)***	-0.03 (0.02)
Skalometer Grüne	-0.03 (0.03)	-0.14 (0.02)***	0.43 (0.02)***
Konstante	0.14 (0.02)***	0.29 (0.02)***	0.25 (0.02)***
Bereinigtes R^2	0.19	0.58	0.50
Anzahl Befragte	1882	1881	1889
	Ampelkoalition	Jamaika-Koalition	Rot-rot-grüne Koalition
Skalometer CDU	-0.29 (0.03)***	0.07 (0.03)*	-0.18 (0.03)***
Skalometer CSU	0.08 (0.03)*	0.14 (0.03)***	-0.06 (0.03)
Skalometer SPD	0.22 (0.02)***	-0.14 (0.02)***	0.18 (0.02)***
Skalometer FDP	0.15 (0.02)***	0.16 (0.02)***	-0.10 (0.02)***
Skalometer Linke	-0.02 (0.02)	-0.04 (0.02)	0.48 (0.02)***
Skalometer Grüne	0.20 (0.02)***	0.16 (0.02)***	0.12 (0.02)***
Konstante	0.21 (0.02)***	0.17 (0.02)***	0.21 (0.02)***
Bereinigtes R^2	0.19	0.15	0.50
Anzahl Befragte	1854	1831	1870

Quelle: Vorwahl-Querschnittsbefragung der German Longitudinal Election Study (ZA5300), Signifikanzen: * $p<0.05$; ** $p<0.01$; *** $p<0.001$, unstandardisierte Regressionskoeffizienten (Standardfehler in Klammern), alle Variablen wurden auf den Bereich 0 bis 1 normiert.

Der Zusammenhang zwischen Partei- und Koalitionspräferenzen ist folglich nicht perfekt. Eine Erklärung hierfür könnten Wähler sein, die eine Rangplatzbindung (oder: Tie) bei den Bewertungen der in einer Koalition enthaltenen Parteien haben. Pappi und Gschwend bezeichnen diese als „... *starke Koalitionsneiger* [...], für die keine der beiden Parteien einen klaren Vorzug genießt" (2005: 290, Hervorhebung im Original). Diese Personen stehen unter dem Verdacht, eine Koalition aus zwei Parteien höher oder mindestens genauso gut zu bewerten wie die darin enthaltenen Parteien. Daher würde man erwarten, dass starke Koalitionsneiger die Koalition deutlich besser bewerten als Wähler, die eine eindeutige Erstpräferenz für eine der Koalitionsparteien haben. Da Rangplatzbindungen zwischen drei Parteien auf dem ersten Platz selten sind, werden diese Erwartungen anhand von drei Zweier-Koalitionen (Große Koalition, schwarz-gelbe und rot-grüne Koalition) überprüft. Die Ergebnisse sind Tabelle 3 zu entnehmen. Auch hier werden die Erwartungen in allen drei Fällen bestätigt. Erstaunlich ist lediglich die geringe Erklärungskraft des Modells für die Große Koalition. Insbesondere die Präferenz für eine Große Koalition scheint folglich von anderen Faktoren als der Parteipräferenz beeinflusst zu sein. Hier ist jedoch auch der Unterschied zwischen den Effekten der einzelnen Parteipräferenzen und einem Tie zwischen CDU (oder CSU) und SPD auf dem ersten Rangplatz am deutlichsten, letzterer Effekt ist doppelt so groß wie der Effekt einer Parteipräferenz für CDU/CSU oder SPD. Auch wenn die Effekte von Rangplatzbindungen bei Schwarz-gelb und Rot-grün im Vergleich zu den Effekten der Parteipräferenzen weniger stark nach oben abweichen, können diese als Vorherrschen von Koalitions- über Parteipräferenzen interpretiert werden, wobei auch hier noch viel Raum für weitere Erklärungsfaktoren bleibt.

Dass Koalitionspräferenzen nicht unbedingt aus Parteipräferenzen folgen wird auch dann deutlich, wenn man betrachtet, ob eine Partei oder eine Koalition den höchsten Wert auf einer Skala von -5 bis +5 erhält. Da eine Koalition immer Einbußen bei Ämtern und politischem Einfluss gegenüber der Alleinregierung der präferierten Partei mit sich bringt, deutet die bessere Bewertung von Parteien im Vergleich zu Koalitionen auf das Vorherrschen von Partei- über Koalitionspräferenzen hin. Der umgekehrte Fall liegt vor, wenn Koalitionen besser als Parteien bewertet werden (vgl. hierzu auch Pappi 2007: 461). Um den Koalitionen keinen Vorteil einzuräumen, werden nur die für die Berechnungen in Tabelle 2 verwendeten Koalitionen herangezogen (sechs an der Zahl) und mit den Bewertungen von CDU, CSU, SPD, FDP, Die Linke und Bündnis 90/Die Grünen (also sechs Parteien) verglichen. Während 38,1 % der Befragten einer Partei den höchsten Wert geben, sind bei immerhin 33,8 % Koalitionen beliebter als Parteien. Bei 28,1 % sind eine oder mehrere Koalitionen ebenso beliebt wie die Partei(en). Koalitionen werden also von einem nicht unbeträchtlichen Teil der Wähler bevorzugt. Dies ist als ein Hinweis darauf zu deuten, dass die Wahl beider Koalitionspartner nicht unbedingt strategischen Motiven folgen muss (vgl. Bytzek 2010: 322f.). Der enge Zusammenhang zwischen Partei- und Koalitionspräferenzen kann selbstverständlich nicht von der Hand gewiesen werden, dennoch lohnt sich eine Untersuchung weiterer Erklärungsfaktoren von Koalitionspräferenzen vor dem Hintergrund der vorgestellten Ergebnisse.

Tabelle 3: Einfluss von Rangplatzbindungen auf Koalitionspräferenzen

	Große Koalition	Schwarz-gelbe Koalition	Rot-grüne Koalition
Präferenz CDU/CSU	0.15 (0.02)***	0.43 (0.01)***	-
Präferenz SPD	0.17 (0.02)***	-	0.29 (0.01)***
Präferenz FDP	-	0.45 (0.02)***	-
Präferenz Grüne	-	-	0.32 (0.02)***
Tie CDU/CSU-SPD	0.32 (0.03)***	-	-
Tie CDU/CSU-FDP	-	0.55 (0.02)***	-
Tie SPD-Grüne	-	-	0.39 (0.03)***
Konstante	0.30 (0.01)***	0.26 (0.01)***	0.34 (0.01)***
Bereinigtes R^2	0.10	0.49	0.27
Anzahl Befragte	1825	1823	1834

Quelle: Vorwahl-Querschnittsbefragung der German Longitudinal Election Study (ZA5300), Signifikanzen: * p<0.05; ** p<0.01; *** p<0.001, unstandardisierte Regressionskoeffizienten (Standardfehler in Klammern), alle Variablen wurden auf den Bereich 0 bis 1 normiert.

4. Effekte von Koalitionsbewertungen auf Koalitionspräferenzen

Während Koalitionspräferenzen zwischenzeitlich standardmäßig im Rahmen von Wahlumfragen erhoben werden, ist dies bei Koalitionsbewertungen nicht der Fall. Im Rahmen der German Longitudinal Election Study wurde dieser Versuch jedoch gewagt. Aufgrund der mangelnden Erfahrung mit solchen Instrumenten und dem generellen Verdacht, dass diese die Befragten überfordern könnten, wurden sie in eine Online-Befragung vor der Bundestagswahl 2009 integriert.[2] Online-Befragungen haben jedoch das Problem, dass sie nicht repräsentativ sind und somit die Ergebnisse nur schwierig auf die gesamte Wählerschaft ausgeweitet werden können. Daher wurden die Modelle zum Zusammenhang zwischen Parteipräferenz und Koalitionspräferenz im vorangegangenen Abschnitt mit einer Repräsentativ- und einer Online-Umfrage berechnet: Es ergaben sich keine wesentlichen Unterschiede.[3] Die Nutzung einer Online-Umfrage zur Untersuchung von Koalitionspräferenzen scheint somit gerechtfertigt zu sein. Wie im vorangegangenen Abschnitt gezeigt wurde, üben Parteipräferenzen einen großen Einfluss auf Koalitionspräferenzen aus, es bleibt jedoch auch Raum für eine Wirkung weiterer Faktoren. Daher wird im Folgenden untersucht, welchen Einfluss die wahrgenommene Problemlösungskompetenz von sowie die ideologische Distanz zu Koalitionen auf Koalitionspräferenzen haben.

4.1 Die Problemlösungskompetenz von Koalitionen

Die Problemlösungskompetenz wurde hierbei folgendermaßen gemessen: Im Anschluss an die offene Nennung des wichtigsten und zweitwichtigsten Problems in Deutschland wurden die Befragten gebeten anzugeben, welche Parteien und welche Koalitionen sie für in der Lage halten, diese Probleme zu lösen. Hieraus wurde ein additiver Index konstruiert, der den Wert 0 annimmt, wenn die Koalition bei keinem der beiden Probleme als kompetent erachtet wurde. Der Wert 1 bedeutet, dass die Koalition bei einem der Probleme genannt wurde, beim Wert 2 wurde sie bei beiden Problemen als lösungskompetent genannt. Tabelle 4 zeigt die durchschnittliche Problemlösungskompetenz von Koalitionen nach Koalitionspräferenz.

Die Erwartung, dass die wahrgenommene Problemlösungskompetenz von Koalition mit den Koalitionspräferenzen zusammenhängt, spiegelt sich darin wieder, dass jeweils derjenigen Koalition die höchste Problemlösungskompetenz zugetraut wird, die auch präferiert wird. Daneben lassen sich deutliche Abstufungen in der Problemlösungskompetenz über die unterschiedlichen Präferenzgruppen hinweg beobachten: Der schwarz-gelben Koalition wird am ehesten zugetraut, die anstehenden Probleme zu lösen, gefolgt von der Großen Koalition und einer rot-grünen sowie einer rot-rot-grünen Koalition. Erstaunlich ist hierbei, dass die Problemlösungskompetenz der lagerübergreifenden Dreier-Koalitionen (Ampel- und Jamaika-Koalition) selbst bei denjenigen als eher gering wahrgenommen wird, die sie präferieren. Im Fall der Jamaika-Koalition wird der schwarz-gelben Koalition sogar mehr zugetraut, wenn auch denkbar knapp. Dies ist bei der Ampelkoalition nicht der Fall: Trotz der eher ge-

---

2 Feldzeit: 31. Juli bis 10. August 2009.
3 Im vorangegangenen Abschnitt abgebildet sind die Ergebnisse mit den repräsentativen Daten.

ring ausgeprägten Wahrnehmung, dass die Ampelkoalition in der Lage ist, die anstehenden Probleme zu lösen, schneidet keine andere Koalition in der Gruppe ihrer Präferierer besser ab. Dies lässt auf einen deutlichen Zusammenhang zwischen Problemlösungskompetenz und Koalitionspräferenz schließen.

Tabelle 4: Durchschnittliche Problemlösungskompetenz von Koalitionen

	Alle Befragten	Präferenz für:					
		Große Koalition	Schwarz-gelb	Rot-grün	Ampel	Jamaika	Rot-rot-grün
Große Koalition	0.31	**0.95**	0.11	0.32	0.25	0.10	0.09
Schwarz-gelbe Koalition	0.49	0.14	**1.39**	0.04	0.12	0.45	0.03
Rot-grüne Koalition	0.17	0.05	0.00	**0.67**	0.21	0.05	0.01
Ampelkoalition	0.04	0.02	0.00	0.05	**0.34**	0.05	0.01
Jamaika-Koalition	0.04	0.01	0.01	0.00	0.03	**0.44**	0.01
Rot-rot-grüne Koalition	0.17	0.03	0.00	0.16	0.05	0.01	**0.95**
Anzahl Befragte	753	119	246	153	71	51	113

Quelle: Online-Tracking-Umfrage der German Longitudinal Election Study (Tracking 4: Koalitionen, ZA5337). Messung der Koalitionspräferenz: höchster Skalometerwert.

4.2 Die ideologische Distanz zu Koalitionen

Neben der Problemlösungskompetenz wurde oben auch für einen Einfluss der ideologischen Distanz zu Koalition auf Koalitionspräferenzen argumentiert. Die Schwierigkeit für die Wähler besteht nun darin, dass für Koalitionen im Gegensatz zu Parteien (in Form von Wahlprogrammen) vor der Wahl keine Dokumente existierten, aus denen sich ihre Positionen direkt ableiten lassen. Die Positionen von Koalitionen müssen folglich aus den Parteipositionen abgeleitet werden. Da ideologische Positionen jedoch recht allgemein gehalten sind, dürfte dies die Wähler nicht vor eine unlösbare Aufgabe stellen. Um die Sinnhaftigkeit der Koalitionspositionierungen einschätzen zu können, werden in Abbildung 2 die Positionen von Parteien und Koalitionen auf einer ideologischen Links-Rechts-Skala mit den Endpunkten 1 (links) und 11 (rechts) abgetragen. Diese Betrachtung der Positionierung von Parteien und Koalitionen im Aggregat ist ermutigend: Der einfachste Fall, die rot-grüne Koalition, wird zwischen Bündnis 90/Die Grünen und SPD eingestuft und zwar etwas näher an der SPD, was auf den zu erwartenden höheren Stimmenanteil der SPD im Vergleich zu den Grünen zurückzuführen ist. Auch in Hinblick auf die Große, die schwarz-gelbe und die rot-rot-grüne Koalition machen die Positionierungen Sinn, obwohl hier bereits drei Parteipositionen einbezogen werden müssen. Schwieriger ist die Positionierung von Ampel- und Jamaika-Koalition, da diese viele Parteien umfassen und zudem noch lagerübergreifend sind. Dennoch sind auch diese Positionen sinnvoll angeordnet.

Abbildung 2: Durchschnittliche Partei- und Koalitionspositionen

Anmerkung: CDU und schwarz-gelbe Koalition werden auf dem gleichen Punkt (7.5) positioniert. Quelle: Online-Tracking-Umfrage der German Longitudinal Election Study (Tracking 4: Koalitionen, ZA5337).

Zu Recht kann gegen diese Darstellung eingewendet werden, dass nichts anderes zu erwarten sei, da sich extreme Wahrnehmungen bei vielen Fällen ausgleichen und damit zu einer sinnvollen mittleren Position führen dürften. Tabelle 5 trägt daher die durchschnittliche Distanz zu unterschiedlichen Koalitionen nach Koalitionspräferenz ab. Auch hier zeigt sich, dass in den meisten Fällen die Distanz zur präferierten Koalition am geringsten ist. Lediglich im Falle der Ampel-und der Jamaikakoalition ist jeweils eine andere Koalition näher an den Wählern positioniert als die präferierte Koalition (im Falle der Ampelkoalition Rot-grün, im Falle der Jamaika-Koalition die Große Koalition). Dies zeigt wiederum, dass lagerübergreifende Dreier-Koalitionen schwierig zu bewerten sind, was ein Grund für ihre Unbeliebtheit sein dürfte. Nichtsdestotrotz zeigen die in Tabelle 5 dargestellten Ergebnisse, dass die Koalitionen in den meisten Fällen sinnvoll positioniert werden können. Es ist daher zur erwarten, dass die Distanz zu einer Koalition einen Einfluss auf Koalitionspräferenzen hat. Dieser Effekt sollte negativ sein, da die Erwünschtheit einer Koalition mit abnehmender Distanz steigen sollte.

Tabelle 5: Durchschnittliche ideologische Distanz zu Koalitionen

		Präferenz für:					
	Alle Befragten	Große Koalition	Schwarz-gelb	Rot-grün	Ampel	Jamaika	Rot-rot-grün
Große Koalition	2.22	**1.33**	2.01	2.33	2.12	*1.29*	4.16
Schwarz-gelbe Koalition	2.54	2.22	**1.05**	4.03	2.95	1.65	5.34
Rot-grüne Koalition	2.64	2.22	4.19	**1.26**	*1.34*	1.91	2.07
Ampelkoalition	2.53	2.07	3.55	1.58	**1.61**	1.43	2.66
Jamaika-Koalition	2.49	2.07	2.26	2.78	2.01	**1.39**	3.93
Rot-rot-grüne Koalition	3.56	3.30	5.50	2.26	2.30	3.12	**1.47**
Anzahl Befragte	753	119	246	153	71	51	113

Quelle: Online-Tracking-Umfrage der German Longitudinal Election Study (Tracking 4: Koalitionen, ZA5337).

4.3 Das Gesamtmodell

Das Gesamtmodell enthält als unabhängige Variablen, basierend auf Abbildung 1, die Skalometereinstufungen der in der Koalition enthaltenen Parteien sowie die Problemlösungskompetenz und die Distanz zur jeweiligen Koalition. Die abhängigen Variablen sind jeweils die Skalometer-Einstufungen von Großer Koalition, Schwarz-gelb, Rot-grün, Ampel-, Jamaika- und rot-rot-grüner Koalition. Tabelle 6 zeigt die Ergebnisse des Gesamtmodells.

In Hinblick auf den Zusammenhang zwischen Partei- und Koalitionspräferenzen zeigt sich, dass dieser in vielen Fällen auch nach Kontrolle von Koalitionsbewertungen bestehen bleibt. Bei der Großen Koalition hingegen haben die Skalometereinstufungen von CDU und CSU nun keinen Effekt mehr auf die Präferenzen für diese Koalition. Ebenso zeigt sich bei der Ampelkoalition nun kein signifikanter Effekt der FDP mehr, bei der Jamaika-Koalition tritt das Gleiche für die CSU auf. An diesen Ergebnissen lässt sich einerseits zeigen, dass manche Koalitionen nur von Anhängern bestimmter Parteien gewünscht werden und nicht von den Anhängern aller Koalitionsparteien. So wird die Große Koalition in erster Linie von SPD-Anhängern präferiert, FDP-Anhänger können sich dagegen nicht für eine Ampelkoalition erwärmen und CSU-Anhänger nicht für eine Jamaika-Koalition. Auch bei der rot-rot-grünen Koalition deutet der um ein Vielfaches stärkere Effekt des Linken-Skalometers im Vergleich zur Bewertung von SPD und Grünen darauf hin, dass diese Koalition in erster Linie von Linken-Anhängern gewünscht wird. Das erste Ergebnis dieser Untersuchung lautet folglich, dass unter Kontrolle von Koalitionsbewertungen Unterschiede im Einfluss der Parteipräferenzen auf Koalitionspräferenzen gefunden werden können, die sich anders nicht zeigen und dem vereinfachten Bild zum Zusammenhang zwischen Partei- und Koalitionspräferenzen teilweise widersprechen.

Betrachtet man nun die Problemlösungskompetenz, zeigen sich für alle sechs Koalitionen starke und hochgradig signifikante Effekte der Koalitionen, die in ihrer Stärke den Effekten der Parteipräferenzen ähneln. Heraus sticht hierbei die Jamaika-Koalition mit einem sehr hohen Effekt der Problemlösungskompetenz. Dies könnte einerseits an dem geringen Effekt der ideologischen Distanz liegen, andererseits könnten sich die Wähler von dieser ungewöhnlichen Zusammenarbeit eine gute, vielleicht ausgewogene Politik erwarten. Dies bleibt jedoch eine Mutmaßung. Generell lässt sich zum Einfluss der Problemlösungskompetenz auf Koalitionspräferenzen Folgendes sagen: Wird eine Koalition als kompetent wahrgenommen, steigt die Präferenz für sie deutlich an.

In Hinblick auf die Effekte der ideologischen Distanzen zu Koalitionen zeigt sich ein ähnliches Bild: Bei allen Koalitionen hat die ideologische Distanz einen signifikanten Effekt auf die Präferenz. Hierbei lassen sich wieder die schon bekannten Besonderheiten bei den lagerübergreifenden Dreier-Koalitionen (Ampelkoalition, Jamaika-Koalition) feststellen: Die Effekte der ideologischen Distanz sind hier deutlich geringer als bei den anderen Koalitionen. Dies dürfte wiederum auf Schwierigkeiten bei der Einstufung dieser Koalitionen zurückzuführen sein. Das Einbeziehen von Koalitionsbewertungen in die Bildung von Koalitionspräferenzen wird folglich bei lagerübergreifenden Dreier-Koalitionen erschwert. Nichtsdestotrotz zeigt sich ein deutlicher Effekt der ideologischen Distanz auf die Koalitionspräferenz, nahestehende Koalitionen werden folglich stärker präferiert als weit entfernt stehende Koalitionen. Dieses Ergebnis ist auch insofern ermutigend, als dass die Positionierung von Koalitionen auf einer ideologischen Links-Rechts-Achse keine leichte Aufgabe darstellt und man damit vermuten könnte, dass die Wähler generell damit überfordert sind. Die deutlich signifikanten Effekte deuten im Gegenteil daraufhin, dass die Einstufung der Koalitionen sinnvoll ist und die Wähler folglich nicht vor eine unlösbare Aufgabe stellt.

Tabelle 6: Einfluss von Koalitionsbewertungen auf Koalitionspräferenzen

	Große Koalition	Schwarz-gelbe Koalition	Rot-grüne Koalition
Parteipräferenzen:			
CDU	0.07 (0.05)	0.16 (0.05)***	-
CSU	0.01 (0.05)	0.13 (0.04)**	-
SPD	0.27 (0.03)***	-	0.34 (0.03)***
FDP	-	0.34 (0.03)***	-
Linke	-	-	-
Grüne	-	-	0.29 (0.04)***
Koalitionsbewertungen:			
Problemlösungskompetenz	0.26 (0.03)***	0.29 (0.02)***	0.30 (0.03)***
Ideologische Distanz	-0.24 (0.05)***	-0.23 (0.04)***	-0.28 (0.04)***
Konstante	0.21 (0.03)***	0.12 (0.02)***	0.15 (0.03)***
Bereinigtes R^2	0.32	0.70	0.56
Anzahl Befragte	595	603	590
	Ampelkoalition	Jamaika-Koalition	Rot-rot-grüne Koalition
Parteipräferenzen:			
CDU	-	0.20 (0.06)***	-
CSU	-	-0.06 (0.06)	-
SPD	0.26 (0.04)***	-	0.09 (0.03)**
FDP	-0.00 (0.03)	0.24 (0.04)***	-
Linke	-	-	0.47 (0.03)***
Grüne	0.25 (0.04)***	0.19 (0.03)***	0.10 (0.03)**
Koalitionsbewertungen:			
Problemlösungskompetenz	0.25 (0.07)***	0.48 (0.08)***	0.26 (0.03)***
Ideologische Distanz	-0.19 (0.05)***	-0.19 (0.05)***	-0.27 (0.03)***
Konstante	0.16 (0.03)***	0.07 (0.03)*	0.14 (0.03)***
Bereinigtes R^2	0.31	0.29	0.60
Anzahl Befragte	562	572	584

Quelle: Online-Tracking-Umfrage der German Longitudinal Election Study (Tracking 4: Koalitionen, ZA5337), Signifikanzen: * $p<0.05$; ** $p<0.01$; *** $p<0.001$, unstandardisierte Regressionskoeffizienten (Standardfehler in Klammern), alle Variablen wurden auf den Bereich 0 bis 1 normiert.

5. Fazit

Koalitionspräferenzen spielen eine immer wichtiger werdende Rolle in Modellen der Wahlentscheidung, da ihnen zunehmend Einflüsse auf die Wahlentscheidung unterstellt werden, was auch nachgewiesen werden kann (z. B. bei Bytzek 2010, Pappi/Gschwend 2005). Das Zustandekommen von Koalitionspräferenzen blieb bislang jedoch weitestgehend unerforscht. Der vorliegende Beitrag stellt einen ersten Schritt zur Schließung dieser Forschungslücke dar und konnte zeigen, dass Koalitionspräferenzen zwar stark mit Parteipräferenzen zusammenhängen, aber auch durch andere Faktoren beeinflusst werden. Dies sind in erster Linie die wahrgenommene Problemlösungskompetenz von und die ideologische Distanz zu Koalitionen. Letzteres gilt jedoch insbesondere für Koalitionen, deren ideologische Position relativ einfach aus den Parteipositionen und den antizipierten Stärkeverhältnissen abgeleitet werden können, also weniger für lagerübergreifende Dreier-Koalitionen wie beispielsweise die Jamaika-Koalition. In Hinblick auf die Problemlösungskompetenz besteht jedoch bei allen Koalitionen ein starker Effekt auf die Koalitionspräferenz. Zusammenfassend lässt sich daher sagen, dass die Wähler anscheinend gut in der Lage sind, Koalitionspräferenzen auf Basis von Partei- und Koalitionsbewertungen zu bilden. Entgegen der häufig geäußerten Sorge, dass die meisten Wähler damit überfordert wären, können diese folglich auch bei schwierigen Koalitionssituationen gut mit Koalitionen umgehen, obwohl diese im Vergleich zu Politikern und Parteien recht wenig greifbare politische Objekte darstellen.

Dieses Ergebnis macht zwei Dinge deutlich: Erstens, Koalition ist nicht gleich Koalition. Insbesondere bei Koalitionen, die viele Parteien umfassen und lagerübergreifend sind, werden die Bewertung und damit die Präferenzbildung erschwert. In diesen Fällen könnten die Präferenzen auch weniger reliabel oder stabil sein. Dies müsste folglich in Modelle der Wahlentscheidung einbezogen werden. Dennoch geben viele Befragte auch in diesen Fällen eine Koalitionspräferenz an. Ein Großteil der Wähler ist folglich in der Lage, zwischen unterschiedlichen Koalitionen abzuwägen, die die präferierte Partei enthalten. In Modellen der Wahlentscheidung sind jedoch häufig nur die Präferenzen für Schwarz-gelb und Rot-grün enthalten. Dies könnte zu kurz greifen, da die Möglichkeit besteht, dass eine sehr unbeliebte Koalition die Wähler einer Partei abstößt. Die Wahl einer Partei sollte somit umso wahrscheinlicher werden, umso eher die Wähler mit allen Koalitionsoptionen der Partei leben können. Dieser Zusammenhang dürfte insbesondere bei unklaren Koalitionssituationen eine Rolle spielen.

Zweitens, Koalitionswählen, also der Einfluss von Koalitionspräferenzen auf die Wahlentscheidung, wird häufig unter dem Gesichtspunkt des strategischen Wählens diskutiert. Damit werden Koalitionspräferenzen als den Parteipräferenzen nachgelagert betrachtet, man entscheidet sich also z. B. gegen die präferierte Partei aus Koalitionsgründen. Die Ergebnisse machen jedoch deutlich, dass viele Wähler Koalitionen über Parteien präferieren und Koalitionspräferenzen zum Teil unabhängig von Parteipräferenzen sind. Das heißt, dass das Einbeziehen von Koalitionspräferenzen in die Wahlentscheidung folglich nicht unbedingt strategisch motiviert sein muss, sondern auch präferenzorientiert sein kann. Für einen nicht unbeträchtlichen Teil der Wähler stehen die Koalitionspräferenzen also auf einer Stufe neben den Parteipräferenzen, was in Modellen der Wahlentscheidung Beachtung finden sollte. Dies hat dann auch zur Folge, dass Wahlentscheidungskalküle komplexer werden dürften (insbesondere bei unklaren Koalitionssituationen), womit ein Teil der Wählerschaft wiederum überfordert sein könnte. Hierdurch könnte die Annahme eines homogenen Wahlentscheidungskalküls die Realität immer unpassender abbilden.

Literatur

Aldrich, John H./ Blais, André/ Indridason, Indridi H./ Levine, Renan (2005): Coalition Considerations and the Vote. In: Asher, Arian/ Shamir, Michael (Hrsg.): The Elections in Israel 2003, New Brunswick u. a.: Transaction Public, 143-166.

Blais, André/ Aldrich, John H./ Indridason, Indridi H./ Levine, Ronald (2006): Do Voters Vote for Government Coalitions? Testing Downs' Pessimistic Conclusion. In: Party Politics 12: 691-705.

Bytzek, Evelyn (2010): Der überraschende Erfolg der FDP bei der Bundestagswahl 2005: Leihstimmen oder Koalitionswahl als Ursache? In: Faas, Thorsten/ Arzheimer, Kai/ Roßteutscher, Sigrid (Hrsg.): Information – Wahrnehmung – Emotion. Politische Psychologie in der Wahl- und Einstellungsforschung, Wiesbaden: VS-Verlag, 315-332.

Gschwend, Thomas (2007): Ticket-Splitting and Strategic Voting under Mixed Electoral Rules: Evidence from Germany. In: European Journal of Political Research 46: 1-23.

Huber, Sascha/ Gschwend, Thomas/ Meffert, Michael F./ Pappi, Franz U. (2009): Erwartungsbildung über den Wahlausgang und ihr Einfluss auf die Wahlentscheidung. In: Gabriel, Oscar W./ Falter, Jürgen W./ Weßels, Bernhard (Hrsg.): Wahlen und Wähler. Analysen aus Anlass der Bundestagswahl 2005, Wiesbaden: VS-Verlag, 562-584.

Meffert, Michael F./ Gschwend, Thomas (2010): Strategic Coalition Voting: Evidence from Austria. In: Electoral Studies 29: 339-349.

Meffert, Michael F./ Gschwend, Thomas (2007): Voting for Coalitions? The Role of Coalition Preferences and Expectations in Voting Behavior. Working Paper No. 07-64 des Sonderforschungsbereichs 504 der Universität Mannheim.

Meffert, Michael F./Gschwend, Thomas/Schütze, Nora (2009): Coalition Preferences in Multiparty Systems, Paper Prepared for the Annual Conference of the International Society of Political Psychology, Dublin/Ireland, 14-17 July 2009.

Pappi, Franz U. (2007): Partei- und Koalitionskriterien der österreichischen Wählerschaft für die Nationalratswahl 2006. In: Österreichische Zeitschrift für Politikwissenschaft 36: 445-469.

Pappi, Franz U./ Gschwend, Thomas (2005): Partei- und Koalitionspräferenzen der Wähler bei den Bundestagswahlen 1998 und 2002. In: Falter, Jürgen W./ Aarts, Kees (Hrsg.): Wahlen und Wähler. Analysen aus Anlass der Bundestagswahl 2002, Wiesbaden: VS-Verlag, 284-305.

Pappi, Franz U./ Shikano, Susumu (2007: Wahl- und Wählerforschung, Baden-Baden: Nomos.

Pappi, Franz U./ Thurner, Paul W. (2002): Electoral Behaviour in a Two-Vote System: Incentives for Ticket Splitting in German Bundestag Elections. In: European Journal of Political Research 41: 207-232.

Schoen, Harald/ Weins, Cornelia (2005): Der sozialpsychologische Ansatz zur Erklärung von Wahlverhalten. In: Falter, Jürgen W./ Schoen, Harald (Hrsg.): Handbuch Wahlforschung, Wiesbaden: VS-Verlag, 187-242.

Koalitionspräferenzen als erklärende Komponente des Wahlverhaltens: Eine Untersuchung anhand der Bundestagswahl 2009[1]

Marc Debus

1. Einleitung

Die Ergebnisse der Landtagswahlen in den Jahren 2011 und 2012 haben das Parteiensystem – zumindest auf Landesebene – in Form der „Piraten" um eine Partei erweitert (siehe hierzu Bieber/Leggewie 2012; Niedermayer 2012). Ob sich der durch die Landtagswahlen in Berlin, dem Saarland, Schleswig-Holstein und Nordrhein-Westfalen gesetzte Trend der parlamentarischen Etablierung der Piraten, einer Schwächung der Linken und einer Stabilisierung der Freien Demokraten bis zum Wahltermin der kommenden Bundestagswahl im September 2013 fortsetzt, bleibt – gerade mit Hinblick auf die Resultate der Wahl zum niedersächsischen Landtag im Januar 2013 – abzuwarten. Wenn die Wahl zum Landtag in Hannover nur ein Ausreißer für die Piraten „nach unten" war und die Linke weiterhin auf ihre Hochburgen in Ostdeutschland bauen kann, dann würde das den bundesdeutschen Parteienwettbewerb strukturierende Denken und Handeln in koalitionspolitischen Lagern nicht nur um einen weiteren Spieler reicher, sondern auch – vor allem für die parteipolitischen Akteure, aber auch für die Wähler, in deren Entscheidung auch koalitionspolitische Erwägungen einfließen (Bytzek et al. 2012) – noch komplizierter.

Die momentanen Entwicklungen im Parteiensystem und im ideologisch-programmatischen Parteienwettbewerb der Bundesrepublik Deutschland sollen hier zum Anlass genommen werden, um auf der Grundlage theoretischer Ansätze den Einfluss der Koalitionswünsche der Wähler auf das individuelle Wahlverhalten zu untersuchen. Dies ist auch vor dem Hintergrund relevant, dass Wahlkämpfe in Deutschland maßgeblich von den Mustern der Koalitionspolitik in der jeweils vorangegangenen Legislaturperiode und von den Koalitionsaussagen der Parteien geprägt sind (vgl. Decker 2009a, 2009b; Decker/Best 2010; Bytzek/Roßteutscher 2011; Debus 2011). Während im Zuge der Bildung der „großen Koalition" aus Union und SPD nach der Bundestagswahl 2005 noch der Anschein bestand, dass es zu einer Auflockerung der beiden fest gefügten koalitionspolitischen „Lager" aus Christ- und Freidemokraten einerseits sowie SPD, Bündnis 90/Die Grünen und – partiell – der Linken andererseits kam, so sind die Bündnisgrünen nur unter starken innerparteilichen Widerständen auf Union und FDP in Hamburg 2008 und im Saarland 2009 zugegangen, während sich die

---

[1] Dieses Kapitel ist eine insbesondere in der Operationalisierung und statistischen Modellierung überarbeitete Fassung eines Beitrags (Debus 2012), der in der Zeitschrift für Parlamentsfragen (Jahrgang 43, Heft 1, S. 86-102) erschienen ist.

Liberalen – wie etwa in Folge der Landtagswahlen in Nordrhein-Westfalen vom Mai 2010 – gar nicht gegenüber einer „Ampelkoalition" aus SPD und Grünen geöffnet haben. Die Ergebnisse der vorgezogenen Neuwahlen zum hessischen Landtag im Januar 2009 haben zudem deutlich gemacht, dass eine im Regierungsbildungsprozess getätigte Abkehr von vorab festgelegten Koalitionsaussagen mit einem massiven Vertrauensverlust auf Wählerebene einhergehen kann, dessen Folge – wie im Fall der hessischen Sozialdemokraten – hohe Stimmenverluste sein können (vgl. Strøm/Müller 1999; Poguntke 1999; Schmitt-Beck/Faas 2009a, 2009b). Dies lässt die Schlussfolgerung zu, dass von den Parteien ausgesandte Koalitionssignale nicht nur von hoher Sichtbarkeit für die Wähler, sondern auch ein entscheidender Faktor bei der Wahlentscheidung sein können (vgl. Pappi/Gschwend 2005; Linhart 2007; Bytzek/Huber 2011; Bytzek et al. 2012).

Aufbauend auf der Literatur zum inhaltlich-ergebnisorientierten und taktischen Wählen einerseits (vgl. Adams et al. 2005; Gschwend/Hooghe 2008; Bargsted/Kedar 2009; Shikano et al. 2009; Bytzek et al. 2012) sowie zum responsiven Handeln von parteipolitischen Akteuren in modernen Demokratien andererseits (vgl. Powell 2004; McDonald/Budge 2005; Warwick 2011) verfolgt dieser Beitrag zwei Fragestellungen, die wiederum Implikationen für Theorien der Regierungsbildung nach sich ziehen. Zum einen wird der Frage nachgegangen, inwiefern die Koalitionspräferenzen bei der Bundestagswahl 2009 zwischen Parteien und ihren Wählern übereinstimmen. In einem zweiten Schritt wird untersucht, inwiefern der Grad der Befürwortung bzw. Ablehnung einer Koalitionsvariante einen signifikanten Einfluss auf die Wahlabsicht hat, selbst wenn für andere, das Wahlverhalten beeinflussende Faktoren kontrolliert wird. Die Ergebnisse, die auf den Daten der German Longitudinal Election Study (GLES) 2009 beruhen, zeigen, dass die Koalitionspräferenzen der Parteiwähler den Aussagen der Parteien weitgehend, jedoch mit einigen signifikanten Ausnahmen folgen und dass der Grad der Ab- bzw. Zuneigung gegenüber einer Koalitionsoption einen nicht unerheblichen Einfluss auf die Wahlabsicht ausübt.

Um zu diesen Ergebnissen zu gelangen wird im folgenden Abschnitt zunächst auf die theoretischen Grundlagen des koalitionsorientierten Wählens sowie auf die Koalitionsaussagen bei der Bundestagswahl 2009 eingegangen. In diesem Zusammengang werden Erwartungen im Hinblick auf die Auswirkungen von Koalitionspräferenzen der Wähler auf das Wahlverhalten formuliert. Abschnitt 3 stellt die hier verwendeten Daten und Variablen sowie die herangezogene statistische Methode näher dar. Der fünfte Abschnitt präsentiert die Ergebnisse der Analyse. In der Schlussbetrachtung werden die gewonnenen Erkenntnisse zusammengefasst und Implikationen für Theorien der Regierungsbildung einerseits sowie für die Muster des Wahlverhaltens und der Regierungsbildung in Deutschland – insbesondere mit Hinblick auf die Bundestagswahl 2013 und die eventuelle Erweiterung des Koalitionsspiels um die Piratenpartei – gezogen.

2. Koalitionsorientiertes Wählen: Theoretische Grundlagen und Hypothesen

Wähler in Demokratien, die durch die parlamentarische Repräsentation von drei oder mehr Parteien gekennzeichnet sind, stehen im Vorfeld ihrer Stimmabgabe vor dem Problem, dass nicht unbedingt die stimmenstärkste Partei auch Teil der künftigen Regierung sein wird. Dadurch dass in einem etwa aus drei Fraktionen, von denen keine über die Mehrheit der Mandate verfügt, bestehenden Parlament die zwei kleineren Gruppierungen gegen die größte Fraktion ein Bündnis – in Form einer Koalition oder auch auf Basis einer lockeren Absprache – bilden und somit die Regierung stellen können, ergibt sich für das Elektorat wie auch für die Parteien die Schlussfolgerung, dass nicht automatisch ein hoher Stimmenanteil im Zuge des Stimmenmaximierungsprinzips („vote-seeking") zum Gewinn von Ämtern („office-seeking") und damit zur Implementation politischer Inhalte („policy-seeking") führen kann (vgl. Strøm/Müller 1999).

Somit ergeben sich für Wähler in politischen Systemen, in denen das Regieren in Koalitionen de facto institutionalisiert ist, in manchen Situationen Anreize, nicht die eigentlich präferierte Partei zu unterstützen, sondern sich für andere Parteien, die der eigenen inhaltlichen Ausrichtung ebenfalls nahestehen, zu entscheiden. Beispiele für solche Situationen gab es – insbesondere in der Geschichte der Bundesrepublik Deutschland – schon öfter: So errang die FDP bei der Bundestagswahl 1961 ihr – mit Ausnahme der Wahl 2009 – bestes Ergebnis von 12,8 % der Stimmen, da sie sich auf eine Koalition mit der Union, jedoch ohne einen Kanzler Adenauer festlegte (vgl. Korte 2009: 7). Dies brachte den Freien Demokraten einen Zulauf von CDU/CSU-Anhängern, die einen Wechsel in der Position des Bundeskanzlers wünschten, nicht aber eine Änderung der Politikinhalte, die sich durch eine Regierungsbeteiligung der SPD ergeben hätte. Auch bei der Bundestagswahl 1980, die eine starke ideologische Polarisierung durch die Kanzlerkandidatur des bayerischen Ministerpräsidenten Franz Josef Strauß erfahren hatte, verlagerte sich die wahrgenommene ideologische Position der Unionsparteien nach rechts (Berger et al. 1983). Daher lag für moderat ausgerichtete Unionsanhänger die Wahl der FDP nahe, so dass die Freien Demokraten eine stärkere Position innerhalb der sozialliberalen Koalition einnehmen und auf diese Weise ihre, den Positionen der CDU/CSU-Wählern näher kommenden Policy-Präferenzen verstärkt implementieren konnten.

Eine solche Form des taktischen Wählens ist Grundlage zahlreicher Studien, die nicht nur Wahlen zum deutschen Bundestag als Untersuchungsgegenstand behandeln (vgl. Pappi/Thurner 2002; Gschwend et al. 2003; Gschwend 2007; Shikano et al. 2009), sondern auch Wahlen in einer Reihe anderer moderner Demokratien heranziehen (vgl. etwa Kabashima/Reed 2000; Golder 2005, 2006; Gschwend/Hooghe 2008). In einem aktuellen Aufsatz, der ebenfalls die Bundestagwahl 2009 thematisiert, analysieren Bytzek et al. (2012) die Auswirkungen von Koalitionssignalen auf das strategische Wahlverhalten und simulieren dabei auf Grundlage der Wahlstudie zur Bundestagswahl 2009 (GLES) Veränderungen in den Koalitionspräferenzen der Parteien. Die Ergebnisse zeigen, dass die den Befragten suggerierten Änderungen in den Koalitionsaussagen der Parteien in der Tat die Wahlabsicht beeinflussen und somit das Wahlergebnis in signifikanter Form verändern können. Während die abhängige Variable in letztgenannter Untersuchung Variationen in der Wahlabsicht aufgrund sich verändernder Kontextfaktoren widerspiegelt, liegt das theoretische Argument im vorliegenden Beitrag auf der Kongruenz der Koalitionspräferenzen zwischen Parteien und Wählern und dem Einfluss des „Koalitionswunsches" eines Wählers auf dessen Wahlabsicht.

Warum sollte der Grad an Kongruenz zwischen Wählern und Parteien von besonderer Relevanz sein? Begründungen hierfür liefern theoretisch-normative Modelle zum responsiven Regieren in modernen Demokratien einerseits sowie an ergebnisorientierten Wählen ausgerichtete Erklärungsansätze andererseits. Erstere heben darauf ab, dass seitens der politischen Akteure a priori festgelegte und im Wahlkampf verbreitete Politikziele, zu denen auch Koalitionsaussagen gehören, nach der Wahl das Handeln der Parteien – sei es in Regierung oder Opposition – prägen. So sollten die Inhalte von Koalitionsabkommen oder Regierungserklärungen die programmatischen Positionen widerspiegeln, die die Regierungsparteien auch vorab in ihren Wahlprogrammen geäußert haben (vgl. Klingemann et al. 1994; König et al. 1999; Thomassen/Schmitt 1999; Warwick 2001, 2011; McDonald/Budge 2005; Debus 2008). Wenn sich Parteien nicht an die vorab getätigten Koalitionsaussagen halten, dann hat dies nicht nur einen allgemeinen Vertrauensverlust seitens der Wähler aufgrund des Verhaltens einer oder mehrerer Parteien zu Folge. Vielmehr kann dies auch zu anderen Politikergebnissen führen, die den Interessen und inhaltlich-programmatischen Vorstellungen eines Teils der Wählerschaft zuwiderlaufen. Von daher steht zu erwarten, dass Parteien alles daran setzen, ihre inhaltlichen wie auch die – zudem noch im Wahlkampf besonders sichtbar kommunizierten – Koalitionsaussagen nach der Wahl einzuhalten. Andernfalls droht ein Vertrauensverlust, der sich bei folgenden Wahlen in Stimmenverlusten äußern kann.

Letzteres, mit Hinblick auf die Politikergebnisse gerichtetes ergebnisorientiertes Handeln leitet über zum Aspekt inhaltlichen und interessegeleiteten Wählens und der Implikationen dieser theoretischen Ansätze für die Orientierung der Wähler an den Koalitionsaussagen bzw. Koalitionspräferenzen der Parteien. Zur Illustration des Mechanismus koalitionsorientierten Wählens bieten sich auf inhaltlichen Distanzen beruhende Modelle an, die auf die Studie von Downs (1957; vgl. Grofman 2004) zurückgehen. Wähler entscheiden sich demzufolge für die Partei, deren Idealpunkt demjenigen des Wählers in einem ein- oder mehrdimensionalen Politikraum am nächsten kommt. In einer Studie, die die Parlamentswahlen in Israel 1996 untersucht, kommen Bargsted und Kedar (2009) zu dem Ergebnis, dass die Erwartungen hinsichtlich der parteipolitischen Zusammensetzung der nächsten Regierung das individuelle Wahlverhalten beeinflusst. Wenn die Chance auf Regierungsbeteiligung der eigentlich auf Grundlage der ideologisch-programmatischen Nähe bevorzugten Partei als gering eingeschätzt wird, dann steigt die Wahrscheinlichkeit signifikant an, dass sich ein Wähler für die „zweitbeste" Option hinsichtlich der subjektiv wahrgenommenen ideologischen Distanz entscheidet. Dieser Effekt bleibt auch dann stabil, wenn für andere Faktoren, die theoriegeleitet einen Einfluss auf das Wahlverhalten ausüben, kontrolliert wird.

Wenn aufgrund der Anordnung des Parteiensystems die Alleinregierung einer Partei unwahrscheinlich erscheint, dann sollten Wähler nicht nur die Wahl einer Partei, sondern auch eine Koalition von Parteien bevorzugen, deren erwartete inhaltliche Ausrichtung dem eigenen Idealpunkt am nächsten kommt. Abbildung 1 verdeutlicht diese Überlegungen anhand eines hypothetischen Beispiels in grafischer Form. Ein Wähler i kann sich zwischen drei, gemäß Umfrageergebnissen ungefähr gleich starken Parteien A, B und C bei einer Parlamentswahl entscheiden. C und insbesondere A sind auf einer ideologischen Links-Rechts-Dimension rechts der Mitte angesiedelt, wohingegen B eine explizit „linke" Position vertritt. Zudem haben Parteien B und C eine Koalition vor der Wahl ausgeschlossen.[2] Wähler i, dessen Idealpunkt sich ungefähr in der Mitte dieser Politikdimension befindet, sollte sich gemäß des Distanzmodells für C entscheiden, da er zu dieser Partei die geringste Distanz aufweist und eine nur aus C bestehende Regierung i's Nutzen mit Hinblick auf die erwarteten Politikergebnisse maximieren würde. Wenn i aber zusätzlich zu den inhaltlichen Positionen der Parteien auch deren Koalitionsaussagen und die erwarteten Idealpunkte der möglichen Koalitionsregierungen als Entscheidungsgrundlage heranzieht[3], dann käme die Koalition AB anstelle der Partei C der Position von i am nächsten.

Nun stehen bei Wahlen zum deutschen Bundestag wie auch zu Parlamenten in anderen modernen Demokratien in der Regel keine Koalitionen, sondern Parteien zur Wahl (vgl. auch Gschwend/Hooghe 2008). Mit Hinblick auf den theoretischen Ansatz von Grofman (1985; vgl. Adams et al. 2005: 23-26; Herrmann 2008), dass Wähler die eigentlichen Positionen der Parteien diskontieren, da diese im Fall einer Regierungsbeteiligung die Politikinhalte der amtierenden Regierung und damit den Status quo nicht ignorieren können, ergibt sich für i aus der Perspektive inhaltlich-ergebnisorientierten Wählens nicht nur der Anreiz, für Partei C zu stimmen, sondern auch – mit Hinblick auf die Bildung einer Koalitionsregierung – entweder Partei A oder Partei B zu wählen: Eine Koalition aus A und B würde von Wähler i aufgrund ihrer erwarteten inhaltlichen Ausrichtung und damit der geringen Distanz zur eigenen Position bevorzugt, während der Erwartungswert der inhaltlichen Ausrichtung eines potentiellen Bündnisses aus A und C zwar weiter von der Position des Wählers i entfernt liegt, jedoch die auf dem Wahlzettel auch real ankreuzbare und i am nächsten kommende Partei C mit umfassen würde.[4] Insofern ergibt sich aus dem Blickwinkel inhaltlich-ergebnisorientierten Wählens zum einen die Erwartung, die Partei zu wählen, die den eigenen programmatischen Vorstellungen am nächsten kommt. Zum andern kann die individuelle Wahlentscheidung auch von der empfundenen Distanz eines Befragten zu den vermuteten ideologischen-politikfeldspezifischen Positionen der möglichen Koalitionen abhängen, wenn im Vorfeld einer Wahl mit großer Sicherheit davon ausgegangen werden kann, dass keine Partei über eine Mehrheit der Parlamentsmandate verfügen wird.

---

2   Eine Allparteienkoalition ABC wird der Einfachheit halber ebenfalls nicht als Ergebnis des Regierungsbildungsprozesses in Betracht gezogen.

3   Gemäß zahlreichen Studien verteilen sich die Auszahlungen der Parteien im Hinblick auf Ämter und Inhalte proportional zum Anteil der Sitze, die die Regierungsparteien zur Mehrheit der Koalitionsregierung beitragen (Gamson 1961; Browne/Franklin 1973; Warwick/Druckmann 2006; Bäck et al. 2011). Daher wird dies auch als Grundlage für die Ermittlung der Erwartungswerte der inhaltlichen Ausrichtung einer Koalition in Abbildung 1 herangezogen.

4   Für experimentelle Versuchsanordnungen, die Änderungen in den Koalitionsaussagen der Parteien simulieren, vgl. Gschwend/Hooghe (2008) und Bytzek et al. (2012).

Abbildung 1: Wahlentscheidung auf der Grundlage des Distanzmodells bei a priori antizipierten Koalitionen

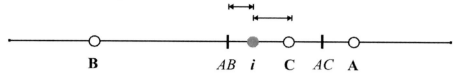

Die erwartete inhaltliche Ausrichtung einer Koalitionsregierung ist jedoch für einen Befragten nur schwer zu bemessen, da zwar die inhaltlichen Aussagen der Parteien anhand ihrer Wahlprogramme vor der Wahl bekannt sind, nicht aber die endgültige Sitzverteilung der Parteien im Parlament, auf deren Grundlage sich das Durchsetzungsvermögen hinsichtlich der Ämterverteilung und der Politikkompromisse maßgeblich bemisst (vgl. Warwick 2001; Warwick/Druckman 2006). Eine Alternative, die die Präferenzen der Wähler hinsichtlich der inhaltlichen Ausrichtung der künftigen Koalitionsregierung umfasst, stellen die Haltungen gegenüber potentiellen Koalitionsregierungen und der Wunsch, dass eine bestimmte Parteienkombination die Regierung stellt, dar. Mit Hinblick auf die zentrale Rolle der Koalitionsaussagen im Wahlkampf, die Ergebnisse der Studien zum strategischen Wählen sowie auf Grundlage obiger theoretischer Illustration des Distanz-Modells kann nicht nur erwartet werden, dass die Koalitionspräferenzen zwischen Parteianhängern und Parteien kongruent sind, sondern auch, dass das Wahlverhalten von den ideologisch-programmatischen Distanzen zwischen Wähler und Parteien *sowie* den Bewertungen, die bestimmten Parteikombinationen zugewiesen werden, beeinflusst wird.

Die Bevorzugung einer bestimmten Parteienkombination als Regierungskoalition kann – wie oben diskutiert – aufgrund inhaltlicher Distanzabschätzungen zwischen eigener und erwarteter Position einer Koalitionsregierung erfolgen oder aber auch – allgemeiner – auf Basis von Sympathien, die ein Wähler einer Koalition entgegenbringt. Somit kann im Hinblick auf die Wahlabsicht erwartet werden, dass neben den gängigen theoretischen Ansätzen des Wahlverhaltens auch die Präferenz gegenüber Koalitionen einen entscheidenden Einfluss auf die Parteiwahl ausübt. Dies sollte insbesondere bei der Bundestagswahl 2009 der Fall sein, da die Debatte über die Wahrscheinlichkeit verschiedener Koalitionsoptionen den Wahlkampf intensiv geprägt hat (vgl. Bräuninger/Debus 2009; Eith 2010; Switek 2010; Bytzek/Huber 2011; Bytzek et al. 2012).

Der Wahlkampf zur Bundestagswahl 2009 war durch das Bestehen zweier parteipolitischer Lager aus Union und Liberalen einerseits sowie SPD und Bündnis 90/Die Grünen andererseits gekennzeichnet, obwohl die Bildung der „großen Koalition" aus CDU/CSU und SPD in Folge der Bundestagswahl 2005 einen – zumindest kurzfristigen – Einfluss auf die Koalitionsstrategien der im Bundestag vertretenen Parteien hatte (vgl. Debus 2011). So behielt die SPD nach wie vor ihren Kurs der strikten Absage an ein Bündnis mit der Linken bei. Auch die FDP schloss wenige Wochen vor dem Tag der Wahl die Bildung einer „Ampelkoalition" mit Sozialdemokraten und Grünen explizit aus. Tabelle 1 gibt die sich aus den Koalitionsaussagen der Parteien bei der Bundestagswahl 2009 ergebenden Präferenzreihenfolgen der Koalitionspartner bzw. Koalitionsoptionen aus Sicht der einzelnen Parteien wieder. An erster Stelle finden sich jeweils die aufgrund der Koalitionsaussagen gewünschten Regierungspartner. Im Fall der Union ist dies die FDP, wie auch die Liberalen eine Koalition mit der Union klar bevorzugten. Sozialdemokraten und Grüne präferierten hingegen ein Bündnis ihrer beiden Parteien. Über die größte Anzahl an Alternativen zur Erstpräferenz verfügen aufgrund der Koalitionsaussagen im Bundestagswahlkampf 2009 die Union: So liegt an zweiter Stelle eine potentielle Koalition mit Liberalen und Grünen und auf Platz drei eine Neuauflage der großen Koalition mit der SPD. Auch ein Bündnis nur mit den Grünen war aus Sicht der Union im Bereich des Möglichen. Neben der Option „Rot-Grün" stand für die Sozialdemokraten die die FDP mit einbeziehende „Ampelkoalition" an zweiter Stelle, wohingegen auf dem dritten Rang – analog zur Perspektive von CDU und CSU – die Fortführung der großen Koalition rangierte. Bündnis 90/Die Grünen und insbesondere die Freien Demokraten verfügten aufgrund ihrer positiv wie negativ formulierten Koalitionsaussagen über drei bzw. zwei Optionen: Für die FDP kam – neben der präferierten „bürgerlichen" Koalition – ein sozialliberales Bündnis ohne Beteiligung der Grünen in Frage, wobei eine solche Option aufgrund nur äußerst geringer Chancen auf Erringung einer parlamentarischen Mehrheit nicht wirklich zur Diskussion stand. Abgesehen von der Wunschkoalition aus SPD und Grünen waren Bündnis 90/Die Grünen offen für eine Koalition mit Sozialdemokraten und FDP, die aber von den Liberalen in der „heißen Wahlkampfphase" im Voraus ausgeschlossen wurde, sowie für ein Bündnis mit CDU und CSU. Koalitionen mit der Linken wurden nicht nur von allen anderen Parteien abgelehnt; die Linke wollte sich als Oppositionspartei profilieren.

Gemäß der theoretischen Überlegungen sowie der in Tabelle 1 dargelegten Präferenzreihenfolgen der Parteien sollte die Wahrscheinlichkeit der Wahl einer Partei steigen, wenn die jeweilige Kombination seitens der beteiligten Parteien präferiert wird, was ein Indikator für responsives Handeln wäre, oder die Wähler die entsprechende Koalitionsoption als wünschenswert erachten. Um zu überprüfen, ob und inwiefern diese Erwartungen zutreffen, müssen zunächst Datenquellen, die die benötigten Informationen umfassen, identifiziert und in einem zweiten Schritt analytische Verfahren zur Messung des Einflusses der theoretisch hergeleiteten Faktoren auf die Wahlentscheidung diskutiert werden. Dies geschieht im folgenden Abschnitt.

Tabelle 1: Präferenzrangordnung der Bundestagsparteien 2009 im Hinblick auf potentielle Koalitionspartner und Koalitionskonstellationen

	CDU/CSU	SPD	FDP	Grüne	Die Linke
#1	FDP	Grüne	CDU/CSU	SPD	
#2	FDP, Grüne	FDP, Grüne	SPD	SPD, FDP	
#3	SPD	CDU/CSU		CDU/CSU	
#4	Grüne				

Quelle: Eigene Zusammenstellung auf Grundlage von Bräuninger/Debus (2009), Hilmer (2010) und Saalfeld (2010).

3. Operationalisierung

Um die im letzten Abschnitt aufgestellten Erwartungen hinsichtlich des Einflusses von Koalitionspräferenzen auf das Wahlverhalten bei der Bundestagswahl 2009 zu testen, wird auf die im Rahmen der „German Longidutinal Election Study" (GLES) vor der Bundestagswahl erhobenen Daten (GLES 1103, ZA-Nr. 5300; vgl. Rattinger et al. 2011) zurückgegriffen. Diese Wahlstudie beinhaltet neben den auf Grundlage gängiger theoretischer Ansätze zur Erklärung des Wahlverhaltens basierenden Variablen wie soziale Gruppenzugehörigkeit, Parteiidentifikation, Kanzlerkandidatenpräferenz, ideologische Distanzen zwischen Wähler und Parteien sowie die den Parteien zugewiesenen Problemlösungskompetenzen auch eine Gruppe an Variablen, der Informationen zur Einstellung der Befragten gegenüber einer Reihe von Koalitionsoptionen bietet. So wurden die Befragten gebeten, ihre Einstellung zu acht Koalitionsvarianten, von denen manche mehr (CDU/CSU-SPD, CDU/CSU-FDP, SPD-Grüne und SPD-Grüne-Linke) und manche weniger bis gar nicht (wie etwa eine sozialliberale Koalition, die „Ampel" aus SPD, FDP und Grünen, eine Koalition aus Union und Grünen oder eine „Jamaika-Koalition" aus CDU/CSU, FDP und Grünen) im Fokus der Diskussion und der Ziele der Parteien standen, hinsichtlich zwei Kriterien abzugeben. Diese Kriterien umfassen zum einen die Wahrscheinlichkeit der Bildung einer Koalition auf Basis der vermuteten Bereitschaft einer Partei und zum andern den Wunsch auf Realisierung einer der acht vorgegebenen Koalitionsoptionen. Das letztgenannte Kriterium wird hier als Indikator für den vermuteten Nutzen herangezogen, den ein Befragter hat, wenn sich eine dieser acht Koalitionen bilden sollte. Die Abstufung des Realisierungswunsches einer Koalition erfolgt auf einer Skala von -5 („überhaupt nicht wünschenswert") bis +5 („sehr wünschenswert"). Die zu erklärende Variable stellt die Wahlentscheidung eines Befragten, operationalisiert über die Variable „Wahlabsicht (Zweitstimme)", dar.

Um die Frage zu beantworten, welchen Einfluss die Präferenzen der Wählerschaft gegenüber verschiedenen Koalitionsalternativen auf die Wahlabsicht haben, wird ein statistisches Modell verwendet, das auf bedingten Wahrscheinlichkeiten beruht („conditional logit"; vgl. McFadden 1974; Fuchs/Kühnel 1994; Alvarez/Nagler 1998; Thurner/Eymann 2000; Weßels 2000; Adams et al. 2005; Debus 2007, 2010). Die abhängige Variable umfasst Informationen darüber, welche Wahlmöglichkeiten ein Befragter hat. Für die Analyse zur Bundestagswahl 2009 konzentriert sich diese Auswahlmöglichkeit auf die fünf im Bundestag vertretenen Parteien CDU/CSU, SPD, FDP, Bündnis 90/Die Grünen und die Linke, da auch nur diese Parteien eine Rolle in den Koalitionsspekulationen im Vorfeld der Wahl gespielt haben. Mit Hilfe der angewandten statistischen Analysemethode wird die Bedeutung aller eben beschriebenen unabhängigen Variablen in Form von Regressionskoeffizienten empirisch geschätzt. Alle möglichen Alternativen, zwischen denen ein Befragter wählen kann, werden in der bedingten logistischen Regression mit bestimmten Merkmalen wie etwa der Distanz auf der ideologischen Links-Rechts-Dimension beschrieben. Die geschätzten Koeffizienten geben dann Aufschluss darüber, wie stark der Einfluss der eingeschlossenen Merkmale unter Kontrolle der übrigen unabhängigen Variablen auf die Wahlentscheidung – hier operationalisiert über die Wahlabsicht – insgesamt ist.

Im Fall der Koalitionspräferenz wird der Wunsch gegenüber jeder der acht abgefragten Koalitionsoptionen in die Analyse eingeschlossen und jeweils allen fünf Auswahlmöglichkeiten zugeordnet. Auf diese Weise kann überprüft werden, ob nicht nur der Wunsch nach Bildung einer – von Seiten der CDU/CSU wie FDP klar präferierten – „schwarz-gelben" Koalition die Wahlwahrscheinlichkeit von Union und Liberalen positiv beeinflusst hat, sondern auch die Haltung gegenüber einer „großen" Koalition oder einem „Ampel"-Bündnis. Dies lässt zum einen die Überprüfung zu, ob Kongruenz zwischen den Koalitionspräferenzen der Parteien und ihrer Wähler vorliegt. Zum andern wird die Beantwortung der Frage ermöglicht, ob und inwiefern das Wahlverhalten auch von der Haltung gegenüber solchen Koalitionsoptionen beeinflusst wird, die nicht im Zentrum der Debatte um spätere Regierungskonstellationen gestanden haben. Jedoch ist durch die Berücksichtigung der Haltungen gegenüber allen acht abgefragten Koalitionen die klare Zuordnung einer Koalition zu explizit einer Auswahlmöglichkeit nicht mehr möglich. Daher muss bei der Spezifizierung der hier durchgeführten bedingten logistischen Regression auf eine Referenzgruppe zurückgegriffen werden, um die Richtung und Signifikanz der Koeffizienten interpretieren zu können (vgl. Bargsted/Kedar 2009: 314-316). Dies sind in den folgenden Analysen Befragte, die angaben, CDU oder CSU wählen zu wollen.

Zur Kontrolle werden in der empirischen Analyse weitere Faktoren, die theoretische Ansätze zur Erklärung des Wahlverhaltens widerspiegeln und zu deren Standardrepertoire geworden sind, mit einbezogen (vgl. für eine Übersicht Falter/Schoen 2005; Pappi/Shikano 2007). Die sozialstrukturellen Bestimmungsfaktoren des Wahlverhaltens werden anhand der Zugehörigkeit eines Wählers zu verschiedenen sozialen Gruppen überprüft, die nach dem sozialstrukturellen Erklärungsansatz des Wahlverhaltens als Kernklientel der jeweiligen Partei gelten können. Aufbauend auf der Cleavage-Theorie von Lipset und Rokkan (1967) sind dies sind im Fall der CDU/CSU Wähler, die mindestens einmal im Monat den Gottesdienst besuchen. Für die Sozialdemokraten wird die Zugehörigkeit zur Berufsgruppe der Arbeiter als Indikator für ein interessegeleitetes Wählen zugunsten der SPD herangezogen. Den Freien Demokraten kann seit Mitte der 1990er Jahre die Berufsgruppe der Selbstständigen und den Grünen Personen mit einem hohen Bildungsabschluss (Abitur oder abgeschlossenes Hochschulstudium) als zentrale Wählerklientel zugeordnet werden zugeordnet (vgl. Müller 1998, 2000; Weßels 2000; Pappi/Shikano 2002; Pappi/Brandenburg 2008, 2010; Elff/Roßteutscher 2011). Die ideologische Distanz zwischen einem Befragten und den politischen Parteien wird anhand der quadrierten Differenz zwischen seiner Links-Rechts-Selbsteinstufung und der von ihm subjektiv wahrgenommenen Position der entsprechenden Akteure auf derselben Dimension bestimmt.[5] Da die ideologische Ausrichtung von CDU und CSU separat abgefragt wurde, wird die Links-Rechts-Position der Union insgesamt über das arithmetische Mittel der Positionseinschätzung beider Parteien durch die Befragten bestimmt. Der Einfluss von Valenzissues auf das individuelle Wahlverhalten wird über die den Parteien zugeschriebene Problemlösungskompetenz bemessen. Die Präferenz für einen bestimmten Kanzlerkandi-

---

5 Im Anschluss an Merrill (1995) sowie Krämer und Rattinger (1997) werden hier die Distanzen zwischen der Position eines Befragten und dessen individueller Einschätzung der Position der jeweiligen Parteien verwendet.

daten kann über die Variable „Kanzlerpräferenz" ermittelt werden; gleiches gilt für die zentrale Komponente des Michigan-Modells – die „Parteiidentifikation" –, die über die subjektiv empfundene Nähe zu einer Partei erfragt wird.

4. Analyse

Um zunächst zu überprüfen, inwiefern der Koalitionswunsch zwischen Parteien und Parteiwählern übereinstimmt, wird eine deskriptive Analyse vorgenommen, die die aus Tabelle 1 bekannte Rangfolge der Koalitionspartner aus Sicht der Parteien mit derjenigen aus Sicht der Parteiwähler untersucht. In einem zweiten Schritt wird der Einfluss der Koalitionspräferenzen der Wähler auf die Wahlabsicht insgesamt mit Hilfe multivariater Analysemodelle analysiert.

4.1 Präferierte Koalitionen aus Perspektive der Wähler

Die deskriptive Analyse der gewünschten Koalitionen aus Sicht der Befragten mit Wahlabsicht zugunsten der jeweiligen Parteien folgt weitgehend den Koalitionsaussagen, die die Parteien vor der Wahl getätigt haben. Die Erstpräferenzen der Wähler mit Wahlabsicht zugunsten von Union, SPD, FDP und Grünen stimmen mit den am stärksten präferierten Koalitionen dieser vier Parteien – einem „schwarz-gelben" bzw. einem „rot-grünen" Bündnis – klar überein (vgl. Tabelle 2). Die Wähler der Linken, die im Wahlkampf eine Oppositionsstrategie propagierte und damit keine Koalitionspräferenzen explizit herausstellte, bewerten lediglich eine potentielle Koalition mit SPD und Grünen sehr positiv, wohingegen alle anderen sieben Optionen – abgesehen von einem aus SPD und Grünen bestehenden Bündnis – sehr negativ bewertet werden.

Zum Teil deutliche Unterschiede ergeben sich jedoch hinsichtlich der Zweit- und Drittpräferenzen der Befragten mit entsprechender Wahlabsicht. So liegt bei den Wählern der CDU/CSU die Fortsetzung des Bündnisses mit den Sozialdemokraten auf Platz zwei der Rangfolge und nicht die um die Grünen erweiterte Koalition mit den Liberalen. Auch Befragte mit SPD-Wahlabsicht ziehen die Fortsetzung der großen Koalition einem etwaigen „Ampelbündnis" vor, das nur auf Platz 5 in der Präferenzreihenfolge sozialdemokratisch orientierter Wähler liegt. Trotz der Ablehnung seitens der SPD-Parteiführung um Franz Müntefering und Kanzlerkandidat Frank-Walter Steinmeier liegt nach Rot-Grün und der „großen Koalition" ein Bündnis aus SPD, Grünen und Linken auf dem dritten Platz der Rangliste gewünschter Koalitionen aus Sicht der SPD-Wähler. Auch im Fall der Grünen stimmen Zweitpräferenz aus Perspektive der Parteiführung und der Sicht der Parteiwähler nicht überein: Eine Dreierkoalition mit SPD und FDP ist – knapp hinter einer „Linkskoalition" – nur die dritte Wahl. Eindeutig ist hingegen die Koalitionspräferenz der FDP-Wähler. Die von der liberalen Parteispitze klar präferierte Koalitionsoption – ein Bündnis mit der Union – erhält im Vergleich zu allen anderen in Tabelle 2 aufgeführten Bewertungen die höchste Sympathie unter den Befragten mit Wahlabsicht zugunsten der Liberalen. An zweiter Stelle sehen die Befragten mit einer Wahlabsicht zugunsten der Freien Demokraten im Mittel eine Jamaika-Koalition, die jedoch nur knapp vor einer sozialliberalen Option rangiert. Wie unbeliebt eine Ampelkoalition unter den Wählern der Liberalen ist, wird daran deutlich, dass eine schwarz-grüne Koalition im Mittel als wünschenswerter angesehen wird als eine Koalition aus FDP, SPD und Grünen.

Tabelle 2: Koalitionspräferenzen der Wähler nach Wahlabsicht bei der Bundestagswahl 2009

	CDU/CSU	SPD	FDP	Grüne	Linke	Insgesamt
CDU/CSU-FDP	2.22 *1* (2.49; 464)	-2.34 *7* (2.08; 359)	2.41 *1* (2.29; 163)	-2.35 *8* (2.25; 182)	-2.93 *8* (2.23; 215)	-0.34 *1* (3.31; 1383)
CDU/CSU-SPD	-0.73 *2* (2.85; 463)	-0.20 *2* (2.67; 361)	-1.68 *6* (2.51; 165)	-1.43 *6* (2.45; 183)	-2.10 *5* (2.46; 218)	-1.01 *3* (2.74; 1390)
CDU/CSU-Grüne	-0.98 *3* (2.39; 461)	-2.32 *6* (1.85; 352)	-1.43 *4* (2.16; 164)	-0.73 *4* (2.16; 184)	-2.54 *6* (2.22; 213)	-1.59 *7* (2.32; 1374)
CDU/CSU-FDP-Grüne	-0.98 *4* (2.51; 454)	-2.54 *8* (1.99; 349)	-0.89 *2* (2.35; 157)	-1.64 *7* (2.14; 179)	-2.56 *7* (2.14; 207)	-1.70 *8* (2.37; 1346)
SPD-Grüne	-2.39 *5* (2.09; 462)	1.45 *1* (2.31; 361)	-1.94 *7* (2.29; 164)	1.95 *1* (2.20; 185)	0.51 *2* (2.64; 214)	-0.38 *2* (2.90; 1386)
SPD-FDP	-2.54 *6* (1.92; 456)	-0.47 *4* (2.42; 356)	-1.04 *3* (2.29; 164)	-1.30 *5* (2.17; 181)	-2.05 *4* (2.21; 211)	-1.58 *6* (2.34; 1368)
SPD-FDP-Grüne	-2.67 *7* (1.98; 454)	-0.56 *5* (2.52; 353)	-1.51 *5* (2.43; 162)	-0.34 *3* (2.35; 183)	-1.55 *3* (2.46; 212)	-1.50 *5* (2.48; 1364)
SPD-Grüne-Linke	-3.35 *8* (1.90; 460)	-0.40 *3* (2.81; 358)	-2.68 *8* (2.42; 161)	-0.23 *2* (2.68; 183)	2.07 *1* (2.64; 216)	-1.24 *4* (3.12; 1378)

Anmerkungen: Tabelleneinträge sind die arithmetischen Mittelwerte der Koalitionspräferenz, der von -5 („überhaupt nicht wünschenswert") bis +5 („sehr wünschenswert") reichen kann. Standardabweichung und Fallzahlen in Klammern; Rang der Koalitionsoption nach Wahlabsicht in kursiver Schrift. Die am stärksten präferierte Koalition ist grau hinterlegt.

Letzteres impliziert, dass sich die FDP-Wähler eher eine Koalition ohne Beteiligung ihrer Partei wünschen als eine „Ampelkoalition" mit SPD und Bündnisgrünen, die von Seiten der Befragten mit FDP-Wahlabsicht eine eindeutig negative Bewertung erfährt. Dieses Ergebnis gewinnt umso mehr an Bedeutung, da weder Wähler von Union noch von Sozialdemokraten eine Koalition ohne die Beteiligung der Partei, die sie zu wählen beabsichtigen, einem anderen Bündnis vorziehen. Insgesamt betrachtet liegen somit große Schnittmengen in den Koalitionspräferenzen zwischen den Parteien und ihren Wählern vor, die sich jedoch auf Ebene der am zweit- und drittstärksten präferierten Koalitionsoptionen deutlich unterscheiden können. Dies betrifft vor allem die Wähler von SPD und Grünen in ihrer Bewertung einer gemeinsamen Koalition mit der Linken. Diese Ergebnisse können – wenn man die theoretischen Überlegungen anhand der in Abbildung 1 dargestellten Parteienkonstellation berücksichtigt – dazu führen, dass ein eigenständiger Einfluss der Koalitionspräferenzen auf die Wahlentscheidung auch unter Kontrolle weiterer, das individuelle Wahlverhalten beeinflussenden Faktoren vorliegen kann.

4.2 Koalitionspräferenzen und Wahlverhalten

Um zu untersuchen, ob ein eigenständiger Effekt der Koalitionspräferenz eines Wählers auf dessen Wahlabsicht vorliegt, werden zwei Regressionsmodelle berechnet. Das erste Regressionsmodell umfasst lediglich die Variablen, die Auskunft über den Grad des Wunsches, dass eine der acht vorgegebenen Koalitionen nach der Bundestagswahl 2009 die künftige Regierung bildet, geben. Im zweiten Regressionsmodell werden zusätzlich zu diesen Variablen noch solche Faktoren berücksichtigt, denen gemeinhin ein Einfluss auf das Wahlverhalten zugeschrieben wird.

Gemäß den Ergebnissen des ersten Regressionsmodells, die in Tabelle 3 abgetragen sind, üben die Koalitionspräferenzen der Wähler einen deutlichen Einfluss auf die Wahlabsicht aus. Zudem stimmen in den meisten Fällen die Effekte der Koalitionswünsche der Wähler mit den Koalitionsaussagen der Parteien überein. Dies gilt insbesondere für ein CDU/CSU-FDP-Bündnis als auch für eine rot-grüne Koalition als den beiden von den beteiligten Parteien am stärksten präferierten Koalitionsoptionen. So sinkt im Vergleich zur Wahlabsicht zugunsten von CDU/CSU die Chance in statistisch signifikanter Form ab, SPD, Bündnis 90/Die Grünen oder die Linke zu wählen, je stärker eine christlich-liberale Koalition für wünschenswert erachtet wird. Die Wahrscheinlichkeit der FDP-Wahl wird von der Haltung gegenüber einer „schwarz-gelben" Koalition ebenfalls positiv beeinflusst. Je wünschenswerter eine Koalition aus Christ- und Freidemokraten angesehen wurde, desto stärker steigt die Wahrscheinlichkeit an, die Liberalen anstelle der Union zu wählen. Die Chance, SPD oder Grüne anstatt CDU/CSU zu wählen, nimmt ebenfalls erwartungsgemäß deutlich zu, wenn ein „rot-grünes" Bündnis als wünschenswert erachtet wird. Im Fall der nicht a priori ausgeschlossenen, jedoch von Seiten der Parteien nicht unbedingt präferierten Option „Schwarz-Grün" ergeben sich keine überraschenden Ergebnisse: So steigt die Wahrscheinlichkeit der Grünen-Wahl nicht signifikant an, hingegen geht aber die Wahrscheinlichkeit der Wahl von SPD, FDP und der Linken zugunsten der Union signifikant zurück, wenn ein Befragter hohe Sympathien gegenüber einer Koalition aus Union und Grünen hegt. Ähnliches gilt für eine „Jamaika-Koalition": Hier zeigen sich im Fall der SPD signifikant negative Effekte auf die Wahlabsicht, was impliziert, dass Wähler, die eine schwarz-gelb-grüne Koalition präferiert haben, verstärkt die Union, nicht aber FDP und Grüne zu wählen beabsichtigten. Diese Ergebnisse deuten darauf hin, dass in der Beurteilung der Koalitionen nicht nur Kongruenz zwischen den Parteien und ihren Wählern besteht, sondern auch, dass die von den Parteien ausgesandten Koalitionssignale sich positiv auf die Wahl bestimmter Parteien – der FDP bei einer ausgeprägten Präferenz für „Schwarz-Gelb" sowie der SPD und Grünen im Fall eines Wunschs auf Bildung einer rot-grünen Koalition – ausgewirkt haben.

Ein polarisierender Effekt geht vom Grad des Fortsetzungswunsches der „großen Koalition" aus. So sinkt die Wahrscheinlichkeit signifikant ab, eine der drei kleineren Parteien

FDP, Bündnis 90/Die Grünen oder die Linke zu wählen, umso mehr ein Bündnis aus Union und Sozialdemokraten als wünschenswert erachtet wird, wobei die Chance, verstärkt SPD statt Union bei einer ausgeprägten Koalitionspräferenz für eine große Koalition zu wählen, statistisch nicht nachweisbar ist. Dies macht deutlich, wie sehr die Wahl von Liberalen, Grünen und Sozialisten von der Ablehnung der Regierung Merkel/Steinmeier beeinflusst worden ist, wohingegen die positiv ausgerichteten Koalitionssignale der Parteien in der Regel daraufhin gewirkt haben, die an den Vorwahlkoalitionen CDU/CSU-FDP und SPD-Grüne beteiligten Parteien zu wählen. Allerdings ergeben sich für die beiden a priori ausgeschlossenen Parteienkombinationen aus SPD, FDP und Grünen einerseits sowie aus Sozialdemokraten, Grünen und Linken andererseits Ergebnisse derart, die nicht in Linie mit der Haltung der Partei sind. So steigt – wiederum im Vergleich zur Unions-Wahl – die Wahrscheinlichkeit signifikant an, nicht nur SPD und Grüne, sondern auch die Freien Demokraten zu wählen, wenn eine „Ampelkoalition" als wünschenswert erachtet wird. Ebenso nimmt die Chance zu, eher SPD, Grüne, die Linke und die FDP anstelle von CDU/CSU zu wählen, je mehr eine Linkskoalition bevorzugt wird.

Tabelle 3: Einfluss von Koalitionspräferenzen auf die Wahlabsicht

	SPD	FDP	Grüne	Linke
Koalitionspräferenz				
CDU/CSU-FDP	-0.592	0.118	-0.511	-0.445
	(0.061)**	(0.049)*	(0.060)**	(0.061)**
CDU/CSU-Grüne	-0.325	-0.210	0.118	-0.211
	(0.088)**	(0.063)**	(0.082)	(0.082)*
CDU/CSU-FDP-Grüne	-0.223	0.002	-0.071	-0.013
	(0.092)*	(0.065)	(0.085)	(0.091)
CDU/CSU-SPD	0.032	-0.248	-0.245	-0.203
	(0.055)	(0.049)**	(0.056)**	(0.057)**
SPD-Grüne	0.450	0.002	0.598	0.066
	(0.070)**	(0.070)	(0.073)**	(0.080)
SPD-FDP-Grüne	0.155	0.186	0.179	0.039
	(0.091)+	(0.080)*	(0.092)+	(0.087)
SPD-FDP	0.455	0.403	0.137	0.181
	(0.083)**	(0.077)**	(0.082)+	(0.083)*
SPD-Grüne-Linke	0.137	0.188	0.134	0.632
	(0.055)*	(0.057)**	(0.052)**	(0.063)**
Anzahl der Alternativen	6500			
Anzahl der Fälle	1300			
Log pseudolikelihood	-1192.76			
Mc Fadden's Pseudo R2	0.43			
AIC	2449.51			
IIA test	0.995			

Anmerkungen: CDU/CSU-Wahlabsicht ist die Referenzkategorie. Robuste Standardfehler in Klammern; ** $p \leq 0.001$, * $p \leq 0.01$, + $p \leq 0.05$.

Das zweite Regressionsmodell, dessen Ergebnisse in Tabelle 4 aufgeführt sind, schließt zusätzlich zu den Koalitionspräferenzen der Wähler auch Variablen mit ein, denen im „Michigan-Modell" des Wahlverhaltens eine zentrale Rolle zukommt. Somit kann getestet werden, ob die ermittelten Effekte der Koalitionssympathien auch dann stabil bleiben, wenn für weitere, das Wahlverhalten beeinflussende Faktoren kontrolliert wird.

So beeinflusste die soziale Gruppenzugehörigkeit bei der Bundestagswahl 2009 nur in geringer Form das Wahlverhalten. Lediglich der berufliche Status als „Arbeiter" zeigt einen statistisch signifikanten Effekt: So steigt die Chance, bei der Bundestagswahl 2009 SPD, Grüne oder auch – überraschenderweise – FDP statt Union gewählt zu haben, wenn ein Befragter angab, der Berufsgruppe der Arbeiter anzugehören. Von einer hohen Kirchgangshäufigkeit, einem hohen Bildungsabschluss und einer selbstständigen Tätigkeit gehen – gemäß der hier vorgenommenen Operationalisierung – keine statistisch signifikanten Effekte auf die Wahlabsicht bei der Bundestagswahl 2009 aus.

Die ermittelten Koeffizienten, die sich aufgrund der Kanzlerkandidatenpräferenz der Wähler auf deren Wahlabsicht ergeben, entsprechen weitgehend den Erwartungen. So steigt die Wahrscheinlichkeit der SPD-Wahl im Vergleich zur Wahl der Union signifikant an, wenn Frank-Walter Steinmeier als Kanzler bevorzugt wird, wohingegen die Chance, SPD, Grüne, Linke und auch die FDP statt die Union zu wählen abnimmt, wenn die Befragten angaben, Angela Merkel als Kanzlerin zu präferieren. Auch die die Problemlösungskompetenz und ideologische Distanz zwischen Wähler und Parteien widerspiegelnden Variablen weisen die erwartete Richtung auf: Wird eher SPD, FDP, Grünen oder der Linken zugetraut, das als am wichtigsten empfundene Problem zu lösen, dann wird die entsprechende Partei mit höherer Wahrscheinlichkeit im Vergleich zur Union gewählt. Nicht überraschend ist auch der Effekt, der sich aus der Kernvariable des sozialpsychologischen Modells des Wahlverhaltens ergibt: Identifiziert sich ein Befragter mit SPD, FDP, Grünen oder der Linken, dann steigt die Chance der Wahl der jeweiligen Partei im Vergleich zur Wahl von CDU/CSU signifikant an. Auch die subjektiv wahrgenommenen ideologischen Distanzen zu den Parteien spielen eine entscheidende Rolle. Mit anwachsendem Abstand zwischen Befragten und Parteien geht die Chance zurück, sich für eine der um Stimmen werbenden Parteien auch zu entscheiden.

Letzteres Ergebnis macht deutlich, dass – unter Kontrolle von Faktoren, denen ein Einfluss auf das Wahlverhalten zugeschrieben wird – auch an künftigen Politikergebnissen ausgerichtetes Wählen im Sinne einer Entscheidung für die Partei, deren Idealposition am nächsten zur eigenen inhaltlichen Ausrichtung liegt, besteht. Im theoretischen Abschnitt dieses Beitrags wurde argumentiert, dass vor dem Hintergrund der Kenntnis, dass die Bildung einer Alleinregierung in Deutschland auf Bundesebene als nahezu ausgeschlossen gelten kann, die Wähler ihre Entscheidung auch aufgrund ihrer Koalitionspräferenz treffen können, da die erwartete inhaltliche Ausrichtung einer Koalition mitunter näher an der eigenen ideologisch-programmatischen Position liegen kann als die Position einer einzelnen Partei. Als Näherungsindikator für den Nutzen, der sich aus der parteipolitischen Zusammensetzung einer Regierung für einen Wähler ergibt, wurde hier der Grad des Wunsches auf Bildung einer bestimmten Koalition herangezogen. Die in Tabelle 4 präsentierten Ergebnisse der bedingten logistischen Regression machen deutlich, dass diese Koalitionspräferenzen auch

Tabelle 4: Einfluss von Koalitionspräferenzen unter Kontrolle von auf die Wahlabsicht

	SPD	FDP	Grüne	Linke
Koalitionspräferenz				
CDU/CSU-FDP	-0.35**	0.16+	-0.29**	-0.23*
	(0.06)	(0.07)	(0.08)	(0.09)
CDU/CSU-Grüne	0.00	-0.05	0.37*	-0.29+
	(0.09)	(0.08)	(0.12)	(0.12)
CDU/CSU-FDP-Grüne	-0.05	-0.02	-0.14	-0.00
	(0.09)	(0.07)	(0.11)	(0.12)
CDU/CSU-SPD	0.02	-0.09	-0.03	-0.14+
	(0.06)	(0.05)	(0.07)	(0.07)
SPD-Grüne	0.19*	0.06	0.42**	0.05
	(0.07)	(0.09)	(0.10)	(0.09)
SPD-FDP-Grüne	-0.04	0.06	0.11	0.18
	(0.09)	(0.10)	(0.11)	(0.11)
SPD-FDP	0.20+	0.24*	0.06	-0.02
	(0.08)	(0.09)	(0.10)	(0.11)
SPD-Grüne-Linke	0.05	0.09	-0.09	0.31*
	(0.07)	(0.07)	(0.08)	(0.10)
Sozialstruktur				
Kirchgangshäufigkeit	-0.30	-0.71	-1.77	-0.55
	(0.52)	(0.42)	(0.91)	(0.75)
Arbeiter	1.09*	0.96+	1.22+	0.73
	(0.40)	(0.41)	(0.55)	(0.55)
Hohe Bildung	-0.34	0.07	0.13	-0.96
	(0.39)	(0.32)	(0.40)	(0.52)
Selbstständige Tätigkeit	-0.82	0.63	-0.13	-0.85
	(0.61)	(0.49)	(0.51)	(0.84)
Kandidaten				
Kanzlerkandidat: Steinmeier	1.03+	-0.26	0.13	-0.40
	(0.42)	(0.55)	(0.51)	(0.49)
Kanzlerkandidatin: Merkel	-1.78**	-1.60**	-2.46**	-1.92**
	(0.28)	(0.28)	(0.39)	(0.38)
Parteiidentifikation	1.84**	1.97**	3.62**	1.98**
	(0.27)	(0.42)	(0.53)	(0.46)
Issues und Distanzen				
Problemlösungskompetenz	0.77*	1.92**	1.58*	1.46**
	(0.29)	(0.45)	(0.51)	(0.41)
Ideologische Distanz		-0.07**		
(Links-Rechts-Dimension)		(0.01)		
Anzahl der Alternativen		6040		
Anzahl der Fälle		1208		
Mc Fadden's Pseudo R2		0.665		
Log pseudolikelihood		-652.27		
AIC		1434.55		
IIA test		.994		

Anmerkungen: CDU/CSU-Wahlabsicht ist die Referenzkategorie. Robuste Standardfehler in Klammern; ** $p \leq 0.001$, * $p \leq 0.01$, + $p \leq 0.05$.

dann noch einen Einfluss auf das Wahlverhalten ausüben, wenn für weitere Komponenten der individuellen Wahlentscheidung kontrolliert wird. Zwar verlieren im Vergleich zu den in Tabelle 3 präsentierten Regressionsergebnissen die Koeffizienten mancher vorgegebener Koalitionsoptionen an statistischer Signifikanz. Dennoch bleiben die Effekte insbesondere der von den Parteien stark favorisierten Koalitionsoptionen von Bedeutung. So wirkt sich der Wunsch auf Bildung einer CDU/CSU-FDP-Koalition negativ auf die Chancen aus, SPD, Grüne und PDS zu wählen, während die Chance auf Wahl der FDP im Vergleich zur Union in statistisch signifikanter Form ansteigt. Wird eine rot-grüne Koalition präferiert, dann steigt im Vergleich zur Wahrscheinlichkeit, die Unionsparteien zu wählen, die Chance der Wahl von SPD und Bündnisgrünen signifikant an. Ein Wunsch auf Fortsetzung der großen Koalition verschlechtert nunmehr lediglich noch die Chance, die Linke anstatt der Unionsparteien zu wählen. Des Weiteren hat eine Präferenz der Wähler für die von Seiten der Grünen wie auch der Union nicht ausgeschlossene, aber auch nicht in besonderem Ausmaß gewünschte „schwarz-grüne" Koalition einen positiven Effekt auf die Wahl der Grünen, was ein Anzeichen für die wachsende Akzeptanz solcher, auf Ebene der Bundesländer seit Frühjahr 2008 bestehender Koalitionen insbesondere bei der Wählerschaft der Grünen sein kann. Auch erhöht ein Wunsch auf Bildung einer sozialliberalen Koalition die Chance, SPD oder FDP anstelle der Unionsparteien zu wählen. Auch dies kann als ein Hinweis darauf gewertet werden, dass ein sozialliberales Bündnis – wohlgemerkt ohne Einschluss der Grünen – für Wähler von Sozialdemokraten und Liberalen durchaus attraktiv ist.

Die Effekte derjenigen Parteikombinationen, die von Seiten der Parteien a priori ausgeschlossen wurden, wirken sich weitgehend in erwarteter Weise auf die Wahlabsicht aus. Ein ausgeprägter Wunsch nach Bildung einer „Jamaika-Koalition" oder eines „Ampelbündnisses" wirkt sich weder positiv auf die Wahl der Grünen noch auf die der FDP im Vergleich zur Wahrscheinlichkeit der Wahl der Union aus. Eine verstärkte Präferenz auf Realisierung einer von SPD und Grünen ausgeschlossenen Linkskoalition mit den Sozialisten steigert nur die Wahrscheinlichkeit, die Linke anstatt CDU/CSU zu wählen, wohingegen die Chance der SPD- und Grünen-Wahl nicht signifikant beeinflusst wird.

5. Schlussbetrachtung

Ziel dieses Beitrags war die Beantwortung der Frage, ob der Wunsch nach Bildung einer bestimmten Koalition einen eigenständigen Einfluss auf das Wahlverhalten ausübt. Auf der Grundlage von Studien zum taktischen wie auch ergebnisorientierten Wählen einerseits wie theoretisch-normativen Ansätzen des responsiven Handelns parteipolitischer Akteure in modernen Demokratien andererseits wurde argumentiert, dass Koalitionsaussagen nicht nur eine zentrale Orientierungshilfe bei der Wahlentscheidung bieten, da ein späteres Abweichen von einem großen Vertrauens- und damit Wählerverlust gekennzeichnet wäre. Vielmehr bieten sich in Kombination mit auf inhaltlich-programmatischen Distanzen aufbauenden Modellen des Wahlverhaltens Anreize für die Wähler, sich nicht nur aufgrund der perzipierten inhaltlichen Positionen der Parteien zu entscheiden, sondern ihre Wahl auch aufgrund der erwarteten Standpunkte potentiell möglicher Koalitionen zu treffen. Die empirische Analyse anhand der Daten der deutschen Wahlstudie 2009 hat gezeigt, dass die Koalitionswünsche der Wähler weitgehend derjenigen der Parteien folgen. Zudem üben – auch unter Kontrolle weiterer, das individuelle Wahlverhalten beeinflussender Faktoren – die Koalitionswünsche der Wähler einen Einfluss auf deren schlussendliche Wahl aus. Es gibt somit zumindest für die Bundestagswahl 2009 empirische Evidenz dafür, dass das Wahlverhalten nicht nur von parteizentrierten Faktoren beeinflusst wird, sondern die Wähler – in Erwartung der Bildung einer Mehrparteienregierung – auch ihre Haltungen gegenüber verschiedenen Koalitionsoptionen als Grundlage für ihre Entscheidung berücksichtigen. Zwar folgt das Elektorat weitgehend den a priori getätigten Koalitionsaussagen der Parteien. Allerdings gibt es einige signifikante Ausnahmen wie etwa die zunehmende Wahrscheinlichkeit der FDP-Wahl, wenn der Wunsch auf Bildung eines sozialliberalen Bündnisses anwächst. Diesem Ergebnis zufolge müssten die Freien Demokraten nicht unbedingt mit Stimmenverlusten rechnen, wenn sie sich gegenüber der SPD koalitionspolitisch öffnen würden und somit das den deutschen Parteienwettbewerb und die Muster der Regierungsbildung maßgeblich strukturierende Lagerverhalten auflockern würden. Auch das Erwägen einer Zusammenarbeit mit den Grünen dürfte der FDP den hier präsentierten Ergebnissen zufolge nicht unbedingt schaden. Gleiches gilt für die Grünen und die Option einer gemeinsamen Koalitionsregierung mit der Union: Da Sympathien gegenüber „Schwarz-Grün" die Wahlwahrscheinlichkeit der Grünen anwachsen lassen, besteht – trotz des vorzeitigen Endes der Koalition aus CDU und Grün-Alternativer Liste in Hamburg im November 2010 – auch für die Parteiführung der Grünen der Anreiz, sorgsamer mit a priori getätigten Ablehnungen von potentiellen Koalitionen umzugehen. Aus dieser Perspektive besteht – auch aufgrund der möglichen Verschiebungen des Parteiensystems durch das Aufkommen der Piratenpartei (Niedermayer 2012) – Hoffnung auf einen weniger durch vorab festgelegte und ausgeschlossene Koalitionen charakterisierten Bundestagswahlkampf 2013.

Aus den hier präsentierten Ergebnissen lassen sich nicht nur Schlussfolgerungen hinsichtlich des Wahlverhaltens in politischen Systemen, die durch Koalitionsregierungen gekennzeichnet sind, ziehen, sondern auch Implikationen für die theoretische Modellierung der Regierungsbildung ableiten. Da die Koalitionspräferenzen der Wähler einen sichtbaren Effekt auf die Wahlabsicht ausüben, sollten die Parteien die Koalitionswünsche der eigenen Wähler bei der Regierungsbildung mit einbeziehen, um die inhaltlich-programmatischen Positionen der Wähler, die sich hinter den Koalitionswünschen verbergen können, möglichst weitgehend bedienen und so den Stimmenanteil bei kommenden Wahlen halten oder ausbauen zu können (vgl. Debus/Müller 2013). Gängige Theorien der Regierungsbildung umfassen die Koalitionspräferenzen der Wähler jedoch nur in der Form, dass sie durch die Stärke der Parteien im Parlament und deren inhaltliche Präferenzen reflektiert werden (vgl. für eine Übersicht Müller 2009). Die Ergebnisse dieses Beitrags bilden somit auch einen Anreiz, Theorien der Koalitionsbildung derart zu erweitern, dass Informationen zu den Präferenzen des Elektorats hinsichtlich möglicher Koalitionen mit in die theoretische Modellierung und empirische Analyse von Regierungsbildungsprozessen systematisch aufgenommen werden sollten, um somit neben Aspekten des „office-seeking" und „policy-seeking" auch das Stimmenmaximierungskalkül mit koalitionspolitischen Fragestellungen zu kombinieren.

Literatur

Adams, James F./Merrill, Samuel/Grofman, Bernard (2005): A Unified Theory of Party Competition. Cambridge: Cambridge University Press.

Alvarez, R. Michael/Nagler, Jonathan (1998): When Politics and Models Collide: Estimating Models of Multiparty Elections. In: American Journal of Political Science 42, 55-96.

Bäck, Hanna/Debus, Marc/Dumont, Patrick (2011): Who Gets What in Coalition Governments? Predictors of Portfolio Allocation in Parliamentary Democracies. In: European Journal of Political Research 50, 441-478..

Bargsted, Mathias A./Kedar, Orit (2009): Coalition-Targeted Duvergerian Voting: How Expectations Affect Voter Choice under Proportional Representation. In: American Journal of Political Science 53, 307–323.

Berger, Manfred/Gibowski, Wolfgang G./Roth, Dieter/Schulte, Wolfgang (1983): Stabilität und Wechsel: Eine Analyse der Bundestagswahl 1980. In: Kaase, Max/Klingemann, Hans-Dieter (Hrsg.):, Wahlen und politisches System. Analysen aus Anlass der Bundestagswahl 1980. Opladen: Westdeutscher Verlag, 12-57.

Bieber, Christoph/Leggewie, Claus (2012): Unter Piraten. Erkundungen in einer neuen politischen Arena. Bielefeld: Transcript.

Bräuninger, Thomas/Debus, Marc (2009): Schwarz-Gelb, Schwarz-Rot, Jamaika oder die Ampel? Koalitionsbildungen in Bund und Ländern im Superwahljahr 2009. In: Zeitschrift für Politikberatung 2, 563-567.

Browne, Eric C./Franklin, Mark N. (1973): Aspects of Coalition Payoffs in European Parliamentary Democracies. In: American Political Science Review 67, 453-469.

Bytzek, Evelyn/Huber, Sascha (2011): Koalitionen und strategisches Wählen, in: Rattinger, Hans/Roßteutscher, Sigrid/Schmitt-Beck, Rüdiger/Weßels, Bernhard (2011): Zwischen Langeweile und Extremen: Die Bundestagswahl 2009. Baden-Baden: Nomos, 247-263.

Bytzek, Evelyn/Roßteutscher, Sigrid (2011): Holpriger Start einer Wunschehe? Die Regierungsbildung der schwarz-gelben Koalition, in: Rattinger, Hans/Roßteutscher, Sigrid/Schmitt-Beck, Rüdiger/Weßels, Bernhard (2011): Zwischen Langeweile und Extremen: Die Bundestagswahl 2009. Baden-Baden: Nomos, 265-280.

Bytzek, Evelyn/Gschwend, Thomas/Huber, Sascha, Linhart, Eric/Meffert, Michael Meffert (2012): Koalitionssignale bei der Bundestagswahl 2009 und deren Auswirkungen auf strategisches Wahlverhalten. Politische Vierteljahresschrift, Sonderheft „Wählen in Deutschland". Baden-Baden: Nomos, 393-418.

Debus, Marc (2007): Bestimmungsfaktoren des Wahlverhaltens in Deutschland bei den Bundestagswahlen 1987, 1998 und 2002: Eine Anwendung des Modells von Adams, Merrill und Grofman. In: Politische Vierteljahresschrift 48, 269-292.

Debus, Marc (2008): Office and Policy Payoffs in Coalition Governments. In: Party Politics 14, 515-538.

Debus, Marc (2010): Soziale Konfliktlinien und Wahlverhalten: Eine Analyse der Determinanten der Wahlabsicht bei Bundestagswahlen von 1969 bis 2009. In: Kölner Zeitschrift für Soziologie und Sozialpsychologie 62, 731-749.

Debus, Marc (2011): Parteienwettbewerb, Regierungsbildung und Ergebnisse der Koalitionsverhandlungen nach der Bundestagswahl 2009. In: Niedermayer, Oskar (Hrsg.): *Die Parteien nach der Bundestagswahl 2009*. Wiesbaden: VS Verlag für Sozialwissenschaft, 281-307.

Debus, Marc (2012): Koalitionspräferenzen von Wählern und Parteien und ihr Einfluss auf die Wahlabsicht bei der Bundestagswahl 2009, in: Zeitschrift für Parlamentsfragen 43: 1, 86-102.

Debus, Marc/Müller, Jochen (2013): Do the Coalition Preferences of Voters Affect the Outcome of the Government Formation Process? In: West European Politics 36 (im Erscheinen).

Decker, Frank (2009a): Koalitionsaussagen der Parteien vor Wahlen. Eine Forschungsskizze im Kontext des deutschen Regierungssystems, in: Zeitschrift für Parlamentsfragen 40, 431-453.

Decker, Frank (2009b): Koalitionsaussagen und Koalitionsbildung. In: Aus Politik und Zeitgeschichte 51/2009, 20-26.

Decker, Frank/Best, Volker (2010): Looking for Mr. Right? A Comparative Analysis of Parties' 'Coalition Statements' prior to the Federal Elections of 2005 and 2009, in: German Politics 19, 164-182.

Downs, Anthony (1957): An Economic Theory of Democracy. New York: Harper.

Eith, Ulrich (2010): Volksparteien unter Druck: Koalitionsoptionen, Integrationsfähigkeit und Kommunikationsstrategien nach der Übergangswahl 2009. In: Korte, Karl-Rudolf (Hrsg.): Die Bundestagswahl 2009: Analysen der Wahl-, Parteien-, Kommunikations- und Regierungsforschung. Wiesbaden: VS Verlag für Sozialwissenschaft, 117-129.

Elff, Martin/Roßteutscher, Sigrid (2011): Stability or Decline? Class, Religion and the Vote in Germany. German Politics 20: 1, 107-127.

Falter, Jürgen W./Schoen, Harald (Hrsg.; 2005): Handbuch Wahlforschung. Wiesbaden: VS Verlag für Sozialwissenschaften
Fuchs, Dieter/Kühnel, Steffen (1994): Wählen als rationales Handeln: Anmerkungen zum Nutzen des Rational-Choice-Ansatzes in der empirischen Wahlforschung. In: Klingemann, Hans-Dieter/Kaase, Max (Hrsg.): Wahlen und Wähler. Analysen aus Anlass der Bundestagswahl 1990. Opladen: Westdeutscher Verlag, 305-364.
Gamson, William (1961): A Theory of Coalition Formation. In American Sociological Review 26, 373-382.
Golder, Sona (2005): Pre-electoral coalitions in comparative perspective: A test of existing hypotheses. In: Electoral Studies 24, 643-663.
Golder, Sona (2006): Pre-electoral coalition formation in parliamentary democracies. In: British Journal of Political Science 36, 193-212.
Grofman, Bernhard (1985): The Neglected Role of the Status Quo in Models of Issue Voting, in: Journal of Politics 47, 230-237.
Grofman, Bernhard (2004) Downs and Two-Party Convergence, in: Annual Review of Political Science 7, 25–46.
Gschwend, Thomas (2007): Ticket-Splitting and Strategic Voting under Mixed Electoral Rules: Evidence from Germany. In: European Journal of Political Research 46, 1–23.
Gschwend, Thomas/Johnston, Ron/Pattie, Charles (2003): Split-Ticket Patterns in Mixed-Member Proportional Election Systems: Estimates and Analyses of Their Spatial Variation at the German Federal Election, 1998. In: British Journal of Political Science 33, 109-127.
Gschwend, Thomas/Hooghe, Marc (2008): Should I Stay or Should I Go? An Experimental Study on Voter Responses to Pre-Electoral Coalitions. In: European Journal of Political Research 47, 556-577.
Herrmann, Michael (2008): Moderat bevorzugt, extrem gewählt. Zum Zusammenhang von Präferenz und Wahlentscheidung in räumlichen Modellen sachfragenorientierten Wählens. Politische Vierteljahrsschrift 49: 1, 20-45.
Hilmer, Richard (2010): Bundestagswahl 2009: Ein Wechsel auf Raten. In: Zeitschrift für Parlamentsfragen 41, 147-180.
Kabashima, Ikuo/Reed, Stephen (2000): Voter reactions to 'strange bedfellows': The Japanese voter faces a kaleidoscope of changing coalitions. In: Japanese Journal of Political Science 1, 229–248.
Klingemann, Hans-Dieter, Richard Hofferbert and Ian Budge (eds.; 1994) Parties, Policies, and Democracy, Boulder: Westview.
König, Thomas/Volkens, Andrea/Bräuninger, Thomas (1999): Regierungserklärungen von 1949 bis 1998. Eine vergleichende Untersuchung ihrer regierungsinternen und -externen Bestimmungsfaktoren. In: Zeitschrift für Parlamentsfragen 30: 3, 641-659.
Korte, Karl-Rudolf (2009): Neue Qualität des Parteienwettbewerbs im "Superwahljahr". In: Aus Politik und Zeitgeschichte 38/2009, 3-8.
Krämer, Jürgen/Rattinger, Hans (1997): The proximity and the directional theories of issue voting: Comparative results fort he USA and Germany. In: European Journal of Political Research 32, 1-29.
Linhart, Eric (2007): Rationales Wählen als Reaktion auf Koalitionssignale am Beispiel der Bundestagswahl 2005. In: Politische Vierteljahrsschrift 48, 461-484.
Lipset, Seymour M./Rokkan, Stein (1967): Cleavage Structures, Party Systems and Voter Alignments: An Introduction. In: Lipset, Seymour M./Rokkan, Stein (Hrsg.): Party Systems and Voter Alignments: Cross-National Perspectives. New York, London: Free Press, 1-64.
McDonald, Michael/Budge, Ian (2005): *Elections, Parties, Democracy: Conferring the Median Mandate*. Oxford: Oxford University Press.
McFadden, Daniel (1974): Conditional Logit Analysis of Qualitative Choice Behaviour. In: Zarembka, Paul (Hrsg.): Frontiers in Econometrics. New York: Academic Press, 105-142.
Merrill, Samuel (1995): Discriminating between the directional and proximity spatial models of electoral competition. In: Electoral Studies 15, 53-70.
Müller, Walter (1998): Klassenstruktur und Parteiensystem. Zum Wandel der Klassenspaltung im Wahlverhalten. In: Kölner Zeitschrift für Soziologie und Sozialpsychologie 50, 3-46.
Müller, Walter (2000): Klassenspaltung im Wahlverhalten – Eine Reanalyse. In: Kölner Zeitschrift für Soziologie und Sozialpsychologie 52, 790-795.
Müller, Wolfgang C. (2009): Government formation. In: Landmann, Todd/Robinson, Todd (Hrsg.): The SAGE Handbook of Comparative Politics. Los Angeles: Sage, 227-245
Niedermayer, Oskar (Hrsg.; 2012). Die Piratenpartei. Wiesbaden: Springer VS.
Pappi, Franz U./Brandenburg, Jens (2008): Soziale Einflüsse auf die Klassenwahl im Generationen- und Periodenvergleich: Eine Analyse für Westdeutschland, in: Kölner Zeitschrift für Soziologie und Sozialpsychologie 60, 457-472.

Pappi, Franz U./Brandenburg, Jens (2010): Sozialstrukturelle Interessenlagen und Parteipräferenz in Deutschland: Stabilität und Wandel seit 1980. In: Kölner Zeitschrift für Soziologie und Sozialpsychologie 62, 459-483.
Pappi, Franz U./Gschwend, Thomas (2005): Partei- und Koalitionspräferenzen der Wähler bei den Bundestagswahlen 1998 und 2002. In: Jürgen W. Falter, Oscar Gabriel und Bernhard Weßels (Hrsg.): Wahlen und Wähler. Analysen aus Anlass der Bundestagswahl 2002. Wiesbaden, 284-305.
Pappi, Franz U./Shikano, Susumu (2002): Die politisierte Sozialstruktur als mittelfristig stabile Basis einer deutschen Normalwahl. In: Kölner Zeitschrift für Soziologie und Sozialpsychologie 54, 444-475.
Pappi, Franz U./Shikano, Susumu (2007): Wahl- und Wählerforschung. Baden-Baden: Nomos.
Pappi, Franz U./Thurner, Paul (2002): Electoral behaviour in a two-vote system: Incentives for ticket splitting in German Bundestag elections. In: European Journal of Political Research 41, 207-232.
Poguntke, Thomas (1999): Winner Takes All: The FDP in 1982-1983: Maximizing Votes, Office, and Policy? In: Müller, Wolfgang C./Strøm, Kaare (Hrsg.): Policy, Office, or Votes? How Political Parties in Western Europe Make Hard Decisions. Cambridge: Cambridge University Press, 216-236
Powell, G. Bingham (2004): The chain of responsiveness. In: Journal of Democracy 15, 91-105.
Rattinger, Hans/Roßteutscher, Sigrid/Schmitt-Beck, Rüdiger/Weßels, Bernhard (2011): Zwischen Langeweile und Extremen: Die Bundestagswahl 2009. Baden-Baden: Nomos.
Saalfeld, Thomas (2010): Regierungsbildung 2009: Merkel II und ein höchst unvollständiger Koalitionsvertrag. In: Zeitschrift für Parlamentsfragen 41, 181-206.
Schmitt-Beck, Rüdiger/Faas, Thorsten (2009a): Die hessische Landtagswahl vom 27. Januar 2008: Wiederkehr der „hessischen Verhältnisse". In: Zeitschrift für Parlamentsfragen 40, 16-34.
Schmitt-Beck, Rüdiger/Faas, Thorsten (2009b), Die hessische Landtagswahl vom 18. Januar 2009: der ‚ewige Koch'. In: Zeitschrift für Parlamentsfragen 40, 358-370.
Shikano, Susumu/Herrmann, Michael/Thurner, Paul W. (2009): Strategic Voting under Proportional Representation: Threshold Insurance in German Elections. In: West European Politics 32, 630-652.
Strøm, Kaare/Müller, Wolfgang C. (1999): Political Parties and Hard Choices. In: Müller, Wolfgang C./Strøm, Kaare (Hrsg.): Policy, Office, or Votes? Cambridge: Cambridge University Press, 1–35.
Switek, Niko (2010): Unpopulär aber ohne Alternative? Dreier-Bündnisse als Antwort auf das Fünfparteiensystem. In: Korte, Karl-Rudolf (Hrsg.): Die Bundestagswahl 2009: Analysen der Wahl-, Parteien-, Kommunikations- und Regierungsforschung. Wiesbaden: VS Verlag für Sozialwissenschaft, 320-344.
Thomassen, Jacques/Schmitt, Hermann (1999): Issue Congruence. In: Schmitt, Hermann/Thomassen, Jacques (Hrsg.): Political Representation and Legitimacy in the European Union. Oxford: Oxford University Press, 186-208.
Thurner Paul W./Eymann, Angelika (2000): Policy-specific Alienation and Indifference in the Calculus of Voting: A Simultaneous Model of Party Choice and Abstention. In: Public Choice 102, 51-77.
Warwick, Paul V. (2001): Coalition Policy in Parliamentary Democracies. Who Gets How Much and Why. In: Comparative Political Studies 34, 1212-1236.
Warwick, Paul V./James N. Druckman (2006). The portfolio allocation paradox: An investigation into the nature of a very strong but puzzling relationship. European Journal of Political Research 45: 635-665.
Warwick, Paul V. (2011): Voters, Parties, and Declared Government Policy. In: *Comparative Political Studies* 44, 44(12) 1675-1699
Weßels, Berhard (2000): Gruppenbindung und Wahlverhalten: 50 Jahre Wahlen in der Bundesrepublik, in: Klein, Markus/Jagodzinski, Wolfgang/Mochmann, Ekkehard/Ohr, Dieter (Hrsg.): 50 Jahre Empirische Wahlforschung in Deutschland. Opladen: Westdeutscher Verlag, 129-155.

Kandidaten

Merkel reloaded:
Eine experimentelle Untersuchung zur Relevanz von Geschlecht und physischer Attraktivität aus Anlass der Bundestagswahl 2009

Katharina Rohrbach / Ulrich Rosar

1. Einleitung

Die Bundestagswahl 2009 wird als Wahl der vielen Besonderheiten in die Geschichte der Wahlforschung eingehen: Die Wahlbeteiligung erreichte mit rund 71 Prozent den niedrigsten Wert seit 1949. Die SPD erlebte einen historischen Absturz und verlor im Vergleich zur Bundestagswahl 2005 etwa ein Drittel ihrer Wählerschaft. Und auch die Union musste ihr schlechtestes Bundestagswahlergebnis seit 1949 verzeichnen. Immerhin konnten CDU und CSU ihr schlechtes Abschneiden jedoch zumindest teilweise durch den Gewinn von Direktmandaten ausgleichen – sie erreichten die Rekordzahl von 24 Überhangmandaten. Die Linke, FDP und Bündnis 90/Die Grünen erzielten hingegen auf Bundesebene uneingeschränkt die bisher besten Ergebnisse ihrer Geschichte. Zum ersten Mal trat 2009 auch die Piratenpartei bei einer Bundestagswahl an, die immerhin zwei Prozent der Zweitstimmen erhielt. Nicht zuletzt ist jedoch eine Besonderheit der Bundestagswahl 2009, dass sich mit Angela Merkel erstmals eine Bundeskanzler*in* um die Bestätigung im Amt bemüht hat (Rattinger et al. 2011).

Zwar könnte man argumentieren, dass Deutschland bereits 2005 reif für eine Bundeskanzlerin war, da Merkel aus der Rolle der Herausforderin die Kanzlerschaft für sich und die Union erstreiten konnte. Gleichwohl muss rückblickend aber auch festgehalten werden, dass der Erfolg von 2005 alles andere als ein glänzender Sieg war. Lag die Union in Vorwahlumfragen zur Bundestagswahl 2005 bis kurz vor dem Wahltag noch deutlich vor den Sozialdemokraten, so schnitt sie am Wahltag selbst mit einem Zweitstimmenanteil von 35,2 Prozent gerade um einen Prozentpunkt besser ab als die SPD (Forschungsgruppe Wahlen e.V. 2009). Für demoskopische Analysten stand bald fest, dass die Ursache für diesen wundersam erscheinenden Einbruch bei Angela Merkel zu suchen war – genauer gesagt bei ihrem Geschlecht: Quasi mit Bekanntgabe des amtlichen Endergebnisses wurde die These aufgestellt, bei der Wahlbevölkerung würden Ressentiments gegenüber einer Frau im Kanzleramt bestehen. Diese seien allerdings erst am Wahltag sichtbar geworden, da in den Umfragen im Vorfeld der Wahl Effekte sozialer Erwünschtheit zum Tragen gekommen seien. Vor allem Anhänger der Union hätten in den Umfragen noch politisch korrekt angegeben, ihre Partei mit der Spitzenkandidatin Merkel wählen zu wollen. Denn ihre Vorbehalte gegenüber einer weiblichen Führungsfigur hätten ihnen als Diskriminierung ausgelegt werden können.

Beim anonymen Urnengang hätten sie dann aber ihre Ressentiments offenbart (siehe dazu im Überblick: Klein/Rosar 2007: 271f).

Vor dem Hintergrund dieser Deutungen haben Klein und Rosar (2007) im Nachgang der Bundestagswahl 2005 eine experimentelle Online-Studie durchgeführt, um die grundsätzliche Haltung der bundesdeutschen Wählerschaft zu weiblichen Kanzlerkandidaten zu untersuchen. Neben der Tatsache, dass die Kandidatur einer Frau für das Amt des Bundeskanzlers zu diesem Zeitpunkt eine Premiere in der Geschichte der Bundesrepublik darstellte, ist die Fragestellung auch aus demokratietheoretischer Perspektive relevant: Frauen in politischen Führungspositionen haben immer noch Seltenheitswert, was vor dem Hintergrund einer demographisch fairen Abbildung der Bevölkerung bzw. der Vertretung der Interessen von Frauen in der Politik problematisch sein kann (Westle 2009).

Klein und Rosar verwendeten für ihre Studie einen hierarchisch geschachtelten faktoriellen Survey (Hox et al. 1991), der gegenüber den klassischen Instrumenten der Umfrageforschung den Vorteil aufweist, weit weniger anfällig für Einflüsse sozialer Erwünschtheit zu sein. Zentraler Befund der Studie war, dass nicht das Geschlecht, wohl aber die physische Attraktivität von Kanzlerkandidaten die Entscheidungsfindung der Wählerinnen und Wähler beeinflusst. Substantielle und signifikante Unterschiede für variierende Subelektorate konnten sie dabei nicht feststellen.

Allerdings ist die Frage, ob sich die bundesdeutsche Wählerschaft als Ganzes oder spezifische Wählergruppen durch das Geschlecht der Kanzlerkandidaten in der Herausbildung ihrer Wahlpräferenzen beeinflussen lassen, keineswegs abschließend beantwortet. Bei der Untersuchung von Klein und Rosar handelt es sich um eine Nachwahlstudie, die zeitnah zur Bundestagswahl 2005 durchgeführt wurde. Es kann daher nicht ausgeschlossen werden, dass die mangelnde Wirksamkeit des Faktors Geschlecht nur unter dem unmittelbaren Eindruck des Wahlausgangs zustande gekommen ist, dass also unter anderen Vorzeichen auch andere Resultate möglich gewesen wären. Darüber hinaus hat die erste Kanzlerschaft Merkels eine bis dato für die Bundesrepublik Deutschland rein akademische Frage in eine erfahrbare soziale Realität verwandelt. Deutschland wurde vier Jahre von einer Frau regiert und es mag sein, dass diese Tatsache das Rollenbild von Frauen in der Politik beeinflusst hat.

Wir sind daher mit Blick auf die Bundestagswahl 2009 erneut der Frage nachgegangen, ob das Geschlecht eines Kanzlerkandidaten für die Entscheidungsfindung der Wählerinnen und Wähler relevant ist. Wie Klein und Rosar haben wir neben dem Geschlecht die physische Attraktivität von Kanzlerkandidaten systematisch mit in das Untersuchungsdesign einbezogen, um einen Vergleichsmaßstab für etwaige Geschlechtseffekte zu haben. Im Folgenden werden wir zunächst den Forschungsstand bezüglich der Bedeutung des Geschlechts und anderer askriptiver Kandidatenmerkmale für den Wahlerfolg allgemein rekapitulieren und vor diesem Hintergrund drei mögliche Szenarien zur Wirkung des Faktors Geschlecht bei der Bundestagswahl 2009 entwickeln (Abschnitt 2). Anschließend werden wir das Design unserer Studie darstellen (Abschnitt 3) und die zentralen empirischen Befunde referieren (Abschnitt 4). Den Abschluss bilden einige zusammenfassende Schlussfolgerungen und ein kurzer Ausblick (Abschnitt 5).

2. Forschungsstand

Der Bestand an wissenschaftlichen Studien, die sich mit der Bedeutung des Geschlechts von Kandidaten für führende Ämter der politischen Exekutive befassen, ist auch im Jahr 2012 immer noch leicht überschaubar. Sucht man nach aktuellen Studien, die sich konkret und explizit für Deutschland mit dem Einfluss des Geschlechts von Spitzenpolitikern auf deren Wahlerfolg beschäftigen, so muss man feststellen, dass sich auf diesem Gebiet auch nach der Bundestagswahl 2005 wenig getan hat. Abgesehen von Klein und Rosar (2007) finden sich lediglich zwei einschlägige Studien: Westle und Schübel (2009) untersuchen anlässlich der Bundestagswahl 2005 die Wahrnehmung des gesellschaftlichen Meinungsklimas zu Frauen in politischen Spitzenpositionen, um herauszufinden, ob in dieser Hinsicht Ressentiments bestehen. Ihre Analyse von Daten aus der Nachwahlstudie *Bürger und Parteien* ergab, dass die Mehrheit der Deutschen die Auffassung vertritt, der Frauenanteil in politischen Führungspositionen solle so bleiben wie bisher. Erwartungsgemäß sprechen sich mehr Frauen als Männer für eine Steigerung dieses Anteils aus. Ein Drittel der Befragten ist jedoch der Meinung, Männer wären mehrheitlich für eine Verringerung des Anteils. Interpretierte man die vermutete Mehrheitsmeinung unter Männern als tatsächliches Meinungsklima, wären – so Westle und Schübel – Vorbehalte gegenüber weiblichen Führungskräften in der Politik weiter verbreitet, als die Umfragen vermuten lassen. Ihnen scheint es daher naheliegend, dass Effekte sozialer Erwünschtheit insbesondere bei Männern eine Rolle „bei der Abfrage der eigenen Position in politischen Genderfragen" (Westle/Schübel 2009: 225) spielen. Die Befunde lassen zwar die vage Vermutung zu, dass ein negativer Effekt des Merkmals Frau auf die Wahlchancen bestehen könnte, allerdings ist die Fragestellung eher unspezifisch auf den gewünschten Anteil von Frauen in politischen Spitzenpositionen gerichtet und die Ergebnisse sind somit nur sehr indirekt auf die hier verfolgte Fragestellung übertragbar.

Bieber (2011) überprüft anhand eines Online-Experiments, ob der Mythos, dass Politikerinnen andere Persönlichkeitseigenschaften zugeschrieben werden als Politikern – inklusive entsprechender Auswirkungen auf den Wahlerfolg – der empirischen Prüfung standhält. Dazu wurden die Teilnehmer des Experiments in zwei Gruppen aufgeteilt, von denen die eine Gruppe den Steckbrief einer potentiellen Kandidatin, die andere Gruppe den Steckbrief eines potentiellen Kandidaten bewerten sollte. Alle übrigen Kandidatenmerkmale wurden konstant gehalten. Tatsächlich wurde der Kandidatin von den Probanden ein höheres Maß an eher weiblich konnotierten Persönlichkeitseigenschaften wie beispielsweise Unsicherheit und Naivität attestiert, während der Kandidat höhere Werte bei der Durchsetzungsfähigkeit oder der Risikobereitschaft erreichte. In Bezug auf den Wahlerfolg zeigte sich, dass sich weder explizit weibliche noch männliche Eigenschaften signifikant auf die Erfolgschance einer Frau auswirken. Die wenigen deutschen Arbeiten zu dem Thema sind somit in ihren Ergebnissen heterogen – die Befunde sprechen aber tendenziell gegen einen Geschlechtereffekt.

Vielseitiger gestaltet sich die Forschungslandschaft hingegen in den Vereinigten Staaten: Auch wenn sich dort mit Hillary Clinton nicht das erste Mal eine Frau um die Nominierung als Kandidatin für das Präsidentenamt bewarb[1] und Clinton dann dem späteren Präsidenten

---
1 Victoria Woodhull wurde 1872 als erste Frau als Präsidentschaftskandidatin nominiert (Kennedy 2003: 131).

Barack Obama letztlich bei den Vorwahlen unterlag, ist eine Diskussion darüber entfacht, ob Amerika bereit für eine Frau an der Spitze des Staates sei (Dwyer et al. 2009: 223; Falk/Kenski 2006b: 413; Paul/Smith 2008: 452; Streb et al. 2008: 76). Der Wahlerfolg in Abhängigkeit vom Geschlecht wurde in den USA aber auch schon vor Hillary Clinton häufiger zum Inhalt von Untersuchungen als in Deutschland. Zwei ältere experimentelle Studien zu diesem Thema (Rosenwasser/Seale 1988; Spohn/Gillespie 1987) kamen zu dem Ergebnis, dass das Geschlecht des Kandidaten keinen Einfluss auf die Wahlentscheidung der Probanden ausübt. Auf Grund der methodischen und konzeptionellen Schwächen, die beide Experimente aufweisen (siehe dazu Klein/Rosar 2007: 274f), ist die Validität der Ergebnisse allerdings in Frage zu stellen.

Neuere Befunde bezüglich der Relevanz askriptiver Merkmale wie dem Geschlecht erweisen sich hingegen als uneinheitlich: Einer Gallup-Umfrage von 2005 zufolge würden 92 Prozent der amerikanischen Bürger eine Frau zur Präsidentin wählen (Streb et al. 2008: 76). Streb und Kollegen untersuchten in ihrer Studie, ob Befragte in Umfragen falsche Antworten geben, um gesellschaftliche Normen in Hinsicht auf die Gleichberechtigung nicht zu verletzen. Mit Hilfe eines Listen-Experiments konnte der Effekt sozialer Erwünschtheit bestimmt werden: Es zeigte sich, dass 26 Prozent der amerikanischen Bevölkerung wütend oder aufgebracht sind über die Aussicht, eine Frau als Präsident zu haben. Diese mangelnde Begeisterung erwies sich auch über verschiedene demographische Gruppen hinweg als stabil (Streb et al. 2008: 82f). Bei einem Vergleich der Umfrageergebnisse mit den tatsächlichen Ergebnissen bei Senats- und Gouverneurswahlen in einem Zeitraum von 1989 bis 2006 kommt Hopkins (2009) zu dem Ergebnis, dass schwarze Kandidaten aufgrund von Effekten sozialer Erwünschtheit zwar am Wahltag schlechtere Werte aufweisen als in den vorhergehenden Umfragen und der so genannte Bradley-Effekt in den USA immer noch wirkt.[2] Bei weiblichen Kandidaten hingegen besteht kein signifikanter Unterschied zwischen den Umfrage- und den späteren Wahlergebnissen (Hopkins 2009: 774). Die Befunde von Dwyer und Kollegen (2009) weisen in dieselbe Richtung: Sie untersuchten, ob rassistische und sexistische Einstellungen eine Auswirkung auf die Bewertung der Kandidaten Barack Obama und Sarah Palin hatten. Während Befragte mit rassistischen Einstellungen Obama negativ bewerteten, ging von sexistischen Einstellungen weder ein signifikanter Einfluss auf die Bewertung Obamas noch Palins aus (Dwyer et al. 2009: 230).

In der Studie von Paul und Smith (2008) wurde der Einfluss des Geschlechts von Präsidentschaftskandidaten auf die Einschätzung ihrer Qualifikation sowie auf die Wahlentscheidung untersucht. Dazu sollten die Befragten die Qualifikation von drei realen männlichen und zwei realen weiblichen Kandidaten[3] bewerten und anschließend für hypothetische Zweierkombinationen der Kandidaten die Wahlabsicht bei den General Elections angeben. Paul und Smith konnten zeigen, dass die weiblichen Kandidaten hinsichtlich ihrer Qualifikation für das

---

2   Als Bradley-Effekt wird der Unterschied zwischen den Umfrageergebnissen und dem tatsächlich erreichten Wahlergebnis bei schwarzen Kandidaten bezeichnet. Namensgeber des Effekts war der afroamerikanische Demokrat Tom Bradley, der 1982 überraschend die Wahl zum kalifornischen Gouverneur verlor (Hopkins 2009: 769).

3   John Edwards (Demokrat), Rudy Giuliani (Republikaner), John McCain (Republikaner) und Hillary Clinton (Demokratin) sowie Elizabeth Dole (Republikanerin).

Präsidentenamt signifikant schlechter eingestuft wurden als ihre männlichen Kollegen. Zudem stellte sich heraus, dass die Befragten ihre Wahlabsicht zu Gunsten des männlichen Kandidaten änderten, wenn als Gegner eine Kandidatin in gemischtgeschlechtlichen Paarungen zur Auswahl stand – und zwar unabhängig von ihrer Parteineigung (Paul/Smith 2008: 464f).

Falk und Kenski (2006b) stellten die These auf, dass die in den USA in Umfragen übliche Frage, mit welcher Wahrscheinlichkeit die Respondenten eine Frau zur Präsidentin wählen würden, sexistische Einstellungen überschätzt, während insbesondere die Rolle der Parteiidentifikation vernachlässigt wird (Falk/Kenski 2006b: 414). Daher stellten sie den Befragten in ihrer Studie konkrete Politikerinnen als Herausforderinnen vor, die gegen George W. Bush bzw. John Kerry antraten. Auch Personen, die bei der unspezifischen Frage nach der Wahl einer Frau als Präsidentin eine geringe Wahrscheinlichkeit angaben, würden in einem realistischeren Szenario ihre Stimme einer Frau geben, insbesondere, wenn die Kandidatin von der präferierten Partei aufgestellt würde (Falk/Kenski 2006b: 426).

Die Validität der in den beiden letztgenannten Studien gefundenen Ergebnisse ist jedoch aus mindestens zwei Gründen anzuzweifeln. Erstens ist die Grundgesamtheit der Untersuchung von Paul und Smith (2008) begrenzt auf potentielle Wähler in Ohio. Ob diese Population aber repräsentativ für die USA ist, erscheint zumindest fraglich. Zum Zweiten wird zwar in beiden Untersuchungen versucht, die Entscheidungssituation eines Wählers möglichst genau zu rekonstruieren. Allerdings kann bei der Verwendung von realen Kandidaten und Kandidatinnen in der Wahlsimulation nicht mehr unterschieden werden, inwieweit das Geschlecht oder andere Aspekte – wie z. B. Persönlichkeitsmerkmale – die Bewertung der Kandidaten beeinflussen. Diskussionswürdig ist zudem, ob die Befunde amerikanischer Studien ohne weiteres auf Deutschland übertragen werden können. Gleichwohl muss aber auch festgehalten werden, dass mit den Studien von Paul und Smith (2008) bzw. Falk und Kenski (2006b) zumindest Indizien vorliegen, die grundsätzlich auf die Relevanz des Geschlechts von Spitzenkandidaten für den Wahlausgang hindeuten.

Interessante Ergebnisse liefert in diesem Zusammenhang auch eine Untersuchung aus den Niederlanden. Lammers, Gordijn und Otten (2009) stellen die Hypothese auf, dass die Präferenz eines Wählers für eine Kandidatin oder einen Kandidaten davon abhängt, welches Problem im Land als das Wichtigste angesehen wird, da Frauen in anderen Bereichen Problemlösungskompetenzen zugesprochen werden als Männern (vgl. dazu auch Falk/ Kenski 2006a). In der niederländischen Studie konnte zum einen gezeigt werden, dass die Probanden männliche Kandidaten bevorzugten, wenn das wichtigste Problem, das ihnen zu Beginn des Experiments indirekt genannt wurde, Kandidateneigenschaften erforderte, die gemäß der gängigen Geschlechterrollenklischees als typisch männliche angesehen werden,[4] und unter Umkehrung der Vorzeichen weibliche Kandidaten bevorzugt werden, wenn das wichtigste Problem weiblich konnotiert ist. Zum anderen erwies sich dieses Muster in einem zweiten Experiment

---

4   In Vorstudien wurde ermittelt, dass Männer aufgrund stereotyper Zuschreibungen besser eingeschätzt werden, wenn es um politische Probleme geht, bei denen kompetitives Verhalten gefragt ist (Wirtschaft, Sicherheit). Frauen dagegen werden in denjenigen politischen Bereichen besser bewertet, in denen soziales Verhalten von Bedeutung ist. Typisch ‚weibliche' Politikfelder sind Gesundheits- oder Bildungspolitik (Lammers et al. 2009: 187, 189).

insofern als stabil, als dass sich der Effekt umdrehte, wenn unter Konstanthaltung der Attraktivität untypische Vertreter des jeweiligen Geschlechts als Kandidaten präsentiert wurden. Das heißt, dass eine ‚untypische' Frau als bessere Kandidatin in der ‚typisch männlichen' kompetitiven Bedingung eingestuft wurde als in der ‚typisch weiblichen' sozialen Kondition. Die Autoren kommen zu dem Schluss, dass bei der Untersuchung des Zusammenhangs zwischen Geschlechterstereotypen und der Wahrnehmung von männlichen und weiblichen Kandidaten zusätzlich eine Moderatorvariable zu berücksichtigen ist, die die Autoren „*prototypicality*" (Lammers et al. 2009: 188; vgl. dazu auch Friedman/Zebrowitz 1992) nennen. Es spielt demnach für den Wahlerfolg der Kandidaten auch eine Rolle, ob es sich bei ihnen um Prototypen, also typische Vertreter, ihres Geschlechts handelt (Lammers et al. 2009: 192). Da das biologische Geschlecht aber maßgeblich das prototypische soziale Geschlecht beeinflusst und dominierende politische Sachfragen wie auch die Handlungslogik der Politik insgesamt vorwiegend männlich konnotiert sein dürften, ergibt sich aus diesen Befunden auch der Schluss, dass weibliche Spitzenkandidaten in typischen Wahlsituationen typischerweise einen geschlechtstypischen Wettbewerbsnachteil haben sollten. Rekapitulierend und trotz Würdigung der Uneinheitlichkeit der Literaturbefunde ist daher mit Blick auf unsere Fragestellung festzuhalten, dass nicht ausgeschlossen werden kann, dass eine Kanzlerkandidatin in Deutschland doch einen systematischen Wettbewerbsnachteil gegenüber einem männlichen Kontrahenten hat und die Erfolgschancen der Partei, für die sie steht, entsprechend verschlechtert. Dies ist das *erste Szenario* zu möglichen Geschlechtseffekten bei der Bundestagswahl 2009.

Ein spezifischer Strang der Forschung hat sich mit der Frage befasst, inwieweit die Wirkung askriptiver Kandidateneigenschaften von der psychologischen Relevanz sowie den verfügbaren und genutzten Informationen zur Person der Kandidaten und zu politischen Sachfragen abhängt. Forschungsleitende Grundannahme ist dabei die Vermutung, dass askriptive Kandidatenmerkmale von den Wählerinnen und Wählern – in Form von Information Short Cuts und Ankern für Entscheidungsheuristiken – vor allem dann zur Herausbildung einer Wahlpräferenz herangezogen werden, wenn es sich bei einer anstehenden Wahl um eine so genannte Low-Salience Low-Information Election handelt. Dieser Effekt sollte sich aber mit einer höheren (subjektiven) Bedeutung des Urnengangs und mit einer besseren Informationslage abschwächen bzw. gänzlich verschwinden (Banducci et al. 2008: 904-907; siehe außerdem z. B. Brockington 2003).

Tatsächlich lassen sich bezogen auf die Merkmale Amtsinhaberschaft, Geschlecht, Ethnie und physische Attraktivität einige Studien aufführen, die zeigen, dass askriptive Merkmale vor allem bei Second Order-Elections[5] die Wahlchancen und die Wahrnehmung der Kandidaten durch die Wähler beeinflussen (vgl. exemplarisch Huddy/Terkildsen 1993a, 1993b; Leeper

---

5 Der Begriff der Second Order-Elections (oder auch Nebenwahlen) wurde in Abgrenzung zu so genannten First Order-Elections (bzw. Hauptwahlen) von Karlheinz Reif und Hermann Schmitt (1980) in den 1980er Jahren im Fach prominent gemacht und wird seitdem standardmäßig zur Typologisierung von Wahlen in Mehrebenensystemen genutzt (vgl. aktuell beispielsweise Vetter 2009: 789). Er bezeichnet Wahlen, die sowohl von Wählern und Parteien, als auch von den Medien als weniger wichtig eingestuft werden (z. B. Kommunal-, Regional- oder Europawahlen) als First Order-Elections, in denen beispielsweise ein Präsident oder das Parlament auf nationaler Ebene gewählt wird.

1991; Lublin/Voss 2000; McDermott 1998; Riggle et al. 1997; Rosenwasser/Dean 1989; Sigelman et al. 1987; Smith/Fox 2001). Wenn aber die geringe Bedeutung eines Urnengangs sowie mangelnde Verfügbarkeit von und geringes Interesse an Informationen der Wirkung askriptiver Kandidatenmerkmale Vorschub leisten, dann muss ihre Bedeutung umso stärker sinken, je bedeutsamer eine Wahl empfunden wird, je leichter und umfänglicher wahlrelevante Informationen zugänglich sind und je stärker das allgemeine Interesse ist, sich dieser Informationen auch zu bedienen. Für Kandidaten und insbesondere für Spitzenkandidaten bei First Order-Elections müsste daher gelten, dass ihre askriptiven Eigenschaften kaum oder gar nicht ins Gewicht fallen. Da Bundestagswahlen aus Sicht der deutschen Wählerschaft der wichtigste Urnengang schlechthin sind, müsste sich mit Blick auf askriptive Personenmerkmale insgesamt und damit auch für das Geschlecht von Kanzlerkandidaten ergeben, dass es faktisch bedeutungslos für den Wettbewerb um Wählerstimmen ist. Dies ist das *zweite Szenario* zu möglichen Geschlechtseffekten bei der Bundestagswahl 2009.

Allerdings lässt sich auch noch eine dritte Möglichkeit denken. Stereotype beeinflussen nicht nur die Wahrnehmung und Bewertung konkreter Personen. Die Wahrnehmung und Bewertung konkreter Personen in herausgehobenen Positionen kann auch – nach der Logik des Lernens am Modell (Bandura 1977) – auf Stereotypisierungen zurückwirken. Zwischen 2005 und 2009 hatten die Wählerinnen und Wähler zum ersten Mal in der deutschen Geschichte die Möglichkeit, die Performanz einer Bundeskanzlerin zu bewerten. Folgt man den einschlägigen Meinungsumfragen, so fiel ihre Beurteilung der ersten Kanzlerschaft Merkels sehr positiv aus. Exemplarisch verdeutlichen dies die in Abbildung 1 dargestellten Politbarometer-Trendreihen. Beim Sympathie-Skalometer sind für Angela Merkel 2008/2009 nicht nur durchgängig sehr gute Beurteilungen abgetragen, mit dem Näherrücken des Wahltermins vergrößert sich auch der Abstand zwischen ihr und dem Herausforderer Frank-Walter Steinmeier. Noch beachtlicher erscheint die Kluft, wenn die Kanzlerpräferenz als Referenz gewählt wird. Im Rahmen dieser Forced Choice-Messung dominiert die Kanzlerin klar und kontinuierlich. Sowohl mit Blick auf die Kanzlerpräferenz als auch hinsichtlich des Sympathie-Skalometers unterscheidet sich das Bild in den 12 Monaten vor der Bundestagswahl 2009 dabei deutlich vom entsprechenden Zeitraum vor der Bundestagswahl 2005, in dem Merkels Werte für sich betrachtet durchgängig schlechter waren und vergleichend bestenfalls konstatiert werden kann, dass sie sich ein Kopf-an-Kopf-Rennen mit ihrem damaligen Kontrahenten Gerhard Schröder geliefert hat.

Es mag natürlich sein, dass Effekte sozialer Erwünschtheit und der Amtsinhaberbonus zu den günstigen Werten für Angela Merkel im Vorfeld der Bundestagswahl 2009 mit beigetragen haben. Es dürfte aber unwahrscheinlich sein, dass diese Aspekte allein für das Gesamtbild verantwortlich sind. Insofern kann davon ausgegangen werden, dass die Umfragedaten die Stimmung der Wählerschaft zumindest in der Tendenz richtig wiedergeben. Das bedeutet dann aber auch, dass die Wählerinnen und Wähler einer Frau gute politische Leistungen testiert haben, und das mag wiederum zu einem Wandel politikbezogener Geschlechtsrollenbilder zu Gunsten von Frauen geführt haben. Auch wenn die Möglichkeit vage erscheint, so kann nicht a priori ausgeschlossen werden, dass eine Kanzlerkandidatin in Deutschland heute möglicherweise einen Wettbewerbsvorteil gegenüber einem männlichen Gegner hat und die Erfolgsaussichten der Partei, für die sie antritt, entsprechend verbessert. Dies ist das *dritte denkbare Szenario* zu möglichen Geschlechtseffekten bei der Bundestagswahl 2009.

Abbildung 1: Die Bewertung Angela Merkels aus vergleichender Perspektive im Spiegel der Politbarometer der Forschungsgruppe Wahlen[6]

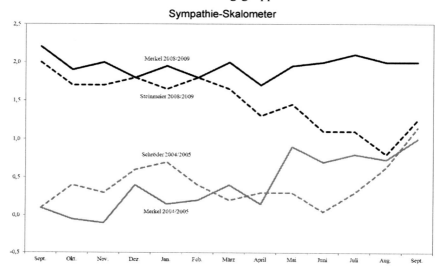

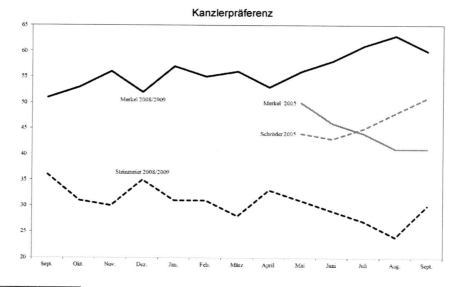

---

6   Vgl. zu den Werten im Einzelnen: *www.forschungsgruppe.de/Umfragen_und_Publikationen/Politbarometer/ Archiv/* (Stand: 15.01.2010). Wurde in einem Monat mehr als eine Politbarometer-Erhebung durchgeführt, so werden die Werte in der Abbildung zusammenfassend in gemittelter Form ausgewiesen.

3. Untersuchungsdesign und Datenerhebung

Wie bei der Studie von Klein und Rosar handelt es sich auch bei unserer Untersuchung um eine hierarchisch geschachtelte Versuchsanordnung (vgl. dazu auch Hox et al. 1991). Die erste Ebene bildet ein faktorieller Survey, der auf einem orthogonalen Design basiert und bei dem jedem Erhebungsteilnehmer acht hypothetische Wahlprospekte (siehe Tabelle 1) zur Beurteilung vorgelegt werden (Klein/Rosar 2007: 276-281). Die zweite Ebene bilden die Erhebungsteilnehmer mit ihren demographischen Merkmalen. Die dritte Ebene bilden sechs Simulationsgruppen und eine Referenzgruppe, denen die Erhebungsteilnehmer nach dem Zufallsprinzip zugewiesen wurden (siehe Abbildung 2). Die Befragten mussten somit jeweils acht Wahlprospekte bewerten, die einer der insgesamt sieben Untersuchungsgruppen zugeordnet waren. Auf diese Weise konnten sowohl Geschlecht als auch Attraktivität der Kandidaten systematisch variiert werden.

Die Wahlprospekte auf der ersten Ebene des faktoriellen Surveys enthalten Informationen zum Kanzlerkandidaten, zur Partei und zu drei Streitfragen der Bundestagswahl 2009. Alle fünf Merkmale weisen dabei zwei mögliche Ausprägungen auf. Bei den Kanzlerkandidaten wird zwischen Merkel und Steinmeier bzw. zwischen einem Merkel-Dummy und einem Steinmeier-Dummy unterschieden. Bei der Partei wird zwischen CDU/CSU und SPD unterschieden. Die politischen Streitfragen wurden so ausgewählt, dass sich die diesbezüglichen programmatischen Standpunkte von Union und SPD bei der Bundestagswahl 2009 tatsächlich klar voneinander unterscheiden. Konkret handelt es sich um die Frage einer Anhebung des Spitzensteuersatzes, die Frage einer Reform des dreigliedrigen Schulsystems und die Frage der Einführung eines gesetzlichen Mindestlohnes. Hinsichtlich der Anhebung des Spitzensteuersatzes wird zwischen der Befürwortung (tatsächlich programmatischer Standpunkt der SPD) und der Ablehnung (tatsächlich programmatischer Standpunkt der Union) unterschieden. Bei der Reform des Schulsystems wird zwischen dem Ziel der Abschaffung des dreigliedrigen Schulsystems (tatsächlicher SPD-Standpunkt) und der Beibehaltung des dreigliedrigen Schulsystems (tatsächlicher Unionsstandpunkt) differenziert. Beim Mindestlohn schließlich wird danach unterteilt, ob die Einführung eines gesetzlich garantierten Mindestlohnes präferiert wird (SPD-Standpunkt) oder ob der Tarifautonomie der Vorrang eingeräumt und damit ein gesetzlicher Mindestlohn abgelehnt wird (Unionsstandpunkt). Durch die Erstellung eines orthogonalen Versuchsplans wurden alle Merkmalsausprägungen so miteinander kombiniert, dass jede Merkmalsausprägung einmal gemeinsam mit jeder anderen Merkmalsausprägung auftritt (vgl. dazu Tabelle 1).

Auf der dritten Ebene der hierarchisch geschachtelten experimentellen Versuchsanordnung wird die Person der Kanzlerkandidaten zwischen den verschiedenen Untersuchungsgruppen systematisch variiert. In einer ersten Untersuchungsgruppe werden die realen Kandidaten Merkel und Steinmeier mittels einer Portraitphotographie und unter Angabe ihrer vollständigen Namen präsentiert. Alle anderen Merkmale wie Parteizugehörigkeit oder politische Standpunkte variieren jedoch – wie auch in den sechs Simulationen – innerhalb der acht Wahlprospekte. Diese Gruppe ist für die empirischen Analysen von nachrangiger Bedeutung und dient lediglich als Referenzfolie für die Einordnung der eigentlich relevanten

Abbildung 2: Experimentelle Anordnung der Kanzlerkandidaten und ihrer Dummies

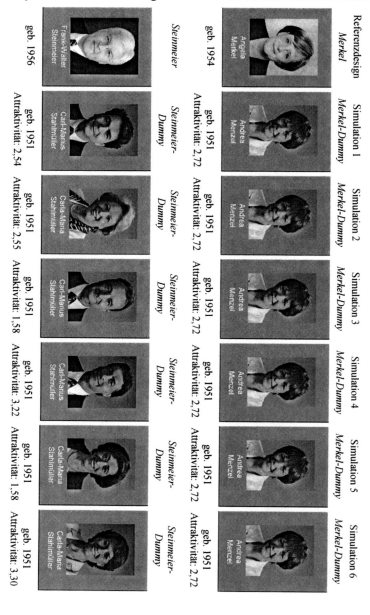

Tabelle 1: Der im Rahmen des faktoriellen Surveys verwendete orthogonale Versuchsplan

Wahlprospekt 1: - Steinmeier(-Dummy) - CDU/CSU - Anhebung des Spitzensteuersatzes für mehr soziale Gerechtigkeit - Mehr Chancengleichheit durch Abschaffung des dreigliedrigen Schulsystems - Wahrung der Tarifautonomie bei der Aushandlung von Mindestlöhnen	*Wahlprospekt 2:* - Merkel(-Dummy) - CDU/CSU - Keine Anhebung des Spitzensteuersatzes in wirtschaftlichen Krisenzeiten - Mehr Chancengleichheit durch Abschaffung des dreigliedrigen Schulsystems - Wahrung der Tarifautonomie bei der Aushandlung von Mindestlöhnen
Wahlprospekt 3: - Steinmeier(-Dummy) - SPD - Keine Anhebung des Spitzensteuersatzes in wirtschaftlichen Krisenzeiten - Mehr Chancengleichheit durch Abschaffung des dreigliedrigen Schulsystems - Existenzsicherung durch Einführung gesetzlicher Mindestlöhne	*Wahlprospekt 4:* - Merkel(-Dummy) - SPD - Anhebung des Spitzensteuersatzes für mehr soziale Gerechtigkeit - Mehr Chancengleichheit durch Abschaffung des dreigliedrigen Schulsystems - Existenzsicherung durch Einführung gesetzlicher Mindestlöhne
Wahlprospekt 5: - Steinmeier(-Dummy) - CDU/CSU - Keine Anhebung des Spitzensteuersatzes in wirtschaftlichen Krisenzeiten - Sicherung einer leistungsgerechten Förderung durch Erhalt des dreigliedrigen Schulsystems - Existenzsicherung durch Einführung gesetzlicher Mindestlöhne	*Wahlprospekt 6:* - Merkel(-Dummy) - SPD - Keine Anhebung des Spitzensteuersatzes in wirtschaftlichen Krisenzeiten - Sicherung einer leistungsgerechten Förderung durch Erhalt des dreigliedrigen Schulsystems - Wahrung der Tarifautonomie bei der Aushandlung von Mindestlöhnen
Wahlprospekt 7: - Steinmeier(-Dummy) - SPD - Anhebung des Spitzensteuersatzes für mehr soziale Gerechtigkeit - Sicherung einer leistungsgerechten Förderung durch Erhalt des dreigliedrigen Schulsystems - Wahrung der Tarifautonomie bei der Aushandlung von Mindestlöhnen	*Wahlprospekt 8:* - Merkel(-Dummy) - CDU/CSU - Anhebung des Spitzensteuersatzes für mehr soziale Gerechtigkeit - Sicherung einer leistungsgerechten Förderung durch Erhalt des dreigliedrigen Schulsystems - Existenzsicherung durch Einführung gesetzlicher Mindestlöhne

Befunde. In sechs weiteren Teilgruppen (Simulationen 1 bis 6) werden Merkel und Steinmeier als Kanzlerkandidaten durch einen weiblichen Dummy „Andrea Menzel" und einen männlichen Dummy „Carl-Marius Stahlmüller" respektive einen weiblichen Dummy „Carla-Maria Stahlmüller" ersetzt.[7] Als Merkel-Dummy dient dabei in allen sechs Simulationen eine

---

[7] Bei der Beschaffung der erforderlichen Photographien konnten wir uns auf eine Auswahl an weitgehend standardisierten Portraitaufnahmen von Abgeordneten der französischen Assemblée Nationale stützen, die Klein und Rosar im Rahmen einer vergleichenden Untersuchung zu Einflüssen der physischen Attraktivität von Direktkandidaten auf den Erfolg bei nationalen Parlamentswahlen in Deutschland, Frankreich und dem Vereinigten Königreich bereits hinsichtlich der Attraktivität der abgebildeten Personen haben beurteilen lassen. Grundlage der Attraktivitätsmessung war eine siebenstufige Skala mit den Endpolen „unattraktiv" und „attraktiv". Die Einzelurteile wurden im Datensatz mit Werten zwischen 0 und 6 so kodiert, dass mit

mittelattraktive Frau, die Angela Merkel im Alter und im Erscheinungsbild ähnelt. Das Geschlecht und die Attraktivität der Steinmeier-Dummies werden hingegen zwischen den sechs Simulationen systematisch verändert. In der ersten Simulation tritt der Merkel-Dummy gegen einen mittelattraktiven männlichen Steinmeier-Dummy gleichen Alters an. In der zweiten Simulation tritt der Merkel-Dummy gegen einen weiblichen Steinmeier-Dummy an, der dem männlichen Steinmeier-Dummy hinsichtlich Alter und physischer Attraktivität entspricht.[8]

Bereits der Vergleich der Befunde aus Simulation 1 und Simulation 2 kann nachhaltig über die Bedeutung des Geschlechts der Kanzlerkandidaten für die Entscheidungsfindung der Wählerinnen und Wähler informieren. Sowohl für den Merkel-Dummy als auch für die beiden Steinmeier-Dummies sind das Alter, die physische Attraktivität und die Gesamtanmutung der Personendarstellung kontrolliert. Weitergehende Informationen zu den abgebildeten Personen liegen nicht vor und der einzige Unterschied zwischen Simulation 1 und Simulation 2 besteht im Geschlecht des Steinmeier-Dummys. Unterschiede in der Bewertung der Dummies dürften daher anzeigen, dass das Geschlecht der Kanzlerkandidaten eine Rolle spielt. Fehlende Unterschiede dürften hingegen signalisieren, dass das Geschlecht der Kanzlerkandidaten nicht von Bedeutung ist. Es fehlt jedoch mit Blick auf die grundsätzliche Bedeutung askriptiver Personenmerkmale im Kontext politischer Wahlen ein geeigneter Vergleichsmaßstab, an dem mögliche Geschlechtseinflüsse hinsichtlich ihrer Relevanz gemessen werden können. Aus diesem Grund wird in den Simulationen 3 bis 6 neben dem Geschlecht zusätzlich die Attraktivität des Steinmeier-Dummies variiert. In Simulation 3 tritt ein männlicher Steinmeier-Dummy mit eher geringer Attraktivität gegen den Merkel-Dummy an. In Simulation 4 tritt ein männlicher Steinmeier-Dummy mit einer eher hohen Attraktivität gegen den Merkel-Dummy an. In Simulation 5 tritt ein weiblicher Steinmeier-Dummy mit einer tendenziell geringen Attraktivität gegen den Merkel-Dummy an und in Simulation 6 tritt ein weiblicher Steinmeier-Dummy mit einer vergleichsweise hohen Attraktivität gegen den Merkel-Dummy an. Wie schon bei den Simulationen 1 und 2 wird dabei darauf geachtet, dass sich die Gesamtanmutung der genutzten Photographien und das Alter der abgebildeten Personen möglichst ähneln. Im Vergleich der Simulationen 3 und 5 sowie im Vergleich der Simulationen 4 und 6 wird zudem die physische Attraktivität der weiblichen und männlichen Steinmeier-Dummies jeweils möglichst konstant gehalten (vgl. zur Übersicht Abbildung 2).

Die Feldphase unserer Untersuchung wurde unmittelbar vor der Bundestagswahl 2009, vom 18. bis 26. September 2009, durchgeführt. Für die Datenerhebung haben wir auf der Grundlage des eben beschriebenen, hierarchisch geschachtelten Designs einen Online-Fragebogen erstellt. Der Fragebogen wurde so programmiert, dass die Erhebungsteilnehmer im Anschluss an eine einführende Begrüßung ohne ihr Wissen per Zufallsfilter auf die sieben Teilgruppen unserer Untersuchung aufgeteilt wurden. Der Zufallsfilter wurde dabei so konfiguriert, dass etwa ein Drittel der Befragten die echten Kanzlerkandidaten Merkel und Steinmeier präsentiert bekamen und die anderen zwei Drittel – wiederum zufällig – auf die Simulationen 1 bis 6 verteilt wurden. Innerhalb der zugewiesenen Teilgruppe wurden

---

einer zunehmend positiven Attraktivitätseinschätzung der Zahlenwert ansteigt (vgl. zu den Einzelheiten Rosar/Klein 2010: 314-320).

8   Vgl. zur Messung der Attraktivität noch einmal Fußnote 6.

im Anschluss an eine Seite, die kurz in die Aufgabenstellung einführte, den Erhebungsteilnehmern die acht Wahlprospekte auf separaten Bildschirmseiten und in randomisierter Abfolge zur Beurteilung vorgelegt. Wie in Abbildung 3 exemplarisch illustriert, bestand die Aufgabe der Erhebungsteilnehmer darin, für jeden präsentierten Wahlprospekt anhand einer elfstufigen Skala anzugeben, mit welcher Wahrscheinlichkeit die präsentierte Kombination aus Kanzlerkandidat, Partei und den Standpunkten zum Spitzensteuersatz, zum Schulsystem und zu gesetzlichen Mindestlöhnen von ihnen gewählt werden würde. Die Angaben der Erhebungsteilnehmer zu den präsentierten acht Wahlprospekten wurden im Datensatz für die spätere Auswertung mit Zahlenwerten zwischen 1 („würde ich *auf keinen Fall* wählen") und 11 („würde ich *auf jeden Fall* wählen") codiert. Im Anschluss an die Bewertung der Wahlprospekte wurden den Erhebungsteilnehmern noch einige Standardfragen der Wahlforschung sowie einige Fragen zu demographischen Merkmalen vorgelegt. Unter anderem wurde dabei nach der Wahlabsicht bei der Bundestagswahl 2009, dem Wahlverhalten bei der Bundestagswahl 2005, der Parteibindung, dem Geschlecht, dem Geburtsjahr und dem Bildungsabschluss gefragt. Die hier gemachten Angaben spielen neben der Bewertung der Wahlprospekte für die statistischen Auswertungen ebenfalls eine Rolle.

Abbildung 3: Darstellung und Bewertung der im Rahmen der Studie verwendeten Wahlprospekte (Beispiel)

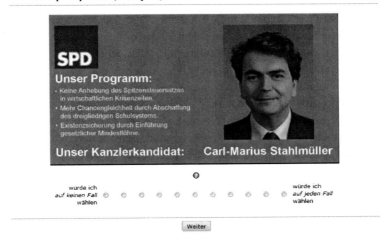

Die Teilnehmer unserer Untersuchung konnten wir unter den Mitgliedern des Online-Access-Panels *Respondi* der Respondi AG rekrutieren.[9] Insgesamt wurden 3.500 zufällig

---

9 Die Respondi AG hat uns großzügigerweise die Teilnehmer der Studie zum Selbstkostenpreis überlassen. Dafür möchten wir uns bei der Respondi AG aufs Herzlichste bedanken. Ohne diese großzügige Unterstützung unserer Arbeit wäre die Untersuchung in der hier vorgestellten Form nicht möglich gewesen.

ausgewählte Panelisten zur Teilnahme an der Erhebung eingeladen. Alle eingeladenen Personen sind 1991 oder früher geboren und deutsche Staatsbürger. Insgesamt sind 1.501 Personen der Einladung gefolgt und haben den Link der Umfrage angeklickt. 1.421 Personen haben den Online-Fragebogen bis zur letzen Seite bearbeitet. Da keine der vorgelegten Fragen als Pflichtfrage deklariert war und bei offenen Abfragen teilweise nicht verwertbare Angaben gemacht wurden, reduziert sich jedoch die Zahl der für Analysezwecke verwertbaren Interviews auf 1.288. Diese Fälle weisen jedoch sowohl hinsichtlich der Bewertung der präsentierten acht Wahlprospekte als auch hinsichtlich der für die Analysen relevanten wahlsoziologischen und demographischen Angaben durchgängig gültige Werte auf. Und obwohl diese 1.288 Personen natürlich nicht – wie auch die Teilnehmer von Online-Access-Panels insgesamt (Bandilla 1999; Hauptmanns 1999) – repräsentativ für die bundesdeutsche Wahlbevölkerung sind, weisen sie hinsichtlich der relevanten Untersuchungsmerkmale doch eine Variabilität auf, die deutlich über der vergleichbarer Samples experimenteller Studien liegt.[10]

4. Empirische Analysen

Die wohl einfachste und anschaulichste empirische Annäherung an die Frage, ob das Geschlecht und die Attraktivität von Kanzlerkandidaten aktuell in Deutschland das Ergebnis von Bundestagswahlen beeinflussen können, ist ein Vergleich der durchschnittlichen Bewertung der Wahlprospekte, differenziert nach den Teilgruppen und den Kandidatenmerkmalen unserer Studie. Zu diesem Zweck haben wir die erhobenen Daten so strukturiert, dass nicht mehr die Erhebungsteilnehmer, sondern die von ihnen zu den einzelnen Wahlprospekten abgegebenen Bewertungen die untersten Analyseeinheiten bilden. Jeder Erhebungsteilnehmer ist in dem so modifizierten Datensatz also nicht mehr nur einfach, sondern achtmal vertreten. Jeder seiner acht Bewertungen sind zudem Variablen zugespielt, die angeben, welche spezifischen Merkmale der Wahlprospekt aufweist, auf den sich die konkrete Bewertung bezieht. Die Ergebnisse der entsprechenden Auswertungen sind in Tabelle 2 zusammenfassend dargestellt.

Nimmt man zunächst die Befunde des Referenzdesigns in den Blick, so fällt auf, dass Wahlprospekte mit Angela Merkel zwar tendenziell besser bewertet werden als solche mit dem Herausforderer Frank-Walter Steinmeier, dieser Unterschied aber nicht signifikant ist. Dies legt zunächst einmal den Schluss nahe, dass sich Merkels positive Umfragewerte im Vorfeld der Bundestagswahl (vgl. noch einmal Abbildung 1) nicht in entsprechende Abstimmungspräferenzen auf Seiten der Wählerinnen und Wähler umgemünzt haben. Darüber hinaus könnte hier aber auch ein Indiz dafür zu sehen sein, dass bei den Umfragen im Vorfeld der Bundestagswahl 2009 mit Blick auf die Bewertung Merkels soziale Erwünschtheit eine Rolle gespielt haben könnte. Inwiefern dabei das Geschlecht Merkels gegebenenfalls von Bedeutung ist, lässt sich auf der Grundlage des Vergleichs Merkel – Steinmeier allerdings nicht entscheiden, da die realen Kanzlerkandidaten neben ihrem Geschlecht eben auch

---

10 So sind beispielsweise die Elektorate aller im Bundestag vertretenen Partien in hinreichender Fallzahl vertreten und das Geburtsjahr der Befragten variiert zwischen 1928 und 1991.

noch eine Reihe anderer realer oder zugeschriebener Attribute aufweisen, die für die Wählerschaft von Bedeutung sein können.

In dieser Frage helfen jedoch die Befunde bezüglich der Simulationen 1 und 2 weiter. Sowohl der männliche mittelattraktive Steinmeier-Dummy als auch sein weibliches Pendant schneiden etwas schlechter als der mittelattraktive Merkel-Dummy ab – allerdings wiederum, ohne dass der Unterschied ein signifikantes Niveau erreichen würde. Dies deutet darauf hin, dass das Geschlecht der Kanzlerkandidaten tatsächliche keine Größe ist, die die Herausbildung von Wahlabsichten in Deutschland beeinflusst. Unterstrichen wird dieser Eindruck auch durch einen Vergleich aller Steinmeier-Dummies der Simulationen 1 bis 6 hinsichtlich der diskriminierenden Potentiale des Geschlechts: Auch hier lassen sich keine bedeutsamen Unterschiede feststellen.

Dieser Befund sollte jedoch nicht mit dem Schluss gleichgesetzt werden, dass askriptive Merkmale von Kanzlerkandidaten bei Bundestagswahlen grundsätzlich nicht von Bedeutung sind. Die separaten Mittelwertvergleiche der Simulationen 3 bis 6 sowie der zusammenfassende Vergleich der Steinmeier-Dummies der Simulationen 1 bis 6 hinsichtlich der Bedeutung der Attraktivität zeigen nämlich, dass die äußere Anmutung von Kanzlerkandidaten durchaus die Wahlpräferenz beeinflussen kann. So ergibt sich beispielsweise für die Simulationen 4 und 6, bei denen ein eher attraktiver Steinmeier-Dummy dem Merkel-Dummy gegenübergestellt wurde, im Mittel eine bessere Bewertung der Wahlprospekte, die Steinmeier-Dummies zeigen. Der Unterschied ist zwar nicht signifikant, aber dennoch beachtlich, da dies die einzigen beiden Vergleiche sind, bei denen der Merkel-Dummy nicht besser abschneidet. Davon abgesehen weisen aber auch die für die Simulationen 3 und 5 durchgeführten Mittelwertvergleiche auf einen bedeutsamen Attraktivitätseffekt hin. In beiden Simulationen wurde dem Merkel-Dummy ein eher unattraktiver Steinmeier-Dummy gegenübergestellt und in beiden Simulationen ist die Bewertung der Wahlprospekte, die diese Dummies zeigen, substantiell und signifikant schlechter als die der Wahlprospekte, auf denen der Merkel-Dummy präsentiert wird.[11] Die Relevanz des Faktors Attraktivität wird dabei auch noch einmal durch eine vergleichende Betrachtung der Steinmeier-Dummies über alle sechs Simulationen bekräftigt. Wiederum stellen sich signifikante Unterschiede ein, wobei bei dieser Betrachtungsweise vor allem die merklich bessere Bewertung der Wahlprospekte mit den attraktiveren Dummies ins Auge fällt.

Es wäre jedoch voreilig, die empirischen Analysen an dieser Stelle abzubrechen. Denn aus den bisherigen Befunden lässt sich nicht ableiten, dass alle Erhebungsteilnehmer gleichförmig auf die präsentierten Stimuli reagiert haben. Es ist zumindest denkbar, dass sie – in Abhängigkeit von eigenen politischen Ansichten und demographischen Merkmalen – sehr unterschiedlich auf Geschlecht und Attraktivität der Merkel- bzw. Steinmeier-Dummies reagieren.

---

11 Im Vergleich der Mittelwertdifferenzen scheint dabei der Schluss naheliegend, dass insbesondere Frauen für geringe Attraktivität von den Wählerinnen und Wählern bestraft werden, dass es also eine Wechselbeziehung zwischen beiden askriptiven Merkmalen gibt. Wir haben diese Möglichkeit durch verschiedene ein- und zweifaktorielle Varianzanalysen geprüft, allerdings ohne dass wir zu signifikanten Ergebnissen gekommen sind. Aus diesem Grund wird auf eine Darstellung und nähere Erörterung der Analysen an dieser Stelle verzichtet.

Tabelle 2: Vergleich der durchschnittlichen Bewertungen der Wahlprospekte, differenziert nach Experimentaldesigns und nach Merkmalen der präsentierten Spitzenkandidat

	Durchschnittliche Bewertung der Wahlprospekte mit ...	Δ	η	n
Referenzdesign				
Steinmeier	5.30	-.13	.02	3.760
Merkel	5.43			
Simulation 1				
Steinmeier-Dummy: mittelattraktiv, männlich	5.49	-.24	.04	1.136
Merkel-Dummy: mittelattraktiv, weiblich	5.73			
Simulation 2				
Steinmeier-Dummy: mittelattraktiv, weiblich	5.28	-.10	.02	1.088
Merkel-Dummy: mittelattraktiv, weiblich	5.38			
Simulation 3				
Steinmeier-Dummy: unattraktiv, männlich	5.43	-.37	.06*	1.000
Merkel-Dummy: mittelattraktiv, weiblich	5.80			
Simulation 4				
Steinmeier-Dummy: hochattraktiv, männlich	5.54	+.12	.02	1.088
Merkel-Dummy: mittelattraktiv, weiblich	5.42			
Simulation 5				
Steinmeier-Dummy: unattraktiv, weiblich	5.24	-.64	.11**	1.040
Merkel-Dummy: mittelattraktiv, weiblich	5.88			
Simulation 6				
Steinmeier-Dummy: hochattraktiv, weiblich	5.71	+.12	.02	1.192
Merkel-Dummy: mittelattraktiv, weiblich	5.59			
Simulationen 1 bis 6 nach Geschlecht				
Steinmeier-Dummies: männlich	5.49	+.07	.01	3.272
Steinmeier-Dummies: weiblich	5.42			
Simulationen 1 bis 6 nach Attraktivität				
Steinmeier-Dummies: hochattraktiv	5.63	+.24	.05*	3.272
Steinmeier-Dummies: mittelattraktiv	5.39	+.06		
Steinmeier-Dummies: unattraktiv	5,33			

Anmerkungen: *: $p < 0.05$; **: $p < 0.01$.

Die dargestellten Mittelwertmuster könnten daher genauso gut auf extrem polarisierten Verteilungen wie auch auf sehr gleichförmigen und insgesamt nah an den in Tabelle 2 ausgewiesenen Mittelwerten liegenden Verteilungen beruhen. Diese Möglichkeit haben Klein und Rosar schon in ihrer Studie bezüglich der Bundestagswahl 2005 diskutiert (Klein/Rosar 2007: 285ff) und obwohl sie diesbezüglich zu negativen Befunden kamen, muss wiederum festgehalten werden, dass es sich bei ihrer Untersuchung um eine Nachwahlstudie im unmittelbaren Anschluss an die Bundestagswahl 2005 handelt. Nicht nur mögliche Gesamteffekte des Geschlechts, sondern auch spezifische Unterschiede zwischen Subelektoraten mögen davon überlagert worden sein. Hinzu kommt, dass Klein und Rosar die entsprechenden Untersuchungen mittels mehrfaktorieller Varianzanalysen durchgeführt haben. Diese Vorgehensweise wird aber der Mehrebenstruktur ihres (und unseres) hierarchisch geschachtelten experimentellen Designs nicht in vollem Umfang gerecht.

Aus diesen Gründen sind wir mit Blick auf die Bundestagswahl 2009 erneut der Frage nachgegangen, ob Wirkungsweise oder Wirkungsstärke von Geschlecht und Attraktivität der Kanzlerkandidaten systematisch zwischen Subelektoraten variieren. In Anlehnung an die im Bezug auf die Bundestagswahl 2005 vorgetragene These, dass Angela Merkel auf Grund ihres Geschlechts vor allem bei potentiellen Wählern der Unionsparteien wenig Anklang findet (vgl. zusammenfassend Klein/Rosar 2007: 271ff), haben wir uns dabei wie Klein und Rosar auf das Geschlecht, den Bildungsstand und das Geburtsjahr der Erhebungsteilnehmer sowie eine gegebenenfalls vorhandene Affinität zu den Unionsparteien konzentriert.[12] Wie sie gehen wir dabei davon aus, dass Männer, geringer Gebildete, Angehörige früherer Geburtsjahrgänge und CDU/CSU-affine Wählerinnen und Wähler möglicherweise negativer auf weibliche und wenig attraktive Kanzlerkandidaten reagieren. Um der hierarchischen Struktur unserer Daten Rechnung zu tragen, haben wir alle Analysen in Form hierarchischlinearer Drei-Ebenen-Modelle berechnet (vgl. zum Verfahren Bryk/ Raudenbush 1992; Hox 2002; Snijders/Bosker 1999). Die unterste Ebene bilden dabei die Bewertungen der einzelnen Wahlprospekte und ihre jeweils spezifischen Merkmale gemäß des orthogonalen Designs, auf dessen Grundlage sie erstellt wurden. Die mittlere Ebene bilden die Erhebungsteilnehmer mit ihren unterschiedlichen Eigenschaften. Die obere Ebene bilden die Simulationen 1 bis 6 mit ihrer jeweils spezifischen Anmutung des Steinmeier-Dummys.

In einem allerersten Modellierungsschritt haben wir durch Berechnung eines entsprechenden Null-Modells überprüft, ob eine Mehrebenenanalyse überhaupt sinnvoll ist. Die Befunde waren positiv. Gut 90 Prozent der Varianz in der Beurteilung der Wahlprospekte sind auf der untersten Ebene der Stimuli verortet, knapp 10 Prozent sind der mittleren Ebene der Erhebungsteilnehmer zuzuordnen und 0,004 Prozent der obersten Ebene der Simulationen. Der sehr geringe Varianzanteil auf der dritten Ebene ist dabei plausibel, da die Unterschiede zwischen den Simulationen nicht so sehr die mittlere Bewertung der Wahlprospekte beeinflussen, sondern vor allem auf Stärke und Richtung wirken sollten, mit der das Merkmal Kanzlerkandidat auf die Bewertung der Wahlprospekte wirkt.[13] Als erster Schritt der eigent-

---

12 Alle genannten Variablen gingen dabei aus pragmatischen Gründen in dichotomer Form in die empirischen Analysen ein. Bei der Bildung wurde danach unterschieden, ob ein Erhebungsteilnehmer mindestens die Fachhochschulreife erlangt hat oder maximal die Realschulreife bzw. einen vergleichbaren Abschluss besitzt. Beim Geburtsjahr wurde zwischen denjenigen unterschieden, die 1968 oder früher bzw. 1969 oder später geboren wurden. Als CDU/CSU-affin wurden diejenigen eingestuft, die entweder über eine entsprechende Parteiidentifikation verfügen, die bei der Sonntagsfrage zur Bundestagswahl 2009 angegeben haben, CDU oder CSU wählen zu wollen, oder die beim Recall zur Bundestagswahl 2005 angaben, CDU oder CSU gewählt zu haben. Alle übrigen Erhebungsteilnehmer wurden der Referenzkategorie zugeordnet. Selbstverständlich wurde auch überprüft, ob sich mit einer komplexeren Modellierung der Eigenschaften substantiell abweichende Befunde einstellen. Da dies nicht der Fall war, sahen wir keinen Grund, die Komplexität der Analysemodelle unnötig zu steigern.

13 Da es sich dabei um eine Cross Level-Interaktion handelt, ist es zudem wichtig, die Dreiebenenstruktur des Modells ungeachtet der äußerst geringen Varianz des Interzepts von 0,004 Prozent auf der dritten Ebene beizubehalten. Andernfalls würden die Slope-Effekte der Simulationsmerkmale Geschlecht und Attraktivi-

lichen Analysen wurde ein Modell geschätzt, in das nur die fünf Merkmale eingingen, die zwischen den Wahlprospekten einer Simulation variiert wurden. Da nicht zu erwarten war, dass alle Erhebungsteilnehmer in gleicher Weise auf die präsentierten Parteien, die präsentierten Standpunkte bezüglich der Sachfragen sowie die Kandidaten-Dummies reagieren würden, wurden alle Merkmale dieser Ebene mit auf der zweiten Ebene freigesetzten Effekten in das Modell eingeführt. Der Effekt der Kandidaten-Dummies wurde zusätzlich auf der dritten Ebene freigesetzt, da dieses Merkmal vor allem zwischen den Simulationen variieren sollte (vgl. Modell A in Tabelle 3). Während die Partei und die drei politischen Sachfragen einen signifikanten und etwa gleich starken Einfluss auf die Gesamtbewertung der einzelnen Wahlprospekte ausüben[14], zeigte sich erwartungsgemäß, dass die präsentierten Kandidaten für sich genommen mit einem insignifikanten $\pi = -0{,}18$ erst einmal keinen Effekt haben, dass die Bedeutung des Merkmals aber zugleich signifikant zwischen den Befragten (Level 2-Varianz des entsprechenden Slopes = 0,617) und zwischen den Simulationen (Level 3-Varianz des entsprechenden Slopes = 0,058) variiert.

Zur Aufklärung dieser Unterschiede wurden in einem weiteren Analyseschritt auf der dritten Ebene drei Variablen zum Geschlecht und zur Attraktivität des Steinmeier-Dummys in das Modell eingeführt. Zusätzlich und aus demselben Grund wurden auf der zweiten Ebene das Geschlecht, das Geburtsjahr, die Bildung und eine gegebenenfalls vorhandene Unionsaffinität der Erhebungsteilnehmer hinzugenommen (vgl. Modell B in Tabelle 3). Im Ergebnis zeigt sich, dass die Attraktivität ($\pi = 0{,}32$ für den mittelattraktiven und $\pi = 0{,}62$ für den hochattraktiven Steinmeier-Dummy), nicht aber das Geschlecht ($\pi = 0{,}02$) der Steinmeier-Dummies einen signifikanten Einfluss darauf hat, wie stark und in welcher Richtung dieses Merkmal die Beurteilung der Wahlprospekte beeinflusst. Dabei gilt, dass mit steigender Attraktivität die Wirkung des Kandidatenmerkmals zunehmend in eine positive Richtung gedreht wird. Insgesamt lässt sich feststellen, dass die Wirkung der physischen Attraktivität in diesem Modell mindestens ebenso bedeutsam ist wie die der Partei ($\gamma = 0{,}30$) und der einzelnen politischen Sachfragen ($\gamma = 0{,}43$ für das Steuer-Issue, $\gamma = -0{,}28$ für das Bildungs-Issue und $\gamma = 0{,}35$ für das Lohn-Issue). Darüber hinaus lässt sich konstatieren, dass die Wirkung des Merkmals Kandidat in diesem Modell auch von der Kohortenzugehörigkeit, der Bildung und der CDU/CSU-Affinität beeinflusst wird: Angehörige früherer Geburtsjahrgänge, Höhergebildete und Unionsaffine diskriminieren dabei ihre Präferenzen für die Wahlprospekte mit $\gamma = -0{,}23$, $\gamma = 0{,}27$ (für maximal Realschulabschluss) und $\gamma = -0{,}26$ weniger stark nach den präsentierten Kanzlerkandidaten. Das Geschlecht der Erhebungsteilnehmer hat hingegen mit $\gamma = 0{,}07$ keinen signifikanten Einfluss.

---

tät des Steinmeier-Dummys fehlspezifiziert, da z. B. das Signifikanzniveau der Effekte auf Grund zu hoch angesetzter Freiheitsgrade überschätzt würde.

14 Es mag vielleicht auf den ersten Blick verwundern, dass die Partei keinen stärkeren Einfluss als die politischen Sachfragen ausübt. Dieser Umstand geht jedoch auf das Design unseres orthogonalen Versuchsplans zurück, bei dem nur zwischen CDU/CSU und SPD als Parteienstimuli unterschieden wird. Anhänger von anderen Parteien fehlt daher an dieser Stelle ein ihrer Neigung entsprechender genuiner Orientierungspunkt, so dass sie ihr Urteil nicht einfach an diesem Merkmal festmachen konnten.

Entscheidend für die hier verfolgte Fragestellung ist aber nicht, ob sich in der genannten Weise Einflüsse von Eigenschaften und Orientierungen der Erhebungsteilnehmer zeigen, sondern ob die Einflüsse signifikant zwischen den Simulationen variieren. Dies wäre eine notwendige Bedingung, damit überhaupt unterschiedliche Effekte der zwischen den Simulationen variierten Merkmale des Steinmeier-Dummys für verschiedene Subelektorate auftreten können. Zur Klärung dieser Frage wurden in einem dritten Modellierungsschritt alle Effekte der Befragtenebenen für die Ebene der Simulationen freigesetzt (vgl. Modell C in Tabelle 3). Tatsächlich zeigt sich im unteren Teil von Tabelle 3 anhand der Level 3-Varianzwerte der Slopes der Befragtenmerkmale Geschlecht, Geburtskohorte, Bildung und Parteiaffinität nur für die Bildung und die Unionsaffinität der Erhebungsteilnehmer, dass der Einfluss auf die Wirkung, mit der der Kandidaten-Dummy die Bewertung der Wahlprospekte beeinflusst, überzufällig zwischen den Simulationen variiert. In einem letzten Modellierungsschritt wurden daher für das Geschlecht und die Kohortenzugehörigkeit der Erhebungsteilnehmer die Effekte wieder gefixt, während für die Bildung und die Unionsaffinität versucht wurde, die Unterschiede in den Slopes durch die drei Variablen, die die Unterschiede zwischen den Simulationen bezüglich der Steinmeier-Dummies markieren, zu erklären (vgl. Modell D in Tabelle 3). Dieser Versuch war nicht erfolgreich, da alle hierfür relevanten π-Koeffizienten insignifikant sind. Weder mit Blick auf das Geschlecht noch mit Blick auf die Attraktivität der Steinmeier-Dummies lassen sich also signifikante Einflüsse auf die Stärke nachweisen, mit der die Bildung und die Unionsaffinität der Erhebungsteilnehmer wirken. Einfacher ausgedrückt: Die Erhebungsteilnehmer reagieren – soweit wir dies mit den hier durchgeführten Analysen überprüfen konnten – nicht unterschiedlich auf die Kandidatenmerkmale Geschlecht und Attraktivität.

Tabelle 3: Drei-Ebenen-Modelle der Determinanten der Bewertung der Wahlprospekte

Level 1 (Wahlprospekte): β-Koeffizienten Level 2 (Befragte): γ-Koeffizienten Level 3 (Simulationen): π-Koeffizienten	Modell A	Modell B	Modell C	Modell D
Fixe Effekte				
Interzept 1				
Interzept 2				
Interzept 3	5.23**	5.44**	5.35**	5.44**
Steinmeier-Dummy: männlich		.05	.07	.05
Steinmeier-Dummy: mittelattraktiv		-.27	-.12	-.27
Steinmeier-Dummy: hochattraktiv		-.31⁺	-.23	-.31
Befragter: männlich		-.34**	-.35**	-.35**
Befragter: 1968 oder früher geboren		.11	.12	.11
Befragter: max. Realschulabschluss o. ä.		-.00	-.00	-.00
Befragter: CDU/CSU-affin		.28*	.28*	.28*
Wahlprospekt: Steinmeier-Dummy				
Interzept 3	-.18	-.48	-.37⁺	-.19
Steinmeier-Dummy: männlich		.02	-.05	-.12
Steinmeier-Dummy: mittelattraktiv		.32⁺	.21	-.06
Steinmeier-Dummy: hochattraktiv		.62*	.53	.37
Befragter: männlich		.07		.06
Interzept 3			.06	
Befragter: 1968 oder früher geboren		-.23*		-.23*
Interzept 3			-.21	
Befragter: max. Realschulabschluss o. ä.		.27*		
Interzept 3			.26	-.03
Steinmeier-Dummy: männlich				-.01
Steinmeier-Dummy: mittelattraktiv				.58
Steinmeier-Dummy: hochattraktiv				.36
Befragter: CDU/CSU-affin		-.26*		
Interzept 3			-.26	-.70
Steinmeier-Dummy: männlich				.44
Steinmeier-Dummy: mittelattraktiv				.42
Steinmeier-Dummy: hochattraktiv				.25
Wahlprospekt: SPD				
Interzept 2	.30**	.30**	.30**	.30**
Wahlprospekt: Anhebung Spitzensteuersatz				
Interzept 2	.43**	.43**	.43**	.43**
Wahlprospekt: Abschaffung dreigl. Schulsystem				
Interzept 2	-.28**	-.28**	-.28**	-.28**
Wahlprospekt: gesetzlicher Mindestlohn				
Interzept 2	.35**	.35**	.35**	.35**

Fortsetzung Tabelle 3

Level 1 (Wahlprospekte) Level 2 (Befragte) Level 3 (Simulationen)	Modell A	Modell B	Modell C	Modell D
Zufallseffekte				
Varianz des Interzepts 1 (Wahlprospekte)	7.780**	7.454**	7.449**	7.450**
Level 2-Varianz des Slopes Steinmeier-Dummy	.617**	.573**	.541**	.549**
Level 2-Varianz des Slopes CDU/CSU	3.543**	3.543**	3.543**	3.543**
Level 2-Varianz des Slopes Spitzensteuersatz	4.666**	4.666**	4.666**	4.666**
Level 2-Varianz des Slopes Schulsystem	4.174**	4.174**	4.174**	4.174**
Level 2-Varianz des Slopes Mindestlohn	2.402**	2.402**	2.402**	2.402**
Varianz des Interzepts 2 (Befragte)	.020*	.001+	.012*	.005*
Level 3-Varianz des Slopes Steinmeier-Dummy (Basiseffekt)	.058**	.000	.001	.000
Level 3-Varianz des Slopes Steinmeier-Dummy / Befragter männlich			.016	
Level 3-Varianz des Slopes Steinmeier-Dummy / Befr. 1968 oder früher geboren			.035	
Level 3-Varianz des Slopes Steinmeier-Dummy / Befr. max. Realschulabschluss o. ä.			.061+	.009
Level 3-Varianz des Slopes Steinmeier-Dummy / Befr. CDU/CSU-affin			.065+	.001
Devianz	31.355	31.312	31.302	31.298
Anzahl der Parameter	31	45	63	58
N Level 1 (Wahlprospekte)	6.544	6.544	6.544	6.544
N Level 2 (Befragte)	818	818	818	818
N Level 3 (Simulationen)	6	6	6	6

Anmerkungen: Datenbasis: Experimentalgruppen mit Simulationen 1 bis 6; +: $p < 0.10$; *: $p < 0.05$; **: $p < 0.01$.

5. Zusammenfassung, Schlussfolgerungen und Ausblick

Die wesentlichen Befunde unserer Untersuchung lassen sich in zwei Sätzen zusammenfassen: (1) Die physische Attraktivität von Kanzlerkandidaten wirkt bei Bundestagswahlen, das Geschlecht nicht. (2) Relativierungen dieses Analyseergebnisses für einzelne Wählergruppen lassen sich nicht feststellen. Damit kann die Ausgangsfrage unserer Untersuchung klar beantwortet werden. Das Geschlecht Angela Merkels dürfte bei der Bundestagswahl 2009 weder ein Malus noch ein Bonus für die Unionsparteien gewesen sein. Umgekehrt dürfte damit auch gelten, dass die SPD durch die Nominierung Steinmeiers ebenfalls keine geschlechtsbezogenen Vor- oder Nachteile errungen hat. Dieses Resultat steht voll im Einklang mit den Ergebnissen der Nachwahlstudie, die Klein und Rosar (2007) zur Bundestagswahl 2005 durchgeführt haben und die uns als Ausgangs- und Referenzpunkt diente. Daher kann als abgesichert gelten, dass der Befund von Klein und Rosar, dass bei der Bundestagswahl

2005 kein wie auch immer gearteter Effekt des Geschlechts der Kanzlerkandidaten wirksam war, nicht unter dem unmittelbaren Eindruck des Wahlausgangs zustande gekommen ist.

Die nicht vorhandene Salienz des Geschlechts darf aber nicht mit einer grundsätzlichen Bedeutungslosigkeit askriptiver Merkmale von Spitzenkandidaten bei First Order-Elections gleichgesetzt werden. Einer solchen Vermutung widerspricht der deutliche Effekt, der in unserer Untersuchung – wie übrigens auch bei verschiedenen anderen Studien (Klein/Rosar 2005, 2007, 2009; Rosar 2009; Rosar/Klein 2010, 2012) – von der äußeren Anmutung der Spitzenkandidaten bei politischen Wahlen ausgeht. Zumindest mit Blick auf die deutsche Wählerschaft muss konstatiert werden, dass sie sich nicht nur bei Low Salience-Low Information-Elections, sondern auch bei subjektiv bedeutsameren Wahlen mit besserer Informationslage von rollenfernen Kandidateneigenschaften bei der Herausbildung einer Wahlpräferenz beeinflussen lässt – nur dass die Wählerinnen und Wähler sich dabei eben nicht so sehr am Geschlecht, sondern viel mehr an der äußeren Anmutung der Spitzenkandidaten orientieren. Für die Bundestagswahl 2009 könnte dabei sogar gelten, dass Angela Merkel der Union einen leichten Vorteil verschafft hat. Im Laufe der Zeit hat Angela Merkel ihr Erscheinungsbild sukzessive aufgewertet (vgl. Abbildung 4). Bei der Bundestagswahl 2009 lag ihr Attraktivitätswert geringfügig aber signifikant über dem Frank-Walter Steinmeiers[15], und so mag dieser kleine aber feine Unterschied mit dazu beigetragen haben, dass Angela Merkel erneut die Kanzlerschaft für sich und die Union erringen konnte.

Abbildung 4: Make Over Angela Merkels

Abschließend möchten wir jedoch noch einmal in Erinnerung rufen, dass die Stichprobe, auf der unsere Untersuchung basiert, keine Repräsentativität für die bundesdeutsche Wahlbevölkerung beanspruchen darf. Dies beeinträchtigt natürlich theoretisch die Generalisierbarkeit unserer Befunde. Gleichwohl sind wir der Meinung, dass unsere Analyseergebnisse und die daraus gezogenen Schlussfolgerungen auch über das Sample unserer Untersuchung hinaus Gültigkeit beanspruchen dürfen. Anders als beispielsweise bei den Studien von Spohn und

---

15 Attraktivitätsscore 1,86 für Merkel gegenüber 1,70 für Steinmeier (t = 3,429; p = 0,001; n = 1.288), gemessen auf der Grundlage einer fünfstufigen Skala mit den Endpolen „unattraktiv" (im Datensatz mit 0 codiert) und „attraktiv" (im Datensatz mit 4 codiert) im Rahmen unserer Erhebung zur Bundestagswahl 2009.

Gillespie (1987), Rosenwasser und Seale (1988) oder Lammers und Kollegen (2009) weisen die Teilnehmer unserer Erhebung eine erhebliche Varianz hinsichtlich der politischen Orientierungen und der demographischen Merkmale auf, die die Perzeption von Parteien, Kandidaten und politischen Sachfragen sowie die Herausbildung einer Wahlpräferenz beeinflussen können. Dies hat uns in die Lage versetzt, explizit zu überprüfen, ob die Einflüsse der Kandidatenmerkmale Attraktivität und Geschlecht systematisch mit Merkmalen der Erhebungsteilnehmer kovariieren. Dies war nicht der Fall und wir vermuten daher, dass auch jenseits unseres spezifischen Samples gilt, dass Wählerinnen und Wähler gleichförmig auf die Merkmale Attraktivität und Geschlecht reagieren bzw. nicht reagieren.

Den endgültigen Nachweis für die Richtigkeit dieser Vermutung können wir mit den uns vorliegenden Daten natürlich nicht erbringen. Insofern wäre es begrüßenswert, wenn bei zukünftigen Studien zur Bundestagswahl unser Design auf der Grundlage einer repräsentativen Stichprobe repliziert würde. Damit könnte an dieser Stelle abschließend Klarheit geschaffen werden.[16] Zudem wäre es wünschenswert, wenn eine solche Replikation neben dem Geschlecht und der Attraktivität der Kanzlerkandidaten auch weitere Personenmerkmale wie beispielsweise das Alter, die regionale Herkunft, die Berufsposition oder den Familienstand systematisch einbeziehen würde. Dies würde das vorhandene Wissen um die Bedeutung eigentlich rollenferner Eigenschaften von Kanzlerkandidaten für den Ausgang politischer Wahlen noch einmal erheblich erweitern.

Literatur

Bandilla, Wolfgang (1999): WWW-Umfragen – Eine alternative Datenerhebungstechnik für die empirische Sozialforschung? In: Batinic, Bernad / Werner, Andreas / Gräf, Lorenz / Bandilla, Wolfgang (Hrsg.): Online Research. Methoden, Anwendungen und Ergebnisse. Göttingen u. a.: Hogrefe, 9-20.

Banducci, Susan A. / Karp, Jeffrey A. / Thrasher, Michael / Rallings, Colin (2008): Ballot Photographs as Cues in Low-Information Elections. Political Psychology 29 (6), 903-917.

Bandura, Albert (1977): Social Learning Theory. Englewood Cliffs, NJ: Prentice Hall.

Bieber, Ina (2011): Der weibliche Blick: Verhalten sich Frauen in der Politik anders? In: Bytzek, Evelyn / Roßteutscher, Sigrid (Hrsg.): Der unbekannte Wähler? Mythen und Fakten über das Wahlverhalten der Deutschen. Frankfurt: Campus Verlag, 253-272.

Brockington, David (2003): A low information theory of ballot position effect. Political Behavior 25, 1-28.

Bryk, Anthony S. / Raudenbush, Stephen W. (1992): Hierarchical Linear Models: Applications and Data Analysis Methods. Newbury Park, London und New Delhi: Sage Publications.

Dwyer, Caitlin E. / Stevens, Daniel / Sullivan, John L. / Allen, Barbara (2009): Racism, sexism, and candidate evaluations in the 2008 U.S. Presidential Election. Analyses of Social Issues and Public Policy 9, 223-240.

Falk, Erika / Kenski, Kate (2006a): Issue saliency and gender stereotypes: Support for women as Presidents in times of war and terrorism. Social Science Quarterly 87, 1-18.

---

16 Die Untersuchung der Effekte rollennaher und rollenferner Eigenschaften von Spitzenkandidaten (Wagner 2011) basierte beispielsweise auf repräsentativen Querschnittsdaten zur Bundestagswahl 2009 aus dem Repertoire der GLES (German Longitudinal Election Study).

Falk, Erika / Kenski, Kate (2006b): Sexism versus partisanship: A new look at the question of whether America is ready for a woman President. Sex Roles 54, 413-428.
Forschungsgruppe Wahlen e.V. (2009): Sowohl-als-auch: Die Bundestagswahl vom 18. September 2005. In: Gabriel, Oscar W. / Weßels, Bernhard / Falter, Jürgen W. (Hrsg.): Wahlen und Wähler. Analysen aus Anlass der Bundestagswahl 2005. Wiesbaden: VS Verlag für Sozialwissenschaften, 40-77.
Friedman, Heidi / Zebrowitz, Leslie A. (1992): The contribution of typical sex differences in facial maturity to sex-role stereotypes. Personality and Social Psychology Bulletin 18, 430-438.
Hauptmanns, Peter (1999): Grenzen und Chancen von quantitativen Befragungen mit Hilfe des Internets. In: Batinic, Bernad / Werner, Andreas / Gräf, Lorenz / Bandilla,Wolfgang (Hrsg.): Online Research. Methoden, Anwendungen und Ergebnisse. Göttingen u. a.: Hogrefe, 21-38.
Hopkins, Daniel J. (2009): No more Wilder effect, never a Whitman effect: When and why polls mislead about black and female candidates. The Journal of Politics 71, 769-781.
Hox, Joop J. / Kreft, Ita G. / Hermkens, Piet L. (1991): The analysis of factorial surveys. Sociological Methods & Research 19, 493-510.
Hox, Joop J. (2002): Multilevel Analysis. Techniques and Applications. New Jersey und London: Lawrence Erlbaum Associates, Publishers.
Huddy, Leonie / Terkildsen, Nayda (1993a): Gender stereotypes and the perception of male and female candidates. American Journal of Political Science 37, 119-147.
Huddy, Leonie / Terkildsen, Nayda (1993b): The consequences of gender stereotypes for women candidates at different levels and types of office. Political Research Quarterly 46, 503-525.
Kennedy, Carole (2003): Is the United States Ready for a Woman President? Is the Pope Protestant? In: Watson, Robert / Gordon, Ann (Hrsg.): Anticipating Madam President. Boulder: Lyenne Rienner Publishers, 131-144.
Klein, Markus / Rosar, Ulrich (2005): Physische Attraktivität und Wahlerfolg. Eine empirische Analyse am Beispiel der Wahlkreiskandidaten bei der Bundestagswahl 2002. Politische Vierteljahresschrift 46, 263-287.
Klein, Markus / Rosar, Ulrich (2007): Ist Deutschland reif für eine Kanzlerin? Eine experimentelle Untersuchung aus Anlass der Bundestagswahl 2005. In: Brettschneider, Frank / Niedermayer, Oskar / Pfetsch, Barbara / Wessels, Bernhard (Hrsg.): Die Bundestagswahl 2005. Analysen aus Sicht der Wahlforschung, der Kommunikationswissenschaft und der Parteienforschung. Wiesbaden: VS Verlag für Sozialwissenschaften, 271-291.
Klein, Markus / Rosar, Ulrich (2009): Sie, Sie, Sie oder Er? Angela Merkel im Spiegel der Daten einer experimentellen Befragung. In: Gabriel, Oscar W. / Weßels, Bernhard / Falter, Jürgen W. (Hrsg.): Wahlen und Wähler. Analysen aus Anlass der Bundestagswahl 2005. Wiesbaden: VS Verlag für Sozialwissenschaften, 346-357.
Lammers, Joris / Gordijn, Ernestine H. / Otten, Sabine (2009): Iron ladies, men of steel: The effects of gender stereotyping on the perception of male and female candidates are moderated by prototypicality. European Journal of Social Psychology 39, 186-195.
Leeper, Mark S. (1991): The impact of prejudice on female candidates: an experimental look at voter inference. American Politics Quarterly 19, 248-261.
Lublin, David / Voss, Stephen D. (2000): Racial redistricting and realignment in southern state legislatures. American Journal of Political Science 44, 792-810.
McDermott, Monica L. (1998): Race and gender cues in low-information elections. Political Research Quarterly 51, 895-918.
Paul, David / Smith, Jessi L. (2008): Subtle sexism? Examining vote preferences when women run against men for the Presidency. Journal of Women, Politics & Policy 29, 451-476.
Rattinger, Hans / Roßteutscher, Sigrid / Schmitt-Beck, Rüdiger / Weßels, Bernhard (2011): Einleitung. In: Rattinger, Hans / Roßteutscher, Sigrid / Schmitt-Beck, Rüdiger / Weßels, Bernhard / Bieber, Ina / Blumenstiel, Jan Eric / Bytzek, Evelyn / Faas, Thorsten / Huber, Sascha / Krewel, Mona / Maier, Jürgen / Rudi, Tatjana / Scherer, Philipp / Steinbrecher, Markus / Wagner, Aiko / Wolsing, Ansgar (Hrsg.): Zwischen Langeweile und Extremen: Die Bundestagswahl 2009. Baden-Baden: Nomos, 9-15.
Reif, Karlheinz / Schmitt, Hermann (1980): Nine second-order national elections – A conceptual framework for the analysis of European election results. European Journal of Political Research 8, 3-44.Riggle, Ellen D. / Miller, Penny M. / Sheilds, Todd G. / Johnson, Mitzi M. S. (1997): Gender stereotypes and decision context in the evaluation of political candidates. Women & Politics 17, 69-88.
Rosar, Ulrich (2009): Fabulous Front-Runners. Eine Analyse zur Bedeutung der physischen Attraktivität von Spitzenkandidaten für den Wahlerfolg ihrer Parteien. Politische Vierteljahresschrift 50, 754-773.

Rosar, Ulrich / Klein, Markus (2010): And the Winner is ... – Ein Drei-Länder-Vergleich zum Einfluss der physischen Attraktivität von Direktkandidaten auf den Wahlerfolg bei nationalen Parlamentswahlen. In: Beckers, Tilo / Birkelbach, Klaus / Hagenah, Jörg / Rosar, Ulrich (Hrsg.): Komparative empirische Sozialforschung. Wiesbaden: VS Verlag für Sozialwissenschaften, 307-335.

Rosar, Ulrich / Klein, Markus (2012): Pretty Politicians. Die physische Attraktivität von Spitzenkandidaten, ihr Einfluss bei Wahlen und die These der Personalisierung des Wahlverhaltens. In diesem Band.

Rosenwasser, Shirley / Dean, Norman G. (1989): Gender role and political office: Effects of perceived masculinity/femininity of candidate and political office. Psychology of Women Quarterly 13, 77-85.

Rosenwasser, Shirley / Seale, Jana (1988): Attitudes toward a hypothetical male or female presidential candidate – a research note. Political Psychology 9, 591-598.

Sigelman, Lee / Sigelman, Carol K. / Fowler, Christopher (1987): A Bird of a Different Feather? An Experimental Investigation of Physical Attractiveness and the Electability of Female Candidates. Social Psychology Quarterly 50, 32-43.

Smith, Eric R. A. N. / Fox, Richard L. (2001): The electoral fortunes of women candidates for Congress. Political Research Quarterly 54, 205–221.

Snijders, Tom / Bosker, Roel (1999): Multilevel Analysis. An Introduction to Basic and Advanced Multilevel Modeling. London, Thousand Oaks und New Delhi: Sage Publications.

Spohn, Cassia / Gillespie, Diane (1987): Adolescents' willingness to vote for a woman for president: The effect of gender and race. Women & Politics 7, 31-49.

Streb, Matthew J. / Burrell, Barbara / Brian, Frederick / Genovese, Michael A. (2008): Social desirability effects and support for a female American President. Public Opinion 72, 76-89.

Vetter, Angelika (2009): Alles nur Timing? Kommunale Wahlbeteiligung im Kontext von Bundestagswahlen und Wahlen zum Europäischen Parlament. Zeitschrift für Parlamentsfragen 40, 776-796.

Wagner, Aiko (2011): Die Personalisierung der Politik: Entscheiden Spitzenkandidaten Wahlen? In: Bytzek, Evelyn / Roßteutscher, Sigrid (Hrsg.): Der unbekannte Wähler? Mythen und Fakten über das Wahlverhalten der Deutschen. Frankfurt: Campus Verlag, 81-97.

Westle, Bettina (2009): Immer noch in der Steinzeit? Gesellschaftliche und politische Gender-Orientierungen. In: Kühnel, Steffen / Niedermayer, Oskar / Westle, Bettina (Hrsg.): Wähler in Deutschland: sozialer und politischer Wandel, Gender und Wahlverhalten. Wiesbaden: VS Verlag für Sozialwissenschaften, 137-165.

Westle, Bettina / Schübel, Thomas (2009): Macht – Mehrheit – Merkel? Wahrnehmung des Meinungsklimas zu Frauen in politischen Führungspositionen und zur Kanzler/in-Präferenz. In: Kühnel, Steffen / Niedermayer, Oskar / Westle, Bettina (Hrsg.): Wähler in Deutschland: sozialer und politischer Wandel, Gender und Wahlverhalten. Wiesbaden: VS Verlag für Sozialwissenschaften, 198-227.

Benachteiligung von Minderheiten:
Eine experimentelle Untersuchung der Wirkung des Kandidatengeschlechts und der -herkunft auf das Wählerverhalten

Ina E. Bieber

1. Einleitung

Blickt man in die ersten Reihen der Fraktionen im Bundestag, so scheinen Frauen und Personen mit Migrationshintergrund bei der Bundestagswahl 2009 angemessen repräsentiert zu sein: Angela Merkel sitzt dort als erste weibliche Bundeskanzlerin mit fünf Frauen im Kabinett. Und auch die 15,3 Millionen Menschen in Deutschland, die laut Statistischem Bundesamt als *„Bevölkerung mit Migrationshintergrund"* bezeichnet werden, von denen acht Millionen die deutsche Staatsbürgerschaft haben und somit wählen gehen können, werden nicht nur von Cem Özdemir, sondern auch von einigen anderen Personen mit Migrationshintergrund, wie z. B. Ekin Deligöz oder Omid Nouripour, in der deutschen Politik repräsentiert. Ein genauerer Blick in den Deutschen Bundestag zeigt jedoch auch, dass keinesfalls von einer bevölkerungsrepräsentativen Abbildung von Frauen bzw. Personen mit Migrationshintergrund gesprochen werden kann: So ist nur ca. jede dritte der 622 Abgeordneten weiblich und nur 16 Abgeordnete weisen einen Migrationshintergrund auf (Deutscher Bundestag 2011; Sach 2009).

In Anbetracht dieser Zahlen stellt sich die Frage, ob Kandidat/innen aufgrund ihres Geschlechts bzw. ihres Migrationshintergrund bei Bundestagswahlen noch immer systematisch von den Wähler/innen benachteiligt werden. In Bezug auf die weibliche Repräsentation wird gerne davon ausgegangen, dass Frauen im Vergleich zu Männern spezifische politische Interessen verfolgen würden, wie z. B. Familien- oder Bildungspolitik. Aufgrund dieser spezifischen weiblichen Interessen könnte man dann auch die geringeren Erfolgschancen der Frauen erklären (vgl. Erickson 1997; Huddy/Terkidsen 1993). Ebenso wird vermutet, dass Frauen geschlechtsspezifische Persönlichkeitseigenschaften, wie z. B. Hilfsbereitschaft hätten, die ihnen den Weg in die Politik versperren (Holtz-Bacha 2009; Kahn/Goldberg 1991). Typisch männliche Persönlichkeitseigenschaften, wie z. B. Durchsetzungsfähigkeit, würden die Wahlchancen der Kandidat*en* dagegen erhöhen.

Da es sich bei Personen mit Migrationshintergrund um eine Gruppe handelt, die im deutschen Bundestag ebenso wie Frauen unterrepräsentiert sind, ist zu vermuten, dass vergleichbare Mechanismen ihnen den Weg in die Politik versperren. So ist anzunehmen, dass sowohl die Unterrepräsentation der Frauen als auch der Personen mit Migrationshintergrund mittels spezifischer politischer Interessen und unterschiedlichen Persönlichkeitseigenschaften erklärt werden kann. Ob und inwiefern diese Vermutung empirisch nachgewiesen werden können, steht im Mittelpunkt dieses Beitrags.

Diese Annahmen zu bearbeiten ist mittels klassischen empirischen Studien schwer zu operationalisieren, da die askriptive Beurteilung von Politiker/innen seitens der Wähler/innen stets auch von anderen Faktoren als dem Geschlecht bzw. dem Migrationshintergrund (z. B. Alter, Parteihintergrund des Kandidaten) abhängt. So ist die Beurteilung von Politiker/innen immer auch mit deren persönlichem Hintergrund, deren Parteizugehörigkeit, deren Medienpräsenz oder anderen aktuellen Ereignissen verbunden und nicht alleine auf das Geschlecht zurückzuführen. Experimentelle Designs bieten jedoch die Möglichkeit, einerseits intervenierende Kontextvariablen konstant zu halten und andererseits, die fokussierten Variablen (Geschlecht und Migrationshintergrund) systematisch zu variieren.

Ein derartiges Experiment wurde im Rahmen einer Online-Tracking-Erhebung der German Longitudinal Election Study (GLES) durchgeführt, welches in diesem Beitrag ausgewertet werden soll. Ziel ist es somit, die dargestellten theoretischen Vermutungen bezüglich spezifischer Interessensgebiete und Persönlichkeitseigenschaften grundlegend zu überprüfen. Dabei wird zunächst ein kurzer Blick auf die aktuelle Forschung geworfen, bevor dann die Hypothesen, die Daten und Methoden vorgestellt werden, um schließlich die Ergebnisse zu referieren und diskutieren.

2. Forschungsstand

Zahlreiche Studien haben sich bereits der Untersuchung der Repräsentation von Frauen und Personen mit Migrationshintergrund in Europa und den USA gewidmet. Ausgangspunkt dieser Studien ist eine geringere Repräsentation von Frauen bzw. Personen mit Migrationshintergrund in der Exekutiven und Legislativen der Politik. Im Mittelpunkt dieser Studien steht zumeist die Frage, ob und inwiefern das Geschlecht bzw. der Migrationshintergrund eine geringere Repräsentation in der Politik bewirken: Ist es ihr Geschlecht oder ihre Herkunft die den Unterrepräsentierten den Weg in die Politik versperren? Und wenn ja, welche spezifischen Faktoren führen zu der geringeren politischen Präsenz?

Zwei Theoriestränge widmen sich explizit der Erklärung der Unterrepräsentation von Frauen in der Politik: *Erstens geht ein themenspezifischer Ansatz* davon aus, dass sich Frauen für andere politische Themengebiete interessieren, die in stärkerem Maße die spezifischen Problemlagen von Frauen beschreiben. Dabei wird vermutet, dass Kandida*ten* häufiger an sogenannten „harten" Themenbereichen, wie z. B. Außen-, Verteidigungs- oder Wirtschaftspolitik, und Kandidat*innen* an „weichen" Themenbereichen, wie z. B. Familien-, Gesundheit- oder Sozialpolitik, interessiert sind (Erickson 1997; Huddy/Terkildsen 1993), wobei dies nicht immer bestätigt werden konnte (Dolan 2005). Ebenso konnte herausgefunden werden, dass diese geschlechterstereotypen Zuteilungen auch seitens der Wähler/innen vorgenommen werden und somit die Wähler/innen den Kandidat/innen Kompetenzen in geschlechtsspezifischen Themenfeldern zuschreiben (Holtz-Bacha 2009). Escobar-Lemmon und Taylor-Robinson (2005) fanden darüber hinaus heraus, dass Kandidat*innen* verstärkt in Ministerien mit geringem Prestige und Kandidat*en* in Ministerien mit hohem Prestige zu finden sind und diese Einteilung grundlegend mit der bereits vorgestellten Einteilung in harte, männerspezifische und weiche, frauenspezifische Themenfelder korreliert. Demnach ist nicht nur das Interesse der Kandidat/innen, deren Fremdzuschreibung der Wähler/innen, sondern auch die Rekrutierungschancen in höhere Ämter geschlechtsspezifisch determiniert. Zurückgeführt wird dies auf die unterschiedliche Lebenssituation von Frauen und Männern, die die Entwicklung geschlechtsspezifischer Interessensgebiete und Kompetenzen bedingen: Aufgrund der Sozialisation, der Bildung und des Berufs würden Männer in „harte" Themenfelder stärkere Interessen und Fähigkeiten entwickeln als Frauen, die dies eher in „weichen" Themenfeldern tun.

Ein ebenso stark erforschtes Gebiet bezüglich der weiblichen Repräsentation in der Politik ist *zweitens der persönlichkeitsspezifische Ansatz*: Grundlegend basiert dieser auf Ergebnissen der Geschlechterstereotypforschung, welche sich der Analyse gesellschaftlich stark verbreiteter Vorstellungen über typisch weibliche und typisch männliche Eigenschaften widmet: So gelten Männer beispielsweise als stark, aggressiv, rational, aktiv, selbstbewusst oder durchsetzungsfähig. Frauen demgegenüber seien emotional, warmherzig, mitfühlend, sanft oder vorsichtig (Ashmore/Del Boca 1979; Bem 1974; Eagly 1994; Eckes 1997; Rosenkrantz et al. 1968). Diese, aus der Persönlichkeitspsychologie stammenden Vorstellungen, werden gerne auch in Bezug zu Frauen in der Politik gesetzt und es wird vermutet, dass Kandidat*innen* grundsätzlich frauenspezifische Persönlichkeitseigenschaften hätten bzw. diese seitens der Wähler/innen zugeschrieben bekommen würden und ihnen dadurch der Weg in die Politik versperrt werden würde (Aalberg/Jenssen 2007; Carlson/Boring 1981; Fox/Lawless 2004; Fox/Oxley 2003; Huddy/Terkildsen 1993; Kahn/Goldberg 1991).

Während die Unterschiede zwischen weiblichen und männlichen Kandidat/innen national und international sehr gut untersucht sind, kann das für den Einfluss der ethnischen Zugehörigkeit von Kandidat/innen nicht behauptet werden: Für Deutschland existieren nur wenige Studien, die sich mit dem Wahlverhalten von Migrant/innen auseinandersetzen und noch weniger Studien, die den Einfluss des Migrationshintergrundes von Kandidat/innen untersuchen (Bird et al 2010; Claro da Fonseca 2006; Wüst 2002, 2006; Wüst/Saalfeld 2010). Grundlegende Studien zu dieser Thematik stammen aus Nordamerika und untersuchen zumeist die Wahlchancen von afroamerikanischen Kandidat/innen (Gurin et al. 1989; Hutchings/Valentino 2004; Sullivan/Arbuthnot 2009; Swain 1993), wobei Abrajano et al. (2005: 206) auch den Erfolg lateinamerikanischer Bewerber/innen betrachten. Sie gehen dabei von einem Einfluss der Kandidatenherkunft auf das Wählerkalkül aus:

> *„(...), the race of the candidate should be more powerful than other personal characteristics since it is more closely associated with a number of policy opinions than are club memberships or other affiliations. Moreover race is often readily discernible. (...) Thus the race of a candidate may be viewed as an informational shortcut for voters who are less politically informed or interested, relative to voters who hold greater level of political knowledge".*

Der Erfolg von Kandidat/innen mit Migrationshintergrund hängt außerdem – wie auch bei den Kandidat*innen* – stark davon ab, was auf der Agenda gerade thematisiert wird und welche Partei, welche politischen Inhalte oder welche Ideologie die Kandidat/innen vertreten.

Ebenso sei der soziale Hintergrund der Wähler/innen für die Unterstützung von Kandidat/innen mit Migrationshintergrund bzw. anderer ethnischer Zugehörigkeit essentiell (Abrajano et al. 2005; Kaufmann 2004; Stein et al. 2005; Sullivan/Arbuthnot 2009).

3. Hypothesen

Inwiefern sich die Geschlechtszugehörigkeit und die Herkunft der Kandidat/innen einerseits auf die grundlegende Einschätzung der Wähler/innen und andererseits auf die Wahlerfolgschancen der Kandidat/innen auswirken, steht im Mittelpunkt nachfolgender Analyse. Der Fokus wird hierbei auf die Betrachtung der dargestellten themen- und persönlichkeitsspezifischen Ansätze gelegt, mittels welchen in bisherigen Analysen partiell die Unterrepräsentation von Frauen in der Politik erklärt werden konnte, theoretisch jedoch auch dazu geeignet sind, die Unterrepräsentation von anderen Minderheitengruppen zu analysieren.

Wie berichtet, geht der themenspezifische Ansatz davon aus, dass sich Kandidat*innen* und Kandidat*en* für unterschiedliche politische Sachthemen interessieren, ihnen in diesen Bereichen seitens der Wähler/innen spezifische Kompetenzen zugesprochen werden und Frauen auch häufiger in entsprechenden Themenfeldern Führungspositionen einnehmen. Übertragen auf Personen mit Migrationshintergrund bedeutet das, dass sich diese Personengruppe aufgrund ihrer spezifischen Lebenslage in besonderer Weise für politische Themenfelder, wie z. B. Integrations- und Einwanderungspolitik, interessieren als andere Kandidat/innen und sie in diesem Bereich besondere Kenntnisse haben bzw. ihnen diese seitens der Wähler/innen zugesprochen werden. Daher sollen auf der Grundlage dieses themenspezifischen Interesses und der Kompetenzzuschreibung folgende drei Hypothesen untersucht werden:

- H1: Themenzuschreibung: *Wähler/innen trauen Frauen und Personen mit Migrationshintergrund andere politische Themenfelder zu als Männern bzw. Personen ohne Migrationshintergrund.* Die bisherigen Forschungsergebnisse lassen erwarten, dass Frauen eher „weiche" Themenfelder zugesprochen werden. Analoge Annahmen können auch bezüglich Personen mit Migrationshintergrund vorgenommen werden: Aufgrund der spezifischen persönlichen Lebenslage und Erfahrungen der Migrant/innen kann angenommen werden, dass sie besonders häufig den Politikbereichen Entwicklungs- oder Integrationspolitik zugeordnet und sie als Experten in diesem Bereich betrachtet werden und somit die Kandidatenherkunft den Wähler/innen als „informational shortcut" (Abrajano et al. 2005: 206), zumindest bei der Eigenschaftszuschreibung, dient.

- H2: Führungskompetenz: *Wähler/innen sprechen Frauen und Personen mit Migrationshintergrund in unterschiedlichen Themenfeldern Führungskompetenz zu.* Analog zu der Themenzuschreibung wird Kandidat*innen* eher Führungskompetenz in „weichen", typisch weiblichen Themenbereichen zugetraut. Ebenso wird angenommen, dass Personen mit Migrationshintergrund eher Führungskompetenz in Themenfeldern wie Entwicklungs- und Integrationspolitik zugetraut wird.

- H3: Parteizuschreibung: *Die Wähler/innen ordnen die Kandidat/innen denjenigen Parteien zu, die die spezifischen Interessen der Frauen bzw. Personen mit Migrations-*

hintergrund am ehesten vertreten. Grundlegend ist nach dem Ansatz von Lipset und Rokkan (1967) davon auszugehen, dass Personengruppen sich besonders gerne in den Parteien engagieren und auch erfolgreich sind, in denen ihre spezifischen Interessen vertreten werden. In Bezug auf die deutsche Parteienlandschaft und Fraueninteressen würde dies bedeuten, dass sich Frauen insbesondere in den Parteien des linken Spektrums (d. h. SPD, Bündnis 90/Die Grünen, Die Linke) engagieren und die Wähler/innen diese in signifikant erhöhter Weise diesen Parteien zuordnen. Dieses themenspezifische Argument kann auch auf die Parteizuordnung der Personen mit Migrationshintergrund übertragen werden: So ist zu vermuten, dass Personen mit Migrationshintergrund aufgrund ihrer Herkunft eher Parteien zugeordnet werden, die sich programmatisch in stärkerem Maße für die Integration von ausländischen Personen bzw. Personen mit Migrationshintergrund einsetzen: Im Falle Deutschlands wären dies somit insbesondere das Bündnis 90/ Die Grünen und die SPD.

Die Darstellung des persönlichkeitsspezifischen Ansatzes hat bereits gezeigt, dass Kandidat*innen* und Kandidat*en* geschlechtsspezifische Persönlichkeitseigenschaften zugeschrieben bekommen. Diese Vermutung sollen in Bezug zum Kandidatengeschlecht und auch der Kandidatenherkunft experimentell überprüft werden:

- H4: Persönlichkeitseigenschaften: *So wird vermutet, dass die Wähler/innen Kandidatinnen und Personen mit Migrationshintergrund aufgrund des Geschlechts bzw. der Herkunft unterschiedliche Persönlichkeitseigenschaften zuschreiben.* Während zu vermuten ist, dass Kandidat*innen* vermehrt frauenspezifische und Kandidat*en* männerspezifische Persönlichkeitseigenschaften zugeschrieben werden, erfolgt die Analyse in Bezug auf Personen mit Migrationshintergrund explorativ.

Nach der Darstellung der Wirkung des Kandidatengeschlechts und -herkunft auf die Kandidat/inneneinschätzung der Wähler/innen hinsichtlich Themenfeldern, Führungskompetenzen, Parteizugehörigkeiten und Persönlichkeitseigenschaften stellt sich abschließend die Frage, inwiefern direkte und indirekte Effekte der Herkunft und des Geschlechts auf die Erfolgschancen zu beobachten sind.

- H5: Wahlerfolgschancen: *Es wird vermutet, dass sich das Kandidatengeschlecht und die -herkunft grundsätzlich negativ auf deren Erfolgsaussichten auswirkt.* Zudem wird vermutet, dass die Faktoren Themen-, Kompetenz-, Partei- und Persönlichkeitszuschreibung im Rahmen komplexer Modelle die Unterrepräsentation von Frauen und Personen mit Migrationshintergrund in der Politik erklären können.

4. Daten und Methoden

Der vorausgehende Abschnitt hat gezeigt, dass es bereits zahlreiche Studien zur Situation von Kandidat*innen* gibt, die jedoch zumeist den Einfluss des Geschlechts nicht kontrolliert messen: So ist ein Problem vieler Studien, dass Daten aus Bevölkerungsumfragen analysiert werden, bei denen die Befragten nach der Einschätzung und der Wahl von aktiven Politiker/innen gefragt wurden. Das Geschlecht und die Herkunft sind aber – wie bereits in der Einleitung erwähnt – immer nur zwei unter vielen weiteren Faktoren. Die Beurteilung der Befragten kann daher nicht ausschließlich auf die Wirkungsweise des Geschlechts bzw. der Herkunft der Kandidat/innen zurückgeführt werden. Analytisch ist es somit schwierig, die betrachteten Variablen zu variieren und gleichzeitig die Kontextbedingungen konstant zu halten. Im Gegensatz zu Befragungen bieten Experimente jedoch die Möglichkeit, die fokussierte Variable (in vorliegendem Fall Geschlecht und Kandidatenherkunft) in unterschiedlichen Untersuchungsgruppen zu variieren und dabei gleichzeitig potentiell wirkende andere Variablen (wie z. B. Kandidatenalter, -bildung oder politischer Hintergrund) konstant zu halten (Czienskowski 1996; Kühl 2005).

Um den Einfluss des Kandidatengeschlechts und der -herkunft auf den Wahlerfolg detaillierter untersuchen zu können, wurde im Rahmen der German Longitudinal Election Study (GLES) ein derartiges Online-Experiment durchgeführt. Das zentrale Anliegen dieses Experimentes war es, herauszufinden, ob und inwiefern das Geschlecht oder die Herkunft von Kandidat/innen oder beide in Kombination einen Einfluss auf die Beurteilung, Bewertung und die Erfolgschancen der Wahlbewerber/innen nehmen. Als Bezugsrahmen dienten bisherige Untersuchungsergebnisse, die mittels einer anderen Untersuchungsmethode erstens einer erneuten, kontrollierten Überprüfung unterzogen werden sollten und zweitens zugleich auch auf Personen mit Migrationshintergrund übertragen wurde: Die mit diesem Design verfolgte Annahme ist, dass es sich bei Migranten um eine Personengruppe handelt, die mit vergleichbaren Karrierebarrieren wie Kandidat*innen* zu kämpfen haben.

Das Online-Experiment wurde im Rahmen des 7. Online-Trackings (T7) der German Longitudinal Election Study vom 8. bis zum 25. Oktober 2010 durchgeführt[1]. Hierbei wurden die Teilnehmer/innen des 7. Online-Trackings, die bereits im Zeitraum vom 29. September bis zum 8. Oktober 2009 befragt wurden, im Anschluss an diese Befragung gebeten, an einem weiteren, ca. zehnminütigem Experiment teilzunehmen. Die Probanden bekamen in den folgenden Tagen eine erneute Einladung. So konnten 928 Personen, randomisiert in vier Untersuchungsgruppen, experimentell untersucht werden[2]. Das Experiment wurde mit folgendem Text eingeleitet:

> „Wir zeigen Ihnen nun einen Steckbrief und einen kleinen Interviewauszug von einer Bewerberin [einem Bewerber] für den Deutschen Bundestag.
>
> Sie [Er] hat sich in einem Wahlkreis um ein Mandat beworben.
>
> Bitte lesen Sie nun sowohl den Steckbrief wie den Interviewauszug sehr sorgfältig durch. Danach werden Ihnen mehrere Fragen zu der Bewerberin [dem Bewerber] gestellt."

---

1 Dieser Teil der Studie wurde von GESIS finanziert. Die Grundgesamtheit bildet das von der Respondi AG betriebene Online-Access-Panel, welches 2009 ca. 65.000 aktive Panelisten umfasst. Eine detaillierte Beschreibung ist der Studienbeschreibung zu entnehmen (Rattinger/Schmitt-Beck/Roßteutscher/Weßels 2011).
2 Hinzuweisen ist darauf, dass aufgrund Datenqualitätsproblemen (sog. Mutationen) zwar insgesamt 1041 Interviews realisiert werden konnten, aufgrund Qualitätsproblemen jedoch 113 von der Analyse ausgeschlossen wurden und somit 928 Interviews analysiert wurden (vgl. hierzu Rattinger/Schmitt-Beck/Roßteutscher/Weßels 2011).

Auf dem folgenden Screen wurde den Befragten ein Steckbrief und ein Foto einer bzw. eines fiktiven Wahlbewerbers/in zum Deutschen Bundestag präsentiert. Der Steckbrief beinhaltet verschiedene persönliche und politische Angaben zum Alter, Familienstand, Bildung, Beruf, Parteieintritt etc. der Kandidat/innen, die allen Experimentalgruppen gleichermaßen präsentiert wurden[3]:

Das Foto und die Namen variierten je nach Untersuchungsgruppe: Jeweils zwei Versuchsgruppen wurde ein Foto mit einer Frau und den anderen beiden ein Foto mit einem Mann präsentiert. Bei der Auswahl der Fotos wurde neben dem Geschlecht darauf geachtet, dass die Personen ein ähnliches Alter, ähnliches Aussehen und ein leicht überdurchschnittliches Attraktivitätsniveau aufweisen[4]. Ebenso wurde jeweils in zwei Gruppen ein deutsch klingender Namen (Anna und Andreas Kramer) und den zwei anderen ein fremdländisch klingender Namen (Ayla und Ali Celik) präsentiert. Somit handelt es sich hierbei um einen klassischen 2*2-Versuchsplan, bei welchem der Einfluss der unabhängigen Variablen Geschlecht und Herkunft unter Konstanthaltung weiterer unabhängiger Variablen (Alter, Bildung, Familienstand, Beruf, Hobbys, Parteieintritt, höchstes bisheriges politisches Amt) untersucht werden soll. Die Aufteilung der Befragten in die vier Gruppen ist folgender Matrixdarstellung zu entnehmen.

Tabelle 1: Versuchsplan in Matrixdarstellung mit Fallzahl

		Geschlecht	
		weiblich	männlich
Migrationshintergrund	mit	Gruppe 1: Frauen mit Migrationshintergrund n=226	Gruppe 2: Männer mit Migrationshintergrund n=226
	ohne	Gruppe 3: Frauen ohne Migrationshintergrund n=238	Gruppe 4: Männer mit Migrationshintergrund n=238

Nach der Präsentation dieser unterschiedlichen Screens wurden in allen Untersuchungsgruppen Fragen gestellt, mittels derer die Wirkung des Kandidatengeschlechts bzw. der -herkunft auf die vermutete Parteizugehörigkeit, die Themenzuordnung, Eigenschaftseinschätzung und Wahlerfolgschancen gemessen werden konnte. Die Wirkung des Kandidatengeschlechts und der -herkunft auf die Wähler/inneneinstellungen wurden dann mittels verschiedener de-

---

3   Im einzelnen waren das folgende Angaben: Alter: 40 Jahre; Familienstand: verheiratet, 2 Kinder (10 und 12 Jahre); Bildung: Fachhochschulreife; Beruf: Verwaltungsleiter[in] im öffentlichen Dienst; Hobbies: Reisen, Musik, Familie; Parteieintritt: vor ca. 15 Jahren; Höchstes politisches Amt: seit 3 Jahren im Landtag.

4   Die Fotos sind einer Datenbank von Ulrich Rosar und Markus Klein entnommen. Bei Ulrich Rosar möchte ich für die schnelle und unkomplizierte Bereitstellung der Bilder danken.

skriptiver und multivariater Verfahren untersucht, die im Rahmen der Ergebnisdarstellung detaillierter dargestellt werden.

5. Ergebnisse

5.1 Interessen, Kompetenzen und Parteizugehörigkeit

Zunächst wurde untersucht, inwiefern die Wähler/innen den bzw. die präsentierte/n Kandidaten/in in spezifischer Weise hinsichtlich politischer Interessensfelder, Kompetenzen und Parteizugehörigkeit einschätzen.

5.1.1 Politische Themenbereiche

In Einklang mit bisherigen Untersuchungsergebnissen wurde vermutet, dass die Kandidat*in* aufgrund ihres Geschlechts und der damit verbundenen spezifischen Lebenslage eher „weichen" politischen Themengebieten zugeordnet wird, während der Kandid*at* eine Zuordnung zu „harten" Politikfeldern erfährt. Ebenso aufgrund der Migrationszugehörigkeit und der spezifischen Lebenssituation von Migranten wurde vermutet, dass Personen mit Migrationshintergrund eine stärkere Zuordnung zu Politikfeldern erfahren, die sich mit der Integrations- und Entwicklungspolitik auseinandersetzen; also Themenbereichen, die sich aus ihrem Migrationshintergrund herleiten lassen.

Tabelle 2 zeigt hierzu die Antwort auf die Frage, für welche politischen Themengebiete sich der bzw. die präsentierte Kandidat/in aus Sicht der Wähler/innen besonders einsetzten würde. Als „weiche" Themen wurden theoriegeleitet das Gesundheitswesen, die Soziale Sicherheit, das Bildungswesen, die Renten und Pensionen, der Umweltschutz und die Arbeitslosigkeit kategorisiert. Als „harte" Themenfelder wurde die Wirtschaft, der Kampf gegen das organisierte Verbrechen, Terrorismus, Polizei und Strafverfolgung und Verteidigung betrachtet. Als Migrationsthemen wurden Einwanderung und Flüchtlinge und Entwicklungshilfe kategorisiert.

Zunächst ist grundlegend zu erkennen, dass über alle Untersuchungsgruppen hinweg 53,7 Prozent angeben, dass sich der bzw. die jeweils präsentierte Kandidat/in für das Gesundheitswesen einsetzt. Die restlichen (hier nicht dargestellten 46,3) Prozent sind der Meinung, dass er bzw. sie dies nicht tut. Differenziert man nun zwischen den Antworten der Experimentteilnehmer/innen die eine Kandidat*in* im Vergleich zu einem Kandidat*en* präsentiert bekommen haben, so kann die vermutete geschlechterstereotype Zuordnung zu politischen Themenbereichen grundsätzlich bestätigt werden: Der Kandidat*in* wurde zu 55,4 Prozent das Gesundheitswesen zugeordnet; dem Kandidat*en* wurde dies nur in 44,6 Prozent der Fälle. Häufigere Zuordnung erfuhr die Kandidat*in* auch bei den Themenfeldern soziale Sicherheit und Umweltschutz.

Tabelle 2: Politische Themenbereiche (Gesamt, Fallzahl und in Abhängigkeit zur Treatmentgruppe in Prozent und Signifikanz)

	Ge-samt	N	Geschlecht			Migrationshintergrund		
			Mann	Frau	sig.	ohne	mit	sig.
„Weiche" Themen								
Gesundheitswesen	53.7	498	44.6	55.4	***			ns
Soziale Sicherheit	48.9	454	44.3	55.7	**			ns
Bildungswesen	43.4	403			ns			ns
Renten und Pensionen	34.7	322			ns			ns
Umweltschutz	33.9	315	39.0	61.0	***			ns
Arbeitslosigkeit	20.3	188			ns			ns
„Harte" Themen								
Wirtschaft	15.8	147	66.0	34.0	***			ns
Kampf gegen organisiertes Verbrechen	6.7	62	62.9	37.1	*			ns
Terrorismus	4.7	44	77.3	22.7	***			ns
Polizei und Strafverfolgung	3.8	35	74.3	25.7	**			ns
Verteidigung	2.5	23			ns			ns
Migrationsthemen								
Einwanderung und Flüchtlinge	22.1	205	58.1	41.9	**	22.9	77.1	***
Entwicklungshilfe	14.6	135			ns			ns

Quelle: ZA 5340: Langfrist-Online-Tracking, T7 (GLES 2009). Signifikanz (Chi²-Test): * p<0.05, ** p<0.01, *** p< 0.001.

Auffällig ist jedoch auch, dass bei den Themenfeldern Bildungswesen, Renten und Pensionen und Arbeitslosigkeit keine signifikanten geschlechtsspezifischen Zuordnungen erfolgten. Insbesondere bei der Bildungspolitik wurden höhere Zuordnungsraten bei der Kandidat*in* erwartet. Bei den Themen Renten, Pensionen und Arbeitslosigkeit konnte sogar der Kandidat höhere Zuordnungsraten erreichen, jedoch nicht auf signifikantem Niveau (hier nicht explizit dargestellt). Betrachtet man diese Zuordnungen in Bezug zu den höheren Zuordnungsraten bei dem Themenfeld „Soziale Sicherheit" so werden grundlegende thematisch inkohärente Zuschreibungen offenbar, da die Themenfelder Renten, Pensionen und Arbeitslosigkeit durchaus als wesentlicher Kernbereich der sozialen Sicherheit betrachtet werden können, die jedoch in verstärktem Maße den Frauen zugeordnet wurden.

Doch wie fällt die Zuordnung der „harten" Themenfelder aus? Der Kandid*at* wird signifikant häufiger den Themen Wirtschaft, Kampf gegen das organisierte Verbrechen, Terrorismus, Polizei und Strafverfolgung und Einwanderung und Flüchtlinge zugeordnet, als die Kandidat*in*. Und auch bei der Verteidigung erhält der Kandid*at* deutlich höhere Zuordnungsraten; aufgrund der geringen Fallzahl, jedoch nicht auf signifikantem Niveau. Somit scheint die vermutete Zuordnung, wie bereits andere Untersuchungen bestätigen, zwischen weiblichen und männlichen Kandidat/innen gut zu funktionieren. Wie verhält es sich jedoch bei den Personen mit Migrationshintergrund?

Ein Unterschied kann auch partiell bei der Zuordnung von Themengebieten in Abhängigkeit zum Migrationshintergrund festgestellt werden: Zwar können nur geringfügige, nicht signifikante Unterschiede bei den geschlechtsspezifischen Themenfeldern und auch der Entwicklungshilfe identifiziert werden. Hervorstechend ist die deutlich stärkere Zuordnung zum Themenbereich Einwanderung und Flüchtlinge, die auch als zentrales Kompetenzgebiet von Personen mit Migrationshintergrund betrachtet werden können. 77,1 Prozent der Personen mit Migrationshintergrund bekommen in diesem Themengebiet ein höheres Interesse zugeschrieben. Bei Personen ohne Migrationshintergrund beläuft sich diese Zahl auf nur 22,9 Prozent. Ein eindeutiges Zeichen dafür, dass die Kandidatenherkunft Einfluss auf die Kandidateneinschätzung ausübt.

5.1.2 Führungskompetenz

Die Frage, welche politischen Themengebiete Kandidat/in seitens der Wähler/innen zugetraut werden, ist eine Möglichkeit, um Aufschluss über die Wirkung des Kandidatengeschlechts und der -herkunft auf die Wahrnehmung und Einschätzung von Kandidat/innen zu bekommen. Eine andere Frage ist jedoch, ob man der präsentierten Person auch zutraut, eine Führungsposition einzunehmen und wenn dem so ist, welches Führungsamt den Frauen im Vergleich zu Männern und den Kandidat/innen im Vergleich zu Kandidat/innen ohne Migrationshintergrund zugetraut wird. Es wurde – in Analogie zu den Themenfeldern – vermutet, dass Frauen eher Ministerien zugesprochen bekommen, die „weichere" Themenfelder beheimaten im Gegensatz zu Männern, denen eher Ministerien in „harten" Themenfelder zugesprochen werden. In Bezug auf Personen mit Migrationshintergrund wurde ebenso angenommen, dass sie Ministerien zugeteilt werden, die grundlegend Themenfelder der Migrationspolitik zuzuordnen sind. Dass diese Hypothesen grundlegend bestätigt werden können, zeigt Tabelle 3.

Zunächst zu den Unterschieden zwischen der Kandidat*in* und dem Kandidat*en*: Der Kandidat*in* wird in signifikant geringerem Maße zugetraut, das Außen-, Innen-, Justiz-, Verteidigungs- und Finanzministerium und auch das Ministerium für Wirtschaft und Technologie, für Verkehr, Bau und Stadtentwicklung und wirtschaftliche Zusammenarbeit zu führen. Die Kandidat*in* wurde – wie erwartet – in stärkerem Maße klassischen Ministerposten mit typisch weiblichen, weichen Themenfeldern wie Ernährung, Landwirtschaft und Verbraucherschutz, Familie, Senioren, Frauen und Jugend, Gesundheit, Umwelt, Naturschutz und Reaktorsicherheit zugeteilt. Interessanterweise konnte keine geschlechtsspezifische Zuordnung bei den Bereichen Arbeit und Soziales und Bildung und Forschung festgestellt werden. Ebenso ist es erstaunlich, dass starke geschlechtsspezifische Effekte zuungunsten der Frauen auch im Justizministerium festgestellt werden können. Hier handelt es sich zwar eher um ein Ministerium mit „harten" Themenbezug, jedoch ist dieses in Deutschland seit 1992 – mit Ausnahme von 1996 bis 1998 – stets von Frauen besetzt. Somit ist anzunehmen, dass die Differenzierung zwischen harten und weichen Themenfeldern noch in sehr starker Weise bei den Wähler/innen vorherrschend ist und die Realpolitik diese stereotype Zuordnung wenig zu beeinflussen scheint.

Tabelle 3: Führungskompetenz in Ministerien (Gesamt, Fallzahl und in Abhängigkeit zur Treatmentgruppe in Prozent und Signifikanz)

	Gesamt	N	Geschlecht			Migrahintergrund		
			Mann	Frau	sig.	ohne	mit	sig.
Ministerien mit „weichen" Themenfeldern								
Familie, Senioren, Frauen und Jugend	76.6	585	40.3	59.7	***			ns
Arbeit und Soziales	73.8	542			ns			ns
Gesundheit	67.2	505	43.2	56.8	***	53.9	46.1	*
Bildung und Forschung	49.7	353			ns			ns
Umwelt, Naturschutz und Reaktorsicherheit	44.9	309	39.5	60.5	***			ns
Ernährung, Landwirtschaft und Verbraucherschutz	44.6	308	35.7	64.3	***			ns
Ministerien mit „harten" Themenfeldern								
Innenministerium	27.6	192	57.3	42.7	**			ns
Verkehr, Bau und Stadtentwicklung	15.6	107	72.9	27.1	***			ns
Wirtschaft und Technologie	15.0	104	72.1	27.9	***			ns
Finanzministerium	13.6	95	71.6	28.4	***			ns
Außenministerium	11.9	83	69.9	30.1	***	33.7	66.3	**
Justizministerium	11.6	79	63.3	36.7	**	62.0	38.0	*
Verteidigungsministerium	6.3	44	70.5	29.5	**			ns
Ministerien mit Migrationsthemenfeldern								
Integration	55.4	386			ns	32.9	67.1	***
Wirtschaftliche Zusammenarbeit	29.0	200	62.5	37.5	***	40.0	60.0	***

Quelle: ZA 5340: Langfrist-Online-Tracking, T7 (GLES 2009). Signifikanzen (Chi²-Test): * p<0.05, ** p<0.01, *** p< 0.001.

Bezüglich Personen mit Migrationshintergrund ist herauszustellen, dass sowohl das Ministerium für Integration als das zur Wirtschaftlichen Zusammenarbeit wie vermutet in deutlich stärkerem, hoch signifikantem Maße den Personen mit Migrationshintergrund zugetraut werden. Darüber hinaus konnten weitere Ministerien identifiziert werden, bei denen Unterschiede zwischen den Treatmentgruppen festgestellt werden konnten: Interessanterweise wird das Justiz- und Gesundheitsministerium häufiger und das Außenministerium seltener Person ohne Migrationshintergrund zugetraut.

5.1.3 Parteizuordnung

Wie bereits dargelegt soll untersucht werden, ob das Geschlecht und die Herkunft der Kandidat/innen Einfluss auf die Zuordnung der präsentierten Kandidat/innen zu bestimmten Parteien haben: Werden Frauen bzw. Personen mit Migrationshintergrund grundsätzlich anderen Parteien zugeordnet als Männer bzw. Personen ohne Migrationshintergrund? Es wird davon ausgegangen, dass Frauen und Personen mit Migrationshintergrund häufiger denjenigen Parteien zugeordnet werden, die frauen- bzw. migrationsspezifische Themen in besonders starker Weise vertreten. Demnach würde die Kandidat*in* häufiger den Parteien SPD, Bündnis 90/Die Grünen und den Linken und Personen mit Migrationshintergrund dem Bündnis 90/Die Grünen und der SPD zugeordnet werden. In folgender Tabelle 4 ist aufgeführt, welchen Parteien die Experimentteilnehmer/innen die jeweils präsentierten Kandidat/innen zugeordnet haben.

Tabelle 4: Parteizuordnung (Gesamt, Fallzahl und in Abhängigkeit zur Treatmentgruppe in Prozent und Signifikanz)

		Gesamt	Geschlecht		Migrationshintergrund	
			Mann	Frau	ohne	mit
Parteizuordnungen	CDU	25.7	32.5	18.9	33.4	17.6
	CSU	4.3	6.1	2.4	5.8	2.7
	SPD	25.0	23.0	27.0	26.1	23.9
	B90/Grünen	29.9	23.0	36.7	18.8	41.4
	FDP	10.5	13.0	8.1	11.0	10.1
	Die Linke	4.1	2.0	6.2	4.7	3.4
	Andere Partei	0.5	0.4	0.7	0.2	0.9
Signifikanz			***		***	
N		911	456	455	448	446

Quelle: ZA 5340: Langfrist-Online-Tracking, T7 (GLES 2009). Signifikanzen (Chi²-Test): * p<0.05, ** p<0.01, *** p< 0.001.

Generell ist festzuhalten, dass die meisten Zuordnungen der fiktiven Kandidat*in* bzw. des Kandidat*en* auf Bündnis 90/Die Grünen mit 29,9 Prozentpunkten, der CDU mit 25,7 Prozentpunkten und gefolgt von der SPD mit 25,0 Prozentpunkten entfallen. Handelte es sich um den Kandidat*en*, entfallen die höchsten Anteile auf die Unionsparteien und die FDP, handelte es sich um die Kandidat*in*, entfallen die häufigsten Zuordnungen – wie vermutet – auf SPD, Bündnis 90/Die Grünen und die Linke.

Bezüglich des Migrationshintergrundes entsprechen die Zuordnungen ebenfalls den Erwartungen: Personen ohne Migrationshintergrund wurden eher der Union, solche mit Migrationshintergrund überproportional den Grünen zugeordnet. Das trifft sowohl auf weibliche wie männliche Kandidaten mit Migrationshintergrund zu. Eine überdurchschnittliche Zuteilung der Kandidat/innen mit Migrationshintergrund auf die SPD kann demgegenüber nur in geringem Maße beobachtet werden.

5.2 Eigenschaftszuschreibung

In der Theorie werden Frauen nicht nur unterschiedliche politische Interessens- und Kompetenzbereiche zugeschrieben. Ihnen werden auch geschlechtsspezifische Persönlichkeitseigenschaften unterstellt. Dabei wird argumentiert, dass Personen mit besonders männlich ausgeprägten Eigenschaften eher Einzug in die Politik finden. Diesbezüglich stellt sich zunächst die Frage, wie die Experimentteilnehmer/innen die Kandidat/innen hinsichtlich verschiedener Persönlichkeitseigenschaften einschätzen. Vergleichbare Studien der Persönlichkeitseigenschaften von Personen mit Migrationshintergrund sind bislang nicht bekannt. Inwiefern den Personen mit und ohne Migrationshintergrund unterschiedliche Eigenschaftszuschreibungen erfahren, sollen nachfolgend erstmalig betrachtet werden.

In Anlehnung an die Wahlforschung und die Geschlechterstereotypforschung, wurden sowohl geschlechtsspezifische Eigenschaften[5] als auch Eigenschaften, die in der empirischen Wahlforschung als besonders relevant erachtet werden[6], verwendet[7]. Nun stellt sich die Frage, welche Eigenschaften die Experimentteilnehmer/innen der Kandidat*in* im Vergleich zum Kandidat*en* bzw. einer Person mit und ohne Migrationshintergrund zusprechen. Hierzu wurden Mittelwertvergleiche der verschiedenen Eigenschaften in Abhängigkeit zur Gruppenzugehörigkeit durchgeführt. In Tabelle 5 sind die Ergebnisse hinsichtlich der verschiedenen Eigenschaften aufgeführt.

An dieser Stelle kann festgehalten werden, dass die Kandidat*in* erwartungsgemäß in signifikanter Weise als naiver, mitfühlender, glaubwürdiger, hilfsbereiter, unsicherer, gutgläubiger und phantasievoller eingeschätzt wurden als der Kandidat. Der Kandid*at* hat höhere Mittelwerte bei der Risikobereitschaft, der Durchsetzungsfähigkeit und den vernünftigen Vorstellungen, die Wirtschaft anzukurbeln. Somit wird – ähnlich wie in grundlegenden Studien der Geschlechterstereotypforschung bereits festgestellt – seitens der Wähler/innen dem bzw. der Kandidat/in je nach Geschlechtszugehörigkeit verschiedene Persönlichkeitseigenschaften zugeschrieben. Doch wie verhält es sich bei der Eigenschaftszuschreibung der Experimentteilnehmer/innen differenziert zwischen den Untersuchungsgruppen mit und ohne Migrationshintergrund?

---

5 Im Einzelnen sind das: Selbstbewusstsein, Leichtgläubigkeit, Kindlichkeit/Naivität, Zuverlässigkeit, Entscheidungsstärke, Schüchternheit, Risikobereitschaft, Hilfsbereitschaft, Fleiß, Glaubwürdigkeit, starke Persönlichkeit und Mitgefühl/Verständnis.

6 Hier wurden sowohl die Big-Five-Items (Zurückhaltung, Vertrauen, Glaube an das Gute, Gründlichkeit, Phantasie, Nervös) als auch typische Kandidateneigenschaften (Durchsetzungsfähigkeit und Führungsstärke, Vertrauenswürde, Sympathisch, Wirtschaft ankurbeln) herangezogen.

7 Hingewiesen werden muss an dieser Stelle, dass die Kandidateneigenschaften „Wirtschaft ankurbeln" und „Durchsetzungsfähigkeit/ Führungsstärke" grundsätzlich auch dem Konzept der „männlichen Persönlichkeitseigenschaften" zuzuordnen sind. Zwar scheint die Fähigkeit „Wirtschaft ankurbeln" zunächst nicht ein Geschlechtsstereotyp zu beherbergen, ist jedoch ein Item, welches Tatkraft und Führungskompetenz ausdrückt und daher den männlichen Geschlechterstereotypen zuzuordnen ist. Demgegenüber beinhalten die Big-Five-Konzepte tendenziell eher frauenspezifische Geschlechterstereotypen (vgl. Bieber 2012).

Tabelle 5: Persönlichkeitseinschätzung (Mittelwerte gesamt und in Abhängigkeit zur Treatmentgruppe, Fallzahl und Signifikanz)

	Gesamt		Geschlecht			Migrationshintergrund		
	Mittelwert	N	Mann	Frau	sig	ohne	mit	sig.
Geschlechterstereotype								
„weibliche" Eigenschaften								
Mitgefühl	3.60	891	3.46	3.74	***			ns
Hilfsbereitschaft	3.80	899	3.69	3.92	***			ns
Naivität	2.37	906	2.30	2.44	*			ns
Glaubwürdigkeit	3.53	900	3.47	3.59	*			ns
Schüchternheit	2.44	905			ns	2.52	2.37	*
Zuverlässigkeit	3.58	908			ns			ns
Leichtgläubigkeit	2.58	908			ns			ns
Fleiß	3.82	898			ns			ns
„männliche" Eigenschaften								
Risikobereitschaft	2.79	896	2.88	2.70	**	2.72	2.87	*
starke Persönlichkeit	3.33	900			ns			ns
Entscheidungsstärke	3.37	907			ns			ns
Selbstbewusstsein	3.70	910			ns			ns
Big five								
Gutgläubigkeit	3.11	908	3.00	3.21	***			ns
Phantasie	3.32	905	3.24	3.40	**			ns
Unsicherheit	2.48	904	2.42	2.55	*			ns
Zurückhaltung	2.67	908			ns	2.77	2.57	**
Gründlichkeit	3.76	906			ns			ns
Kandidateneigenschaften								
Durchsetzungsfähigkeit, Führungsstärke	3.08	911	3.18	2.99	**			ns
Wirtschaft ankurbeln	2.87	908	2.94	2.80	*			ns
Vertrauenswürde	3.46	910			ns			ns
Sympathisch	3.53	914			ns			ns

Quelle: ZA 5340: Langfrist-Online-Tracking, T7 (GLES 2009). Mittelwerte (Skala von 1 „trifft überhaupt nicht zu" bis 5 „trifft voll und ganz zu"). Signifikanzen (t-Test): * p<0.05, ** p<0.01, *** p< 0.001.

Bei dieser Betrachtung konnten nur in wenigen Fällen signifikante Ergebnisse festgestellt werden: Differenzen konnten nur bei der Risikobereitschaft, der Schüchternheit und der Zurückhaltung identifiziert werden. Kandidat/innen mit Migrationshintergrund wurden als weniger schüchtern und weniger zurückhaltend, jedoch auch risikobereiter als Kandidat/innen ohne Migrationshintergrund eingeschätzt. Über die Gründe hierfür kann an dieser Stelle nur spekuliert werden: Möglicherweise wird von Kandidat/innen mit Migrationshintergrund eine engagiertere und aufgeschlossenere Aktionsweise erwartet, wodurch die höheren Werte bei der Risikobereitschaft und die geringeren Werte bei der Schüchternheit und Zurückhaltung erklärt werden könnten. Tatsächliche Zusammenhänge und Vorurteile müssen jedoch weitere Studien offenbaren.

5.3 Wahlerfolg

Nachdem nun die deutliche Wirkungen des Kandidatengeschlechts und der -herkunft auf die Partei-, Themen- und Eigenschaftszuschreibung gezeigt werden konnten, stellt sich die Frage, ob und inwiefern das Geschlecht und die Herkunft der Kandidat/innen nicht zuletzt auch Einfluss auf deren Wahlerfolg haben: Stellt das Geschlecht und die Herkunft auf dem Weg in den Deutschen Bundestag eine Karrierebremse dar oder nicht? Zunächst wird untersucht, ob ein direkter Effekt des Geschlechts bzw. der Herkunft auf die Erfolgschancen zu beobachten ist. Darauf aufbauend wird die Wirkung des Geschlechts und der Herkunft unter Einbeziehung weiterer zentraler Faktoren zur Erklärung des Wahlverhaltens (Parteizugehörigkeit, Kandidateneigenschaften, Sachthemen) auf den Wahlerfolg der Kandidat/innen multivariat untersucht.

Folgende Tabelle 6 zeigt die Erfolgschancen des bzw. der Kandidat/in in den verschiedenen Treatmentgruppen einerseits auf die Fragen, ob sich die Experimentteilnehmer/innen vorstellen könnten den bzw. die jeweilige/n Kandidaten/in zu wählen (*„Wahlentscheidung"*) und andererseits, wie sie allgemein die Erfolgschancen des bzw. der präsentierten Kandidaten/in einschätzen (*„Wahlchancen"*). Der Tabelle ist zu entnehmen, dass 61,6 Prozent aller Befragten sich grundsätzlich vorstellen könnten den bzw. die Kandidaten/in zu wählen, 38,4 Prozent können das nicht (hier nicht explizit dargestellt). Demgegenüber schätzen nur 31,4 Prozent die Wahlchancen des bzw. der Kandidaten/in hoch ein.

Tabelle 6: Erfolgschancen (Gesamt, Fallzahl und in Abhängigkeit zur Treatmentgruppe in Prozent und Signifikanz)

	Gesamt	N	Geschlecht			Migrationshintergrund		
			Mann	Frau	sign.	ohne	mit	sign.
Wahlentscheidung	61.6%	778	61.4%	61.8%	ns	65.5%	57.6%	*
Wahlchancen	31.4%	854	35.1%	27.6%	*	37.6%	25.0%	***

Quelle: ZA 5340: Langfrist-Online-Tracking, T7 (GLES 2009). Signifikanzen (Chi²-Test): * p<0.05, ** p<0.01, *** p< 0.001.

Die Differenzierung zwischen den geschlechtsspezifischen Treatmentgruppen zeigt, dass bei der Kandidat*in* und dem Kandidat*en* keine signifikanten Unterschiede bei der Wahlentscheidung nachzuweisen sind. Allerdings werden die Wahlchancen des Kandidat*en* signifikant höher eingeschätzt als die der Kandidat*in*. Ein Indiz dafür, dass geschlechtsspezifische Vorurteile noch immer vorherrschend sind, während diese bei der Wahlentscheidung eine geringere Rolle spielen.

Deutlichere Effekte können zwischen der Treatmentgruppe mit und ohne Migrationshintergrund identifiziert werden: So können sich 65,5 Prozent der Experimentteilnehmer/innen vorstellen, die Person ohne Migrationshintergrund zu wählen, während dies nur 57,6 Prozent der Teilnehmer/innen können, die eine Person mit Migrationshintergrund präsentiert bekommen haben. Ebenso werden die Wahlchancen der Person ohne Migrationshintergrund mit 37,6 Prozent deutlich positiver eingestuft als die der Person mit Migrationshintergrund (25,0 Prozent). Diese Ergebnisse sprechen eindeutig dafür, dass Personen mit Migrationshintergrund aufgrund ihrer Herkunft schlechtere Chancen haben, ein Amt in der Politik zu bekommen.

Die bisherigen Ergebnisse haben gezeigt, dass sowohl vom Kandidatengeschlecht als auch von der -herkunft signifikante Effekte auf die Wähler/inneneinschätzung bezüglich dessen Zuordnung zu politischen Parteien, politischer Themenbereiche, Persönlichkeitseigenschaften und auch dem Wahlerfolg zu beobachten sind. Dies sind grundlegende Ergebnisse, die die These stützen, dass Frauen bzw. Personen mit Migrationshintergrund aufgrund ihres Geschlechts bzw. ihrer Herkunft benachteiligt werden. Es sind jedoch auch die Ergebnisse deskriptiver, unkontrollierter Berechnungen. Daher soll nun der Einfluss des Kandidatengeschlechts und der -herkunft unter kontrollierten Bedingungen in Bezug auf den Wahlerfolg untersucht werden. Die zentrale Frage lautet hier: Hat das Geschlecht und der Migrationshintergrund einen Einfluss auf den Wahlerfolg von Kandidat/innen unter Berücksichtigung weiterer zentraler Variablen der Erklärung des Wahlverhaltens?

Durchgeführt wurde hierzu zunächst eine logistische Regression mit der abhängigen Variablen „Wahlentscheidung", also der Frage ob sich die Experimentteilnehmer/innen vorstellen können, den bzw. die präsentierte/n Kandidaten/in zu wählen oder nicht[8]. Die zentralen unabhängigen Variablen bilden selbsterklärend das Geschlecht und der Migrationshintergrund: Sowohl beim Kandidatengeschlecht wie auch beim Migrationshintergrund wird ein negativer Effekt erwartet, da vermutet wird, dass Frauen bzw. Personen mit Migrationshintergrund geringere Wahlchancen haben[9].

Als weitere, unabhängige sozialstrukturelle Kontrollvariablen wurden das Geschlecht, das Alter und die Bildung der Experimentteilnehmer/innen aufgenommen. Ebenso wurden als unabhängige Kontrollfaktoren die bereits untersuchten Faktoren Themen- und Kompetenzzuschreibung und Parteizuordnung implementiert. Bei der Themen- und Kompetenzzuschreibung wurde erwartet, dass die Wahrscheinlichkeit steigt, eine/n Kandidaten/in zu wählen, wenn die Interessen der Experimentteilnehmer/innen und deren Zuordnung des/der Kandidatin/en zu einem bestimmten Themenkomplex übereinstimmt[10]. Die Parteizuordnung wurde in Abhängigkeit zur Wahlentscheidung der Experimentteilnehmer/innen untersucht. Erwartet wurde hier ein positiver Effekt: Wenn die Wahlentscheidung der Teilnehmer/innen mit der Zuordnung der Kandidat/innen zu einer bestimmten Partei übereinstimmt, dann steigt die Erfolgschance des bzw. der präsentierten Kandidaten/in an[11]. Nachfolgender Ta-

---

8 Codiert mit 1 (kann ich mir sehr gut/gut vorstellen), 0 (kann ich mir weniger gut/überhaupt nicht vorstellen).
9 Kandidatengeschlecht codiert mit 1 (weiblich), 0 (männlich). Migrationshintergrund codiert mit 1 (mit Migrationshintergrund), 0 (kein Migrationshintergrund).
10 Operationalisiert wurde dies indem eine Variable gebildet wurde, die darüber Auskunft gibt, ob die zugeordneten Themenfelder auch seitens der Befragten als besonders wichtiges bzw. zweitwichtigstes Problem genannt wurden (0=keine Übereinstimmung, 1=Übereinstimmung).
11 Modelliert wurde dies über die Frage nach der Wahlentscheidung bei der Bundestagswahl 2009 unter Berücksichtigung der hypothetischen Stimmabgabe. Es wurde eine Variable gebildet, die angibt, ob die zugeordnete Partei auch von den Befragten bei der nächsten Wahl mit der Erst- oder Zweitstimme gewählt werden (würde) (0=keine Übereinstimmung, 1= Übereinstimmung).

belle 7 ist die Effektrichtung und die Signifikanzen der Effekte der unabhängigen Variablen auf die abhängige Variabel „Wahlerfolg" zu entnehmen, ebenso wie die berechneten Wahrscheinlichkeiten.

Tabelle 7: Einflussfaktoren auf Wahlerfolg

	Wahlerfolg	Wahrscheinlichkeiten
Treatmentgruppe		
Kandidatin	.98(.15)	63.0%
mit Migrationshintergrund	.69(.11)*	58.7%
Experimentteilnehmer/innen		
Befragtengeschlecht (weiblich)	1.83 (.29)***	70.1%
Befragtenalter (über 39 Jahre)	.95 (.15)	68.5%
höhere Befragtenbildung	1.38(.25)	62.7%
Übereinstimmungen		
Themen- und Kompetenzzuschreibung	2.67(.43)***	73.0%
Parteizuordnung	2.78(.55)***	78.7%
Pseudo-R^2 (MF)	.09	
LL	-471.34	
BIC	995.93	
N	778	

Quelle: ZA 5340: Langfrist-Online-Tracking, T7 (GLES 2009). Logistische Regression. Die Zellen enthalten Odds Ratio logistischer Regressionen (Standardfehler in Klammern). Themen- und Kompetenzzuschreibung: keine Übereinstimmung zwischen wichtigstem/zweitwichtigstem Problem von Experimentteilnehmer/in und dessen/deren Themen-/Kompetenzzuschreibung des/der Kandidat/in; Parteizuordnung: keine Übereinstimmung zwischen Wahlpräferenz von Experimentteilnehmer/in und dessen/deren Parteizuschreibung des/der Kandidaten/in. Signifikanzen: * $p<0.05$, ** $p<0.01$, *** $p<0.001$.

Zunächst zu den Ergebnissen der beiden Treatmentgruppen: Im Gegensatz zu den Vermutungen konnte kein signifikanter Effekt von der Variablen „Kandidatengeschlecht" identifiziert werden: Die Kandidat*in* hat eine Erfolgsaussicht von 63,0 Prozent, der Kandid*at* eine von 63,5 Prozent (hier nicht explizit dargestellt). Personen mit Migrationshintergrund haben demgegenüber signifikant geringere Erfolgsaussichten: Sie haben eine Erfolgschance von 58,7 Prozent im Vergleich zu Personen ohne Migrationshintergrund, die eine Erfolgschance von 67,5 Prozent haben (hier nicht explizit dargestellt).

Bei den Kontrollvariablen der Experimentteilnehmer/innen (Befragtengeschlecht, -alter und -bildung) ist zu erkennen, dass die Frauen in stärkerem Maße den bzw. die präsentierte/n Kandidaten/in wählen würden als Männer. Die Übereinstimmung des Befragten bezüglich der Themen- und Kompetenzzuschreibung wirken sich – wie erwartet – positiv auf einen Wahlsieg aus: Bei übereinstimmenden Themen- und Kompetenzzuschreibungen mit dem wichtigsten und zweitwichtigsten Problem steigen die Kandidatenchancen von dem Befragten in signifikanter Weise an. Ebenso wirkt es sich positiv auf die Wahlchancen aus, wenn die Parteipräferenz der Experimentteilnehmer/innen in Einklang mit den Parteizuordnungen seitens des/der Kandidat/in stehen.

Somit kann an dieser Stelle festgehalten werden, dass von der zentralen unabhängigen Variablen „Kandidatenherkunft" ein signifikanter Effekt auf die Erfolgschancen in vermuteter Richtung nachgewiesen werden konnte. Jedoch weist das Ergebnis auf keinen signifikanten Einfluss des Kandidatengeschlechts hin. Möglicherweise handelt es sich hierbei um einen zweistufigen Prozess, in welchem die Wahlerfolgschancen von weiblichen, männlichen und auch Kandidat/innen mit Migrationshintergrund über die Themen-, Partei- und Eigenschaftszuschreibung wirken. Aus diesem Grund wurden weitere Regressionen berechnet, die ebenso die spezifische Themen-, Persönlichkeits- und Parteizuschreibung berücksichtigen:

Bezüglich der spezifischen Themenzuschreibung wurde vermutet, dass sich die Zuschreibung von bestimmten Themenfeldern positiv auf die Erfolgsaussichten der Kandidat/innen auswirken würden: Aufgrund der Unterrepräsentation von Frauen bei männerspezifischen Themen wird davon ausgegangen, dass sich weibliche Themenzuschreibungen negativ auf die Wahlchancen auswirken würden. Ebenso wird vermutet, dass sich migrationsspezifische Themen negativ auf die Erfolgsaussichten der Personen mit Migrationshintergrund auswirken würden[12]. Ähnliches wurde bezüglich der Parteizuordnung vermutet: Kandidat/innen, die den Parteien SPD, Bündnis 90/Die Grünen und den Linken zugeordnet wurden, haben geringere Erfolgschancen als Zuordnungen bei anderen Parteien. Entsprechend hat die Kandidatin bzw. der Kandidat, der typischen Migrantenparteien (Bündnis 90/Die Grünen, SPD) zugeordnet werden, ebenso geringere Erfolgschancen.

Aufgrund der Komplexität wurde bei den geschlechtsspezifischen Persönlichkeitseigenschaften ein anderes Verfahren angewandt: Es wurde mit den signifikanten geschlechtsspezifischen Eigenschaften eine Hauptkomponentenanalyse berechnet, bei der die zehn signifikanten Eigenschaften zu drei zentrale Faktoren gebündelt werden konnten. Hierbei konnte herausgefunden werden, dass das erste Faktorenbündel ausschließlich die männlichen Persönlichkeitseigenschaften umfasst und die beiden anderen die weiblichen Faktoren. Diese weiblichen Faktoren unterscheiden sich wiederum darin, dass das eine Faktorenbündel positive und das andere negative Faktoren umfasst. Daher wird vermutet, dass sich die männlichen und die positiven weiblichen Eigenschaften positiv auf die Erfolgschancen der bzw. des Kandidaten/in auswirken im Gegensatz zu den negativen Eigenschaften. Ebenso wurden die beiden signifikant negativen Eigenschaften, die in der Treatmentgruppe der Person mit Migrationshintergrund identifiziert werden konnte, zusammengefasst und die Risikobereitschaft in das Modell aufgenommen. Um identifizieren zu können, ob intervenierende Interaktionen dieser Variablen mit der Treatmentgruppe vorliegen wurden entsprechende Interaktionseffekte berechnet. Es wurden jeweils getrennte Modelle in Abhängigkeit zu den beiden Treatmentgruppen berechnet, die der nachfolgenden Tabelle 8 zu entnehmen sind.

Zunächst zu den Effekten, die bezüglich der beiden Treatmentgruppen identifiziert werden konnten: Auch hier konnte kein signifikanter Effekt identifiziert werden, der einer Kan-

---

12 Operationalisiert wurde dies mittels einer Variablen, die die Zuordnung zu Frauenthemen (bzw. Männer- und Migrationsthemen) summiert und durch die Anzahl der Nennungen teilt. (0= kein Frauen-, Männer- bzw. Migrationsthema, 1 = Frauen-, Männer- bzw. Migrationsthema).

didat*in* schlechtere Erfolgsaussichten vorhersagt. Es konnte jedoch erneut ein signifikanter Effekt bei den Personen mit Migrationshintergrund nachgewiesen werden: Kandidat/innen mit Migrationshintergrund haben demnach signifikant geringere Erfolgsaussichten gewählt zu werden.

Wie bereits bei dem zuvor beschriebenen Modell konnten auch hier ähnliche signifikante Effekte im Rahmen der Experimentteilnehmer/innen (Alter, Geschlecht, Bildung) und den Übereinstimmungen (Themen- und Parteizuordnung) in bereits identifizierter und erwarteter Richtung nachgewiesen werden und bedürfen keiner erneuten Darstellung. Doch der Fokus dieser Betrachtung liegt auf den spezifischen Ergebnissen hinsichtlich Themen-, Partei- und Eigenschaftszuschreibung: Zunächst ist festzuhalten, dass nicht – wie erwartet – es die Männerthemen sind, die einen signifikanten Einfluss auf die Wahlerfolgsaussichten haben, sondern die Frauenthemen. Das bedeutet, dass Kandidat/innen denen eher frauenspezifische Themenfelder zugeordnet wurden, eher gewählt werden als die, denen männerspezifischen Themenfelder zugeordnet wurde. Kein signifikanter Effekt auf die Wahlerfolgsaussichten geht von Migrationsthemen aus. Das bedeutet, ob und inwiefern eine migrationsspezifische Zuordnung erfolgte ist für die Entscheidung, ob man die präsentierte Person wählt, nicht relevant.

Bei den Eigenschaften konnten hoch signifikante Effekte festgestellt werden: So wirken sich männliche und weiblich positive Eigenschaften erwartungsgemäß positiv auf die Erfolgsaussichten aus, im Vergleich zu negativen weiblichen Eigenschaften. Bei den migrationsspezifischen Berechnungen konnte ebenso ein signifikant positiver Effekt der Risikobereitschaft und ein negativer Effekt der Eigenschaften Schüchternheit und Zurückhaltung festgestellt werden. Schließlich sind die Effekte, die von der Zugehörigkeit zu Frauen- bzw. Migrantenparteien ausgehen, nur bei den Frauenparteien auf dem .05-Niveau signifikant.

Tabelle 8: Einflussfaktoren auf Wahlerfolg

	Geschlecht		Migrationshintergrund	
Treatmentgruppe				
Kandidatin	1.05(.22)	1.07(.49)		
mit Migrationshintergrund			.61(.11)**	.45(.36)
Experimentteilnehmer/innen				
Befragtengeschlecht (weiblich)	1.75(.34)**	1.73(.34)**	1.66(.28)**	1.68(.28)**
Befragtenalter (über 39 Jahre)	.70(.14)	.68(.14)	.87(.15)	.87(.15)
höhere Befragtenbildung	2.04(.45)	2.06(.46)**	1.59(.30)*	1.58(.30)*
Übereinstimmungen				
Themen- und Kompetenzzuschreibung	1.54(.30)*	1.53(.31)*	2.66(.45)***	2.68(.45)***
Parteizuordnung	2.08(.50)**	2.08(.50)**	2.70(.57)***	2.72(.58)***
Spezifische Themen				
Frauenthemen	3.76(1.32)***	3.95(1.95)**		
Männerthemen	1.04(.76)	1.57(1.41)		
Migrationsthema			.99(.20)	.84(.33)
Spezifische Eigenschaften				
Männliche Eigenschaften	2.23(.25)***	1.88(.29)***		
Weibliche Eigenschaften (positiv)	2.37(.27)***	2.52(.42)***		
Weibliche Eigenschaften (negativ)	.47(.05)***	.53(.08)***		
Risikobereitschaft			1.23(.11)*	1.15(.15)
Negative Eigenschaften			.61(.06)***	.63(.09)**
Spezifische Parteizuordnung				
Frauenparteien	.66(.14)*	.63(.17)		
Migrantenparteien			.85(.15)	.79(.19)
Interaktionseffekte				
Kandidatin * Frauenthemen		.95(.66)		
Kandidatin * Männerthemen		.51(.79)		
Kandidatin * Männ. Eigenschaften		1.40(.31)		
Kandidatin * Weib. pos. Eigenschaften		.93(.22)		
Kandidatin * Weib. neg. Eigenschaften		.78(.17)		
Kandidatin * Frauenparteien		1.19(.50)		
Migrant * Migrantenhema				1.24(.57)
Migrant * Risikobereitschaft				1.15(.20)
Migrant * neg. Eigenschaften				.93(.20)
Migrant * Migrantenparteien				1.19(.41)
Pseudo-R² (MF)	.30	.30	.13	.13
LL	-338.44	-336.43	-432.99	-432.30
BIC	762.50	797.99	938.70	963.79
N	725	725	744	744

Quelle: ZA 5340: Langfrist-Online-Tracking, T7 (GLES 2009). Logistische Regression. Die Zellen enthalten Odds Ratio logistischer Regressionen (Standardfehler in Klammern). Themen- und Kompetenzzuschreibung: keine Übereinstimmung zwischen wichtigstem/zweitwichtigstem Problem von Experimentteilnehmer/in und dessen/deren Themen-/Kompetenzzuschreibung des/der Kandidat/in; Parteizuordnung: keine Übereinstimmung zwischen Wahlpräferenz von Experimentteilnehmer/in und dessen/deren Parteizuschreibung des/der Kandidaten/in. Signifikanzen: * p<0.05, ** p<0.01, *** p< 0.001.

In dieser Analyse ist jedoch die Frage, ob und inwiefern sich die geschlechts- bzw. migrationsspezifischen Faktoren positiv bzw. negativ auf die Wahlchancen einer Kandidat*in* bzw. einer Person mit Migrationshintergrund auswirken, von fundamentaler Bedeutung. Denn erst dann ist es möglich zu bestätigen, dass sich vorurteilsbeladene Themen-, Partei- oder Eigenschaftszuschreibungen in spezifischer Weise auf die Wahlchancen der Frauen im Vergleich zu den Männern bzw. Personen mit Migrationshintergrund im Vergleich zu Personen ohne Migrationshintergrund auswirken. Dies wurde mittels der Berechnung entsprechender Interaktionseffekte geprüft. Es wurden jeweils Interaktionseffekte des Geschlechts bzw. des Migrationshintergrundes der bzw. des präsentierten Kandidat/in mit den spezifischen Variablen (Frauen-, Männer- und Migrationsthemen; männliche, weibliche und migrationsspezifische Persönlichkeitseigenschaften, Parteizuschreibungen) berechnet. Jedoch konnte hierbei kein geschlechts- oder migrationsspezifischer Interaktionseffekt identifiziert werden, weshalb davon auszugehen ist, dass hierin keine Erklärungsfaktoren für die Unterrepräsentation von Frauen und Personen mit Migrationshintergrund in der Politik zu finden sind. Vielmehr ist zwar davon auszugehen, dass Frauen und Männer bzw. Personen mit und ohne Migrationshintergrund unterschiedlichen Themen- und Kompetenzfeldern, Parteien und Eigenschaften zugeschrieben werden, sich diese jedoch nicht in direkter Weise auf ihre Erfolgschancen auswirken. Vielmehr wirken sich Frauenthemen, männliche und weibliche positive Persönlichkeitseigenschaften sowohl positiv auf den Erfolg einer weiblichen wie eines männlichen Kandidaten aus. Ebenso konnte nicht herausgefunden werden, dass bestimmte Persönlichkeitseigenschaften sich ausschließlich positiv oder negativ auf die Erfolgsaussichten von Personen mit Migrationshintergrund auswirken.

6. Fazit

Ausgangspunkt dieses Beitrags war die Unterrepräsentation von Personen mit Migrationshintergrund und Frauen im deutschen Bundestag und der damit verbundene Frage, ob dies eine direkte oder indirekte Folge ihres Geschlechts oder ihrer Herkunft ist. Da diese Fragestellung mittels klassischen Methoden der empirischen Wahlforschung nur unzureichend beantwortet werden kann, wurden Daten eines anlässlich der Bundestagswahl 2009 durchgeführten Online-Experiments betrachtet.

Die Ergebnisse deuten auf den ersten Blick durchaus darauf hin, dass die geringere Repräsentation von Frauen und Personen mit Migrationshintergrund im Deutschen Bundestag auf das Verhalten der Wähler/innen zurückgeführt werden kann: So konnte gezeigt werden, dass eine Kandidat*in* im Vergleich zu einem Kandidat*en* und Personen mit Migrationshintergrund im Vergleich zu Personen ohne Migrationshintergrund in signifikantem Ausmaß seitens der Wähler/innen für bestimmte Themenfelder und Ministerien besonders kompetent erachtet, unterschiedlichen Parteien zugeordnet werden und verschiedene Persönlichkeitszuschreibungen erfahren.

In Bezug auf den Wahlerfolg konnte zudem gezeigt werden, dass ein direkter Einfluss der Kandidatenherkunft auf die Erfolgschancen besteht. Allein die Präsentation eines fremdländisch klingenden Namens führte bei den Experimentteilnehmer/innen dazu, den Kandidaten bzw. die Kandidatin in geringerem Ausmaß zu wählen. Gleichzeitig wurden auch deren allgemeine Wahlchancen seitens der Experimentteilnehmer/innen für geringer erachtet. Somit haben es Personen mit Migrationshintergrund, den Ergebnissen vorliegender Untersuchung zur Folge, schwieriger, die Stimme der Bürger/innen zu erhalten. Dieses Ergebnis konnte auch in verschiedenen multivariaten Analysen bestätigt werden.

Etwas komplexer ist die Beurteilung der Wirkung des Kandidatengeschlechts auf die Wahlerfolgschancen: Hier konnte kein direkter Effekt des Kandidatengeschlechts auf den Wahlerfolg nachgewiesen werden. Und auch in multivariaten Analysen konnte nicht gezeigt werden, dass sich typische Frauenthemen oder weibliche Persönlichkeitseigenschaften besonders negativ auf die Wahlerfolgschancen der Kandidatin auswirken. Vielmehr scheinen sich überraschenderweise frauentypische Themen, männliche Persönlichkeitseigenschaften und auch positive weibliche Persönlichkeitseigenschaften positiv auf die Erfolgsaussichten der weiblichen wie der männlichen Kandidat/innen auszuwirken. Daher ist an dieser Stelle auch nicht von einem zweistufigen Prozess auszugehen, bei welchem sich das Kandidatengeschlecht über eine spezifische Eigenschafts- oder Themenzuschreibung der Kandidat/innen oder spezifischen Persönlichkeitseinschätzung auf deren Erfolgsaussichten auswirkt.

Abschließend ist somit an dieser Stelle festzuhalten, dass das Kandidatengeschlecht und die -herkunft zwar einen direkten Einfluss sowohl auf die Parteizuordnung, die Themenzuordnung und die Eigenschaftszuschreibung haben. Bei den Personen mit Migrationshintergrund konnte zudem auch ein direkter Einfluss auf die Wahlerfolgsaussichten beobachtet werden, was jedoch beim Kandidatengeschlecht nicht nachzuweisen war. In Anbetracht dieser Ergebnisse scheinen Kandidat*innen* grundsätzlich die gleichen Wahlchancen wie Kandidat*en* zu haben, gewählt zu werden. So ist anzunehmen, dass möglicherweise durch andere, individuelle und strukturelle Faktoren, wie der persönliche Hintergrund (z. B. Familienstand, Kinder) oder das Wahlsystem (Mehrheits- oder Verhältniswahlsystem) die weibliche Unterrepräsentation erklärt werden kann.

Literatur

Aalberg, Toril; Jenssen, Anders Todal (2007): Gender Stereotyping of Political Candidates. An Experimental Study of Political Communication. In: Nordicom Review 28(1), 17–32.
Abrajano, Marisa A.; Nagler, Jonathan; Alvarez, Michael (2005): A Natural Experiment of Race-Based and Issue Voting: The 2001 City of Los Angeles Elections. In: Political Research Quarterly 58(2): 203–218.
Ashmore, Richard D.; Del Boca, Frances K. (1979): Sex Stereotypes and Implicit Personality Theory: Toward a Cognitive – Social Psychological Conzeptualization. In: Sex Roles 5(2): 219–248.
Bem, Sandra L. (1974): The Measurement of Psychological Androgyny. In: Journal of Consulting and Clinical Psychology 42(2): 155–162.

Bieber, Ina E. (2012): Kan-di-dat? – Der Kanz: Untersuchung geschlechtsspezifischer Einflussfaktoren auf die Nominierung und den Erfolg von Wahlbewerberinnen am Beispiel von Wahlen zum Deutschen Bundestag, Dissertation, Universität Frankfurt.

Bird, Karen; Saalfeld, Thomas; Wüst, Andreas M. (Hrsg.) (2010): The Political Representation of Immigrants and Minorities: Voters, Parties and Parliaments in Liberal Democracies. London: Routledge.

Carlson, James M.; Boring, Mary Kay (1981): Androgyny and Politics: The Effect of Winning and Losing on Candidate Image. In: International Political Science Review 2(4), 481–491.

Claro da Fonseca, Sara (2006): Immigrant Constituencies as a Political Challenge. The German Federal Elections 1998-2005 Revisited. Paper for American Political Science Association, Aug/Sep 2006, Philadelphia. Online verfügbar unter: http://citation.allacademic.com/meta/p_mla_apa_research_citation/1/5/1/3/2/pages151321/p151321-1.php; letzter Zugriff am 15.08.2012.

Czienskowski, Uwe (1996): Wissenschaftliche Experimente: Planung, Auswertung, Interpretation. Weinheim: Psychologie Verlags Union.

Deutscher Bundestag (2011): Abgeordnete in Zahlen: Frauen und Männer. Online verfügbar unter: http://www.bundestag.de/bundestag/abgeordnete17/mdb_zahlen/frauen_maenner.html, letzter Zugriff: 20.08.2012.

Dolan, Kathleen (2005): Do Women Candidates Play to Gender Stereotypes? Do Men Candidates Play to Women? Candidate Sex and Issues Priorities on Campaign Websites. In: Political Research Quarterly 58(1): 31–44.

Eagly, Alice H.; Mladinic, Antonio (1994): Are People Prejudiced against Women? Some Answers from Research on Attitudes, Gender Stereotypes, and Judgements of Competence. In: European Review of Social Psychology 5, 1–35.

Erickson, Lynda (1997): Might More Women Make a Difference? Gender, Party and Ideology among Canada's Parliamentary Candidates. In: Canadian Journal of Political Science 30(4): 663–688.

Eckes, Thomas (1997): Geschlechterstereotype: Frau und Mann in sozialpsychologischer Sicht. Pfaffenweiler: Centaurus.

Fox, Richard L.; Oxley, Zoe M. (2003): Gender Stereotyping in State Executive Elections: Candidate Selection and Success. In: The Journal of Politics 65(3), 833–850.

Fox, Richard L.; Lawless, Jennifer L. (2004): Entering the Arena? Gender and the Decision to Run for Office. In: American Journal of Political Science 48(2): 264–280.

Gurin, Patricia; Hatchett, Shirley; Jackson, James S. (1989): Hope and Independence: Blacks' Respondence to Electoral and Party Politics. New York: Sage.

Holtz-Bacha, Christina (2009): Politikerinnen. Bilder im internationalen Vergleich. In: Aus Politik und Zeitgeschehen 50: 3–8.

Huddy, Leonie; Terkildsen, Nayda (1993): The Consequences of Gender Stereotypes for Women Candidates at Different Levels and Types of Office. In: Political Research Quarterly, 46(3): 503-525.

Hutchings, Vincent L.; Valentino, Nicholas A. (2004): The Centrality of Race in American Politics. In: Annual Review of Political Science 7: 383-408.

Kahn, Kim F.; Goldberg, Edie N. (1991): Women candidates in the news: An examination of gender differences in U.S. Senate campaign coverage. In: Public Opinion Quarterly 55(2), 180–199.

Kaufmann, Karen M. (2004): The Urban Voter. Group Conflict and Mayoral Voting in American Cities. Ann Arbor: University of Michigan Press.

Kühl, Stefan (2005): Experiment. In: Kühl, Stefan; Strodtholz, Petra; Taffertshofer, Andreas (Hg.): Quantitative Methoden der Organisationsforschung. Ein Handbuch. Opladen: VS-Verlag, 213-242.

Lipset, Seymour Martin; Rokkan, Stein (1967): Cleavage Structures, Party Systems, and Voter Alignments. In: Seymour Martin Lipset und Stein Rokkan (Hg.): Party Systems and Voter Alignments: Cross-National Perspectives, New York: The Free Press, 1–64.

Rattinger, Hans; Schmitt-Beck, Rüdiger; Roßteutscher, Sigrid; Weßels, Bernhard (2011): GESIS-Study Materials 2011, GLES 2009, Langfrist-Online-Tracking T7, ZA5340, Version 3.0.0.

Rosenkrantz, Paul; Vogel, Susan; Bee, Helen; Broverman, Inge; Broverman, Donald M. (1968): Sex-Role Stereotypes and Self-Concepts in College Students. In: Journal of Consulting and Clinical Psychology 32(3): 287–295.

Sach, Annette (2009): Weitverzweigte Wurzeln – Immer mehr Abgeordnete des Bundestages haben eine Migrationsbiografie. In: Das Parlament, Oktober, Nr. 44.

Stein, Robert M.; Ulbig, Stacy G.; Post, Stephanie Shirley (2005): Voting for Minority Candidates in Multiracial/Multiethnic Communities. In: Urban Affairs Review 41: 157–181.

Sullivan, Jas M., Arbuthnot, Keena N. (2009): The Effects of Black Identity on Candidate Evaluations: An Explorative Study. In: Journal of Black Studies 40(2): 215–237.
Swain, Carol (1993): Black Faces, Black Interests: The Representation of African Americans in Congress. Cambridge: Harvard University Press.
Wüst, Andreas M. (2002): Wie wählen Neubürger? Politische Einstellungen und Wahlverhalten eingebürgerter Personen in Deutschland. Opladen: Leske + Budrich.
Wüst, Andreas M. (2006): Wahl-Bürger. Eine halbe Million Wahlberechtigte in Baden-Württemberg haben ihre Wurzeln nicht in Deutschland, In: BwWoche 55(10): 10.
Wüst, Andreas M.; Saalfeld, Thomas (2010): Abgeordnete mit Migrationshintergrund im Vereinigten Königreich, Frankreich, Deutschland und Schweden: Opportunitäten und Politikschwerpunkte. In: Politische Vierteljahresschrift – Sonderheft 44, 312-333.

Ausmaß und Formen des innerparteilichen Wettbewerbs auf der Wahlkreisebene: Nominierung der Direktkandidaten für die Bundestagswahl 2009

Marion Reiser

1. Einleitung

> "What seems clear from the data is that, for a German MP, his or her nomination is presumably the far more critical event than the election itself, the selectorate being more important than the electorate" (Manow 2007: 202).

Philip Manows Feststellung reflektiert eine Erkenntnis, die bereits in der älteren Literatur zur Kandidatenauswahl in der Bundesrepublik immer wieder auftaucht (vgl. Kaack 1969: 94; Zeuner 1970; Kirchheimer 1964:143), sich jedoch in der Politikwissenschaft insgesamt nicht hat durchsetzen können: Für die größte Zahl der Bundestagskandidaten[1] steht bereits bei ihrer Nominierung fest, ob sie Abgeordnete werden oder nicht. So zeigten Studien in den 1960er und 1970er Jahren, dass mehr als 75 % der Abgeordneten bereits vor der Wahl sicher sein konnten, dass sie in den Bundestag einziehen, da sie auf sicheren Listenplätzen oder in sicheren Wahlkreisen kandidierten. Für diese Kandidaten ist die Wahl durch die Wahlberechtigten nur noch die demokratische Legitimation einer bereits vorher festgelegten Entscheidung. Praktisch entscheidet hier das Parteigremium, das für die Nominierung zuständig ist; der Wähler ratifiziert nur diese Entscheidung. Eine echte Wahl findet deshalb eigentlich nur noch bezüglich der unsicheren bzw. aussichtsreichen Wahlkreise und Listenplätze statt. Auch wenn durch die Veränderung des Parteiensystems und die erhöhte Volatilität der Anteil an Kandidaten auf sicheren Listenplätzen und Wahlkreisen gesunken ist, ist der Nominierungsprozess innerhalb der Parteien für die personelle Zusammensetzung des Bundestags nach wie vor sehr wichtig. Damit wird der Prozess der innerparteilichen Kandidatenaufstellung zu einem zentralen Thema für jede Untersuchung, die sich mit dem politischen Wettbewerb um öffentliche Ämter in Deutschland beschäftigt.

Doch trotz der großen Bedeutung der Kandidatenaufstellung gibt es für Deutschland seit den Studien von Kaack (1969) und Zeuner (1970, 1973) kaum empirische Studien zu innerparteilichen Selektionsverfahren, insbesondere nicht mit dem Fokus auf innerparteilichen Wettbewerb. Dieser Beitrag fragt daher erstens, ob und in welchem Ausmaß innerparteilicher Wettbewerb bei der Aufstellung der Direktkandidaten in den Wahlkreisen für die Bundestagswahl 2009 stattfand. Zweitens steht die Frage im Zentrum, von welchen Faktoren das

---

1 In diesem Beitrag wird nur die männliche Form verwendet. Dies geschieht ausschließlich aus Gründen der sprachlichen Vereinfachung.

Ausmaß des Wettbewerbs beeinflusst wird. In einem ersten Schritt werden nun die theoretischen Grundlagen und der Forschungsstand zu innerparteilichem Wettbewerb und Kandidatenaufstellung in Deutschland gelegt, bevor methodisches Vorgehen und empirische Basis der Studie erläutert werden. Im Anschluss erfolgt die Analyse zu Wettbewerbsgrad und Einflussfaktoren im Rahmen der Nominierungsprozesse der Direktkandidaten von SPD, CDU, CSU und Linken zur Bundestagswahl 2009.

2. Innerparteilicher Wettbewerb und Kandidatenaufstellung

Politischer Wettbewerb ist nach Robert Dahl (1971) eines der beiden konstitutiven Elemente der repräsentativen Demokratie. Typischerweise wird politischer Wettbewerb in der repräsentativen Demokratie mit der Wahl identifiziert. Entscheidende Teile dieses Wettbewerbs finden jedoch in Deutschland wie in anderen Demokratien innerhalb der Parteien selbst statt. So konstatierte bereits Kirchheimer (1964: 143), dass „in vielen Fällen (…) der zwischenparteiliche Wettbewerb durch den innerparteilichen Wettbewerb (…) überschattet" wird. Im Rahmen der aktuellen internationalen Debatte zur Kandidatenauswahl (vgl. u. a. Norris/Lovenduski 1985, 1993; Gallagher/Marsh 1988; Matland/Studlar 1996; Wessels 1997) haben Rahat/Hazan/Katz (2008) den innerparteilichen Wettbewerb wieder als zentrales Element in den Fokus gerückt: „Although democratic theory gives great importance to electoral competition, it is less often recognized that this competition takes place in two arenas, not only between parties but also within them" (Rahat/Hazan/Katz 2008: 664; vgl. auch Rahat/Hazan 2010). Dabei geht es vor allem um die Konkurrenz um öffentliche Ämter, die zu einem beträchtlichen Maße eine Konkurrenz unter Angehörigen der gleichen Partei ist. Hier werden die Auseinandersetzungen um die für die eigene Partei aussichtsreichen Wahlkreise und Listenplätze geführt. Demokratietheoretisch relevant sind diese innerparteilichen Prozesse insbesondere hinsichtlich der zentralen Frage, ob es sich bei der innerparteilichen Kandidatenaufstellung um eine demokratische Entscheidung über Alternativen handelt. Über das Ausmaß und die Mechanismen dieses Konkurrenzkampfes innerhalb der demokratischen Parteien gibt es trotz dieser großen Relevanz wenig empirische Forschung. Anknüpfend daran fragt dieser Beitrag nach dem Ausmaß des innerparteilichen Wettbewerbs auf der Wahlkreisebene und den zentralen Faktoren, die diesen beeinflussen.

2.1 Das Wahlsystem und seine Implikationen für die Nominierung

Die wichtigste institutionelle Rahmenbedingung für die Kandidatenaufstellung und den innerparteilichen Wettbewerb ist in Deutschland das Wahlsystem der personalisierten Verhältniswahl mit geschlossenen Listen. Dabei wird die Hälfte der regulären 598 Abgeordneten des Deutschen Bundestags in Einerwahlkreisen nach relativer Mehrheitswahl und die andere Hälfte über die Landeslisten der Parteien gewählt (Klingemann/Wessels 2004). Entsprechend gibt es zwei unterschiedliche Arten der Kandidatur und zwei unterschiedliche Entscheidungsinstanzen, die über die Kandidaturen entscheiden: Die Delegierten- bzw.

Mitgliederversammlungen auf der Wahlkreisebene für die Direktkandidaturen und jene auf der Landesebene für die Kandidatur auf den Landeslisten. Formal sind diese beiden Arten der Kandidatur voneinander unabhängig. Allerdings entwickelte sich schon früh eine starke Verzahnung der beiden Kandidaturformen, wodurch diese Verfahren nicht mehr unabhängig voneinander sind. So war ein stetiger Anstieg von Doppelkandidaturen zu beobachten und eine Kandidatur im Wahlkreis wurde zunehmend zur Voraussetzung für einen guten Listenplatz. Damit sollten u. a. die unsicheren Wahlkreiskandidaten abgesichert, die Wahlkreisarbeit honoriert und die Kontrolle über die Zusammensetzung der Fraktionen im Bundestag erhöht werden (vgl. u. a. Kaufmann et al. 1961; Kaack 1969; Loewenberg 1969; Schüttemeyer/Sturm 2005).

Bei der Bundestagswahl 2009 traten 86 % der tatsächlich gewählten Abgeordneten sowohl als Direktkandidat als auch auf der Liste an. Lediglich 2 % der Abgeordneten waren reine Listenkandidaten und 12 % reine Wahlkreiskandidaten (vgl. für eine ausführlichere Analyse Borchert/Reiser 2010). Es gibt zwar weitere reine Listen- und reine Wahlkreiskandidaten, aber diese kandidieren in erster Linie auf aussichtslosen Listenplätzen bzw. in aussichtslosen Wahlkreisen. Somit ist die Nominierung im Wahlkreis Voraussetzung für fast jede aussichtsreiche Kandidatur für den Bundestag (vgl. Zeuner 1970:149; Manow/Nistor 2009; Schüttemeyer/Sturm 2005: 548). Dadurch ist es noch wichtiger, die Kandidatenaufstellung in den Wahlkreisen genauer zu untersuchen.

2.2 Kandidatenaufstellung zur Bundestagswahl

Die Erkenntnisse zur Kandidatenaufstellung und den innerparteilichen Wettbewerbsbedingungen für Deutschland stützen sich nach wie vor weitgehend auf die Erkenntnisse der intensiven Debatte und der Studien in den 1960er und 1970er Jahren (Kaack 1969; Zeuner 1970; Roberts 1988; Mintzel 1980; Kaufmann et al. 1961). So gab es starke Kritik an den Kandidatennominierungsverfahren aufgrund der Tatsache, dass in den sogenannten sicheren Wahlkreisen und auf sicheren Listenplätzen nicht das Votum des Wählers entscheidet, sondern mit der Aufstellung der Bewerber durch die Parteien faktisch bereits vorentschieden ist, wer in das Parlament einzieht. Deshalb lag ein starker Fokus der empirischen Studien auf den Selektionsverfahren und der Qualität innerparteilicher Demokratie. Eine Grundfrage lautete daher, ob in den Wahlkreisen ein echter Wettbewerb stattfinde und dieser tatsächlich erst auf den Nominierungsversammlungen entschieden würde (Zeuner 1970).

Die empirischen Studien kamen zu dem Ergebnis, dass Kampfkandidaturen vergleichsweise selten waren und in der großen Mehrheit der Wahlkreise nur ein Vorschlag zur Abstimmung gelangte. Dieser niedrige Anteil an Alternativabstimmungen auf den Wahlkreisversammlungen wurde stark kritisiert (vgl. u. a. Loewenstein 1973). Insgesamt wurde aber ein Trend dahin festgestellt, dass tatsächlich auch erst in der Wahlversammlung entschieden und damit die Kandidatenaufstellung zu einer demokratischen Entscheidung über Alternativen wurde. So zeigte Zeuner, dass 1965 in 16 % der westdeutschen Wahlkreise von SPD, CDU und CSU Wettbewerb auf der Nominierungskonferenz stattfand (Zeuner 1970). Dieser Trend scheint sich fortgesetzt zu haben, da Schüttemeyer/Sturm (2005: 547f.) für die Bundestagswahl 2002 zeigen, dass auf den Wahlkreisvertreterversammlungen bei SPD und CDU in 34 bzw. 43 % der Nominierungen Gegenkandidaten antraten (Schüttemeyer/Sturm 2005:548).

Die existierenden Studien verweisen auf drei zentrale Einflussfaktoren auf den innerparteilichen Wettbewerb (vgl. u. a. Kaufmann et al. 1961; Schröder 1971; Zeuner 1970; Schüttemeyer/Sturm 2005): Erstens komme es danach zu Wettbewerb, wenn der bisherige Abgeordnete nicht mehr antritt und der Wahlkreis vakant ist. Zweitens bestehe ein Zusammenhang mit den Erfolgschancen, das Direktmandat direkt zu gewinnen. Und drittens führt nach diesen Studien eine räumliche Inkongruenz von Wahlkreis und Parteikreisverband zu mehr Wettbewerb auf der Wahlkreiskonferenz, da sich in diesen Fällen mehrere Kreisverbände auf einen gemeinsamen Wahlkreiskandidaten verständigen müssen.

Im Rahmen dieser Debatte wurde zudem darauf hingewiesen, dass es nicht ausreicht, lediglich die Phase des formalen Entscheidungsprozesses in den Wahlkreisversammlungen zu untersuchen. Fallstudien zeigten, dass die vorgelagerten informellen und formellen Entscheidungsprozesse einen sehr wichtigen Anteil im innerparteilichen Wettbewerb darstellen (vgl. Zeuner 1970; Kaufmann et al. 1961). So wurden zum einen die Vorschläge bei umstrittenen Kandidaturen in den Ortsparteien meist schon einige Zeit vor der eigentlichen Versammlung diskutiert, so dass sich die jeweiligen Unterstützergruppen bereits vor der Wahlkreisdelegiertenversammlung ausgebildet hatten. Zum anderen hatten sich in der Mehrheit der Fälle die lokalen Parteivorsitzenden bereits im Vorfeld auf einen Kandidaten geeinigt. Entsprechend ist es auch für die vorliegende Analyse zentral, beide Phasen des innerparteilichen Wettbewerbs zu untersuchen: den Wettbewerb auf der formalen Nominierungskonferenz (1) und die der Nominierungskonferenz vorgelagerten Wettbewerbsphasen (2).

Während die Debatte zur parteiinternen Kandidatennominierung in den 1960er und 1970er Jahren sehr intensiv geführt wurde, entstanden seither kaum Studien (Schüttemeyer/ Sturm 2005; Wessels 1997). Entsprechend stellen die Studien von Zeuner und Kaack nach wie vor die zentralen Referenzpunkte für aktuelle Analysen dar. Es ist jedoch höchst fraglich, ob die empirischen Erkenntnisse aus den frühen Jahren der Bundesrepublik heute noch zutreffend sind, da sich seither sowohl die zwischen- als auch die innerparteilichen Wettbewerbsbedingungen deutlich verändert haben: So hat sich das Parteiensystem und damit auch die (regionalen) Machtstrukturen der Parteien durch neue Wettbewerber wie Bündnis 90/Die Grünen und die Linkspartei verändert, was wiederum auch den innerparteilichen Wettbewerb beeinflussen dürfte (Poguntke 2000, Koß et al. 2007). Es gab Veränderungen im Wahlverhalten der Bürger (vgl. Falter et al. 2005; Pappi/Shikano 2007; Nohlen 2009). Die Bestimmung, was ‚sichere' oder aussichtsreiche' Listenplätze bzw. Wahlkreise sind, ist dadurch deutlich schwieriger und für Parteien und Kandidaten weniger planbar geworden (vgl. Manow/Nistor 2009). Dies kann den Wettbewerb bei der Kandidatennominierung verschärfen, kann aber auch zu einem vorsichtigeren Kandidaturverhalten oder gar zu einer abnehmenden Attraktivität von Parlamentskandidaturen generell führen. Zudem haben sich die parteiinternen Selektionsverfahren verändert, da vielfach Mitgliederversammlungen an die Stelle von Delegiertenversammlungen getreten sind (Schüttemeyer/Sturm 2005). Dies könnte ebenfalls das Ausmaß und die Formen des Wettbewerbs beeinflussen.

2.3 Methoden

Zur Analyse des innerparteilichen Wettbewerbs im Rahmen der Kandidatenaufstellung in den Wahlkreisen wird ein Methodenmix angewendet: Erstens basieren die Analysen auf einem Datensatz zu allen 661 Nominierungsverfahren zur Aufstellung der Direktkandidaten für die Bundestagswahlen 2009 von SPD (n=299), CDU (n=254), CSU (n=45) sowie der Linken in den ostdeutschen und Berliner Wahlkreisen (n=63)[2]. Der Datensatz, der auf Basis der Protokolle der Nominierungskonferenzen, der Pressemitteilungen der Parteien sowie der Presseberichterstattung aufgebaut wurde, beinhaltet neben Informationen zum Nominierungsverfahren vor und auf der Nominierungskonferenz auch Daten u. a. zur Wahlkreisgeographie und den Parteistrukturen. Zweitens stützt sich die Studie auf die teilnehmende Beobachtung von zehn Nominierungskonferenzen von SPD und CDU zur Nominierung der Wahlkreiskandidaten für die Bundestagswahl 2009. Diese variieren in Bezug auf das Nominierungsverfahren (fünf Mitglieder- und fünf Delegiertenversammlungen), die Partei (fünf Verfahren der SPD, fünf der CDU) und die Anzahl der Kandidaten (zwei bis fünf Kandidaten).

Drittens basiert die Studie auf der Rekonstruktion von 32 Nominierungen (geschichtete Zufallsauswahl), die systematisch nach Grad und Form des Wettbewerbs sowie nach Partei variieren: Die Stichprobe beinhaltet je zwölf Nominierungen von CDU und SPD sowie je vier Nominierungen der CSU und der Linken. Die Rekonstruktion erfolgt auf Basis von Leitfadeninterviews mit den zentralen beteiligten Akteuren (erfolgreiche und erfolglose Bewerber, Kreisvorsitzende und andere Parteifunktionäre, Mitglieder der Findungskommission, Journalisten). Insgesamt wurden 143 persönliche Leitfadeninterviews mit einer Länge von 60 bis 210 Minuten durchgeführt. Dieses Forschungsdesign erlaubt somit Aussagen zu Grad und Formen des innerparteilichen Wettbewerbs vor und auf der Nominierungskonferenz.

3. Innerparteilicher Wettbewerb: Ausmaß und Formen des Wettbewerbs auf der Wahlkreisebene

Im Folgenden wird das Ausmaß des innerparteilichen Wettbewerbs im Rahmen der Nominierungsprozesse der Direktkandidaten analysiert. Insofern interessiert einerseits, in welchem Anteil der Nominierungen es überhaupt Wettbewerb gab, also mehr als ein Bewerber zur Auswahl stand, und andererseits wie viele Bewerber um die Direktkandidatur gegeneinander antraten. Dabei fokussiert die Analyse, wie ausgeführt, nicht nur auf den Wettbewerb auf der Nominierungskonferenz, sondern insbesondere auch auf die vorgelagerten, zumeist informellen Phasen des Prozesses. Hinsichtlich der innerparteilichen Wettbewerbsbedingungen und damit zusammenhängend des Ausmaßes an Wettbewerb sind große Unterschiede zwischen Nominierungen, bei denen der Amtsinhaber wieder antritt, und vakanten Wahlkreisen zu erwarten. So zeigten alle bisherigen Studien, dass der Amtsinhaber einen großen Amtsinhaberbonus hat und bei einer Wiederkandidatur in der Regel nicht mit parteiinter-

---

2   FDP und Bündnis 90/Die Grünen sowie die Linkspartei in den westdeutschen Wahlkreisen sind nicht Teil der Analyse, da ihre Kandidaten bisher keine Wahlkreise direkt gewinnen. Die Ausnahme stellt Hans-Christian Ströbele dar, der für die Grünen seit 2002 den Wahlkreis Friedrichshain-Kreuzberg direkt gewinnt.

nem Wettbewerb zu rechnen hat (vgl. Kaack 1969, Zeuner 1970; Schüttemeyer/Sturm 2005; Hazan/Rahat 2010). In vakanten Wahlkreisen wird hingegen ein offener Wettbewerb und somit ein höheres Ausmaß an Wettbewerb erwartet. Deshalb werden im Folgenden diese beiden unterschiedlichen Wettbewerbssituationen zunächst getrennt analysiert, bevor das Gesamtausmaß des Wettbewerbs insgesamt betrachtet wird.

3.1 Wettbewerbssituation I: Der Amtsinhaber tritt wieder an

In 57,4 % (n=378) der untersuchten Nominierungen zur Bundestagswahl 2009 bewarb sich der Amtsinhaber innerparteilich erneut um die Direktkandidatur. Unter Amtsinhaber werden im Rahmen dieser Studie jene Personen verstanden, die bereits für die Bundestagswahlen 2005 Direktkandidat des jeweiligen Wahlkreises waren und bei der Wahl entweder direkt oder über die Landesliste in den Bundestag eingezogen sind[3].

Die Ergebnisse (vgl. Tabelle 1) bestätigen die bisherigen Studien und Analysen zum Amtsinhaberbonus deutlich: Offener Wettbewerb gegen den Amtsinhaber auf der Nominierungskonferenz ist selten. In der großen Mehrheit der Nominierungskonferenzen (91,3 %) trat der Amtsinhaber unumstritten und ohne Gegenbewerber an. In lediglich 8,7 % der Nominierungen gab es auf der Nominierungskonferenz Gegenbewerber und somit eine Wettbewerbssituation. Dabei forderte überwiegend ein Bewerber (85 %) den Amtsinhaber heraus, in 9 % waren es zwei und in 6 % der Nominierungskonferenzen waren es drei bis fünf Gegenkandidaten. Insgesamt war der Anteil von umstrittenen Kandidaturen bei SPD und CDU mit jeweils knapp 10 % leicht überdurchschnittlich und bei der CSU mit 5 % etwas unterdurchschnittlich. Bei der Linken hingegen traten alle Amtsinhaber auf den Nominierungskonferenzen zur Bundestagswahl 2009 ohne Gegenkandidaten an.

Nach der hier verwendeten Definition kann ein Amtsinhaber entweder durch den Gewinn des Direktmandats in dem jeweiligen Wahlkreis oder über die Landesliste in den Bundestag eingezogen sein. Es stellt sich insofern die Frage, ob es hinsichtlich des Wettbewerbsgrads systematische Unterschiede zwischen diesen beiden Typen von Amtsinhabern gibt. Die Analyse zeigt jedoch sehr deutlich, dass der Amtsinhaberbonus unabhängig vom Wahlmodus gültig ist. So liegt der Anteil der umkämpften Kandidaturen bei Amtsinhabern, die bei der Bundestagswahl 2005 direkt im Wahlkreis gewählt wurden, und jenen, die über die Landesliste in den Bundestag eingezogen sind, jeweils bei 9 Prozent (vgl. Tabelle 1). Entsprechend gibt es keine signifikante Korrelation zwischen dem Wahlmodus und dem Ausmaß des Wettbewerbs gegen den Amtsinhaber.

---

3   Parteiinterne Bewerber, die bei der letzten Wahl Direktkandidat für die jeweilige Partei in dem Wahlkreis waren, aber nicht in den Bundestag einziehen konnten, werden nicht als Amtsinhaber, sondern als Kandidaturinhaber definiert. Ob deren Wiederantreten einen Einfluss auf den Wettbewerb hat, wird in Kapitel 4 untersucht

Tabelle 1: Wettbewerb gegen den Amtsinhaber

Wettbewerb	Gesamt (N=378)			Direkt gewählt (n=144)			Über Landesliste (n=234)		
	1	2	3-5	1	2	3-5	1	2	3-5
SPD	90.1	9.3	0.6	88.2	10.9	0.9	93.5	6.5	0.0
CDU	90.5	7.4	2.1	93.9	2.4	3.6	86.4	13.6	0.0
CSU	94.8	2.6	2.6	94.6	2.7	2.7	100.0	0.0	0.0
Die Linke	100.0	0.0	0.0	100.0	0.0	0.0	100.0	0.0	0.0
Gesamt	91.3	7.4	1.4	91.4	6.5	2.1	91.1	8.9	0.0

Quelle: Eigene Erhebung

Dieser niedrige Wettbewerbsgrad gegen die Amtsinhaber in den Wahlkreisen ist dabei auf die zentrale Wettbewerbsregel, dass man nicht gegen den Amtsinhaber antritt, zurückzuführen. So verdeutlichten die geführten Interviews mit Kreisvorsitzenden und weiteren Mitgliedern des Selektorats, dass ein Antreten gegen den Amtsinhaber in der Regel als „Nestbeschmutzung" (I21b) und „unsolidarisch" (I2c) beurteilt und innerparteilich sanktioniert wird. Diese informelle Regelung ist in allen untersuchten Parteien gültig. Sie gilt zudem unabhängig davon, ob ein Amtsinhabern direkt im Wahlkreis gewählt wurde oder über die Landesliste eingezogen ist, da der Amtsinhaber in beiden Fällen als Vertreter des Wahlkreises gilt. Wettbewerb gegen den Amtsinhaber wird nur unter bestimmten Bedingungen als legitim betrachtet: Einerseits bei längerer, massiver Kritik an der Amtsführung des Amtsinhabers. Dabei wird in den innerparteilichen Debatten häufig ein zu geringes Engagement des Amtsinhabers im Wahlkreis und in der lokalen Parteiorganisation diskutiert. Andererseits ist die Wiederkandidatur dann innerparteilich umstritten, wenn der Amtsinhaber als zu alt beurteilt wird und jüngeren Kandidaten ‚Platz machen' soll (I32a).

Doch auch bei innerparteilicher Kritik und Wettbewerb sind die Chancen des Amtsinhabers, sich auf der Nominierungskonferenz gegen die Mitbewerber durchzusetzen, hoch. So konnte sich in nur knapp einem Viertel (24,2 %) der umstrittenen Nominierungskonferenzen ein Gegenkandidat durchsetzen, während der Amtsinhaber in 75,8 % als Sieger hervorging. Dabei bestehen signifikante Unterschiede zwischen den beiden Typen von Amtsinhabern. Amtsinhaber, die bei der Bundestagswahl 2005 den Wahlkreis direkt gewonnen haben, werden bei Wettbewerb doppelt so häufig auf der Nominierungskonferenz abgewählt (30 %) wie Amtsinhaber, die über die Liste in den Bundestag einzogen sind (15,4 %). Dieses Ergebnis erscheint zunächst überraschend, da die direkt gewählten Amtsinhaber bei der vorherigen Wahl den Wahlkreis für die jeweilige Partei direkt gewonnen haben. Allerdings erklärt sich dieses Ergebnis, wie die Rekonstruktionen der Nominierungsprozesse verdeutlichen, durch die dominante Form der Doppelkandidaturen und die daraus entstehenden Interaktionseffekte zwischen Direkt- und Listenkandidatur (vgl. auch Borchert/Reiser 2010). Sofern ein Wahlkreis aufgrund der regionalen Machtstruktur für eine Partei nicht direkt zu gewinnen ist, ist ein Mandatsgewinn und damit die Vertretung des Wahlkreises im Bundestag nur dann möglich, wenn der Direktkandidat über die Landesliste in den Bundestag einzieht. Daher antizipieren die Selektoren bereits bei der Aufstellung des Direktkandidaten im Wahlkreis die Selektionskriterien für die Aufstellung der Landesliste, um dadurch einen sicheren oder zumindest aussichtsreichen Platz auf der Landesliste zu bekommen. Eine zentrale Regel bei der Aufstellung der Landeslisten aller Parteien ist, dass die bisherigen Amtsinhaber vor allen neuen Kandidaten platziert werden. Somit hat ein Amtsinhaber bessere Chancen auf einen sicheren Listenplatz als ein Neuling. Deshalb werden gerade in für die jeweilige Partei unsicheren Wahlkreisen Amtsinhaber selbst bei innerparteilicher Kritik wieder aufgestellt, da eine Deselektion des Amtsinhabers in solchen Konstellationen dazu führen würde, dass der Wahlkreis keinen eigenen Abgeordneten im Bundestag mehr hätte, wie das folgende Zitat eines Kreisvorsitzenden verdeutlicht:

> „Es war ja klar, dass der Wahlkreis nicht direkt zu gewinnen ist. Und es war auch allen klar, dass X [der neue Bewerber] nach ganz hinten auf der Liste rutschen würde und dass wir mit Y [der Amtsinhaberin, die bei der Bundestagswahl 2005 über die Liste gewählt wurde] einen sicheren Listenplatz bekommen. Es gab große Kritik an Y, aber es ist immer noch besser als gar keinen Abgeordneten zu haben" (I29d).

In sicheren bzw. aussichtsreichen Wahlkreisen hingegen gibt es auch mit einem neuen Direktkandidaten sehr gute Chancen auf den direkten Mandatsgewinn im Wahlkreis, so dass es hier eher zu einer Deselektion kommt.

Insgesamt bestätigt die Analyse für die Bundestagswahl 2009 somit die bisherige Erkenntnis, dass es selten zu offenem Wettbewerb gegen den Amtsinhaber auf der Wahlkreiskonferenz kommt. Die Analyse der vorgelagerten informellen und formellen Entscheidungsprozesse zeigt jedoch sehr deutlich, dass ein wichtiger Teil des innerparteilichen Wettbewerbs gegen den Amtsinhaber bereits vor der Nominierungskonferenz stattfindet. Hierbei lassen sich drei zentrale Konstellationen identifizieren: Erstens kündigen Aspiranten im Vorfeld eine Bewerbung gegen den Amtsinhaber an, ziehen ihre Bewerbung jedoch vor der Wahlkreiskonferenz wieder zurück (2,7%). Zweitens ziehen Amtsinhaber beim Auftauchen von (ernsthaften) Gegenkandidaten und einer zumeist öffentlichen Debatte über die Wiederkandidatur die bereits verkündete Bewerbung vor der Wahlkreiskonferenz wieder zurück (2,9%). Im Gegensatz dazu ist die Absicht einer Wiederkandidatur in der dritten Konstellation nicht öffentlich, da der Amtsinhaber bei innerparteilichem Widerstand gegen eine erneute Kandidatur bereits im Vorfeld seinen Rückzug erklärt. Aufgrund der Nicht-Öffentlichkeit ist diese Konstellation nur für 1,3% der Nominierungen bestätigt, obwohl dies nach Aussage der Akteure das ‚übliche' Verfahren ist, um langjährige Amtsinhaber nicht durch eine (partei-)öffentliche Diskussion bzw. Niederlage zu beschädigen.

Somit war in (mindestens) weiteren 6,9% der Nominierungen die Wiederkandidatur des Amtsinhabers vor der Wahlkreiskonferenz nicht unumstritten. Es ist auf Basis der Interviews zu vermuten, dass der tatsächliche Wettbewerbsgrad in den vorgelagerten informellen Phasen des Entscheidungsprozesses noch höher liegt. Insgesamt liegt damit das Ausmaß des Wettbewerbs vor und auf der Nominierungskonferenz gegen den Amtsinhaber somit bei (mindestens) 15,6%.

3.2 Wettbewerbssituation II: ‚Vakante Wahlkreise'

Während der Amtsinhaber in der deutlichen Mehrheit der Nominierungen unumstritten wieder nominiert wurde, stellt sich die Frage nach dem Wettbewerbsgrad in vakanten Wahlkreisen. Es wäre zu vermuten, dass diese Ausgangsbedingung quasi eine ‚Einladung zum Wettbewerb' darstellt und entsprechend ein deutlich höheres Ausmaß an Konkurrenz zu erwarten ist. Bei den Nominierungen der Direktkandidaten für die Bundestagswahl 2009 waren 42,8% (n=283) der Wahlkreise vakant, entweder, weil der Amtsinhaber nicht wieder antrat oder weil bei der Bundestagswahl 2005 der Wahlkreiskandidat weder direkt noch über die Landesliste in den Bundestag einziehen konnte.

Tabelle 2: Wettbewerb in vakanten Wahlkreisen

		Mittelwert	Bewerber auf Konferenz			
			1	2	3-5	6-10
SPD	127	1.62	57.5%	26.8%	15.0%	0.8%
CDU	106	1.93	51.9%	24.5%	19.7%	3.7%
CSU	7	3.71	0.0%	28.6%	57.2%	14.3%
Die Linke	43	1.23	76.7%	23.3%	0.0%	0.0%
Gesamt	283	1.73	56.9%	25.4%	15.5%	2.3%

Quelle: Eigene Erhebung

Offener Wettbewerb auf der Nominierungskonferenz ist in vakanten Wahlkreisen, so die Ergebnisse der Studie (vgl. Tabelle 2), deutlich häufiger vorzufinden. So gab es auf 43,1% der Nominierungskonferenzen mehr als einen Bewerber. Am häufigsten traten zwei Bewerber gegeneinander an (25,4% der vakanten Wahlkreise). In 15,5% der Nominierungen gab es ein mittelgroßes Bewerberfeld mit drei bis fünf Bewerbern. Große Bewerberfelder mit sechs bis zehn Bewerbern sind hingegen selten (2,3%). Obwohl es damit mehr Wettbewerb gibt als beim Wiederantreten des Amtsinhabers, trat dennoch in mehr als der Hälfte (56,9%) der Nominierungskonferenzen lediglich ein parteiinterner Bewerber zur Abstimmung an. Im Wettbewerbsgrad zeigen sich Unterschiede zwischen den Parteien: In der Linkspartei gab es das geringste Ausmaß an innerparteilichem Wettbewerb im Rahmen der Nominierungen zur Bundestagswahl 2009, was sich durch den sehr hohen Anteil an unumkämpften Kandidaturen (76,7%) und der Tatsache, dass es keine Nominierungskonferenz mit mehr als zwei Bewerbern gab, zeigt. Bei SPD (57,5%) und CDU (51,9%) gab es ebenfalls in mehr als der Hälfte der vakanten Wahlkreise keine Konkurrenz auf der Wahlkreiskonferenz. Die CSU hingegen weicht von diesem Muster deutlich ab, wobei zu beachten ist, dass lediglich sieben Wahlkreise vakant waren: Bei Vakanz eines Wahlkreises gab es in allen Fällen einen Konkurrenzkampf mit vergleichsweise großen Bewerberfeldern von durchschnittlich 3,7 Aspiranten auf der Wahlkreiskonferenz. Somit findet in vakanten Wahlkreisen zwar deutlich mehr Wettbewerb auf den Wahlkreiskonferenzen statt als bei Nominierungen, bei denen der Amtsinhaber wieder antritt. Dennoch gab es in 56,9 % der Nominierungen in vakanten Wahlkreisen keinen offenen Wettbewerb auf der Nominierungskonferenz.

Allerdings zeigt sich auch in den vakanten Wahlkreisen die zentrale Bedeutung der vorgelagerten Phasen des Wettbewerbs. Sofern man diese Phasen mit einbezieht, gab es nicht nur in 43 %, sondern in (mindestens) 52 % der Nominierungsprozesse Wettbewerb. In 22,1 % der Nominierungen verkündeten zudem vor der Wahlkreiskonferenz mehr Aspiranten ihre Bewerbung um die Direktkandidatur als schlussendlich auf der Konferenz antraten: In 68 % dieser Fälle zog ein Bewerber vor der Konferenz seine Bewerbung wieder zurück, in 11 % waren es zwei und in 13 % drei Bewerber. In 8 % dieser Nominierungen bewarben sich sogar vier bis zehn weitere Bewerber vor der Konferenz um die Direktkandidatur.

Der wichtigste Grund für das Zurückziehen von Bewerbungen vor der Nominierungskonferenz liegt darin, dass die Nominierungsprozesse in vakanten Wahlkreisen zumeist mehrstufig organisiert sind und somit die Nominierungskonferenz nur die letzte Stufe eines zumeist langen innerparteilichen Nominierungsprozesses darstellt. Diese vorgelagerten parteiinternen Willensbildungs- und Selektionsprozesse sind dabei insbesondere im Rahmen sogenannter ‚Tingeltouren' organisiert. Dabei handelt es sich um Veranstaltungstouren durch die einzelnen Ortsvereine und Arbeitsgemeinschaften, im Rahmen derer sich die Bewerber den Mitgliedern präsentieren und ihren Fragen stellen. Dabei kristallisieren sich neben Favoriten auch die chancenlosen Bewerber heraus, die teilweise daher ihre Bewerbung wieder zurückziehen. Sofern es sich bei der Nominierungskonferenz um eine Delegiertenversammlung handelt, wird teilweise in den Mitgliederversammlungen der Ortsvereine bereits für die einzelnen Bewerber votiert (vgl. dazu Reiser 2011). Hier fällt daher bereits defacto die Entscheidung über den Direktkandidaten im Rahmen der Tour, wie die Aussage einer Bewerberin verdeutlicht:

> „Wir sind dann durch die zwölf Ortsvereine getingelt. (…) Insgesamt haben wir uns mehr als 2.500 Leuten vorgestellt. (…) Zu Beginn waren wir ja ein Fünfer-Kandidatenfeld. (…) Für die drei Kandidaten A, B, und C gab es in den ersten Ortsvereinen sehr unschöne Ergebnisse, das war für sie wirklich sehr hart und sehr schmerzhaft, weil sie ihre Chancen völlig anders eingeschätzt hatten. Und dann haben sie keine einzige Stimme am Abend bekommen und konnten sich teilweise selbst in ihrem eigenen Ortsverein nicht durchsetzen. Deshalb haben sie dann nacheinander ihre Bewerbung zurückgezogen, so dass wir dann am Ende nur noch zu zweit waren. Nach dem achten Ortsverein hatte ich die Mehrheit der Delegiertenstimmen" (I17g).

Zudem gibt es häufig dann mehrstufige Verfahren, wenn mehrere Kreisverbände gemeinsam einen Wahlkreiskandidaten aufstellen. Hier erfolgt in der Regel zuerst innerhalb der einzelnen Kreisverbände eine Entscheidungsfindung für einen Kreisverbandskandidaten, so dass dann nur noch die ‚Gewinner' der einzelnen Kreisverbände auf der Nominierungskonferenz gegeneinander antreten.

Zweitens ziehen Bewerber teilweise dann ihre Bewerbung wieder zurück, wenn sie von Mitgliedern des Kreisvorstands und andere Parteifunktionären dazu aufgefordert werden, wie das folgende Zitat verdeutlicht:

> „Am Tag der Wahl [Nominierungskonferenz], zwischen 12.45 und 13.15 erhielt ich einen Telefonanruf. Herr X, den kenne ich noch aus JU-Zeiten, rief mich an und versuchte mich am Telefon zu überzeugen, dass

ich meine Kandidatur noch zurückziehe. Der wurde beauftragt von Y [Kreisvorsitzender] und Z [Landrat], mich zu kontaktieren, damit ich zurückziehe. Aber das habe ich abgelehnt, man hat wirklich versucht, mich weichzukochen" (I1e).

Ziel der Parteiführung ist dabei zumeist, das Bewerberfeld auf der Nominierungskonferenz zu begrenzen und eine größere Kontrolle über den Ausgang des Verfahrens zu haben. Drittens gibt es individuelle Gründe der Bewerber, die parteiinterne Kandidatur wieder zurückzuziehen, wie eine zu hohe zeitliche Belastung durch den innerparteilichen Wahlkampf und berufliche Gründe.

Insbesondere aufgrund der erläuterten formellen und informellen Entscheidungsprozesse in den Wahlkreisen findet somit ein wichtiger Anteil des innerparteilichen Wettbewerbs bereits vor der Nominierungskonferenz statt. Dieses Resultat verdeutlicht die Wichtigkeit, auch den Wettbewerb und die Selektionsprozesse vor der Nominierungskonferenz in die Analyse zu integrieren, um den Wettbewerb nicht systematisch zu unterschätzen.

3.3 Gesamtausmaß des Wettbewerbs

Nachdem nun in einem ersten Schritt die beiden Wettbewerbssituationen ‚Amtsinhaber tritt an' und ‚Vakanter Wahlkreis' getrennt analysiert wurden, stellt sich nun die Frage nach dem Gesamtausmaß des Wettbewerbs bei den Nominierungen der Direktkandidaten zur Bundestagswahl 2009 (vgl. Tabelle 3). Durchschnittlich traten bei jeder Nominierung 1,58 Bewerber an, wobei die Anzahl der Bewerber zwischen einem und 13 Bewerbern schwankte. Insgesamt gab es in 27,9 % der Nominierungen Wettbewerb, während damit in 72,1 % der Nominierungsprozesse lediglich ein Bewerber innerparteilich antrat. Insgesamt muss jedoch beachtet werden, dass die der Wahlkreiskonferenz vorgelagerten Prozesse v. a. informeller Natur sind und dass daher das festgestellte Ausmaß an Wettbewerb vor der Konferenz lediglich ein ‚Mindestausmaß' darstellt.

Tabelle 3: Gesamtausmaß des Wettbewerbs bei der Kandidatenaufstellung

		Durchschnitt Bewerber/ Nominierung	Amtsinhaber tritt an		Amtsinhaber tritt nicht wieder an		Nominierungen mit Wettbewerb
Bewerber			1	>1	1	>1	
SPD	299	1.51	51.2 %	6.4 %	20.7 %	21.7 %	28.1 %
CDU	254	1.66	52.8 %	5.5 %	18.1 %	23.6 %	29.1 %
CSU	45	2.00	75.6 %	8.8 %	0.0 %	15.6 %	24.4 %
Die Linke	63	1.30	29.5 %	3.3 %	45.9 %	21.3 %	24.6 %
Gesamt	661	1.58	51.4 %	6.0 %	20.6 %	22.0 %	27.9 %

Quelle: Eigene Erhebung

Wie hat sich damit das Ausmaß des innerparteilichen Wettbewerbs im Zeitverlauf verändert und ist nun ein offeneres und intensiveres Wettbewerbsverhalten zu beobachten? Die Ergebnisse dazu sind uneinheitlich: So stieg einerseits der parteiinterne Wettbewerb auf den Wahlkreiskonferenzen im Vergleich zur Kandidatenaufstellung für die Bundestagswahl 1965 von 16% auf 23,6% (vgl. Zeuner 1970) deutlich um 47,5% an[4]. Im Vergleich zu den Ergebnissen der Studie von Schüttemeyer/Sturm (2005) für die Bundestagswahl 2002, wonach der Anteil umkämpfter Kandidaturen bei der SPD bei 33,5% und bei der CDU bei 43% lag, hingegen lag 2009 ein niedrigeres Ausmaß an Wettbewerb vor. Es wird im Rahmen weiterer Studien zu prüfen sein, wie sich diese Differenzen erklären lassen[5].

4. Einflussfaktoren auf das Ausmaß des Wettbewerbs

Die Analyse zeigt also, dass die Anzahl der Bewerber für die Direktkandidaturen in den Wahlkreisen 2009 zwischen einem und 13 Bewerbern schwankte. In (mindestens) 27,9% der Nominierungen fand dabei innerparteilicher Wettbewerb statt; in fast drei Viertel der Nominierungsprozesse gab es hingegen keinen Wettbewerb. Daher stellt sich die zentrale Frage, welche Faktoren und Mechanismen den Grad des innerparteilichen Wettbewerbs beeinflussen. Im Folgenden werden zunächst auf Basis der empirischen Erkenntnisse aus den 1960er und 1970er Jahren (vgl. 2.2) und der internationalen Forschung zu innerparteilicher Kandidatenaufstellung (vgl. u.a. Hazan/Rahat 2010) die zentralen Hypothesen zu den Einflussfaktoren auf das Ausmaß des Wettbewerbs hergeleitet. Im Anschluss wird dann im Rahmen von bivariaten Analysen untersucht, inwiefern ein Zusammenhang zwischen diesen Faktoren und dem Ausmaß des Wettbewerbs besteht.

Studien verweisen erstens darauf, dass die Chance auf einen direkten Mandatsgewinn im Wahlkreis Einfluss auf die innerparteiliche Wettbewerbssituation hat, da eine Kandidatur in einem sicheren bzw. aussichtsreichen Wahlkreis attraktiver ist als in einem unsicheren oder aussichtslosen Wahlkreis (Hazan/Rahat 2010; Schüttemeyer/Sturm 2005). Entsprechend kann angenommen werden, dass umso mehr Bewerber antreten, je größer die Chancen sind, den Wahlkreis direkt zu gewinnen (Hypothese 1). Zur Identifikation, ob ein Wahlkreis für eine Partei sicher, aussichtsreich oder chancenlos ist, wurden verschiedene Indizes entwickelt, die sich insbesondere auf das Abschneiden in den vorausgegangenen Wahlen und Meinungsumfragen vor der Wahl beziehen (vgl. Kaack 1969, Manow/Nistor 2009). Im Folgenden wird auf Basis von drei Indikatoren für die Gewinnchancen überprüft, ob ein Zusammenhang mit dem Ausmaß des Wettbewerbs besteht: der Prozentanteil an Zweitstimmen, den die Partei bei der Bundestagswahl 2005 in dem jeweiligen Wahlkreis erringen konnte (1), die Umfrageprognosen für den Wahlkreis zum Zeitpunkt der Nominierung (2) sowie ob der Wahlkreis für

---

4 Der aktuelle Wert von 23,6% bezieht sich wie in Zeuners Studie auf den Wettbewerb auf den Nominierungskonferenzen in den westdeutschen Wahlkreisen von SPD, CDU und CSU.

5 Eine mögliche Erklärung für den von Schüttemeyer/Sturm festgestellten hohen Wettbewerbsgrad im Jahr 2002 könnte in der Verkleinerung des Bundestags von 656 auf 598 Abgeordnete liegen. So kann vermutet werden, dass die Zusammenlegung von Wahlkreisen zur Wahl 2002 zu einem höheren Wettbewerb in den Wahlkreisen führte.

die jeweilige Partei als ‚sicher' gilt (3). Als ‚sicher' wird ein Wahlkreis für eine Partei üblicherweise kategorisiert, wenn sie bei der Wahl 2005 einen Vorsprung von 10 Prozentpunkten gegenüber der zweitstärksten Partei hatte (vgl. Schmitt/Wüst 2004; Zittel/Gschwend 2007).

Zweitens deuten Studien darauf hin, dass das angewendete Nominierungsverfahren einen Einfluss auf das Ausmaß des Wettbewerbs hat. Basierend auf internationalen Fallstudien argumentieren Hazan/Rahat (2010), dass eine nichtlineare Beziehung zwischen der Inklusivität des Nominierungsverfahrens und dem Grad an Wettbewerb bestehe: So führe ein kleines Auswahlgremium an Parteieliten zu einem niedrigen Wettbewerbsgrad, große, inklusive Selektorate (z. B. Mitgliederversammlungen) zu einem mittleren Ausmaß und Selektorate mit einem mittleren Maß an Inklusivität (z. B. Delegiertenversammlungen) zum höchsten Grad an Wettbewerb. Bei der Kandidatenaufstellung in den Wahlkreisen werden zwei Nominierungsverfahren angewendet: Die Wahlkreismitgliederversammlung, bei der alle Mitglieder der Partei in dem jeweiligen Wahlkreis wahlberechtigt sind, und die Wahlkreisdelegiertenversammlung (vgl. Zeuner 1970; Schüttemeyer/Sturm 2005). Bei den im Rahmen der Studie untersuchten Nominierungen wurden 30,3 % der Direktkandidaten im Rahmen von Mitgliederversammlungen und 69,7 % im Rahmen von Delegiertenversammlungen aufgestellt, wobei hierbei systematische Unterschiede zwischen den Parteien bestehen (vgl. für eine ausführlichere Analyse Reiser 2011). Die Größe des Selektorats variiert dabei sehr stark zwischen 12 und 1.293 Abstimmenden, wobei nicht nur signifikante Unterschiede zwischen, sondern auch innerhalb der Nominierungsverfahren bestehen: Bei den Delegiertenversammlungen stimmten zwischen 12 und 566 Delegierte und bei den Mitgliederversammlungen zwischen 36 und 1.293 Parteimitglieder ab (vgl. Reiser 2011). In Anlehnung an die internationalen Studien kann entsprechend vermutet werden, dass es bei Mitgliederversammlungen ein niedrigeres Ausmaß an Wettbewerb gibt als bei Delegiertenversammlungen (Hypothese 2). Zum anderen wird angenommen, dass das Ausmaß des Wettbewerbs bei kleineren Selektoraten höher ist als bei größeren Selektoraten (Hypothese 3).

Drittens verweisen die Ergebnisse dieser Untersuchung (vgl. Kapitel 3) ebenso wie alle anderen Studien (vgl. Hazan/Rahat 2010) darauf, dass das Ausmaß des Wettbewerbs beim Wiederantreten des Amtsinhabers aufgrund des Amtsinhaberbonus geringer ist als in vakanten Wahlkreisen (Hypothese 4).

Ähnlich kann auch ein ‚Kandidaturinhaberbonus' vermutet werden. Unter Kandidaturinhaber werden jene parteiinternen Bewerber verstanden, die bei der Wahl 2005 bereits in diesem Wahlkreis als Direktkandidat nominiert wurden, aber weder direkt noch über die Liste in den Bundestag eingezogen sind. 2009 bewarben sich 56 Kandidaturinhaber um die erneute Direktkandidatur. Sie haben sich also bei der vergangenen Nominierung innerparteilich durchgesetzt, hatten jedoch nicht die Möglichkeit, sich als Bundestagsabgeordneter im Wahlkreis zu profilieren. Es könnte angenommen werden, dass der Kandidaturinhaber durch die vorherige parteiinterne Nominierung und den letzten Bundestagswahlkampf einen parteiinternen Wettbewerbsvorteil erreicht hat und es dadurch bei einem Wiederantreten aufgrund eines Kandidaturinhaberbonus' einen geringeren Grad an Wettbewerb gibt als in vakanten Wahlkreisen ohne Kandidaturinhaber (Hypothese 5).

Viertens könnten parteiorganisatorische Faktoren einen Einfluss auf den Wettbewerbsgrad haben, die einerseits im parteispezifischen Organisationsaufbau bzw. in einer parteispezifischen Organisationskultur begründet sein könnten. So verweisen die Analysen zum Wettbewerb in Kapitel 3 auf Unterschiede zwischen den politischen Parteien (vgl. auch Zeuner 1970). Entsprechend kann vermutet werden, dass systematische Unterschiede im Wettbewerbsgrad zwischen den politischen Parteien bestehen (Hypothese 6).

Zudem könnte die (In-)Kongruenz von Wahlkreis und Parteistrukturen das Ausmaß des Wettbewerbs beeinflussen. Sofern ein Wahlkreis mehrere Kreisverbände umfasste und sich somit mehrere Kreisverbände auf einen gemeinsamen Wahlkreiskandidaten verständigen mussten, führte dies, so die Studien der 1960er Jahre, zu einem höheren Maß an Wettbewerb (Kaufmann et al. 1961; Zeuner 1970). In knapp einem Drittel der hier untersuchten Nominierungen (31,8 %) war lediglich ein Kreisverband für die Nominierung des Direktkandidaten zuständig, während in mehr als zwei Dritteln (68,2 %) zwei bis vier Kreisverbände gemeinsam einen Kandidaten aufstellten. Daher wird vermutet, dass das Ausmaß des Wettbewerbs umso höher ist, je mehr Kreisverbände gemeinsam für die Aufstellung des Direktkandidaten zuständig sind (Hypothese 7).

Die Parteimitgliederstärke in einem Wahlkreis könnte zudem einen Einfluss auf die Größe des Bewerberfeldes haben. Diese schwankt in den Wahlkreisen – bei einem Mittelwert von 1.906 Mitgliedern – sehr stark zwischen 225 und 7.937 Mitgliedern. So kann vermutet werden, dass es in Wahlkreisen, die über eine hohe Mitgliederzahl verfügen, einen höheren Pool an Aspiranten und entsprechend mehr Bewerber gibt als in Wahlkreisen mit einer niedrigen Parteimitgliederstärke (Hypothese 8).

Fünftens könnte es regionale Unterschiede im Ausmaß des Wettbewerbs geben. So wäre es denkbar, dass sich die spezifischen regionalen politischen Kulturen (vgl. Wehling 1987) auf das Ausmaß des innerparteilichen Wettbewerbs auswirken, da innerparteilicher Wettbewerb je nach politischer Kultur eher als positiv für die Partei oder schädlich bewertet wird. Nach wie vor bestehen unterschiedliche politische Kulturen in Ost- und Westdeutschland, und Studien verweisen darauf, dass Wettbewerb in Ostdeutschland generell kritischer bewertet wird als in Westdeutschland (vgl. Greiffenhagen/Greiffenhagen 2002; Davidson-Schmich 2006). Daher wird in den ostdeutschen Wahlkreisen ein geringer Wettbewerbsgrad vermutet als in den westdeutschen Wahlkreisen (Hypothese 9).

Welche Faktoren beeinflussen das Ausmaß des Wettbewerbs in den Wahlkreisen bei der Aufstellung der Direktkandidaten? Die bivariaten Korrelationen zeigen insbesondere zwei mittelstarke signifikante Zusammenhänge (vgl. Tabelle 4):

So besteht erwartungsgemäß ein negativer, signifikanter Zusammenhang zwischen dem Wiederantreten des Amtsinhabers und dem Ausmaß des Wettbewerbs (-0,361**). Wie die Ergebnisse zum Ausmaß des Wettbewerbs in Kapitel 3 zeigen, wird der Amtsinhaber – unabhängig davon, ob er 2005 direkt oder über die Liste gewählt wurde – bei einer erneuten innerparteilichen Bewerbung vergleichsweise selten von anderen Bewerbern innerparteilich herausgefordert, während es in vakanten Wahlkreisen deutlich häufiger zu Wettbewerb kommt. Während der Amtsinhaberbonus entsprechend einen starken Einfluss hat, besteht hingegen kein signifikanter Zusammenhang zwischen dem Wiederantreten des Kandida-

Tabelle 4: Bivariate Korrelationen zwischen dem Ausmaß des Gesamtwettbewerbs und den möglichen Einflussfaktoren

Faktoren	Variablen	Gesamtwettbewerb
Chancen, den Wahlkreis zu gewinnen	Zweitstimmen im Wahlkreis 2005	0.131**
	Sicherer Wahlkreis	0.076
	Umfrage Wahlkreis 2009	-0.077
Nominierungsverfahren	Delegiertenversammlung	-0.028
	Größe des Selektorats	0.342**
Amtsinhaberbonus	Amtsinhaber	-0.361**
	Kandidaturinhaber	0.055
Parteiorganisation	SPD	-0.048
	CDU	0.046
	CSU	0.085*
	Die Linke	-0.068
	Anzahl Kreisverbände	0.049
	Anzahl Parteimitglieder im Wahlkreis	0.081*
Regionale Faktoren	Ost	-0.089*

Quelle: Eigene Erhebungen.
N=661; Gesamtwettbewerb = Anzahl der Bewerber vor und auf der Nominierungskonferenz. *p<0.05; **p<0.01

turinhabers und dem Ausmaß an Wettbewerb. Die Bewertung des Wiederantretens eines Kandidaturinhabers ist, das zeigen die Interviews in den einzelnen Wahlkreisen sehr deutlich, höchst unterschiedlich: Sofern es sich bei der vorherigen Nominierung um eine gezielte Aufbaukandidatur gehandelt hat, hat der Kandidaturinhaber für die erneute innerparteiliche Bewerbung einen Bonus. In anderen Wahlkreisen hatte der vorherige Kandidat hingegen keinen Wettbewerbsvorteil gegenüber anderen Bewerbern und teilweise sogar ein ‚Loser-Image'. Dies zeigt sich auch darin, dass der Anteil an umkämpften Nominierungen in vakanten Wahlkreisen mit Kandidaturinhabern (44,6%) sogar leicht höher ist als in vakanten Wahlkreisen ohne erneutes Antreten des Kandidaturinhabers (42,7%). Insofern besteht also kein genereller Kandidaturinhaberbonus.

Zweitens zeigt die bivariate Analyse einen signifikanten positiven Zusammenhang zwischen der Größe des Selektorats und dem Ausmaß an Wettbewerb (0,342**). Die Korrelation ist also entgegen der Erkenntnisse der internationalen Studien positiv und nicht negativ. Offen ist hierbei jedoch die Kausalität. So könnte einerseits vermutet werden, dass größere und damit auch inklusivere Selektorate zu einem höheren Wettbewerb führen. Andererseits weisen die Interviews auch darauf hin, dass insbesondere bei Mitgliederversammlungen die Mobilisierung und damit die Teilnahme der Parteimitglieder an der Nominierungskonferenz bei kompetitiven Verfahren höher ist, als wenn nur ein Bewerber antritt. Hingegen besteht aber kein signifikanter Zusammenhang zwischen dem angewendeten Nominierungsverfahren (Delegierten- oder Mitgliederversammlung) und dem Ausmaß des Wettbewerbs.

Neben diesen beiden mittelstarken Korrelationen gibt es weitere signifikante, aber schwache Korrelationen: So korrelieren die Chancen, den Wahlkreis direkt zu gewinnen, positiv mit dem Ausmaß an Wettbewerb. Von den diskutierten Indikatoren korreliert dabei jedoch nur der Zweitstimmenanteil, der bei der Wahl 2005 in dem jeweiligen Wahlkreis erzielt wurde, mit dem Ausmaß des Wettbewerbs (0,131**), während weder die Umfrageergebnisse zum Zeitpunkt der Nominierung noch die Kategorisierung des Wahlkreises als ‚sicher' signifikant mit dem Ausmaß des Wettbewerbs zusammenhängen. Dieser lediglich schwache Zusammenhang zwischen den Chancen auf einen direkten Mandatsgewinn und dem Wettbewerb kann durch das Wahlsystem und die dominanten Form der Doppelkandidaturen erklärt werden. So ist nicht nur ein sicherer oder aussichtsreicher Wahlkreis für eine Bewerbung attraktiv, sondern auch die Aussicht auf einen sicheren bzw. aussichtsreichen Listenplatz. Da eine Wahlkreiskandidatur – mit Einschränkungen bei der Linken – in allen anderen Parteien de facto eine Voraussetzung für einen sicheren oder aussichtsreichen Listenplatz ist (siehe Kapitel 2; vgl. auch Schüttemeyer/Sturm 2005; Manow/Nistor 2009; Borchert/Reiser 2010), ist eine Wahlkreiskandidatur bei Chancen auf einen guten Listenplatz auch in aussichtslosen und unsicheren Wahlkreisen attraktiv.

Hinsichtlich parteiorganisatorischer Spezifika verweisen die bivariaten Analysen lediglich auf einen geringen Zusammenhang mit dem Wettbewerbsgrad. So zeigt sich eine schwache positive Korrelation zwischen der CSU und dem Ausmaß des Wettbewerb (0,085*). So gab es bei der CSU in vakanten Wahlkreisen immer Wettbewerb mit vergleichsweise großen Bewerberfeldern (vgl. 3.2). Ebenfalls nur ein schwacher signifikanter Zusammenhang besteht zwischen der Parteimitgliederstärke im Wahlkreis und der Anzahl der Bewerber (0,085*). Zudem besteht bivariat ein schwacher signifikanter Zusammenhang zwischen der Region und dem Wettbewerbsgrad. Nach diesen Ergebnissen ist der Wettbewerbsgrad in den ostdeutschen Wahlkreisen etwas geringer als in den westdeutschen (-0,089). Diese bivariaten Korrelationen sollen durch multivariate Analysen noch vertieft und überprüft werden.

5. Fazit

Zentrales Ziel dieses Beitrages war, das Ausmaß des innerparteilichen Wettbewerbs zur Bundestagswahl 2009 zu untersuchen und zu analysieren, welche Faktoren den Wettbewerbsgrad beeinflussen. Dafür wurden die 661 Nominierungsprozesse zur Aufstellung der Direktkandidaten in den Wahlkreisen von SPD, CDU, CSU sowie der ostdeutschen und Berliner Linken untersucht.

Die Analyse zeigt, dass in 28 % der Nominierungen Wettbewerb zwischen zwei bis 13 Bewerbern stattfand. In 72 % der innerparteilichen Nominierungsprozesse trat hingegen lediglich ein Bewerber an, so dass das Selektorat keine Auswahlmöglichkeit hatte. Dabei gibt es erwartungsgemäß große Unterschiede zwischen Nominierungen, in denen der Amtsinhaber wieder antritt, und solchen, die vakant sind. Sofern sich der Amtsinhaber innerparteilich erneut für die Direktkandidatur im Wahlkreis bewirbt, kommt es aufgrund des Amtsinhaberbonus' vergleichsweise selten zu Wettbewerb (15 %). Dieser Amtsinhaberbonus gilt dabei sowohl für Amtsinhaber, die den Wahlkreis direkt gewonnen haben, als auch für jene, die zwar Direktkandidat des Wahlkreises waren, aber nur über die Landesliste in den Bundestag eingezogen sind. In vakanten Wahlkreisen hingegen ist das Ausmaß des Wettbewerbs im Vergleich deutlich höher. In etwas mehr als der Hälfte (52 %) der Nominierungsprozesse gab es Wettbewerb zwischen mindestens zwei Bewerbern; in der knappen Hälfte (48 %) trat jedoch trotz Vakanz nur ein Bewerber um die Direktkandidatur an.

Um den innerparteilichen Wettbewerb nicht systematisch zu unterschätzen, ist es dabei entscheidend, nicht nur die Konkurrenz auf den formalen Nominierungskonferenzen zu untersuchen, sondern auch die vorgelagerten Phasen der Nominierung mit in die Analyse einzubeziehen. So zeigt die Studie, dass der Wettbewerb sehr häufig mehrstufig organisiert ist und die Nominierungskonferenz somit nur die letzte Stufe dieses Prozesses darstellt. So fallen zentrale Entscheidungen des innerparteilichen Wettbewerbs u. a. bereits im Rahmen von sogenannten ‚Tingeltouren' durch die Wahlkreise, bei denen teilweise bereits für die Bewerber votiert wird.

Angesichts der Unterschiede im Wettbewerbsgrad zwischen den Wahlkreisen stellt sich die Frage nach den zentralen Erklärungsfaktoren für das Ausmaß des Wettbewerbs. Basierend auf dem internationalen Forschungsstand wurden neun Hypothesen zum Einfluss von Gewinnchancen im Wahlkreis, Nominierungsverfahren, Amtsinhaberbonus, parteiorganisatorischen sowie regionaler Faktoren auf das Ausmaß des Wettbewerbs hergeleitet. Die bivariaten Analysen zeigen insbesondere zwei signifikante Zusammenhänge: Das Wiederantreten des Amtsinhabers korreliert erwartungsgemäß negativ mit dem Wettbewerbsgrad. Zudem besteht ein positiver, mittelstarker Zusammenhang zwischen der Größe des Selektorats und der Anzahl der Bewerber. Alle weiteren untersuchten Einflussfaktoren haben entgegen der Annahmen keinen oder nur einen schwachen Einfluss auf das Ausmaß des Wettbewerbs. So besteht auch zwischen den Gewinnchancen auf den Direktgewinn des Wahlkreises, operationalisiert über den Zweitstimmenanteil der Partei 2005 in dem jeweiligen Wahlkreis, und dem Wettbewerb nur ein schwacher Zusammenhang. Dies erklärt sich auch durch das Wahlsystem der personalisierten Verhältniswahl sowie die dominante Form der Doppelkandidaturen. Da eine Direktkandidatur de-facto Voraussetzung für einen aussichtsreichen Listenplatz ist (vgl. 2.1), ist eine Wahlkreiskandidatur bei Chancen auf einen guten Listenplatz auch in aussichtslosen und unsicheren Wahlkreisen attraktiv.

Auch wenn es sich bei diesen Nominierungsverfahren um parteiinterne Verfahren handelt, sind sie für das Verständnis der Bundestagswahlen und ihrer Ergebnisse höchst relevant: So finden entscheidende Elemente des politischen Wettbewerbs nicht erst bei oder unmittelbar vor der Wahl statt, sondern sind Teil eines länger andauernden, komplexen Prozesses. Zudem ist der Wettbewerb um die Parlamentsmandate nicht nur ein zwischenparteilicher Wettbewerb, sondern findet zu wichtigen Teilen innerhalb der Parteien statt.

Literatur

Borchert, Jens/Reiser, Marion (2010): Friends as Foes: The Two-Level Game of Intra-Party Competition in Germany. Paper präsentiert auf der Jahrestagung der American Political Science Association (APSA), 1-5 September, Washington, D.C.
Dahl, Robert A. (1971): Polyarchy. Participation and Opposition. New Haven.
Davidson-Schmich (2006): Becoming Party Politicians. Notre Dame.
Falter, Jürgen W./Gabriel, Oscar W./Wessels, Bernhard (2005): Wahlen und Wähler – Analysen aus Anlass der Bundestagswahl 2002. Wiesbaden.
Gallagher, Michael/Marsh, Michael (Hrsg.) (1988): Candidate Selection in Comparative Perspective. The Secret Garden of Politics. London.
Greiffenhagen, Martin/Greiffenhagen, Sylvia (2000): Zwei politische Kulturen? Wissenschaftliche und politische Unsicherheiten im Umgang mit der politischen Vereinigung. In: Der Bürger Staat, 50 (4), 179-185.
Kaack, Heino (1969) Wahlkreisgeographie und Kandidatenauslese. Regionale Stimmenverteilung, Chancen der Kandidaten und Ausleseverfahren, dargestellt am Beispiel der Bundestagswahl 1965. Bonn.
Kaufmann, Karlheinz/Kohl, Helmut/Molt, Peter (1961): Die Auswahl der Bundestagskandidaten 1957 in zwei Bundesländern. Köln.
Kirchheimer, Otto (1964): Wandlungen der politischen Opposition. In: Kirchheimer, Otto: Politik und Verfassung. Frankfurt, 123-150.
Klingemann, Hans-Dieter/Wessels, Wolfgang (2004): The Consequences of Germany's Mixed-Member System: Personalization at the Grassroots? In: Shugart, Matthew S./Wattenberg, Martin P. (Hrsg.): Mixed Member Electoral Systems. Oxford, 279-296.
Koß, Michael/Olsen, Jonathan/Hough, Dan (2007): The Left Party in contemporary German politics. Basingstoke, Hampshire.
Loewenberg, Gerhard (1969): Parlamentarismus im politischen System der Bundesrepublik Deutschland. Tübingen.
Loewenstein, Karl (1973): Kooptation und Zuwahl. Über die autonome Bildung privilegierter Gruppen. Frankfurt/Main.
Manow, Philip (2007): Electoral Rules and Legislative Turnover: Evidence from Germany's Mixed Electoral System. In: West European Politics, 30, 195-207.
Manow, Philip/Nistor, Martina (2009): Wann ist ein Listenplatz ein sicherer Platz? Eine Untersuchung der Bundestagswahlen 1953-2002. Unveröffentlichtes Manuskript.
Matland, Richard E./Studlar, Donley T. (1996): The Contagion of Women Candidates in Single Member and Multi-Member Districts. In: Journal of Politics, 58, 707-33.
Mintzel, Alf, 1980: Kandidatenauslese für den Bundestag über die Landesliste. In: Zeitschrift für Parlamentsfragen, 11, 18-39.
Nohlen, Dieter (2009): Wahlrecht und Parteiensystem. Opladen.
Norris, Pippa (1997): Introduction: Theories of Recruitment. In: Norris, Pippa (Hrsg.): Passages to Power. Cambridge, 1-14.
Norris, Pippa/Lovenduski, Joni (1993): 'If Only More Candidates Came Forward': Supply-Side Explanations of Candidate Selection in Britain. In: British Journal of Political Science, 23, 373-408.
Norris, Pippa/Lovenduski, Joni (1985): Political Recruitment. Gender, Race and Class in the British Parliament. Cambridge.
Pappi, Franz Urban/Shikano, Susumu (2007): Wahl- und Wählerforschung, Baden-Baden.
Poguntke, Thomas (2000): Parteiorganisation im Wandel. Gesellschaftliche Verankerung und organisatorische Anpassung im europäischen Vergleich. Wiesbaden.
Rahat, Gideon/Hazan, Reuven Y. (2010): Democracy Within Parties: Candidate Selection Methods and their Political Consequences. Oxford.
Rahat, Gideon/Hazan, Reuven Y./Katz, Richard S. (2008): Democracy and Political Parties: On the Uneasy Relationships between Participation, Competition and Representation. In: Party Politics, 14, 663-683.
Reiser, Marion (2011): „Wer entscheidet unter welchen Bedingungen über die Nominierung von Kandidaten?" Die innerparteilichen Selektionsprozesse zur Aufstellung in den Wahlkreisen. In: Niedermayer, Oskar (Hrsg.): Die Parteien nach der Bundestagswahl 2009. VS Verlag für Sozialwissenschaften: Wiesbaden, 237-259.
Roberts, Geoffrey (1988): German Federal Republic: Two Lane Route to Bonn. In: Gallagher, Michael/Marsh, Michael (Hrsg.): Candidate Selection in Comparative Perspective. The Secret Garden of Politics. London, 94-118.

Schmitt, Hermann/Wüst, Andrea (2004): Direktkandidaten bei der Bundestagswahl 2002: Politische Agenda und Links-Rechts-Selbsteinstufung im Vergleich zu den Wählern. In: Brettschneider, Frank/van Deth, Jan/Roller, Edeltraud (Hrsg.): Bundestagswahl 2002. Wiesbaden, 167–183.

Schüttemeyer, Suzanne S./Sturm, Roland (2005): Der Kandidat – das (fast) unbekannte Wesen: Befunde und Überlegungen zur Aufstellung der Bewerber zum Deutschen Bundestag. In: Zeitschrift für Parlamentsfragen, 36, 539-553.

Stratmann, Thomas/Baur, Martin (2002): Plurality Rule, Proportional Representation, and the German Bundestag: How Incentives to Pork-Barrel Differ Across Electoral Systems. American Journal of Political Science 46, 506-514.

Wessels, Bernhard (1997): Germany. In: Pippa Norris (Hrsg.), Passages to Power. Cambridge, 76-97.

Zeuner, Bodo (1973) Wahlen ohne Auswahl – Die Kandidatenaufstellung zum Bundestag. In: Steffani, Winfried (Hrsg.), Parlamentarismus ohne Transparenz, Opladen: Westdeutscher Verlag, 165-190.

Zeuner, Bodo (1970) Kandidatenaufstellung zur Bundestagswahl 1965. Untersuchungen zur innerparteilichen Willensbildung und zur politischen Führungsauslese. Den Haag.

Zittel, Thomas/Gschwend, Thomas (2007): Individualisierte Wahlkämpfe im Wahlkreis. Eine Analyse am Beispiel des Bundestagswahlkampfes von 2005. In: Politische Vierteljahresschrift 48, 293–321.

Pretty Politicians:
Die physische Attraktivität von Spitzenkandidaten, ihr Einfluss bei Wahlen und die These der Personalisierung des Wahlverhaltens

Ulrich Rosar / Markus Klein

1. Einleitung: Politische Wahlen als Schönheitskonkurrenz

Obwohl es nicht viele empirische Studien gibt, die sich mit der Wirkung der physischen Attraktivität von Politikern bei Wahlen beschäftigen, kann es inzwischen als gut abgesicherter Befund gelten, dass die äußere Anmutung von Kandidaten den Wahlerfolg beeinflusst. Die Wirksamkeit der physischen Attraktivität ist dabei nicht nur durch experimentelle Studien und surveybasierte Untersuchungen grundsätzlich bestätigt worden (vgl. z. B. Budesheim/DePaola 1994; Klein/Ohr 2000a; Klein/Rosar 2007, 2009; Rosar/Ohr 2005; Sigelman et al. 1986, 1987), es existieren inzwischen auch einige Arbeiten, die die Einflüsse der äußeren Erscheinung von Politikern auf der Basis tatsächlicher Wahlen in den unterschiedlichen Kontexten untersucht und bestätigt haben. So haben Efran und Patterson (1974) bereits Mitte der 1970er Jahre am Beispiel von 21 Wahlkreisen der Region Toronto für die nationalen kanadischen Parlamentswahlen nachgewiesen, dass der Stimmenanteil der Wahlkreiskandidaten erheblich durch deren physische Attraktivität beeinflusst wurde. King und Leigh (2007) kommen für die australischen nationalen Parlamentswahlen des Jahres 2004 zu ganz ähnlichen Ergebnissen. Berggren, Jordahl und Poutvaara zeigen am Beispiel der finnischen nationalen Parlamentswahlen des Jahres 2003 und der Helsinkier Kommunalwahlen des Jahres 2004, dass bei der Möglichkeit der Präferenzwahl und offenen Parteilisten die Anzahl der Stimmen, die die Kandidaten einer Liste erhalten, deutlich von ihrer physischen Attraktivität beeinflusst wird (Berggren et al. 2007). Todorov, Mandisodza, Gorem und Hall weisen in ihrer 2005 in *Science* publizierten Studie zumindest indirekt nach, dass auch bei den US-Senatswahlen von 2000, 2002 und 2004 sowie bei den US-Abgeordnetenhauswahlen von 2002 und 2004 die physische Attraktivität substantiell und signifikant die Siegeschancen der Kandidaten beeinflusst hat (Todorov et al. 2005).[1]

---

[1] Todorov und Kollegen (2005) haben eigentlich die Wirkung von Kompetenzurteilen untersucht, die auf der Basis von Portraitphotographien der Kandidaten abgegeben wurden. Die Autoren der Studie können zeigen, dass sich bei den Wahlen zum US-Senat der Jahre 2000, 2002 und 2004 der Gewinner in den verschiedenen Staaten auf der Basis dieser Kompetenzurteile mit einer Wahrscheinlichkeit von 71,6 Prozent korrekt vorhersagen lässt. Und bei den Wahlen zum US-Abgeordnetenhaus der Jahre 2002 und 2004 beträgt diese Quote immerhin noch 66,8 Prozent. Die Autoren behaupten allerdings in diesem Zusammenhang, dass sie „ruled out the possibility that the age, attractiveness, and/or familarity with the faces of the candidates could account for the relationship between inferences of competence and election outcomes" (Todorov et al. 2005: 1625). Zebrowitz und Montepare (2005) weisen in einem Kommentar zur Untersuchung von Todorov

Im selben Jahr belegen Klein und Rosar (2005) für Deutschland, dass die physische Attraktivität der Wahlkreiskandidaten von CDU, CSU, SPD und PDS signifikant und substantiell bedeutsam den Erststimmenanteil beeinflusst hat, den die Direktkandidaten bei der Bundestagswahl 2002 in ihrem Wahlkreis erringen konnten. Für die Bundestagswahl 2005 bestätigen sie diesen Befund und zeigen darüber hinaus, dass die physische Attraktivität bei den Wahlkreiskandidaten aller politisch relevanten Parteien wirksam ist und neben dem Erst- auch den Zweitstimmenanteil der Parteien beeinflusst (Rosar/Klein 2010b). In einer komparativen Anschlussstudie können sie zudem nachweisen, dass die physische Attraktivität von Wahlkreiskandidaten grundsätzlich ebenso bei nationalen Parlamentswahlen in Frankreich und im Vereinigten Königreich wirksam ist (Rosar/Klein 2009). Rosar, Klein und Beckers (2008) weisen am Beispiel der nordrhein-westfälischen Landtagswahl des Jahres 2005 nach, dass die äußere Anmutung der Wahlkreiskandidaten auch auf landespolitischer Ebene signifikant und substantiell den Wahlausgang beeinflusst. Klein und Rosar können schließlich am Beispiel der Europawahlen von 2004 zeigen, dass auch die physische Attraktivität von Spitzenkandidaten einen erheblichen Einfluss auf den Stimmenanteil hat, den ihre jeweilige Partei erringen kann (Rosar/Klein 2010a).

Obwohl die aufgezählten Studien die Wirksamkeit der physischen Attraktivität zu unterschiedlichen Zeiten und in sehr unterschiedlichen politischen Kontexten bestätigen, liefern sie keine Anhaltspunkte für eine Einschätzung, wie stabil der Einfluss der äußeren Anmutung von Politikern über die Zeit ist. Ihnen allen fehlt die longitudinale Perspektive. Einerseits ist das verständlich, denn schon die Untersuchung der Einflüsse der physischen Attraktivität von Kandidaten bei einer einzigen Wahl ist bereits mit einem erheblichen Arbeitsaufwand verbunden. Andererseits ist es dennoch verwunderlich, da die im Fach zeitweise breit diskutierte These der *Personalisierung des Wahlverhaltens* (vgl. exemplarisch Brettschneider 1998, 2000; Kaase 1994; Klein/Ohr 2000a; Lass 1995; Ohr 2000; Pappi/Shikano 2001) dezidiert theoretisch begründete Anknüpfungspunkte bietet, von denen aus konkrete Erwartungen für die Wirksamkeit der physischen Attraktivität von Politikern als rollenferner Kandidateneigenschaft in longitudinaler und komparativer Perspektive formuliert werden können.

Mit der hier vorgestellten Studie wurde der Versuch unternommen, dieses Defizit ein Stück weit aufzuarbeiten. Die Studie wurde von uns daraufhin konzipiert, die Wirkung der physischen Attraktivität bei politischen Wahlen sowohl in längsschnittlicher Perspektive als auch im Vergleich zwischen Parteien und im Vergleich zwischen Regionen analysieren zu können. Als Untersuchungsgegenstand dienten uns bundesdeutsche Landtagswahlen. Dabei stehen die Spitzenkandidaten von Union und SPD, die bei den einzelnen Landtagswahlen um das Amt des Ministerpräsidenten konkurriert haben, im Fokus der Untersuchung. Die Entscheidung für Landtagswahlen als Untersuchungsgegenstand war an eine zentrale methodische und eine zentrale methodologische Erwägung gekoppelt. Zum einen war die hervorragende Datenlage ausschlaggebend. Auf der Grundlage bundesdeutscher Landtagswahlen ist

---

und Kollegen darauf hin, dass die entscheidende Variable hinter den Kompetenzurteilen möglicherweise die „mature-" bzw. „babyfacedness" der Kandidaten ist. Aus Sicht der Attraktivitätsforschung wären dies aber klassische Bausteine der Attraktivität bzw. der Unattraktivität bei Männern (vgl. Braun et al. 2003; Grammer 2002; Gründl 2004, 2007).

es möglich, für die Spitzenkandidaten der Volksparteien den Effekt der physischen Attraktivität beginnend mit der baden-württembergischen Landtagswahl vom 28. April 1968 zu untersuchen. Damit ist es nicht nur möglich, einen Zeitraum von vier Dekaden analytisch abzudecken, gleichzeitig werden auch zwei Drittel der Zeitspanne abgedeckt, die die Bundesrepublik Deutschland überhaupt erst besteht. Hinzu kommt, dass das Ende der 1960er Jahre in der Bundesrepublik für gesellschaftliche und politische Entwicklungen einen Wendepunkt markiert, der im Rahmen der Personalisierungsthese des Wahlverhaltens eine entscheidende Rolle spielt (Lass 1995) und damit auch für das Wirkungspotential der physischen Attraktivität von Politikern maßgeblich sein dürfte. Die Entwicklung lässt sich für die Bundesrepublik also quasi von Anfang an analysieren.

Neben diesem methodischen Aspekt war für die Entscheidung zugunsten von Landtagswahlen als Untersuchungsgegenstand auch ausschlaggebend, dass es sich hier um klassische Nebenwahlen handelt, die im Bewusstsein der Wähler von nachgeordneter Bedeutung sind. Bei Nebenwahlen ist der Spielraum für sachfremde Einflüsse auf die Entscheidungsfindung der Wähler dadurch weitaus größer, als es etwa bei einer Bundestagswahl der Fall ist. Landtagswahlen stellen insofern eine ideale Testumgebung für die forschungsleitenden Annahmen der Untersuchung dar, sollten sich doch erwartungskonforme Effekte früher und mit besonderer Klarheit zeigen. Umgekehrt gilt aber auch, dass im Falle einer Nicht-Bestätigung der Personalisierungsthese dieser Befund aufgrund der Kandidateneinflüsse eher begünstigenden Randbedingungen eine ganz besondere Evidenz für sich beanspruchen kann.

Im weiteren Fortgang gliedert sich der Aufsatz wie folgt: Zunächst werden die Mechanismen umrissen, über die die physische Attraktivität von Spitzenkandidaten bei Wahlen ihre Wirkung entfaltet, und auf der Grundlage der Personalisierungsthese des Wahlverhaltens werden Erwartungen formuliert, wie sich die Wirkung der äußeren Anmutung über die Zeit entwickelt haben sollte bzw. wie sie sich zwischen West- und Ostdeutschland sowie zwischen Union und SPD unterscheiden dürfte (Abschnitt 2). Nach einer Beschreibung des genutzten Datenmaterials (Abschnitt 3) folgt die Darstellung der Ergebnisse der empirischen Analysen (Abschnitt 4). Die Abhandlung endet mit einer Zusammenfassung der zentralen Befunde und einigen kurzen Schlussfolgerungen (Abschnitt 5).

2. Theoretische Erwägungen: Wirkungen der physischen Attraktivität und moderierende Einflüsse einer Personalisierung des Wahlverhaltens

Die Auswirkungen der physischen Attraktivität eines Menschen auf seine Erfolgschancen in den unterschiedlichsten sozialen Kontexten sind an anderer Stelle bereits ausführlich beschrieben worden (vgl. Grammer 2002; Hatfield/Sprecher 1986; Naumann 2006; Renz 2006; siehe auch die Meta-Analysen von Eagly et al. 1991; Feingold 1988, 1990, 1992; Hosoda et al. 2003; Jackson et al. 1995; Langlois et al. 2000; Mazzella/Feingold 1994). Eine grundlegende Adaption der für die empirische Wahlforschung relevanten Aspekte der Attraktivitätsforschung wurde von den Autoren des Aufsatzes bereits an anderer Stelle vorgenommen (Klein/Rosar 2005; Rosar et al. 2008). Hier gilt es daher, nur noch einmal die wichtigsten

Elemente der Wirkungskette, über die auch die physische Attraktivität von Spitzenkandidaten bei Wahlen ihren Einfluss entfalten kann, zusammenfassend darzustellen. Die wesentlichen Elemente dieser Wirkungskette sind der *Attractiveness Consensus*, das *Attractiveness Stereotype*, der *Attractiveness Attention Boost*, der *Attractiveness Glamour Effect* und der *Attractiveness Treatment Advantage*.

Die Grundlage für die Wirksamkeit der physischen Attraktivität bildet der *Attractiveness Consensus*. Mit diesem Begriff wird die Einsicht umschrieben, dass die Schönheit eines Menschen nicht so sehr im Auge des Betrachters liegt, sondern vor allem auf Merkmale der betrachteten Person zurückgeht. Die physische Attraktivität eines Menschen ist damit ein Personenmerkmal, das relativ eindeutig bestimmt werden kann (Köhler 1984: 140ff). Interkulturell und interpersonell besteht deshalb auch eine große Übereinstimmung in den Urteilen verschiedener Betrachter über die Attraktivität einer beliebigen konkreten Person (Cross/Cross 1971; Cunningham 1986; Cunningham et al. 1990, 1995, 1997; Henss 1987, 1992, 1998; Iliffe 1960; Jones 1995; Jones/Hill 1993; Kowner/Ogawa 1995; Rhodes et al. 2002, 2005). Sie lässt sich, wie das Geschlecht oder die Ethnie, als askriptives Merkmal eines Menschen auffassen, das der objektiven Messung zugänglich ist.

Auf den *Attractiveness Consensus* aufbauend kann die physische Attraktivität einer Person eine Reihe klar beschreibbarer Wirkungen entfalten. An erster Stelle steht dabei das *Attractiveness Stereotype*. Gemäß der Formel „What is beautiful is good" (Dion et al. 1972: 285) werden attraktiven Personen von anderen Menschen a priori Persönlichkeitseigenschaften zugeschrieben, die sozial hoch erwünscht sind (vgl. exemplarisch Chaiken 1979; Dermer/Thiel 1975; Dion et al. 1972; Eagly et al. 1991; Feingold 1992; Henss 1998; Miller 1970; Unger et al. 1982). So gelten attraktive Personen beispielsweise als durchsetzungsfähiger, zielstrebiger, leistungsfähiger, fleißiger, intelligenter und kompetenter; aber auch als ehrlicher, zuverlässiger, kreativer, empathischer und sympathischer. Darüber hinaus ziehen attraktive Personen die Aufmerksamkeit anderer auf sich. Sie werden häufiger und eher wahrgenommen, intensiver betrachtet und ihre Aussagen und Handlungen werden besser memoriert (Maner et al. 2003, 2007; Mulford et al. 1998). Das ist der *Attractiveness Attention Boost*. In konkreten Interaktionssituationen dürfen attraktive Personen dank des *Attractiveness Treatment Advantage* zudem darauf bauen, dass sie eine bessere Behandlung durch andere erfahren, als dies bei ihren weniger ansehnlichen Zeitgenossen der Fall ist. Ihnen wird mit mehr Zuversicht und Respekt begegnet und sie erfahren mehr Hilfe und Unterstützung (Benson et al. 1976; Bian 1997; Dabbs/Stokes 1975; Dion/Berscheid 1974; Hartnet et al. 1974; Hatfield/Sprecher 1986; Langlois et al. 2000; Marwick 1988; McCabe 1988; Mulford et al. 1998; Ritter et al. 1991; White Stephan/Langlois 1984; Wilson/Dovidio 1985; Wilson/Eckel 2006). Selbst eine offensichtliche Verfehlung muss diese Vorteile nicht unbedingt zunichte machen, denn auf Grund des *Attractiveness Glamour Effect* (Bassili 1981; Dion et al. 1972; Grammer 2002: 169) dürfen attraktive Personen darauf bauen, dass sich ihr Fehlverhalten in der Wahrnehmung Dritter relativiert. Dies kann zum einen dadurch geschehen, dass die Ursachenattribution in der Bewertung durch Dritte auf Gründe verlagert wird, die von der handelnden Person nicht zu verantworten sind. Zum anderen kann es aber auch dadurch geschehen, dass die Verfehlung einfach bagatellisiert wird. In der Konsequenz führen die genannten Mechanismen jedenfalls dazu, dass attraktive Personen gegenüber unattraktiveren Mitmenschen einen klaren *Attractiveness Competition Advantage* haben (Rosar et al. 2008: 67ff). Und dies gilt auch in der Sphäre der Politik.

Im Zusammenhang mit politischen Wahlen und Spitzenkandidaten ergibt sich dabei folgender Kausalmechanismus für die Übersetzung der Kandidatenattraktivität in Wählerstimmen: Dank des *Attractiveness Consensus* gelangen die Wähler hinsichtlich der Attraktivität der Spitzenkandidaten zu sehr ähnlichen Einschätzungen. Durch den *Attractiveness Attention Boost* werden sie ihre Aufmerksamkeit eher, häufiger und intensiver attraktiven Spitzenkandidaten zuwenden und deren Standpunkte und Taten besser erinnern. Bei der Herausbildung einer Wahlpräferenz dürfte das dazu führen, dass diese Spitzenkandidaten und die Parteien, für die sie jeweils stehen, den Wählern schlichtweg präsenter sind. Das dürfte ein erster wichtiger Vorteil sein. Davon abgesehen wird das *Attractiveness Stereotype* dazu führen, dass attraktiven Spitzenkandidaten eine überlegene politische Leistungsbereitschaft und Leistungsfähigkeit zugeschrieben wird. Das dürfte der zweite wichtige Vorteil sein. Dank des *Attractiveness Treatment Advantage* könnte es zudem sein, dass Wähler, die am Wahltag noch nicht völlig entschlossen sind, eher geneigt sind, in der Wahlkabine schließlich für die Parteien attraktiver Spitzenkandidaten zu votieren. Das könnte ein dritter wichtiger Vorteil sein. Dabei muss es noch nicht einmal ins Gewicht fallen, dass der Spitzenkandidat bei politischen Sachfragen möglicherweise einen anderen Standpunkt vertritt: Lassen sich solche Widersprüche doch durch den *Attractiveness Glamour Effect* auflösen, indem ihre Bedeutung heruntergespielt wird oder indem Entschuldigungen – wie beispielsweise Zwänge der Parteiraison, denen der Kandidat unterliegt – ins Feld geführt werden. Das dürfte der vierte wichtige Vorteil sein. Im Ergebnis steigt so jedenfalls die Wahrscheinlichkeit, dass attraktive Spitzenkandidaten am Wahltag mehr Stimmen auf ihre jeweilige Partei vereinigen können, als das weniger attraktiven Mitbewerbern möglich ist.

Folgt man allerdings den Argumenten der *Personalisierungsthese des Wahlverhaltens*, so ist der Wettbewerbsvorteil attraktiver Spitzenkandidaten nicht zeitinvariant. Die Personalisierungsthese des Wahlverhaltens beginnt mit der Annahme, dass die ehedem stabilen Koalitionen zwischen gesellschaftlichen Großgruppen und politischen Parteien langsam erodieren (Lass 1995; Popkin 1991; vgl. zu den nachfolgenden Ausführungen auch Brettschneider 1998; Klein/Ohr 2000a; Ohr 2000; Schmitt/Ohr 2000; sowie die kritischen Anmerkungen bei Brettschneider 2001, 2002; Kaase 1994; Pappi/Shikano 2001). Für die Zwecke unserer Untersuchung ist es dabei völlig bedeutungslos, ob die Ursachen für diese Entwicklung bei Veränderungen des Mediensystems und der Neuausrichtung politischer Akteure (Kepplinger 1998; Pfetsch 1991; Wilke/Reinemann 2003), bei einem reinen Partisan Dealignment (Dalton 1984; Dalton et al. 1984; Dalton/Rohrschneider 1990; Dalton/ Wattenberg 2000) oder bei einem gesamtgesellschaftlichen Individualisierungstrend (Beck 1986, 1988; Schnell/Kohler 1995) liegen. Wichtig ist, dass nach dieser Diagnose den Wählern zunehmend wichtige Orientierungspunkte verloren gehen, an denen sie ihre Entscheidungsfindung bei politischen Wahlen ausrichten können. Da politische Sachfragen auf Grund ihrer Gesamtkomplexität, der sich schnell ändernden politischen Agenda und der mangelnden Distinktion zwischen Parteien nur begrenzt tauglich sind, um als Entscheidungskriterien des Votums zu dienen, treten für die Wähler – aus Sicht der Verfechter der Personalisierungsthese – die Spitzenkandidaten als Personen in den Vordergrund. Da es aber selbst mit Blick auf einzelne Personen schwierig sein mag, sich umfassend und nachhaltig über deren rollenimmanente Qualitäten zu informieren, rücken so verstärkt auch rollenferne, unpolitische Eigenschaften in den Blick. Dass *wahrgenommene rollenferne Eigenschaften* von Spitzenkandidaten Wahlpräferenzen tatsächlich beeinflussen, ist für den bundesdeutschen Kontext inzwischen mehrfach nachgewiesen worden (Brettschneider 1998, 2000; Klein/Ohr 2000a, 2000b, 2001a, 2001b, 2001c, 2002; Rosar/Ohr 2005; Vetter/Brettschneider 1998). Eine Überprüfung der Annahme, dass sich dieser Effekt im Zeitverlauf in der erwarteten Weise verstärkt hat, steht bisher allerdings noch aus. Ebenso wenig geklärt ist, ob *rollenferne Eigenschaften* von Spitzenkandidaten den Wahlausgang beeinflussen und in welchem Verhältnis ihr Einfluss zur Bedeutung *rollenimmanenter Eigenschaften* von Spitzenkandidaten steht. Hier kann bestenfalls auf die eingangs angesprochenen Arbeiten zur physischen Attraktivität von Spitzenkandidaten sowie auf einige wenige Studien zum Geschlecht der Spitzenkandidaten verwiesen werden (vgl. exemplarisch Klein/Rosar 2007; Rosenwasser/Seale 1988; Spohn/Gillespie 1987).

Gleichwohl lässt sich auf der Basis der Personalisierungsthese des Wahlverhaltens für die Wirkung der physischen Attraktivität vermuten, dass sie als – im wahrsten Sinne des Wortes – offensichtlichste rollenferne Eigenschaft eines Spitzenkandidaten seit dem Ende der 1960er Jahre an Einfluss auf den Wahlausgang gewonnen haben müsste, sofern die Annahmen der Personalisierungsthese empirisch gültig sind. Wenn zudem die Einschätzung zutrifft, dass für die Personalisierung des Wahlverhaltens die Erosion traditioneller Wahlmilieus und Parteibindungen verantwortlich ist, dann lassen sich zum einen mit Blick auf die Situation der beiden Volksparteien in Westdeutschland und zum anderen mit Blick auf Unterschiede zwischen alten und neuen Bundesländern noch zwei weiterführende Erwartungen formulieren. Da das strategische Wählerpotential der Unionsparteien ungeachtet aller Erosionen größer und homogener ist als das der SPD, sollte gelten, dass die physische Attraktivität von CDU- und CSU-Spitzenkandidaten von geringerer Bedeutung für den Wahlerfolg ist, als dies bei SPD-Spitzenkandidaten der Fall ist. Bei beiden Volksparteien müsste der Einfluss mit der Zeit aber gleichförmig zunehmen. Mit Blick auf die alten und die neuen Bundesländer lässt sich vermuten, dass der Einfluss der physischen Attraktivität der Spitzenkandidaten im Osten stärker ausgeprägt ist als im Westen. Nach 40 Jahren Kommandowirtschaft und realsozialistischer Gesellschaftsordnung konnte es im Osten 1990 schlichtweg keine Koalitionen zwischen gesellschaftlichen Großgruppen und politischen Parteien geben. Insofern ist der Wirkungsspielraum für die physische Attraktivität der Spitzenkandidaten hier zu Beginn maximal und sollte bestenfalls langsam durch Partisan Alignment-Prozesse eingedämmt werden. In diesem Fall steht aber zu erwarten, dass der Einfluss der physischen Attraktivität im Osten – anders als in den alten Bundesländern – mit der Zeit sinkt und nicht steigt.

3. Datenbasis: 108 Landtagswahlen und 216 Spitzenkandidaten

Grundlage der im nachfolgenden Abschnitt diskutierten Analysen waren die bundesdeutschen Landtagswahlen von 1968 bis 2008. In diesem Zeitraum haben insgesamt 132 Landtagswahlen stattgefunden. Da sich die strukturellen Voraussetzungen des Wählens in West- und Ostdeutschland fundamental voneinander unterscheiden, wurden die seit der Einheit abgehaltenen Wahlen zum Berliner Abgeordnetenhaus für Westberlin und Ostberlin als getrennte Wahlen betrachtet, so dass sich die Zahl der relevanten Landtagswahlen auf 137 erhöht. 110 dieser Landtagswahlen wurden im Westen abgehalten, 27 im Osten. Da das strategische Stimmenpotential der Parteien im Zusammenhang unserer Untersuchung eine wichtige Kontrollvariable ist, haben wir in einem ersten Schritt der Datenerfassung und -aufbereitung in allen verfügbaren Landtagswahlumfragen recherchiert, ob die Parteiidentifikation erhoben wurde.[2] Leider war dies nicht durchgängig der Fall, so dass sich die Zahl der in die Analyse einbeziehbaren Landtagswahlen auf 108 reduzierte. Die Ausfälle waren ausschließlich auf westdeutsche Landtagswahlen begrenzt und betreffen hier vor allem die früheren Jahre. Für die in die Untersuchung einbeziehbaren Landtagswahlen wurde dann der Anteil der Unions- und SPD-Anhänger in Prozent berechnet und in einem eigenen Datensatz zusammengefasst.[3]

In einem zweiten Schritt wurden dann die Stimmenanteile von Union und SPD bei den Landtagswahlen sowie weitere Eckdaten der Wahlen recherchiert und dem Datensatz zugespielt.[4] In der Regel konnten die relevanten Daten den Internet-Angeboten der Landeswahlleiter entnommen werden. In einem dritten Schritt wurde anschließend für die später durchzuführende Attraktivitätsmessung im Internet nach geeigneten Portraitphotographien der

---

[2] Grundlage waren die Datenbestände, die bei der GESIS, Abteilung Datenarchiv und Datenanalyse, unter den Studiennummern 4182 sowie 4394, 4396, 4399, 4401, 4403, 4405, 4511, 4745, 4864, 4866, 4868 und 4870 archiviert sind.

[3] Die Berechnung erfolgte gegebenenfalls auf der Grundlage repräsentativ gewichteter Fälle. Für die Landtagswahlen in Baden-Württemberg 1968, Niedersachsen 1970 und in Nordrhein-Westfalen 1970 weicht die Frageformulierung, mit der die Parteiidentifikation erfasst wurde, deutlich von der heute gebräuchlichen Form ab. Wir haben alle im nächsten Abschnitt berichteten Analysen daher auch mit einem entsprechenden Methodendummy und einem entsprechenden Interaktionsterm des Methodendummys mit dem Stimmenpotential gerechnet. Dadurch wurde aber lediglich der Effekt des Stimmenpotentials neu aufgeteilt. Einflüsse auf andere Effekte zeigten sich hingegen nicht, so dass wir aus Gründen der Übersichtlichkeit auf die Darstellung der Befunde in diesem Aufsatz verzichtet haben. Bei den 1990er Landtagswahlen in Ostdeutschland wurde aus nahe liegenden Gründen gar nicht nach der Parteibindung gefragt. Da wir aber davon ausgehen, dass die Landtagswahlen in den fünf neuen Ländern und Ostberlin nicht nach dem Tabula rasa-Prinzip stattgefunden haben, haben wir das strategische Stimmenpotential über die Recallfrage zur ersten und letzten freien Volkskammerwahl vom 18. März 1990 approximiert. Wir sind dabei davon ausgegangen, dass sich die ostdeutschen Wähler – in Ermangelung eines anderen Information Shortcut – bei ihren ersten Landtagswahlen gegebenenfalls am Stimmverhalten bei der Volkskammerwahl orientiert haben.

[4] Normalerweise wurde dabei auf den landesweiten Stimmenanteil bei der Parteienstimme zurückgegriffen. Ausnahmen bilden hier lediglich Berlin, Bayern und Baden-Württemberg: Für Berlin wurde, entsprechend der Trennung nach West und Ost, der Stimmenanteil im jeweiligen Wahlgebiet einbezogen. Für Bayern und Baden-Württemberg wurde – in Ermangelung von Alternativen – der durchschnittliche landesweite Stimmenanteil berücksichtigt.

Spitzenkandidaten gesucht.[5] Gleichzeitig wurden weitere relevante Personenmerkmale, die als Kontrollvariablen Eingang in die Untersuchung finden sollten, erfasst und im Datensatz codiert. Bei diesem Rechercheschritt waren wir für alle Unions- und SPD-Spitzenkandidaten der in der Analyse verbliebenen 108 Landtagswahlen erfolgreich.[6] Neben den strategischen Stimmenpotentialen und den Stimmenanteilen enthielt der Datensatz damit zu insgesamt 216 Kandidaten Angaben zum Jahr der Wahl, zur Wahlregion, zur Anzahl der bei der Landtagswahl angetretenen Parteien,[7] zum landespolitischen Status der Partei,[8] zum bundespolitischen Status der Partei,[9] zur politischen Erfahrung der Spitzenkandidaten,[10] zu ihrer universitären

---

5   Um einem möglichen Einwand gegen unsere Befunde schon an dieser Stelle vorzubeugen: Gegen die Verwendung von Photographien als Grundlage der Attraktivitätsbestimmung könnte grundsätzlich vorgebracht werden, dass die Attraktivität der abgebildeten Personen durch kosmetische Maßnahmen sowie durch geeignete digitale oder manuelle Retuschen künstlich über das natürliche Maß hinaus erhöht werden kann, so dass die Attraktivitätsmessung verfälscht wird (vgl. Hergovich et al. 2002; Rosenberg/McCafferty 1987; Rosenberg et al. 1991). Hinzu kommt, dass bereits die Inszenierung der Photographie, Moden, Kleidungsstil, Ornamentik, Gestik und Mimik der abgebildeten Person oder die technische Qualität der Photographie die Attraktivitätseinstufung beeinflussen können (Elliot/Niesta 2008; Osborn 1996; Reis et al. 1990). All dies ist richtig, im Zusammenhang dieser Untersuchung aber von nachrangiger Bedeutung: Jede dieser Implikationen arbeitet gegen die Basishypothese, dass sich ein Einfluss der physischen Attraktivität auf den Wahlausgang nachweisen lässt. Insofern ergibt sich hier lediglich eine Verschärfung der Testbedingungen. Gegen die Verwendung von Portraitaufnahmen als Grundlage der Attraktivitätsbestimmung ließe sich aber darüber hinaus noch einwenden, dass Portraitaufnahmen die Gesamtanmutung einer Person nur unzureichend wiedergeben. Dieser Vorbehalt ist jedoch unbegründet. Es lässt sich nämlich zeigen, dass sich die Bewertung der Attraktivität einer Person kaum verändert, wenn statt einer Portraitphotographie eine Ganzkörperphotographie eingesetzt wird. Zudem stimmt die Bewertung der Attraktivität des Gesichts sehr gut mit der Bewertung der gesamten Person überein (vgl. exemplarisch Brunswik 1956; Grammer et al. 2002; Snyder et al. 1985). Und selbst wenn Videosequenzen oder die Beobachtung in einer natürlichen Umgebung die Bewertungsgrundlage bilden, ändert sich die Attraktivitätsbeurteilung nicht gegenüber einer Attraktivitätseinschätzung, die auf einer Portraitphotographie basiert (Brown et al. 1999).

6   Bei der Photographierecherche wurde versucht, für jeden Spitzenkandidaten eine Photographie zu finden, die möglichst zeitnah zu dem Termin der entsprechenden Landtagswahl aufgenommen wurde. Dies ist im Großen und Ganzen recht gut gelungen, leider jedoch nicht durchgängig. Da die physische Attraktivität u. a. mit dem Alter einer Person variiert, könnte dies in Einzelfällen dazu führen, dass die Attraktivität eines Spitzenkandidaten zum Zeitpunkt der Landtagswahl unter- bzw. überschätzt wird. Eine derartige Verzerrung kann aber gegebenenfalls als nachrangiges Problem betrachtet werden, da es die Chancen reduziert, einen signifikanten Einfluss der physischen Attraktivität der Spitzenkandidaten auf den Wahlerfolg ihrer Parteien nachweisen zu können. Es wirkt sich also lediglich als eine weitere Verschärfung der Testbedingungen aus.

7   Je mehr Parteien zu einer Landtagswahl antreten, desto geringer sollte tendenziell der Stimmenanteil sein, den die einzelnen Parteien erringen können.

8   Dabei wurde danach unterschieden, ob eine Partei zum Zeitpunkt der Wahl an der Landesregierung beteiligt war oder nicht. Wir gehen davon aus, dass Spitzenkandidaten von Parteien, die an der Landesregierung beteiligt sind, einen strukturellen Wettbewerbsvorteil haben.

9   Da Landtagswahlen als Nebenwahlen von den Wählern gerne dafür genutzt werden, die amtierende Bundesregierung symbolisch abzustrafen, gehen wir davon aus, dass Spitzenkandidaten, deren Parteien zum Zeitpunkt der Landtagswahl an der Bundesregierung beteiligt sind, einen strukturellen Wettbewerbsnachteil haben.

10 Je größer die politische Erfahrung eines Spitzenkandidaten ist, desto größer sollten seine Wahlchancen sein. Da unklar ist, ob dabei nur die landespolitische Erfahrung zählt, haben wir zusätzlich auch die kommunalpolitische und die bundespolitische Erfahrung berücksichtigt.

Ausbildung,[11] zu ihrem akademischen Grad,[12] zu ihrem Alter zum Wahlzeitpunkt,[13] zu ihrem Geschlecht,[14] zu ihrem Familienstand zum Wahlzeitpunkt,[15] zu der Frage, ob sie zum Wahlzeitpunkt bereits mindestens einmal geschieden waren,[16] und zu der Frage, ob sie sich im Vorfeld der Wahl als homosexuell geoutet hatten.[17]

In einem vierten und letzten Schritt der Datenerfassung galt es schließlich noch, die physische Attraktivität der Spitzenkandidaten zu bestimmen. Dabei haben wir uns an der in der Attraktivitätsforschung gebräuchlichen *Truth of Consensus Method* (Patzer 1985: 17) orientiert. Bei dieser Methode der Attraktivitätsbestimmung beurteilt eine Gruppe so genannter Rater unabhängig voneinander die Attraktivität einer Person. Durch Verrechnung der Einzelurteile zu einem Mittelwert ergibt sich dann der so genannte Attraktivitätsscore der beurteilten Person. Grundlage dieses Verfahrens ist der oben bereits thematisierte *Attractiveness Consensus*, also die Feststellung, dass es sich bei der Attraktivität einer Person um ein Merkmal handelt, das verschiedene Betrachter sehr ähnlich wahrnehmen (vgl. Grammer et al. 2003, Henss 1987, 1992, Iliffe 1960). Eventuelle Unterschiede in der Attraktivitätsbeurteilung durch verschiedene Betrachter sind demnach im Wesentlichen auf nachrangige Geschmacksunterschiede zwischen diesen Betrachtern zurückzuführen. Gleichzeitig bedeutet das aber auch, dass bereits mit einer sehr kleinen Gruppe von Ratern eine vergleichsweise valide und reliable Attraktivitätsmessung erzielt werden kann. In der Literatur wird es gemeinhin als ausreichend angesehen, wenn sich die Attraktivitätsmessung auf die Urteile von etwa zwei Dutzend Ratern stützt. Bereits dann seien die Attraktivitätsscores so stabil, „dass auch bei einer Befragung von 10.000 Personen kaum etwas anderes herauskommen könnte" (Henss 1992: 308). Ungeachtet dieser Feststellung lassen sich aber auch Studien finden, die bereits mit dem Einsatz von einem halben Dutzend Ratern, noch weniger Ratern oder

---

11 Eine akademische Ausbildung mag intellektuelle Kompetenz signalisieren. Zusätzlich ist denkbar, dass ein Studium, das Qualifikationen vermittelt, die im politischen Kontext wichtig sein können, einen substantiellen Kompetenzvorsprung darstellt. Wir haben daher nicht nur danach differenziert, ob ein Spitzenkandidat einen akademischen Abschluss hat, sondern auch, ob er diesen Abschluss in Jura, BWL oder VWL, einer der beiden Sozialwissenschaften oder einem sonstigen Fach erworben hat. Lehrer wurden dabei – auch wenn sie das Unterrichtsfach Sozialkunde oder Politik studiert haben – den sonstigen Abschlüssen zugeordnet.

12 Der akademische Grad eines Doktors kann zusätzliche intellektuelle Kompetenz signalisieren. Wir gehen daher davon aus, dass promovierte Spitzenkandidaten einen Wettbewerbsvorteil haben.

13 Wir gehen davon aus, dass Wähler von einem „Landesvater" oder einer „Landesmutter" ein gewisses Maß an Lebenserfahrung erwarten. Ältere Spitzenkandidaten sollten daher im Vorteil sein.

14 Die Politik gilt nach wie vor als männlich konnotiertes Handlungsfeld. Weibliche Spitzenkandidaten sollten daher einen systematischen Wettbewerbsnachteil haben.

15 Nach der landläufigen Vorstellung gehört zu einem „Landesvater" wohl auch die passende „Landesmutter". Unter Umkehrung der Etiketten sollte Vergleichbares für weibliche Spitzenkandidaten gelten. Wir gehen daher davon aus, dass Spitzenkandidaten, die zum Wahlzeitpunkt verheiratet sind, einen Vorteil genießen.

16 Zum Zeitpunkt der Wahl verheiratet zu sein, bedeutet aber noch nicht, dass der Spitzenkandidat ein „geordnetes" Familienleben führt. Gerhard Schröder war beispielsweise bei jeder Wahl, zu der er angetreten ist, verheiratet – allerdings zumeist mit einer anderen Frau. Daher haben wir auch den Aspekt einmaliger oder mehrmaliger Scheidung berücksichtigt.

17 Wir gehen davon aus, dass es innerhalb der deutschen Wählerschaft Ressentiments gegenüber Homosexuellen gibt. Spitzenkandidaten, die sich als homosexuell geoutet haben, sollten daher systematische Wettbewerbsnachteile haben.

gar eines einzigen Raters signifikante und substantielle Effekte der physischen Attraktivität nachweisen konnten (vgl. exemplarisch Biddle/Hamermesh 1998; Davis et al. 2000; Hamermesh/Biddle 1994: 1179-1181; Hamermesh/Parker 2006; Mocan/Tekin 2005: 8-13; Roszell et al. 1989: 550f; Stelzer et al. 1987; Umberson/Hughes 1987: 231f; Zakahi et al. 1994).

Die in dieser Studie verwendeten Attraktivitätsmessungen der Spitzenkandidaten basieren auf Bewertungen, die von 24 Studierenden der Universität zu Köln und der Leibniz Universität Hannover abgegeben wurden.[18] Dabei handelte es sich um zwölf Männer und zwölf Frauen im Alter zwischen 21 und 28 Jahren.[19] Da wir die Portraitphotographien der Spitzenkandidaten in einen Online-Fragebogen eingearbeitet hatten, konnten alle Rater die Beurteilung an ihrem eigenen Computer durchführen.[20] Jeder Spitzenkandidat wurde den Ratern dabei auf einer eigenen Fragebogenseite präsentiert.[21] Die Attraktivitätsbeurteilung wurde anhand einer siebenstufigen Skala abgegeben, deren Endpole mit *unattraktiv* (im Datensatz mit 0 codiert) und *attraktiv* (im Datensatz mit 6 codiert) gelabelt waren. Die Rater erhielten bis zum Ende der Erhebung keinerlei Informationen über die präsentierten Personen.[22] Eine Reliabilitätsanalyse der Einzelbeurteilungen bestätigte erwartungsgemäß den hohen Konsens in der Attraktivitätseinschätzung. Gemäß der in der Attraktivitätsforschung gängigen Vor-

---

18   Wir möchten uns an dieser Stelle bei unserer Kollegin Frau Dr. Alexandra Nonnenmacher bedanken, die uns an der Leibniz Universität Hannover bei der Rekrutierung der Rater unterstützt hat: Vielen Dank Nonnenmacherin!

19   Gegen den Rückgriff auf studentische Rater ließe sich natürlich einwenden, dass Studierende mit Sicherheit nicht die demographische Zusammensetzung der bundesdeutschen Wählerschaft widerspiegeln und dass ihre Attraktivitätsurteile möglicherweise nicht der Einschätzung des typischen Wählers oder der typischen Wählerin entsprechen. In der Tat können die Urteile der Studierenden auf Grund des so genannten Eigengruppen-Bonus (Reis et al. 1980, 1982) eine Verzerrung aufweisen. Folgt man den Untersuchungen von Henss (1987, 1992), so dürfte diese Verzerrung allerdings nicht gravierend sein. Zudem würde eine verzerrte Attraktivitätsmessung die Chancen reduzieren, einen Zusammenhang zwischen der physischen Attraktivität der Spitzenkandidaten und dem Wahlerfolg ihrer Parteien nachweisen zu können. Eine Verzerrung durch die Rater-Auswahl würde also gegen die zu prüfende Basishypothese arbeiten und insofern eine weitere Verschärfung der Testbedingungen darstellen.

20   Da es unsinnig gewesen wäre, die Spitzenkandidaten der Berliner Abgeordnetenhauswahlen für die Zeit nach der Wiedervereinigung der Stadt zweimal bewerten zu lassen, hatte jeder Rater dabei lediglich 208 Photographien zu bewerten.

21   Die Photographien der Spitzenkandidaten wurden den Ratern nach Landtagswahlen sortiert präsentiert, wobei die Reihenfolge der Landtagswahlen für jeden Rater zufällig neu festgelegt wurde. Innerhalb der Landtagswahlblöcke wurde die Reihenfolge, in der die Photographien des Unions- und des SPD-Kandidaten präsentiert wurden, ebenfalls immer wieder randomisiert.

22   Dennoch konnte natürlich nicht ausgeschlossen werden, dass die Rater die auf den Photographien abgebildeten Politiker erkennen würden. Die Bekanntheit könnte in Verbindung mit einer entsprechenden Persönlichkeitseinschätzung oder Parteibewertung aber zu einer eher positiven oder einer eher negativen Beurteilung der gezeigten Person führen. Eine solche Beurteilung könnte dann gegebenenfalls auf die Attraktivitätseinstufung ausstrahlen und sie verfälschen. Aus diesem Grund wurde zu jeder Photographie auch gefragt, ob die gezeigte Person bekannt ist und wie sie heißt. Allerdings wurde lediglich bei 617 von 4.992 Messungen (24 Rater * 208 Photographien), also bei 12,4 Prozent aller Messungen, die gezeigte Person richtig erkannt, so dass der Aspekt von Messverzerrungen auf Grund der Bekanntheit der beurteilten Politiker vernachlässigt werden kann.

gehensweise wurden dabei die Rater als Variablen und die präsentierten Photographien als Fälle betrachtet. Cronbach's a ergab sich zu 0,94.

Tabelle 1: Die physische Attraktivität der Spitzenkandidaten der Landtagswahlen 1968 bis 2008 nach Geschlecht, Alter, Parteizugehörigkeit und Region

	Mean	Std.dev.	Min.	Max.	Range	N	η
Alle	2.06	.74	.46	4.33	3.88	208	
Nach Geschlecht							
weiblich	2.73	1.12	1.25	4.33	3.08	10	.21***
männlich	2.03	.70	.46	3.83	3.38	198	
Nach Alter							
34 bis 40 Jahre	2.51	.82	1.04	3.79	2.75	14	
41 bis 50 Jahre	2.12	.76	.71	4.33	3.63	69	.19*
51 bis 60 Jahre	2.00	.73	.46	3.83	3.38	98	
61 bis 71 Jahre	1.88	.57	1.00	2.92	1.92	27	
Nach Partei							
SPD	2.07	.82	.46	4.33	3.88	104	.02
CDU/CSU	2.05	.65	.71	3.58	2.88	104	
Nach Region							
West	2.15	.75	.46	4.33	3.88	162	.16**
Ost	1.88	.74	.54	3.83	3.29	54	

Anmerkungen: *: $p < 0.10$; **: $p < 0.05$; ***: $p < 0.01$.

Die Urteile der 24 Rater wurden daher gemäß der *Truth of Consensus Method* per Mittelwertbildung zu Attraktivitätsscores verrechnet und dem Datensatz als weiteres Merkmal zugespielt. Im Durchschnitt ergab sich für die einbezogenen Spitzenkandidaten ein Attraktivitätsscore von 2,06. Der schlechteste Wert betrug 0,46, der beste 4,33. Diese eher bescheidenen Kennwerte hängen damit zusammen, dass in der spezifischen Population unserer Untersuchung Frauen deutlich unterrepräsentiert und ältere Menschen deutlich überrepräsentiert sind. Dies verdeutlichen auch die in Tabelle 1 ausgewiesenen Fallzahlen. Gleichzeitig bestätigen die in Tabelle 1 ausgewiesenen statistischen Kennziffern aber auch den aus der Literatur bekannten Befund, dass die Attraktivität mit dem Alter und dem Geschlecht variiert. Abbildung 1 (siehe folgende Seite) gibt – im Rahmen der Möglichkeiten des Untersuchungssamples – zusätzlich einen plastischen Eindruck von den Merkmalen, die losgelöst von Geschlecht und Alter eine positive Attraktivitätseinstufung begünstigen (Braun et al. 2003; Grammer 2002; Gründl 2004, 2007).

Abbildung 1: Die zehn attraktivsten Spitzenkandidaten der bundesdeutschen Landtagswahlen 1968 bis 2008

Anmerkungen: Angaben unter den Photographien sind der Attraktivitätsscore, der Name und die Partei des Spitzenkandidaten sowie das Bundesland und das Jahr der Landtagswahl.

4. Empirische Analysen: Physische Attraktivität wirkt – allerdings nicht erwartungskonform

Bevor wir uns im Folgenden den Ergebnissen der empirischen Analysen zuwenden können, sind noch drei methodische Anmerkungen vorzubringen. Die Daten unserer Untersuchung weisen eine komplexe *hierarchische Struktur* auf, bei der die Spitzenkandidaten die Fälle der ersten Ebenen und die Bundesländer und die Zeit kreuzklassifiziert die Fälle der zweiten Ebenen bilden.[23] Das entsprechende Analysedesign lässt sich jedoch nicht zuverlässig realisieren, da auf der zweiten Ebene zu viele leere Zellen produziert würden.

---

23 Eigentlich ist das Datendesign sogar noch komplexer, da viele Spitzenkandidaten zu mehreren Landtagswahlen angetreten sind, die Berliner Spitzenkandidaten gedoppelt in die Untersuchung eingehen, ein Kandidat jeweils einmal bei Wahlen in verschiedenen Bundesländern angetreten ist (Hans-Jochen Vogel), ein Kandidat mehrfach bei Wahlen in zwei verschiedenen Bundesländern angetreten ist (Hartmut Perschau) und ein Kandidat es tatsächlich geschafft hat, sich in zwei verschiedenen Bundesländern mehrfach zum Ministerpräsidenten wählen zu lassen (Bernhard Vogel).

Hinzu kommt, dass wir jeweils nur zwei Level 1-Einheiten pro Level 2-Zelle hätten. Auch dies wäre für eine zuverlässige Mehrebenenschätzung zu wenig (vgl. Hox 2002). Wir haben uns daher entschlossen, alle empirischen Auswertungen als einfache *OLS-Regressionen* durchzuführen. Unabhängig von der Wahl des Analyseverfahrens gilt aber, dass unsere Stichprobe im Vergleich zu der Grundgesamtheit, aus der sie gezogen wurde, sehr groß ist. Bereits bei einer Abdeckungsquote von 5 Prozent der Grundgesamtheit durch eine realisierte Stichprobe entsteht das Problem der *endlichen Grundgesamtheit*, das zu Fehlberechnungen der Standardfehler führt. Wir decken mit unserer Stichprobe aber 78 Prozent der Grundgesamtheit ab.[24] Daher haben wir alle Standardfehler der Regressionskoeffizienten einer so genannten *Endlichkeitskorrektur für finite Grundgesamtheiten* unterzogen und auf der Grundlage der korrigierten Standardfehler die Signifikanzen neu berechnet (Menges 1959; vgl. zum Überblick auch Bortz 2005: 86, 92f). Allerdings müssen wir einräumen, dass wir nicht zuverlässig abschätzen können, ob Signifikanzen im Zusammenhang mit unserer Untersuchung überhaupt aussagekräftig sind. Das hat zum einen damit zu tun, dass wir die hierarchische Struktur nicht angemessen abbilden können. Zum anderen liegt es in *Zweifeln hinsichtlich der Zufälligkeit der Ausfälle* begründet. Die Landtagswahlen, die nicht berücksichtigt werden konnten, weisen einen deutlichen Zeit- und Regionenbias auf. Insofern mag es sein, dass eine der elementaren Annahmen der Inferenzstatistik von unseren Daten nicht erfüllt wird.

Gleichwohl sind die Resultate der empirischen Auswertungen sehr instruktiv. Tabelle 1 zeigt für Westdeutschland von 1968 bis 2008, für Westdeutschland seit der Wiedervereinigung und für Ostdeutschland seit der Wiedervereinigung die Befunde, die sich einstellen, wenn der Stimmenanteil der Parteien unter Berücksichtigung aller Kontrollvariablen auf die physische Attraktivität der Spitzenkandidaten regrediert wird. Die Modelle 1 weisen dabei den einfachen Effekt der physischen Attraktivität aus. Die Modelle 2 weisen die Effekte aus, die sich einstellen, wenn zusätzlich zum Haupteffekt der Kandidatenattraktivität ein Interaktionsterm mit der Zeit in die Modellberechnung einbezogen wird. Im Vergleich der Modelle zeigt sich erwartungskonform, dass der Einfluss der physischen Attraktivität im Osten stärker ist als im Westen. Ebenfalls erwartungskonform ist, dass sich beim Modell 2 in Ostdeutschland ein negatives Vorzeichen beim Interaktionsterm ergibt, dass also der Einfluss der physischen Attraktivität über die Zeit tendenziell sinkt. Ganz und gar nicht erwartungskonform ist jedoch, dass sich bei den Modellen 2 für Westdeutschland beim Interaktionseffekt zwischen der Kandidatenattraktivität und der Zeit ebenfalls ein negatives Vorzeichen einstellt. Der Effekt des Interaktionsterms wird zwar bei beiden Modellen nicht signifikant, dennoch zeigt sich damit aber klar, dass der Einfluss der Kandidatenattraktivität in Westdeutschland im Zeitverlauf insgesamt nicht angestiegen ist.[25] Dieser Befund steht

---

24 Da die Analysen nach West- und Ostdeutschland getrennt durchgeführt werden, sind es im Westen eigentlich „nur" 73 Prozent, im Osten sind es dafür aber 100 Prozent.

25 Für Westdeutschland haben wir im Übrigen auch für die Landtagswahlen *von 1968 bis zur Wiedervereinigung* entsprechende Modelle berechnet: Auch für diese Zeitspanne weist der Interaktionsterm ein negatives Vorzeichen auf, er wird aber diesmal wie der Haupteffekt signifikant.

in frappantem Widerspruch zu der zentralen Erwartung, die sich aus der Personalisierungsthese des Wahlverhaltens ableiten ließ.

Tabelle 2: Regressionsmodelle der Determinanten des Wahlerfolgs bei den Landtagswahlen der Jahre 1968 bis 2008, differenziert nach Regionen und Phasen (unstandardisierte Regressionskoeffizienten)

	West ab 4/1968		West ab 10/1990		Ost ab 10/1990	
	Modell 1	Modell 2	Modell 1	Modell 2	Modell 1	Modell 2
Konstante	17.21***	15.96***	8.33***	6.67***	-4.46***	-16.56***
Attraktivität des Kandidaten	2.37***	3.32***	1.90***	2.69***	4.03***	10.70***
Attraktivität des Kand. * Zeit in J. (1968=1)		-.04		-.03		-.23***
Zeit in Jahren (1968=1)	-.24***	-.16***	-.08***	-.02	-.38***	.05***
Anzahl der angetretenen Parteien	-.19***	-.19***	-.17***	-.17***	-1.00***	-.95***
Stimmenpotential der Partei in %	.63***	.63***	.67***	.67***	.80***	.82***
Beteiligung der Partei an der Landesregierung	1.65***	1.66**	.23	.21	5.42***	5.41***
Beteiligung der Partei an der Bundesregierung	-1.65***	-1.60***	-1.88***	-1.87***	-2.15***	-2.18***
Kommunalpol. Erfahrung des Kand. in Jahren	.03	.04	.13***	.13***	-.07***	-.08***
Landespol. Erfahrung des Kandidaten in Jahren	.18***	.19***	.20***	.20***	.06***	.09***
Bundespol. Erfahrung des Kandidaten in Jahren	.13***	.13***	.07***	.07***	.37***	.41***
Studienabschluss des Kandidaten						
Jura	1.16	1.20*	3.09***	3.11***	1.15***	1.62***
Ökonomie	.53	.54	3.22***	3.25***	-1.26***	.40***
Sozialwissenschaften	-.06	-.17	-.68*	-.73*	1.78***	1.33***
Sonstige Fachrichtung	1.19	1.23	1.44***	1.43***	3.75***	4.57***
Kandidat ist promoviert	.37	.41	.79***	.76***	1.37***	1.22***
Alter des Kandidaten zum Wahlzeitpunkt in Jahren	.02	.02	.07***	.07***	.42***	.41***
Geschlecht des Kandidaten: männlich	1.89*	1.69	.47	.43	8.57***	8.16***
Kandidat ist zum Wahlzeitpunkt verheiratet	.03	-.24	.57	.47	-2.32***	-3.13***
Kand. ist vor der Wahl min. einmal geschieden	1.28*	1.37*	1.77***	1.78***	-3.44***	-3.38***
Kand. hat sich v. d. Wahl als homosexuell geoutet	.44	.44	.26	.22	-4.45***	-2.07***
Adjustiertes R^2 in %	60.5	60.3	55.2	54.6	76.8	76.7
N	162	162	94	94	54	54

Anmerkungen: *: $p < 0.10$; **: $p < 0.05$; ***: $p < 0.01$.

Ebenso widersprüchlich erscheinen die empirischen Befunde bezüglich der Parteien. Tabelle 3 zeigt für Westdeutschland ab 1968 die nach Union und SPD differenzierten Effekte der physischen Attraktivität. Die Modelle 1 weisen jeweils wieder die einfachen Effekte der physischen Attraktivität der Spitzenkandidaten aus. Die Modelle 2 berücksichtigen neben dem Haupteffekt der Kandidatenattraktivität jeweils wiederum den Interaktionsterm mit der Zeit. Vergleicht man die Modelle 1, so zeigt sich erwartungskonform, dass der Einfluss der äußeren Anmutung auf den Wahlerfolg bei SPD-Spitzenkandidaten stärker ist als bei denen der Unionsparteien. Entgegen den aus der Personalisierungsthese des Wählerverhaltens abgeleiteten Vermutungen lässt sich unter Berücksichtigung des Interaktionsterms (Modelle 2 in Tabelle 3) aber nur bei den Spitzenkandidaten der Unionsparteien eine signifikante und erwartungskonforme Zunahme der Einflussstärke feststellen, wohingegen bei der SPD keine signifikante Veränderung feststellbar ist. Wenn man jedoch die nicht vorhandene Signifikanz des Interaktionsterms beim SPD-Modell einmal außer Acht lässt und nur die Vorzeichen der Interaktionsterme in den Blick nimmt, dann lässt sich konstatieren, dass der Einfluss der Kandidatenattraktivität bei der SPD – anders als bei der Union – im Zeitverlauf sinkt. Aus dieser Perspektive betrachtet verdeckt dann der negative Trend, der sich in den westdeutschen Modellen 2 in Tabelle 2 für die zeitabhängige Bedeutung der Kandidatenattraktivität insgesamt ergab, konträre Entwicklungen auf der Ebene der Parteien.

Tabelle 3: Regressionsmodelle der Determinanten des Wahlerfolgs bei den westdeutschen Landtagswahlen der Jahre 1968 bis 2008, differenziert nach Parteien (unstandardisierte Regressionskoeffizienten)

	CDU/CSU ab 4/1968		SPD ab 4/1968	
	Modell 1	Modell 2	Modell 1	Modell 2
Konstante	19.43***	26.71***	7.66**	6.33*
Attraktivität des Kandidaten	1.54***	-1.93	2.31***	3.57***
Attraktivität des Kand. * Zeit in J. (1968=1)		.14**		-.05
Zeit in Jahren (1968=1)	-.32***	-.61***	-.20***	-.12
Anzahl der angetretenen Parteien	.01	.02	-.11	-.11
Stimmenpotential der Partei in %	.55***	.54***	.80***	.79***
Beteiligung der Partei an der Landesregierung	2.85***	2.95***	-.50	-.46
Beteiligung der Partei an der Bundesregierung	-3.72***	-3.56***	-.53	-.39
Kommunalpol. Erfahrung des Kand. in Jahren	.19***	.14**	.05	.05
Landespol. Erfahrung des Kandidaten in Jahren	.03	.02	.31***	.31***
Bundespol. Erfahrung des Kandidaten in Jahren	-.06	-.06	.34***	.34***
Studienabschluss des Kandidaten				
Jura	1.47	.95	.39	.36
Ökonomie	-.91	-1.59	.74	.71
Sozialwissenschaften	4.01	2.84	1.20	.99
Sonstige Fachrichtung	2.42	1.37	3.93***	3.85***
Kandidat ist promoviert	.12	.68	-1.38**	-1.31**
Alter des Kandidaten zum Wahlzeitpunkt in Jahren	.13**	.15**	.03	.03
Geschlecht des Kandidaten: männlich	-.-	-.-	-.21	-.28
Kandidat ist zum Wahlzeitpunkt verheiratet	2.55	2.33	-.29	-.94
Kand. ist vor der Wahl min. einmal geschieden	-1.29	-1.99	4.29***	4.30***
Kand. hat sich v. d. Wahl als homosexuell geoutet	6.49***	6.38***	-.74	-.70
Adjustiertes R² in %	61.2	61.5	76.9	76.7
N	81	81	81	81

Anmerkungen: -.-: Prädiktor hat in diesem Subsample keine Varianz; *: p < 0.10; **: p < 0.05; ***: p < 0.01.

5. Zusammenfassung: Viel physische Attraktivität, wenig Personalisierung

Ziel der hier vorgestellten Untersuchung war es zu überprüfen, ob die Effekte der physischen Attraktivität von Politikern auf den Wahlerfolg ihrer Parteien resistent gegenüber zeitlichen Einflüssen sind, oder ob sie von Randbedingungen moderiert werden, die sich historisch begründet – und damit gegebenenfalls auch regional differenziert – ändern können. Auf der Grundlage der These der Personalisierung des Wahlverhaltens wurden dazu Erwartungen formuliert, die sich vor allem auf die longitudinale Perspektive konzentrierten, die aber auch spezifische Unterschiede zwischen Parteien sowie zwischen alten und neuen Bundesländern betrafen. Untersucht wurden diese Erwartungen am Beispiel der Spitzenkandidaten von Union und SPD bei den bundesdeutschen Landtagswahlen der Jahre 1968 bis 2008. Die empirischen Analysen haben dabei Befunde erbracht, die sich im Wesentlichen in drei Sätzen zusammenfassen lassen: Erstens ist die grundsätzliche Wirksamkeit der physischen Attraktivität von Politikern ein weiteres Mal bestätigt worden. Zweitens ist bestätigt worden, dass sich dieser Effekt über die Zeit verändern, zwischen Parteien unterscheiden und zwischen Regionen variieren kann. Drittens entsprechen diese Unterschiede aber nur punktuell den Vermutungen, die sich aus der Personalisierungsthese des Wahlverhaltens ableiten lassen.

Der letzte Punkt wirft erhebliche Zweifel an der Gültigkeit der These in ihrer bisherigen, vergleichsweise schlichten Form auf. Man kann natürlich einwenden, dass sich unsere Untersuchung auf Landtagswahlen bezog und dass sie nur einen Teil der bundesdeutschen Wahlhistorie abdeckt. Bezüglich des zweitgenannten Punktes würden wir jedoch anmerken, dass unsere Untersuchung den für die Personalisierungsthese entscheidenden Teil der bundesdeutschen Geschichte abdeckt, und dem erstgenannten Einwand würden wir entgegnen, dass unseres Erachtens nach erst einmal schlüssige Gründe vorgebracht werden müssen, warum es beispielsweise bei Bundestagswahlen zu einer Personalisierung des Wahlverhaltens kommen sollte, bei Landtagswahlen hingegen nicht. Aus unserer Sicht kann sogar argumentiert werden, dass bei Landtagswahlen eher Personalisierungstendenzen zu erwarten sind als bei Bundestagswahlen – wenn wir sie dennoch nicht finden, ist dies dann aber ein Befund von ganz besonderer Aussagekraft. Was wir jedoch einräumen müssen, ist, dass wir den Einfluss einer objektiven Kandidateneigenschaft untersucht haben, sich die Personalisierung aber möglicherweise allein auf der Ebene der subjektiven Wahrnehmung und Bewertung von Kandidateneigenschaften vollzieht. Inwieweit ein solcher Mechanismus dann aber noch sinnvollerweise unter dem Begriff der Personalisierung subsumierbar ist, dürfte zumindest eine berechtigte Frage sein.

In der Verknüpfung von objektiven Kandidateneigenschaften mit subjektiven Perzeptionen durch die Wähler liegt aber möglicherweise ein Schlüssel zur Erklärung der tendenziell zumeist rückläufigen Einflussstärke der physischen Attraktivität der Spitzenkandidaten. Immerhin ist es theoretisch möglich, dass der direkte Effekt nachgelassen hat, weil sich indirekte Effekte verstärkt haben; weil beispielsweise die äußere Anmutung eines Spitzenkandidaten heute nicht mehr nur in der beschriebenen Weise die Wahlchancen seiner Partei erhöht, indem diese vergleichsweise diffus den Spitzenkandidaten ins rechte Licht rückt, sondern weil sie inzwischen auch verstärkt die Wahrnehmung und Gewichtung der Wahlkampfagenda, ganz spezifische Kompetenzzuschreibungen bei Parteien und Kandidaten oder möglicherweise sogar Parteiloyalitäten beeinflusst. Um diese Möglichkeit überprüfen zu können, ist es allerdings erforderlich, die physische Attraktivität der Spitzenkandidaten mit den entsprechenden Orientierungen der Wähler auf der Individualebene in Bezug zu setzen. Hierfür bieten sich wiederum die Landtagswahlstudien an, die bereits in dieser Untersuchung genutzt wurden. Sie beinhalten eine Reihe der relevanten Indikatoren über einen längeren Zeitraum, so dass nachgeprüft werden kann, ob derartige indirekte Effekte an Bedeutung gewonnen haben. Auf Grund der langen Untersuchungsspanne und der vergleichsweise hohen Dichte der Messungen kann davon ausgegangen werden, dass die empirischen Analysen dabei recht verlässlich Ergebnisse liefern können. Ob die Befunde dabei klare Antworten geben werden oder ob sie, wie die in diesem Aufsatz berichteten Resultate, ihrerseits eher zu neuen Vermutungen anregen, ist allerdings eine offene Frage. – Aber um es in den Worten des großen Philosophen Franz Beckenbauer auszudrücken: Schau'n mer 'mal, dann seh'n 'mer scho.

Literatur

Bassili, John N., 1981: The attractiveness stereotype: Goodness or glamour? Basic and Applied Social Psychology 2, 235-252.
Beck, Ulrich, 1986: Risikogesellschaft. Auf dem Weg in eine andere Moderne. Frankfurt a.M.: Suhrkamp.
Beck, Ulrich, 1988: Gegengifte. Die organisierte Unverantwortlichkeit. Frankfurt a.M.: Suhrkamp.
Benson, Peter L. / Karabenic, Stuart A. / Lerner, Richard M., 1976: Pretty Pleases: The effects of physical attractiveness on race, sex and receiving help. Journal of Experimental Social Psychology 12, 409-415.
Berggren, Niclas / Jordahl, Henrik / Poutvaara, Panu, 2007: The Looks of a Winner: Beauty, Gender and Electoral Success. München: CESifo.
Bian, F., 1997: The Effects of Attractiveness on Helping Behavior. Claremont: Harvey Mudd College.
Biddle, Jeff E. / Hamermesh, Daniel S., 1998: Beauty, Productivity, and Discrimination: Lawyers' Looks and Lucre. Journal of Labor Economics 16, 172-201.
Bortz, Jürgen, 2005: Statistik für Human- und Sozialwissenschaftler. Berlin: Springer Verlag.
Braun, Christoph / Gründl, Martin / Marberger, Claus / Scherber, Christoph, 2003: Beautycheck. Ursachen und Folgen von Attraktivität. Regensburg: Universität Regensburg (Download: http://www.beautycheck.de/).
Brettschneider, Frank, 1998: Kohl oder Schröder: Determinanten der Kanzlerpräferenz gleich Determinanten der Wahlpräferenz. Zeitschrift für Parlamentsfragen 29, 401-421.
Brettschneider, Frank, 2000: Kohls Niederlage? Schröders Sieg! Die Bedeutung der Spitzenkandidaten bei der Bundestagswahl 1998. In: Pickel, Gert / Walz, Dieter / Brunner, Wolfram (Hrsg.): Deutschland nach den Wahlen. Befunde zur Bundestagswahl 1998 und zur Zukunft des deutschen Parteiensystems. Opladen: Leske + Budrich, 109-140.
Brettschneider, Frank, 2001: Candidate-Voting. Die Bedeutung von Spitzenkandidaten für das Wählerverhalten in Deutschland, Großbritannien und den USA von 1960 bis 1998. In: Kaase, Max / Klingemann, Hans-Dieter, (Hrsg.): Wahlen und Wähler. Analysen aus Anlaß der Bundestagswahl 1998. Wiesbaden: Westdeutscher Verlag, 351-400.
Brettschneider, Frank, 2002: Spitzenkandidaten und Wahlerfolg. Personalisierung – Kompetenz – Parteien. Ein internationaler Vergleich. Wiesbaden: Westdeutscher Verlag.
Brown, Timothy A. / Cash, Thomas F. / Noles, Steven W., 1999: Perception of Physical Attractiveness Among College Students: Selected Determinants and Methodological Matters. Journal of Social Psychology 126, 305-316.

Brunswik, Egon, 1956: Perception and the representative design of psychological experiments. Berkeley: University of California Press.
Budesheim, Thomas L. / DePaula, Stephen J., 1994: Beauty or the beast? The effects of appearance, personality, and issue information on evaluations of political candidates. Personality and Social Psychology Bulletin 20, 339-348.
Chaiken, Shelly, 1979: Communicator Physical Attractiveness and Persuasion. Journal of Personality and Social Psychology 37, 1387-1397.
Cross, John F. / Cross, Jane, 1971: Age, sex, race, and the perception of facial beauty. Developmental Psychology 5, 433-439.
Cunningham, Michael R., 1986: Measuring the Physical in Physical Attractiveness: Quasi-Experiments on the Sociobiology of Female Beauty. Journal of Personality and Social Psychology 50, 925-935.
Cunningham, Michael R. / Barbee, Anita P. / Pike, Carolyn L., 1990: What Do Women Want? Facialmetric Assessment of Multiple Motives in the Perception of Male Physical Attractiveness. Journal of Personality and Social Psychology 59, 61-72.
Cunningham, Michael R. / Druen, Perri B. / Barbee, Anita P., 1997: Angels, Mentors, and Friends: Trade-offs among Evolutionary, Social, and Individual Variables in Physical Appearance. In: Simpson, Jeffrey A. / Kenrick, Douglas T. (Hrsg.): Evolutionary social psychology. Mahwah, NJ: Lawrence Erlbaum, 109-140.
Cunningham, Michael R. / Roberts, Alan R. / Barbee, Anita P. / Druen, Perri B. / Wu, Cheng-Huan, 1995: "Their ideas of beauty are, on the whole, the same as ours": Consistency and Variability in the Cross-Cultural Perception of Female Physical Attractiveness. Journal of Personality and Social Psychology 68, 261-279.
Dabbs, James M. / Stokes III, Neil A., 1975: Beauty is Power: The Use of Space on the Sidewalk. Sociometry 38, 551-557.
Dalton, Russell J., 1984: Cognitive Mobilization and Partisan Dealignment in Advanced Industrial Democracies. Journal of Politics 46, 264-284.
Dalton, Russell J. / Flanagan, Scott C. / Beck, Paul A., 1984: Electoral Change in Advanced Industrial Societies. In: Dalton, Russell J. / Flanagan, Scott C. / Beck, Paul A. (Hrsg.): Electoral Change in Advanced Industrial Societies. Realignment or Dealignment. Princeton: Princeton University Press, 3-22.
Dalton, Russell J. / Rohrschneider, Robert, 1990: Wählerwandel und Abschwächung der Parteieignung von 1972 bis 1987. In: Klingemann, Hans-Dieter / Kaase, Max (Hrsg.): Wahlen und Wähler. Analysen aus Anlaß der Bundestagswahl 1987. Opladen: Westdeutscher Verlag, 297-324.
Dalton, Russell J. / Wattenberg, Martin P., 2000: Partisan Change and the Democratic Process. In: Dalton, Russell J. / Wattenberg, Martin P. (Hrsg.): Parties without Partisans. Political Change in Advanced Industrial Democracies. Oxford: Oxford University Press, 261-285.
Davis, Caroline / Claridge, Gordon / Fox, John, 2000: Not just a pretty face: physical attractiveness and perfectionism in the risk for eating disorders. International Journal of Eating Disorders 27, 67-73.
Dermer, Marshall / Thiel, Darrel L., 1975: When beauty may fail. Journal of Personality and Social Psychology 31, 1168-1176.
Dion, Karen K. / Berscheid, Ellen / Walster, Elaine, 1972: What is Beautiful is Good. Journal of Personality and Society Psychology 24, 285-290.
Dion, Karen K. / Berscheid, Ellen, 1974: Physical attractiveness and peer perception among children. Sociometry 37, 1-12.
Eagly, Alice H. / Ashmore, Richard D. / Makhijani, Mona G. / Longo, Laura C., 1991: What is beautiful is good, but ...: A meta-analytic review of research on the physical attractiveness stereotype. Psychological Bulletin 110, 109-128.
Efran, Michael G. / Patterson, E.W.J., 1974: Voters Vote Beautiful: The Effect of Physical Appearance on a National Election, Behavioral Science 6, 352-356.
Elliot, Andrew J. / Niesta, Daniela, 2008: Romantic red: Red enhances men's attraction to women. Journal of Personality and Social Psychology 95, 1150-1164.
Feingold, Alan, 1988: Matching for attractiveness in romantic partners and same-sex friends: A meta-analysis and theoretical critique. Psychological Bulletin 104, 226-235.
Feingold, Alan, 1990: Gender differences in effects of physical attractiveness on romantic attraction: A comparison across five research paradigms. Journal of Personality and Social Psychology 59, 981-993.
Feingold, Alan, 1992: Good-looking people are not what we think. Psychological Bulletin 111, 304-341.
Grammer, Karl, 2002: Signale der Liebe. Die biologischen Gesetze der Partnerschaft. Frankfurt a.M.: dtv.

Grammer, Karl / Fink, Bernhard / Juette, Astrid / Ronzal, Gudrun / Thornhill, Randy, 2002: Femal Faces and Bodies: N-Dimensional Feature Space and Attractiveness. In: Rhodes, Gillian / Zebrowitz, Leslie A. (Hrsg.): Facial Attractiveness. Evolutionary, Cognitive, and Social Perspectives. Westport und London: Ablex Publishing, 91-126.

Grammer, Karl / Fink, Bernhard / Møller, Anders P. / Thornhill, Randy, 2003: Darwinian aesthetics: sexual selection and the biology of beauty. Biological Review 78, 385-407.

Gründl, Martin, 2004: Was ist Schönheit?. In: Hauner, Andrea / Reichart, Elke (Hrsg.): Bodytalk. Der riskante Kult um Körper und Schönheit. Frankfurt a.M.: dtv, 9-33.

Gründl, Martin, 2007: Attraktivitätsforschung: Auf der Suche nach der Formel für Schönheit. In: Gutwald, Cathrin / Zons, Raimar (Hrsg.): Die Macht der Schönheit. München: Wilhelm Fink Verlag, 49-70.

Hamermesh, Daniel S. / Biddle, Jeff E., 1994: Beauty and the Labour Market. American Economic Review 84, 1174-1194.

Hamermesh, Daniel S. / Parker, Amy M., 2006: Beauty in the Classroom. Professors' Pulchritude and Putative Pedagogical Productivity. NBER Working Paper 9853. Cambridge, MA: National Bureau of Economic Research (Download: http://www.nber.org/papers/w9853).

Hartnett, John J. / Balley, Kent O. / Hartley, Craig S., 1974: Body height, position and sex as determinants of personal space. Journal of Psychology 87, 129-136.

Hatfield, Elaine / Sprecher, Susan, 1986: Mirror, Mirror: The Importance of Looks in Everyday Life. Albany: State University of New York Press.

Henss, Ronald, 1987: Zur Beurteilerübereinstimmung bei der Einschätzung der physischen Attraktivität junger und alter Menschen. Zeitschrift für Sozialpsychologie 18, 118-130.

Henss, Ronald, 1992: „Spieglein, Spieglein an der Wand ...". Geschlecht, Alter und physische Attraktivität. Weinheim: Psychologie Verlags Union.

Henss, Ronald, 1998: Gesicht und Persönlichkeitseindruck. Göttingen: Hogrefe.

Hergovich, Andreas / Hasenegger, Silke / Koller, Katrin, 2002: Eine empirische Studie zum Einfluss von Make-up auf die Beurteilung der Attraktivität. In: Hergovich, Andreas (Hrsg.): Psychologie der Schönheit. Physische Attraktivität aus wissenschaftlicher Perspektive. Wien: WUV-Universitätsverlag, 129-135.

Hosoda, Megumi / Stone-Romero, Eugene F. / Coats, Gwen, 2003: The Effects of Physical Attractiveness on Job-Related Outcomes: A Meta-Analysis of Experimental Studies. Personnel Psychology 56, 431-462.

Hox, Joop J., 2002. Multilevel Analysis. Techniques and Applications. New Jersey und London: Lawrence Erlbaum Associates.

Iliffe, Alan H., 1960: A study of preferences in feminine beauty. British Journal of Psychology 51, 267-273.

Jackson, Linda A. / Hunter, John E. / Hodge, Carole N., 1995: Physical Attractiveness and Intellectual Competence: A Meta-Analytic Review. Social Psychology Quarterly 58, 108-122.

Jones, Doug, 1995: Sexual Selection, Physical Attractiveness and Facial Neoteny: Cross-cultural Evidence and Implications. Current Anthropology 36, 723-748.

Jones, Doug / Hill, Kim, 1993: Criteria of facial attractiveness in five populations. Human Nature 4, 271-296.

Kaase, Max, 1994: Is There Personalization in Politics? Candidates and Voting Behavior in Germany. International Political Science Review 15, 211-230.

Kepplinger, Hans M., 1998: Die Demontage der Politik in der Informationsgesellschaft. Freiburg und München: Verlag Alber.

King, Amy / Leigh, Andrew, 2007: Beautiful Politicians. Working Paper. Adelaide: University of South Australia.

Klein, Markus / Ohr, Dieter, 2000a: Gerhard oder Helmut? ‚Unpolitische' Kandidateneigenschaften und ihr Einfluß auf die Wahlentscheidung bei der Bundestagswahl 1998. Politische Vierteljahresschrift 41, 199-224.

Klein, Markus / Ohr, Dieter, 2000b: Der Kandidat als Politiker, Mensch und Mann. Ein Instrument zur differenzierten Erfassung von Kandidatenorientierungen und seine Anwendung auf die Analyse des Wählerverhaltens bei der Bundestagswahl 1998. ZA-Information 46, 6-25.

Klein, Markus / Ohr, Dieter, 2001a: Die Wahrnehmung der politischen und persönlichen Eigenschaften von Helmut Kohl und Gerhard Schröder und ihr Einfluß auf die Wahlentscheidung bei der Bundestagswahl 1998. In: Kaase, Max / Klingemann, Hans-Dieter (Hrsg.): Wahlen und Wähler. Analysen aus Anlaß der Bundestagswahl 1998. Wiesbaden: Westdeutscher Verlag, 91-132.

Klein, Markus / Ohr, Dieter, 2001b: Das Wölfchen und die fünf Clementinen: Die Wahrnehmung des Privatlebens der beiden Spitzenkandidaten bei der Landtagswahl in Nordrhein-Westfalen vom 14. Mai 2000. ZA-Information 48, 14-41.

Klein, Markus / Ohr, Dieter, 2001c: When a man meets a woman ... Heide Simonis und Volker Rühe als Spitzenkandidaten für das Amt des Ministerpräsidenten bei der Landtagswahl in Schleswig-Holstein am 27. Februar 2000. Zeitschrift für Parlamentsfragen 32, 178-199.

Klein, Markus / Ohr, Dieter, 2002: Der Richter und sein Wähler. Ronald B. Schills Wahlerfolg als Beispiel extremer Personalisierung der Politik. Zeitschrift für Parlamentsfragen 33, 64-79.

Klein, Markus / Rosar, Ulrich, 2005: Physische Attraktivität und Wahlerfolg. Eine empirische Analyse am Beispiel der Wahlkreiskandidaten bei der Bundestagswahl 2002. Politische Vierteljahresschrift 46, 263-287.

Klein, Markus / Rosar, Ulrich, 2007: Ist Deutschland reif für eine Kanzlerin? Eine experimentelle Untersuchung aus Anlass der Bundestagswahl 2005. In: Brettschneider, Frank / Niedermayer, Oskar / Pfetsch, Barbara / Wessels, Bernhard (Hrsg.): Die Bundestagswahl 2005. Analysen aus Sicht der Wahlforschung, der Kommunikationswissenschaft und der Parteienforschung. Wiesbaden: VS Verlag für Sozialwissenschaften, 271-291.

Klein, Markus / Rosar, Ulrich, 2009: Sie, Sie, Sie oder Er? Angela Merkel im Spiegel der Daten einer experimentellen Befragung. In: Gabriel, Oscar W. / Falter, Jürgen W. / Weßels, Bernhard (Hrsg.): Wahlen und Wähler. Analysen aus Anlass der Bundestagswahl 2005. Wiesbaden: VS Verlag für Sozialwissenschaften, 346-357.

Köhler, Bernd, 1984: Physische Attraktivität und Persönlichkeitsmerkmale. In: Amelang, Manfred / Ahrens, Hans-Joachim (Hrsg.): Brennpunkte der Persönlichkeitsforschung. Band 1. Göttingen: Hogrefe, 139-153.

Kowner, Rotem / Ogawa, Toshiki, 1995: The role of raters' sex, personality, and appearance in judgments of facial beauty. Perceptual and Motor Skills 81, 339-349.

Langlois, Judith H. / Kalakanis, Lisa / Rubenstein, Adam J. / Larson, Andrea / Hallam, Monica / Smoot, Monica, 2000: Maxims or myths of beauty? A meta-analytic and theoretical review. Psychological Bulletin 126, 390-423.

Lass, Jürgen, 1995: Vorstellungsbilder über Kanzlerkandidaten. Zur Diskussion um die Personalisierung von Politik. Wiesbaden: DUV.

Maner, Jon K. / Gailliot, Matthew T. / Rouby, D. Aaron / Miller, Saul L., 2007: Can't Take My Eyes off You: Attentional Adhesion to Mates and Rivals. Journal of Personality and Social Psychology 93, 389-401.

Maner, Jon K. / Kenrick, Douglas T. / Becker, Vaughn D. / Delton, Andreas W. / Hofer, Brian / Wilbur, Chris J. / Neuberg, Steven L., 2003: Sexually Selective Cognition: Beauty Captures the Mind of the Beholder. Journal of Personality and Social Psychology 85, 1107-1120.

Marwick, Arthur, 1988: Beauty in History. Society, politics and personal appearance c. 1500 to the present. London: Thames and Hudson.

Mazzella, Ronald / Feingold, Alan, 1994: The Effects of Physical Attractiveness, Race, Socioeconomic Status, and Gender of Defendants and Victims on Judgments of Mock Jurors: A Meta-Analysis. Journal of Applied Social Psychology 24, 1315-1344.

McCabe, Viki, 1988: Facial proportions, perceived age, and caregiving. In: Alley, Thomas R. (Hrsg.): Social and Applied Aspects of Perceiving Faces. Hillsdale: Earlbaum, 89-95.

Menges, Günter, 1959: Stichproben aus endlichen Grundgesamtheiten. Theorie und Technik. Frankfurter wissenschaftliche Beiträge. Rechts- und wirtschaftswissenschaftliche Reihe. Band 17. Frankfurt a.M.: Vittorio Klostermann

Miller, Arthur G., 1970: Role of physical attractiveness in impression formation. Psychonomic Science 19, 241-243.

Mocan, H. Naci / Tekin, Erdal, 2005: Ugly Criminals. NBER Working Paper 12019. Cambridge, MA: National Bureau of Economic Research.

Mulford, Matthew / Orbell, John / Shatto, Catherine / Stockard, Jean, 1998: Physical Attractiveness, Opportunity and Success in Everyday Exchange. American Journal of Sociology 103, 1565-1593.

Naumann, Frank, 2006: Schöne Menschen haben mehr vom Leben. Die geheime Macht der Attraktivität. Frankfurt a.M.: Fischer.Ohr, Dieter, 2000: Wird das Wählerverhalten zunehmend personalisierter, oder: Ist jede Wahl anders? Kandidatenorientierung und Wahlentscheidung in Deutschland von 1961 bis 1998. In: Klein, Markus / Jagodzinski, Wolfgang / Mochmann, Ekkehard / Ohr, Dieter, (Hrsg.): 50 Jahre Empirische Wahlforschung in Deutschland. Entwicklung, Befunde, Perspektiven, Daten. Wiesbaden: Westdeutscher Verlag, 272- 308.

Osborn, Don R., 1996: Beauty is as beauty does? Make up and posture effects on physical attractiveness judgments. Journal of Applied Social Psychology 26, 31-51.

Pappi, Franz U. / Shikano, Susumu 2001: Personalisierung der Politik in Mehrparteiensystemen am Beispiel deutscher Bundestagswahlen seit 1980. Politische Vierteljahresschrift 42, 355-387.

Patzer, Gordon L., 1985: The Physical Attractiveness Phenomena. New York: Plenum.

Pfetsch, Barbara, 1991: Politische Folgen der Dualisierung des Rundfunksystems in der Bundesrepublik Deutschland. Konzepte und Analysen zum Fernsehangebot und zum Publikumsverhalten. Baden-Baden: Nomos.

Popkin, Samuel L., 1991: The Reasoning Voter. Communication and Persuasion in Presidential Campaigns. Chicago: University of Chicago Press.
Reis, Harry T. / McDougal Wilson, Ilona / Monestere, Carla / Berstein, Stuart / Clark, Kelly / Seidl, Edward / Franco, Michelle / Gioioso, Ezia / Freeman, Lori / Radoane, Kimberly, 1990: What is smiling is beautiful and good. European Journal of Social Psychology 20, 259-267.
Reis, Harry T. / Nezlek, John B. / Wheeler, Ladd, 1980: Physical attractiveness in social interaction. Journal of Personality and Social Psychology 38, 604-617.
Reis, Harry T. / Wheeler, Ladd / Spiegel, Nancy / Kernis, Michael H. / Nezlek, John B. / Perri, Michael, 1982: Physical attractiveness in social interaction: II. Why does appearance affect social experience? Journal of Personality and Social Psychology 43, 979-996.
Renz, Ulrich, 2006: Schönheit – Eine Wissenschaft für sich. Berlin: Berlin-Verlag.
Rhodes, Gillian / Harwood, Kate / Yoshikawa, Sakiko / Nishitani, Miwa / McLean, Ian, 2002: The Attractiveness of Average Faces: Cross-Cultural Evidence and Possible Biological Bias. In: Rhodes, Gillian / Zebrowitz, Leslie A. (Hrsg.): Facial Attractiveness. Evolutionary, Cognitive, and Social Perspectives. Westport und London: Ablex Publishing, 35-58.
Rhodes, Gillian / Lee, Kieran / Palermo, Romina / Weiss, Mahi / Yoshikawa, Sakiko / Clissa, Peter / Williams, Tamsyn / Peters, Marianne / Winkler, Chris / Jeffery, Linda, 2005: Attractiveness of own-race, other-race, and mixed-race faces. Perception 34, 319-340.
Ritter, Jean M. / Casey, Rita J. / Langlois, Judith H., 1991: Adults' responses to infants varying in appearance of age and attractiveness. Child Development 62, 68-82.
Rosar, Ulrich / Klein, Markus, 2009: And the Winner is ... – Ein Drei-Länder-Vergleich zum Einfluss der physischen Attraktivität von Wahlkreiskandidaten auf den Wahlerfolg ihrer Parteien bei nationalen Parlamentswahlen. In: Beckers, Tilo / Birkelbach, Klaus / Hagenah, Jörg / Rosar, Ulrich (Hrsg.): Komparative empirische Sozialforschung. Wiesbaden: VS Verlag für Sozialwissenschaften, 307-335.
Rosar, Ulrich / Klein, Markus, 2010a: Front-Runner's Attractiveness and Electoral Success at the European Elections 2004. An Empirical Analysis. Köln und Hannover: Universität zu Köln und Leibniz Universität Hannover (unveröffentlichtes Manuskript).
Rosar, Ulrich / Klein, Markus, 2010b: Physical Attractiveness and Electoral Success. An Empirical Micro-Macro-Analysis at the Example of the Constituency-Candidates at the German Federal Election 2005. Köln und Hannover: Universität zu Köln und Leibniz Universität Hannover (unveröffentlichtes Manuskript).
Rosar, Ulrich / Klein, Markus / Beckers, Tilo, 2008: The frog pond beauty contest. Physical attractiveness and electoral success of the constituency candidates at the North Rhine-Westphalia state election of 2005. European Journal of Political Research 47, 64-79.
Rosar, Ulrich / Ohr, Dieter, 2005: Die Spitzenkandidaten: Image und Wirkung. In: Güllner, Manfred / Dülmer, Hermann / Klein, Markus / Ohr, Dieter / Quandt, Markus / Rosar, Ulrich / Klingemann, Hans-Dieter (Hrsg.): Die Bundestagswahl 2002. Eine Untersuchung im Zeichen hoher politischer Dynamik. Wiesbaden: VS Verlag für Sozialwissenschaften, 103-121.
Rosenberg, Shawn W. / Kahn, Shulamit / Tran, Thuy, 1991: Creating a Political Image: Shaping Appearance and Manipulating the Vote. Political Behavior 13, 345-367.
Rosenberg, Shawn W. / McCafferty, Patrick, 1987: The Image and the Vote. Manipulating Voters' Preferences. Public Opinion Quarterly 51, 31-47.
Rosenwasser, Shirley / Seale, Jana, 1988: Attitudes toward a hypothetical male or female presidential candidate – a research note. Political Psychology 9, 591-598.
Roszell, Patricia / Kennedy, David / Grabb, Edward, 1989: Physical attractiveness and income attainment among Canadians. Journal of Psychology 123, 547-559.
Schmitt, Hermann / Ohr, Dieter, 2000: Are Party Leaders Becoming More Important in German Elections? Leader Effects on the Vote in Germany, 1961-1998. Paper presented at the 2000 Annual Meeting of the American Political Science Association, August, 31th – September, 3rd, 2000. Washington DC.
Schnell, Rainer / Kohler, Ulrich 1995: Empirische Untersuchung einer Individualisierungshypothese am Beispiel der Parteipräferenz von 1953-1992. Kölner Zeitschrift für Soziologie und Sozialpsychologie 47, 634-657.
Sigelman, Carol K. / Thomas, Dan B. / Sigelman, Lee / Robich, Frederick D., 1986: Gender, physical attractiveness, and electability: An experimental investigation of voter biases. Journal of Applied Social Psychology 16 (3), 229-248.

Sigelman, Lee / Sigelman, Carol K. / Fowler, Christopher, 1987: A Bird of a Different Feather? An Experimental Investigation of Physical Attractiveness and the Electability of Female Candidates. Social Psychology Quarterly 50, 32-43.
Snyder, Mark / Berscheid, Ellen / Glick, Peter, 1985: Focusing on the Exterior and the Interior: Two Investigations of Personal Relationships. Journal of Personality and Social Psychology 48, 1427-1439.
Spohn, Cassia / Gillespie, Diane, 1987: Adolescents' willingness to vote for a woman for president: The effect of gender and race. Women & Politics 7, 31-49.
Stelzer, Cathleen / Desmond, Sharon M. / Price, James H., 1987: Physical attractiveness and sexual activity of college students. Psychological Report 60, 567-573.
Todorov, Alexander / Mandisodza, Anesu N. / Gorem, Amir / Hall, Crystal C., 2005: Inferences of Competence from Faces Predict Election Outcome. Science 308, 1623-1626.
Umberson, Debra / Hughes, Michael, 1987: The impact of physical attractiveness on achievement and psychological well-being. Social Psychology Quarterly 50, 227-236.
Unger, Rhoda K. / Hilderbrand, Marcia / Madar, Theresa, 1982: Physical attractiveness and assumptions about social deviance: Some sex by sex comparisons. Personality and Social Psychology Bulletin 8, 293-301.
Vetter, Angelika / Brettschneider, Frank, 1998: „Idealmaße" für Kanzlerkandidaten. ZUMA-Nachrichten 43, 90-115.
White Stephan, Cookie / Langlois, Judith H., 1984: Baby beautiful: Adult attributions of infant competence as a function of infant attractiveness. Child Development 55, 576-585.
Wilke, Jürgen / Reinemann, Carsten, 2003: Die Bundestagswahl 2002: Ein Sonderfall? Die Berichterstattung über die Kanzlerkandidaten im Langzeit-Vergleich. In: Holtz-Bacha, Christina (Hrsg.): Die Bundestagswahl 2002. Wiesbaden: Westdeutscher Verlag, 29-56.
Wilson, Midge / Dovidio, John F., 1985: Effects of perceived attractiveness and feminist orientation on helping behavior. Journal of Social Psychology 125, 415-420.
Wilson, Rick K. / Eckel, Catherine C., 2006: Judging a Book by Its Cover: Beauty and Expectations in the Trust Game. Political Research Quarterly 59, 189-202.
Zakahi, Walter R. / Duran, Robert L. / Adkins, Mark, 1994: Social Anxiety, Only Skin Deep? The Relationship Between Ratings of Physical Attractiveness and Social Anxiety. Communication Research Reports 11, 23-31.
Zebrowitz, Leslie A. / Montepare, Joann M., 2005: Appearance DOES Matter. Science 308, 1565-1566.

Informationen und Wissen

Politisches Lernen im Wahlkampf bei der Bundestagswahl 2009

Sascha Huber

1. Einleitung

Parteien führen Wahlkämpfe, um möglichst viele Wähler zu beeinflussen und am Ende möglichst viele Wählerstimmen zu erhalten. Das eigene Programm wird möglichst ansprechend dargestellt, die Positionen anderer Parteien möglicherweise unfair attackiert, politische Streitfragen werden verkürzt und in Bezugsrahmen gestellt, von denen die Parteien denken, sie nützten ihnen am meisten, bei anderen Streitfragen wird versucht, sie von der Agenda zu nehmen oder möglichst unkonkrete Aussagen zu treffen. Die Parteien führen den Wahlkampf also nicht so sehr, um die Bürger bestmöglich und ausgewogen über das politische Angebot zu informieren und ein Meinungsbildung im wohlverstandenen Eigeninteresse der Bürger zu fördern. Nichtsdestotrotz spricht einiges dafür, dass die Summe der Bemühungen und der Wettbewerb zwischen den Parteien und ihren jeweiligen Strategien, die Bürger für sich zu gewinnen, zu politischem Lernen einzelner Wähler und einem insgesamt besser informierten Elektorat am Ende des Wahlkampfes führen kann.

In der Tradition der frühen Studien der Columbia-Schule wird dem Wahlkampf tatsächlich wenig Einfluss in dem Sinne zugesprochen, den die Parteien eigentlich beabsichtigen, nämlich Einstellungen zu ändern und zusätzliche Wähler zu überzeugen (Lazarsfeld et al. 1944). Stattdessen werden die Haupteffekte des Wahlkampfes in der Aktivierung und Verstärkung von Prädispositionen und politischen Grundeinstellungen gesehen. Neuere Studien zu Wahlkampfwirkungen bestätigen diese „minimalen Effekte" zum großen Teil (Miller 1990, Farrell und Schmitt-Beck 2002). Studien für die USA zeigen zudem, dass Modelle mit fundamentalen Variablen wie langfristigen Parteibindungen und sozialer Lage sehr gut das tatsächliche Wählerverhalten hervorsagen – relativ unabhängig vom Auf und Ab des Wahlkampfes (Finkel 1993, Campbell und Garand 1999). Das spricht zum einen für einen relativ geringen Erfolg einzelner Parteistrategien und entsprechend geringen Effekten für Meinungs- und Einstellungsänderungen, andererseits bedeutet das aber nicht, dass der Wahlkampf im Ganzen bedeutungslos für die Wähler ist. Vielmehr könnten sich die starken Effekte von fundamentalen Variablen vielleicht gerade erst durch die sichtbare Auseinandersetzung der politischen Gegner und die politische Debatte im Wahlkampf herausbilden, da Wähler erst durch diese Debatte das aktuelle politische Geschehen und das politische Angebot auf ihre eigenen Grundeinstellungen beziehen und anwenden. Nach dieser Argumentation verfolgen Bürger die Politik weniger stark, wenn keine Wahlen anstehen – und haben auch nicht unbedingt einen Anreiz sich mit der Regierung, der Politik und dem politischen Angebot auseinanderzusetzen. Erst Wahlen und die Möglichkeit, Einfluss auf den politischen Prozess zu nehmen bieten, für viele Wähler dazu den Anreiz. Wahlkämpfe sind danach „the most compelling incentive to think about government" (Riker 1986:1). Zweifellos bieten Wahlkämpfe den Bürgern eine hervorragende und teilweise auch unterhaltende Möglichkeit, politische Informationen aufzunehmen. Nach einer optimistischen Sichtweise können die Bürger diese Information dann tatsächlich auch nutzen, um das politische Angebot besser einzuschätzen und das aktuelle politische Geschehen und Streitfragen auf die eigenen Grundüberzeugungen zurückzuführen und so zu „aufgeklärten" Wahlentscheidungen gelangen (Gelman und King 1993).

Nach einer weniger optimistischen Sichtweise dagegen sind die Informationen, die Wähler in Wahlkämpfen präsentiert bekommen und verarbeiten, weniger wertvoll. Einige sehen Wahlkämpfe vor allem als Spektakel, in dem politische Inhalte so gut wie nicht oder nicht angemessen dargestellt werden. Wahlkämpfe bieten danach „little, if any, information to the electorate (...) and that whatever information is disseminated by the campaign is distorted by the mass media and even ignored by voters" (Alvarez 1997:7). Tatsächlich gibt es Befunde, wonach Parteien und Kandidaten in Wahlkämpfen ihre Positionen nicht immer klar kommunizieren und damit bewusst eine Strategie der Zweideutigkeit wählen (Shepsle 1972, Bartels 1988). Diese Strategie, die Wähler im Unklaren zu belassen kann unter Umständen sehr erfolgreich sein (Tomz und van Houweling 2009). Gleichzeitig ist unklar inwieweit die Medien politische Inhalte überhaupt transportieren, selbst wenn die Parteien oder Kandidaten klare Positionen beziehen. Manche Autoren verweisen auf eine immer stärker werdende Abkehr in der Berichterstattung über politische Inhalte und eine im Gegenzug stärkere Horse-Race-Berichterstattung über mögliche Gewinner und Verlierer (z. B. Sigelman und Bullock 1991), eine stärkere Personalisierung (z. B. Poguntke und Webb 2005) und damit einhergehend eine größere Fokussierung auf Skandale und unpolitische Eigenschaften von Kandidaten (z. B. Sabato et al. 2000). Ein weiterer einschränkender Faktor kann die mögliche Unausgewogenheit des Wahlkampfes sein. Je weniger balanciert und intensiv ein Wahlkampf ist, je mehr eine Seite darin im Vorteil ist, je eher eine Seite es schafft einen bestimmten Bezugsrahmen für politische Streitfragen herzustellen, desto weniger besteht die Möglichkeit, dass Wähler zu „aufgeklärten" Urteilen gelangen und desto eher besteht die Gefahr, dass Wahrnehmungen und Einstellungen im Wahlkampf vielmehr systematisch verzerrt werden (Zaller 1992, Lachat und Sciarini 2002).

Es ist also nicht notwendigerweise davon auszugehen, dass Wahlkämpfe tatsächlich immer zu Lerneffekten und in Folge dessen auch zu „besseren Wahlentscheidungen" der Bürger führen. Gleichfalls haben viele Studien für Wahlkämpfe in den USA, mehr oder weniger großes politisches Lernen in Wahlkämpfen nachgewiesen (Berelson et al. 1954, Patterson und McClure 1976, Bartels 1993, Gelman und King 1993, Ansolabehere und Iyengar 1995). Zusätzlich haben einige Studien versucht, international vergleichend zu untersuchen, in welchen Arten von Wahlkämpfen und institutionellen Arrangements die größten Lerneffekte zu finden sind (Stevenson und Vavreck 2000, Arceneaux 2006). Für Deutschland liegen dagegen meiner Kenntnis nach keine umfassenden Arbeiten zu politischem Lernen in

Wahlkämpfen vor.[1] In dieser Arbeit soll diese Lücke in Bezug auf die Bundestagswahl 2009 geschlossen werden, für die mit den verschiedenen Komponenten der GLES eine ideale Datenbasis vorliegt, um Dynamiken im Wahlkampf zu untersuchen. Dabei soll zunächst beantwortet werden, inwieweit politisches Lernen bei der Bundestagswahl 2009 stattgefunden hat, trotz eines nach Medienmeinung sehr langweiligen Wahlkampfes. Dabei soll es um die beiden zentralen Elemente politischen Lernens gehen, die für „gute" Wahlentscheidungen von zentraler Bedeutung sind: die Wahrnehmung des politischen Angebots und die eigene politische Meinungsbildung zu aktuellen Sachfragen.[2] Anschließend sollen verschiedene mögliche individuelle Erklärungsfaktoren untersucht werden, von denen – folgt man der Forschung zu politischer Informationsverarbeitung – ein Einfluss auf das politische Lernen im Wahlkampf zu erwarten ist. In den nächsten beiden Abschnitten werden diese Erwartungen zunächst für die Wahrnehmung des politischen Angebots und anschließend für die eigene politische Urteilsbildung zu Sachfragen dargestellt.

2. Wahrnehmung des politischen Angebotes und Lernen im Wahlkampf

Das Kennenlernen des politischen Angebotes, der politischen Positionen der Parteien, kann als das zentrale Element von Wahlkämpfen für die Bürger angesehen werden. Schließlich stellen die Parteien extra für die Wahl Parteiprogramme auf, versuchen ihre Positionen in der Öffentlichkeit zu platzieren und für sie zu werben. Potentiell sollten die Wähler also die Möglichkeit haben, das politische Angebot, so sie es noch nicht genau kennen, besser kennenzulernen. Das wird aber nicht für alle Wähler gleich stark der Fall sein. Stattdessen wird erwartet, dass politisches Lernen und der Wissensstand über das politische Angebot systematisch mit verschiedenen Faktoren variiert: den kognitiven Dispositionen zur Informationsverarbeitung, dem affektiven Zustand während des Wahlkampfes, der unterschiedlichen Medienrezeption und Wahlkampfexposition, politischem Austausch in persönlichen Gesprächen, allgemeinem politischen Interesse, der Bildung und dem Geschlecht.

Kognitive Dispositionen zur Informationsverarbeitung

In der psychologischen Forschung haben sich seit den 1980ern drei Konzepte bewährt, individuelle Unterschiede in der Informationsverarbeitung und Meinungsbildung zu erfassen: Need for Cognition, Need to Evaluate und Need for Cognitive Closure. Need for Cognition versucht die Neigung von Menschen zu messen, sich mit – neuen – Informationen auseinanderzusetzen. Cacioppo und Petty (1984:306) definieren das Konstrukt als „an individu-

---

[1] Für die Analyse unmittelbarer Lerneffekte beim Betrachten des TV-Duells 2009 siehe bereits: Faas und Maier (2011).

[2] Möglich wäre natürlich auch eine Operationalisierung des Lernens in Bezug auf politisches Faktenwissen (wie z. B. die 5-Prozent-Hürde oder die Bedeutung von Erst-und Zweitstimme). Dieses Kapitel beschränkt sich stattdessen auf die Wahrnehmung des politischen Angebots und die eigene Meinungsbildung. Aus demokratietheoretischer Sicht erscheinen diese beiden Bezugspunkte relevanter als reines Faktenwissen. Methodisch kommt hinzu, dass politisches Faktenwissen in der wichtigsten Datenquelle dieses Aufsatzes, der GLES-RCS-Wahlkampfstudie 2009 nicht durchgängig erhoben wurde.

al's tendency to engage in and enjoy effortful cognitive endeavors". In mehr als 100 Studien zeigte sich ein konsistentes Bild: Menschen mit hohen Werten haben durchdachtere Urteile, nehmen substantielle Informationen stärker in ihre Urteilsbildung auf und lassen sich eher von starken als schwachen Argumenten beeinflussen (vgl. Cacioppo et al. 1996 für einen Überblick). Menschen mit niedrigen Werten dagegen fällen ihre Urteile schneller, verwenden dabei oft einfache, aber wenig hilfreiche Heuristiken und denken weniger nach. Nach Aufnahme von Need for Cognition in die amerikanische nationale Wahlstudie im Jahr 2000, finden sich in den vergangenen Jahren auch zunehmend Studien, die die Wirkung auf die politische Informationsverarbeitung in aussagekräftigeren Bevölkerungsumfragen untersuchen. Holbrook (2006) untersuchte beispielsweise die Präsidentschaftswahlen von 2000 und fand einen signifikanten positiven Effekt von Need for Cognition auf die Fähigkeit der Befragten, die politischen Standpunkte der Kandidaten korrekt einzuschätzen. Entsprechend diesen Ergebnissen lässt sich ein positiver Effekt von Need for Cognition auf den Wissensstand über das politische Angebot am Ende des Wahlkampfes, aber auch für Lerneffekte während des Wahlkampfes erwarten. Wer eine größere Neigung hat, sich mit den angebotenen Informationen auseinanderzusetzen, sollte auch eher im Wahlkampf hinzulernen.

Need to Evaluate ist eine weitere Variable, die kognitiven Dispositionen beschreibt. Das Konstrukt soll erfassen, wie meinungsstark Menschen sind und verschiedene Aspekte in ihrem Leben und ihrer Umwelt bewerten – unabhängig vom kognitiven Aufwand, den sie dafür betreiben. Es basiert auf der Annahme, dass „individuals differ in the extent to which they chronically engage in evaluative responding" (Jarvis und Petty 1996: 172). Personen mit einem hohen Wert auf der Skala bilden sich eher und häufiger Meinungen zu unterschiedlichen Objekten in ihrer Umgebung als Personen mit geringem Wert auf der Skala. Personen mit hohem Wert äußern mehr bewertende Gedanken zu relevanten aber auch irrelevanten Einstellungsobjekten, und sie äußern ihre Meinungen schneller (Jarvis und Petty 1996). Personen mit hohem Wert zeigten in Priming-Experimenten zudem einen schnelleren Zugriff auf die evaluative Dimension von Objekten (Hermans et al. 2001). Mit der Aufnahme des Konstrukts in die amerikanische Wahlstudie wurden auch verstärkt die Auswirkungen auf politische Urteilsbildung im speziellen untersucht. Bizer et al. (2004) konnten zeigen, dass Personen mit hohem Need to Evaluate eher Projektionseffekte bei der Einschätzung politischer Positionen zeigten und bei der Bewertung von Kandidaten stärker auf ihre Parteiidentifikation und emotionale Reaktionen zu Kandidaten zurückgriffen. Holbrook (2006) dagegen fand, dass Wähler in den USA bei der Wahl 2000 mit höherem Need to Evaluate etwas besser dazu in der Lage sind, Kandidaten ideologisch einzuordnen. Demnach sollte sich auch im deutschen Wahlkampf ein positiver Effekt von der Meinungsfreudigkeit der Bürger auf die Abschätzung der Kandidatenpositionen finden lassen. Andererseits ist das deutsche Mehrparteiensystem deutlich komplexer als das amerikanische Zweiparteiensystem und eine einfache Übertragung von bereits gefällten eigenen Urteilen auf die Positionen positiv bewerteter Parteien wird häufiger in die Irre führen. Es besteht demnach sehr wohl die Gefahr, dass im zweidimensionalen deutschen Parteiensystem Wähler mit hohem Bedürfnis Objekte zu bewerten, häufiger verzerrende Projektionseffekte bei der Abschätzung des politischen Angebots zeigen.

Das von Kruglanski et al. (1993) eingeführte Konstrukt Need for Cognitive Closure (NFCC) kennzeichnet kognitive Unterschiede im Bedürfnis von Personen, bei der Verarbeitung sozialer Informationen und sozialer Urteilsbildung zu einer eindeutigen, definitiven Antwort auf soziale Sachverhalte zu gelangen. Nach der Definition des Autors entspricht NFCC einem unspezifischen Verlangen nach irgendeiner Antwort zu einem gegebenen Thema. Es entspricht der Tendenz, in einfachen, klaren kognitiven Strukturen zu denken und eindeutige Antworten auf komplexe soziale Sachverhalte zu erhalten. Entsprechend sollte ein hohes Need for Cognitive Closure zu einer Abschottung von zu viel Wahlkampfkommunikation und neuen politischen Informationen sowie einer Verteidigung bereits getroffener Urteile führen. Das – vermeintlich falsche – Weltbild würde demnach von diesen Wählern aufrechterhalten, selbst wenn der Wahlkampf widersprechende Informationen bereithält. Das politische Angebot würde demnach genauso eingeschätzt werden wie zu Beginn des Wahlkampfes, entsprechend sollten sich für Wähler mit hohem Need for Cognitive Closure negative Effekte für das Lernen im Wahlkampf ergeben.

Affektive Zustände als Hinweis für den Aufwand der Wahlentscheidung

In der Psychologie ist verschiedentlich gezeigt worden, dass Menschen je nach Stimmung oder Gefühlszustand andere Urteilsstrategien verwenden. Sind Menschen in guter Stimmung, verwenden sie einfachere, „heuristische" Urteilsstrategien und verlassen sich eher auf Stereotype (Bodenhausen et al. 1994) und existierende Wissensstrukturen (Bless et al. 1996). Sind sie dagegen in schlechter Stimmung, prozessieren sie genauer, verwenden mehr Informationen und verlassen sich weniger auf Stereotype oder existierende Wissensstrukturen. Eine mögliche Interpretation dieser Ergebnisse ist, dass die Urteilsstrategien an die jeweiligen Erfordernisse von Situationen angepasst sind (vgl. auch Schwarz 2000). Marcus et al. (2000) haben diese Sichtweise in ihrer Theorie der „Affective Intelligence" auf das Wahlverhalten übertragen, wonach Wähler je nach Gefühlszustand mehr oder weniger Aufwand bei ihrer Wahlentscheidung betreiben. Sie haben für die USA gezeigt, dass Wähler, die eine größere Angst oder Besorgnis aufweisen, bei ihren Wahlentscheidungen weniger auf Routinen wie Parteiidentifikation zurückgriffen und stärker die Unterschiede zwischen ihren eigenen Positionen und den Positionen der Kandidaten beachteten (Marcus et al. 2000, MacKuen et. al 2007). Danach liefert eine allgemeine Angst oder Sorge den Wählern den Hinweis, dass sie sich genauer mit der Situation auseinandersetzen müssen. Entsprechend sollten Wähler mit einer größeren Sorge oder Angst ein stärkeres Lernen im Wahlkampf zeigen. Dabei wird allgemein ein linearer Zusammenhang angenommen, je größer die Angst ist, desto stärker wird auch der Aufwand an Informationsverarbeitung sein. Andererseits kann aber auch argumentiert werden, dass *zu viel* Angst in komplexen Situationen auch dazu führen kann, dass man sich eben nicht mehr besonders genau mit einem Gegenstand befasst und vielmehr wiederum auf Routinen und einfachere Heuristiken verlässt (siehe auch Huddy et al. 2005).

Die Wirtschaftskrise und die Angst der Bürger vor dieser Krise während des Bundestagswahlkampfes 2009 bietet eine ideale Gelegenheit um zu testen, wozu diese Angst geführt hat. Nach der Theorie affektiver Intelligenz, müsste eine größere Angst vor der Wirtschaftskrise die Wähler dazu veranlassen, sich besser über das politische Angebot zu informieren und entsprechend zu größerem Lernen während des Wahlkampfes führen. Andererseits könnte zu große Angst vor der Wirtschaftskrise und ihren schwer zu durchschauenden, komplexen Zusammenhängen, gerade dazu führen, dass Bürger vielleicht eher auf einfachere Heuristiken wie die Vertrauenswürdigkeit und Sympathie für Kandidaten achten und sich weniger mit den genauen unterschiedlichen Positionen der Parteien im Wahlkampf beschäftigen.

Die Rolle von Massenmedien und interpersonaler Kommunikation

Selbst wenn Wähler die kognitiven Dispositionen und den entsprechenden affektiven Zustand haben, um sich möglichst gut über das politische Angebot zu informieren, sind sie auf die Hauptvermittler dieser Informationen angewiesen: die Massenmedien (Graber 2004). Entsprechend sollte es einen Einfluss des Konsums unterschiedlicher Massenmedien und deren Berichterstattung über den Wahlkampf auf das politische Lernen geben. Unterschiedliche Medien berichten unterschiedlich gut und genau über das politische Angebot der Parteien, entsprechend sollten sich auch Unterschiede nach dem Konsum dieser Medien ergeben. Einige Studien zeigen, dass das Lesen von politischen Berichten in Tageszeitungen einen stärkeren Effekt auf Lernen und Wissen der Bürger hat als etwa der Konsum von TV-Nachrichten (z. B. Patterson und McClure 1976, Weaver und Drew 1993, Druckman 2003). Dennoch gibt es insgesamt gemischte Ergebnisse über die unterschiedlichen Effekte von Fernsehen und Zeitungen (vgl. z. B. Brians und Wattenberg 1996, Barabas und Jerit 2009). So konnten auch experimentelle Studien zeigen, dass es weniger das Medium an sich ist, dass für unterschiedliche Lernerfolge verantwortlich ist, sondern vielmehr die vermittelten Inhalte und die Qualität der journalistischen Berichterstattung (Norris und Sanders 2003). Entsprechend kann auch im deutschen Fall argumentiert werden, dass Effekte auf den Lernerfolg der Wähler eher von dem Inhalt und der Qualität der Berichterstattung ausgehen sollten als von dem Medium selbst. Demnach wäre bei Personen, die öffentlich-rechtliche Nachrichten schauen ein größerer Lernerfolg zu erwarten als bei denjenigen, die weniger inhaltsreiche Nachrichten in Privatsendern verfolgen. Das gleiche sollte für Leser von qualitativ hochwertigen Tageszeitungen im Vergleich zu Lesern von Boulevardzeitungen gelten.

Daneben soll auch die Wirkung eines ganz bestimmten Formats untersucht werden, das mittlerweile auch in Deutschland zu einem herausgehobenen Ereignis im Wahlkampf geworden ist, das TV-Duell. Für TV-Duelle bei den Präsidentschaftswahlen in den USA gibt es einige Befunde wonach deren Rezeption politisches Lernen fördert (z. B. Lanaoue 1992). Tatsächlich kann dieses Format auch politisch weniger Interessierte ansprechen und so vielleicht auch dort zu einer besseren Kenntnis über das politische Angebot führen (vgl. Faas und Maier 2004, Faas und Maier 2011). Dennoch ist die Fokussierung auf die beiden Spitzenkandidaten der großen Parteien im deutschen Fall mit seinem Mehrparteiensystem für einen Lernerfolg in Bezug auf das gesamte politische Angebot nur partiell hilfreich.

Interessant ist auch das Medium des Internets, da hier der Nutzer aktiv entscheidet, welche Informationen er nachfragt und rezipiert. So können Nutzer politischer Angebote im Internet sehr leicht, sehr detaillierte Informationen über das politische Angebot bekommen.

Gleichzeitig haben es politisch weniger Interessierte auch sehr leicht, Informationen über den Wahlkampf und die politischen Parteien im Internet zu meiden. Tatsächlich konnten Studien in den USA zeigen, dass das Nutzen des Internets die „Wissenslücke" in Bezug auf Politik vergrößert, politisch interessierte Wähler sind noch besser informiert, politisch weniger interessierte dagegen noch schlechter (Prior 2005). Entsprechend lässt sich vermuten, dass auch in Deutschland diejenigen Wähler, die sich im Internet tatsächlich über die Politik informieren, ein besonders großes Wissen über das politische Angebot erwerben werden.

Zusätzlich zu dem Informationsfluss über die Massenmedien besteht für Bürger natürlich auch die Möglichkeit sich in persönlichen Gesprächen mit Partnern, Freunden und Bekannten über die Politik und das Geschehen im Wahlkampf auszutauschen. Im Vergleich zur Massenkommunikation über die Medien wird der Einfluss persönlicher Kommunikation auf Einstellungen und politische Wahrnehmungen in der Regel als größer beschrieben (Lazarsfeld et al. 1944, Kim et al. 1999). Studien in den USA haben gezeigt, dass der interpersonalen politischen Kommunikation eine besondere Rolle für die Qualität politischer Urteilsbildung zukommt (z. B. Conover et al. 2002). Im Wahlkampf bietet der Austausch mit anderen Bürgern die Möglichkeit, wichtige politische Themen und Positionen zu besprechen und möglicherweise Wahrnehmungen zu korrigieren. Politische Gespräche mit möglichst vielen Gesprächspartnern sollten dabei besonders hilfreich sein, da so unterschiedliche Wahrnehmungen des politischen Angebots miteinander abgeglichen werden können. Entsprechend sollte sich politisches Lernen mit der Anzahl der Gesprächspartner, mit denen über Politik gesprochen wird, erhöhen. Interessant ist zudem die Unterschiedlichkeit von Einstellungen und Meinungen der Gesprächspartner. Die Forschung zu sozialen Netzwerken hat gezeigt, dass politische Deliberation und Urteilsbildung dann besonders an Qualität gewinnt, wenn möglichst unterschiedliche Ansichten und Meinungen im Netzwerk vertreten sind (Huckfeldt et al. 2004). Entsprechend lässt sich auch für das Lernen im Wahlkampf erwarten, dass besonders dann neues Wissen über das politische Angebot erworben wird, wenn man in seinen politischen Gesprächen auch mit unterschiedlichen Positionen in Berührung kommt.

Politisches Interesse, Bildung und Geschlecht

Offensichtlich wird politisches Interesse eine große Rolle bei dem Wissen um das politische Angebot spielen. Wer sich stärker für Politik interessiert, wird fast schon notwendigerweise ein größeres Wissen über die Politik haben. Weniger eindeutig ist, ob auch politisch Interessierte im Wahlkampf noch am meisten hinzulernen oder ob nicht vielmehr die politisch weniger interessierten Wähler, die mit einem geringeren Bestand an politischem Wissen ausgestattet sind, am ehesten noch während des Wahlkampfes hinzulernen. Schließlich bietet der Wahlkampf gerade auch für diejenigen die Chance sich mit der Politik zu befassen, die allgemein kein besonderes Interesse an ihr haben. Studien stellten aber trotzdem meist eher den umgekehrten Zusammenhang fest: wer größeres politisches Interesse hat oder bereits über größeres politisches Wissen verfügt, wird mit der weiteren Auseinandersetzung mit Politik noch zusätzlich lernen (vgl. z. B. Viswanath und Finnegan 1996). Nach der These des „knowlegde-gaps" wird die Lücke zwischen politisch Informierten und politisch Uninformierten jeweils noch größer, je mehr Informationen und Informationsangebote zur Verfügung stehen (Tichenor et al. 1970).

Die gleiche Frage stellt sich für die Bildung der Wähler. Während zu erwarten ist, dass höher gebildete Wähler am Ende des Wahlkampfes ein besseres Wissen über das politische Angebot haben, ist weniger klar, ob die höher gebildeten auch während des Wahlkampfes stärker hinzulernen. Nach der „knowledge-gap" Hypothese könnte erwartet werden, dass die höher gebildeten Wähler eher die Voraussetzungen haben, um neue Informationen zu verarbeiten oder Fehlwahrnehmungen zu korrigieren und so auch im Wahlkampf am stärksten hinzulernen.

Ein Einfluss des Geschlechts auf das politische Wissen und das Lernen im Wahlkampf erscheint zunächst nicht plausibel. Dennoch haben erstaunlicherweise viele Studien auch bei multivariater Analyse einen Effekt gefunden: Frauen haben danach häufig ein systematisch weniger ausgeprägtes politisches Wissen (z. B. Delli Carpini und Keeter 1996, Verba et al. 1997, Frazer und Macdonald 2003). Die Unterschiede sind dabei teilweise beträchtlich, sie reduzieren sich allerdings, wenn man einbezieht, dass Männer offensichtlich häufiger raten und Frauen eher zugeben, eine Antwort nicht zu wissen. Mit dem Raten der Antworten in Multiple Choice-Wissensbatterien erscheint der Vorsprung der Männer noch einmal größer (vgl. Mondak und Anderson 2004). Ausgehend von diesen Befunden erscheint ein Effekt des Geschlechts auf das Wissen um das politische Angebot am Ende des Wahlkampfes möglich, wenngleich nicht sehr plausibel. Von einem Einfluss auf das Lernen während des Wahlkampfes ist dagegen nicht auszugehen.

3. Eigene Meinungsbildung zu politischen Sachfragen und Lernen im Wahlkampf

Neben der Abschätzung des politischen Angebots kann der Wahlkampf auch dabei helfen, die salienten Themen und Sachfragen des Wahlkampfes auf die eigenen politischen Grundüberzeugungen zu beziehen und sich eigene Meinungen zu bilden. Für die Güte dieser Meinungsbildung geht es also weniger um die Aneignung von Wissen beim Lernen über das politische Angebot, sondern um die Herausbildung einer in den eigenen politischen Grundeinstellungen fundierten Meinung zu den aktuellen Sachfragen des Wahlkampfes. Das ist nicht leicht und tatsächlich konnte wiederholt gezeigt werden, dass Bürger Schwierigkeiten haben, sich bedeutsame politische Meinungen zu bilden. Nach Converse (1964: 254) haben nur wenige Bürger stabile und konsistente Meinungen, aber „large parts do not have meaningful beliefs". Etwa 30 Jahre später kommt Zaller (1992:76) zu einer ähnlichen Schlussfolgerung: „most people aren't sure what their opinions are on most political matters". Welche Rolle der Wahlkampf dabei spielt, dass Bürger sich doch fundierte Meinungen bilden, ist zunächst unklar. Einerseits werden im Wahlkampf verschiedene Argumente von den politischen Parteien bemüht, um für ihre eigenen Positionen zu werben. Die Wähler können sich dann entsprechend damit auseinandersetzen und abwägen, was sie am meisten überzeugt. Andererseits hat die Framing-Forschung Zweifel darüber aufkommen lassen, ob die so gebildeten Urteile tatsächlich bedeutungsvoll sind oder eher das Produkt einer Manipulation von Seiten der politischen Elite (vgl. Entman 1993). Framing wird im Wahlkampf von Parteien und Kandidaten bewusst eingesetzt. Die Parteien versuchen Bezugsrahmen von aktuellen politischen Streitfragen zu ihren Gunsten zu bestimmen, indem sie jeweils ein „subset of potentially relevant considerations" betonen (Druckman 2004: 672). Wiederholt konnte gezeigt werden, dass sich Bürger durch das unterschiedliche Framing von politischen Streitfragen beeinflussen lassen (z. B. Kinder und Sanders 1996 Nelson et al. 1997, Berinsky und Kinder 2006, Chong und Druckman 2007). Eine verbreitete Sichtweise führt Framing dabei auf einen eher passiven Zugänglichkeitsprozess zurück. Danach gründen Bürger ihre Meinungen häufig auf die jeweils zum aktuellen Zeitpunkt zugänglichste Betrachtung oder Bezugsrahmen (vgl. Iyengar 1991, Zaller 1992). Die Meinungsbildung zu Sachfragen im Wahlkampf wäre dann relativ zufällig und stark abhängig von den politischen Eliten und ihrer Fähigkeit, Bezugsrahmen in der öffentlichen Debatte durchzusetzen. Der Wahlkampf würde demnach nicht unbedingt zu einer besseren politischen Meinungsbildung der Bürger führen.

In der neueren Forschung werden Prozesse des Framings dagegen stärker als bewusste Orientierung oder Ablehnung bestimmter angebotener Bezugsrahmen betrachtet. Danach folgen Wähler nicht unbedingt einer bestimmten Betrachtungsweise, sondern entscheiden sich je nach ideologischer Ausrichtung, inwieweit dieser Rahmen für die eigene Meinungsbildung wichtig und hilfreich ist oder nicht (vgl. z. B. Nelson et al. 1997, Brewer und Gross 2005). Gleichzeitig wird darauf hingewiesen, dass die Framing-Literatur lange Zeit den realen politischen Wettbewerb in Experimenten nicht adäquat wiedergegeben hat. So bemerken Sniderman und Theriault (2004:141), dass die meisten Studien ihre Aufmerksamkeit Situationen geschenkt haben, „in which citizens are artificially sequestered, restricted to hearing only one way of thinking about a political issue". Tatsächlich werden im Wahlkampf Situationen eher die Ausnahme sein, in denen Bürger nur ein Frame zur Auswahl haben. Vielmehr werden Bürger mit unterschiedlichen Frames konfrontiert sein und sie können auswählen welcher Bezugsrahmen ihnen am angemessensten erscheint. Wenn die unterschiedlichen Frames einen Hinweis auf die ideologische Ausrichtung der verschiedenen Parteien geben, könnte sie dann sogar nützlich sein, da so komplizierte Sachfragen auf die eigenen Grundeinstellungen bezogen werden können. Ein typisches Beispiel aus der Framing-Literatur soll das verdeutlichen. Bürger haben grundsätzliche Schwierigkeiten beim Abwägen von der Höhe der Sozialstaatsausgaben und der Höhe von Steuern (vgl. z.B. Jacoby 2000). Am liebsten hätten sie sowohl hohe Sozialstaatsausgaben als auch niedrige Steuern (als auch eine geringe Staatsverschuldung). Die politischen Parteien nutzen diese Schwierigkeit mit trade-offs aus und werden ihre Politikvorschläge zu Steuern mit entsprechenden Frames ausstatten. Linke Parteien werden vor allem davon sprechen, dass sozial Schwachen geholfen werden muss, aber weniger auf die konkreten Belastungen zur Finanzierung eingehen. Umgekehrt werden rechte Parteien vor allem davon sprechen, die Bürger entlasten zu wollen, aber weniger die möglichen sozialstaatlichen Kürzungen betonen. Wenn nun Wähler, die grundsätzliche Schwierigkeiten mit trade-offs haben, mit beiden Frames konfrontiert werden, können diese helfen, dennoch einen Bezug zu Grundeinstellungen herzustellen. Die ideologischen Signale in den jeweiligen Bezugsrahmen der Parteien ermöglichen den Bürgern nach dieser Sichtweise erst, sich auf die „richtige" Seite von Issues einzusortieren. Oder wie es Sniderman und Theriault (2004:162) für ihre Experimente mit zweiseitigem Framing zusammenfassen: „the deeper lesson of our findings is thus that the clash of political arguments, so far from overwhelming or perplexing or blinding the political judgments of ordinary citizens, may be a condition of the possibility of exercising it". Folgt man dieser Sichtweise, sollte der Wettbewerb verschiedener Frames im Wahlkampf dazu führen, dass Bürger eher Meinungen zu politischen Sachfragen ausbilden, die in ihren Grundeinstellungen fundiert sind. Der Wahlkampf sollte dann also eher einen positiven Effekt auf die Meinungsbildung haben. Noch stärker als bei der Abschätzung der Parteipositionen ist also strittig, ob Wahlkämpfe den Bürgern bei der eigenen Meinungsbildung zu Sachfragen eher hilft oder eher schadet.

Zusätzlich zu der Rolle kompetitiven Framings im Wahlkampf auf der systemischen Ebene sollten aber auch die oben besprochenen individuellen Faktoren einen Einfluss auf die Güte der eigenen Meinungsbildung ausüben. Allerdings ist von insgesamt geringeren individuellen Einflüssen auf das Lernen über die eigenen Positionen auszugehen, da es ja nicht nur um Faktenlernen über die Parteien und ihre Positionen geht und entsprechend Informationsflüsse eine geringere Rolle spielen sollten. Von den oben besprochenen Faktoren erscheint besonders die interpersonale Kommunikation interessant für die eigene Meinungsbildung von Wählern zu sein. Netzwerkanalysen haben gezeigt, dass die Chancen auf echte Deliberation und eine „gute" eigene Meinungsbildung steigen, wenn möglichst unterschiedliche Sichtweisen in einem Netzwerk vertreten sind (Huckfeldt et al. 2004). Gleichzeitig kommen neuere Studien zu Framing zu dem Ergebnis, dass manipulative Effekte einseitigen Framings in Laborsituationen einen Großteil ihrer Wirkung verlieren, wenn in heterogenen Gruppen über sie diskutiert werden kann (Druckman und Nelson 2003). Entsprechend ist davon auszugehen, dass die Qualität der eigenen Meinungsbildung während des Wahlkampfes besonders steigt, wenn die interpersonalen Netzwerke politisch heterogen sind und mit wichtigen Gesprächspartnern auch politisch kontrovers diskutiert wird.

In den folgenden Abschnitten werden diese theoretischen Erwartungen in Bezug auf die Bundestagswahl 2009 überprüft. Zunächst wird die Datengrundlage beschrieben, dann wird geprüft, ob es überhaupt zu politischem Lernen im Wahlkampf gekommen ist. In einem zweiten Schritt werden die individuellen Faktoren für mögliche Lernerfolge im Wahlkampf analysiert.

4. Daten

Die GLES bietet sehr gute Möglichkeiten, politisches Lernen im Wahlkampf zu analysieren.[3] Insbesondere die RCS-Vorwahlstudie mit zusätzlichem Nachwahlpanel (ZA 5303) ist dafür ideal, um Veränderungen nachzuvollziehen. Die RCS-Studie zur Bundestagswahl

---

3   Gles 2009. Primärforscher: Hans Rattinger, Sigrid Roßteutscher, Rüdiger Schmitt-Beck, Bernhard Weßels. Die in diesem Kapitel verwendeten Komponenten sind: Komponente 2, RCS-Wahlkampfstudie, ZA5303, doi:10.4232/1.10996. Komponente 8, Langfrist-Online-Trackings, ZA5334 (doi:10.4232/1.10757); ZA5335 (doi:10.4232/1.10830); ZA5336 (doi:10.4232/1.10390); ZA5337 (doi:10.4232/1.10393); ZA5338 (doi:10.4232/1.10396); ZA5339 (doi:10.4232/1.10398); ZA5340 (doi:10.4232/1.10401); ZA5341 (doi:10.4232/1.10417); Komponente Y, Multi-Level-Panel ZA5304 (doi:10.4232/1.10363).

2009 wurde als CATI-Erhebung in der Zeit vom 29. Juli bis zum 26. September 2009 durchgeführt; sie umfasste also einen Zeitraum von 60 Tagen und endete am letzten Tag vor der Bundestagswahl. Im Rahmen der Studie wurden 6.008 zufällig ausgewählte Personen aus der Grundgesamtheit der wahlberechtigten Bevölkerung befragt. Die unmittelbar nach der Bundestagswahl realisierte zweite Panelwelle erbrachte 4.027 Wiederholungsinterviews. Der große Vorteil dieser Nachwahlbefragung liegt für die hier untersuchte Fragestellung darin, dass der allergrößte Teil dieser Nachwahlbefragung in den ersten Tagen nach der Bundestagswahl realisiert werden konnten. So sollten sich die tatsächlich am Wahltag vorhandenen politischen Wahrnehmungen und Einstellungen in der Nachwahlwelle sehr gut widerspiegeln. Nur so lässt sich politisches Lernen im Wahlkampf adäquat untersuchen, da zu einem späteren Befragungstermin unklar wäre, ob sich Änderungen in der politischen Informiertheit erst nach der Wahl ergeben haben. Das kann natürlich auch hier nicht vollständig ausgeschlossen werden, dennoch erscheint die sehr schnell nach der Wahl durchgeführte zweite Erhebungswelle eine sehr gute Grundlage zu sein.

Um die Dynamik der Wählerwahrnehmung des politischen Angebots auch außerhalb des unmittelbaren Wahlkampfes im weiteren Vor- und Nachlauf der Bundestagswahl zu analysieren, werden ferner die im Rahmen der GLES durchgeführten Tracking-Befragungen der Monate April bis Dezember 2009 herangezogen (ZA 5334-5341). Darin wurden vor der Wahl jeweils monatlich ungefähr 1000 (bei dem ersten Tracking waren es 2045) Personen online befragt. Grundlage war ein Online-Access-Panel, das von der Respondi AG betrieben wird und aus einem Pool von Freiwilligen besteht, die auf verschiedenen Wegen online rekrutiert wurden. Die Mitglieder des Access-Panels werden dabei mit Bonuspunkten belohnt, die sie sich in Gutscheine umwandeln können oder sich bar auszahlen lassen können. Die so erzielten Befragungen sind natürlich nicht repräsentativ für die Gesamtbevölkerung, sie sollten dennoch einen Hinweis geben, wie sich die politische Wahrnehmung im Vorfeld und Nachklang der Bundestagswahl innerhalb der begrenzten Population der Mitglieder des Access-Panels entwickelt hat.

Das gleiche gilt für die Komponente des Multi-Level-Panels der GLES, das ebenso online erhoben wurde, dabei aber durch die wiederholten Befragungen der gleichen Teilnehmer die Möglichkeit bietet, den intra-individuellen Erkenntnisgewinn während des Wahlkampfes nachzuzeichnen (ZA 5304). Die Messungen des dreiwelligen Panels erfolgten Anfang Juni, Ende August und Ende September (vor der Bundestagswahl). Der große Vorteil ist neben der Wiederholungsbefragung das gezielte Oversampling von Befragten aus Bundesländern, in denen in dieser Periode Landtagswahlen stattfanden. Besonders interessant für unsere Frage sind dabei die Bundesländer Sachsen, Thüringen und Saarland, in denen jeweils am 30. August Landtagswahlen stattfanden. Durch einen quasi-experimentellen Vergleich der Befragten in Bundesländern ohne bzw. mit Landtagswahlkampf im August, lässt sich untersuchen, ob auch bereits Landtagswahlkämpfe zu vermehrtem politischen Lernen geführt haben oder ob sich Lerneffekte erst im Bundestagswahlkampf herausbildeten.

5. Ergebnisse

5.1 Kam es zu politischem Lernen im Wahlkampf?

Für einen ersten Hinweis, ob Wähler zum Zeitpunkt der Bundestagswahl besser über das politische Angebot informiert waren als davor oder danach, bietet sich ein Blick auf die verschiedenen Wellen des Online-Tracking an, das von April 2009 an etwa monatlich durchgeführt wurde. Darin wurde allerdings nicht immer nach den Wahrnehmungen der Parteipositionen bei verschiedenen spezifischen Issues gefragt. Deshalb soll hier untersucht werden, wie sich die Wahrnehmung der relativen Parteipositionen auf der allgemeineren Links-Rechts-Dimension im Vorfeld der Wahl und danach entwickelt hat. In Abbildung 1 ist der Anteil der Befragten angeben, der bei den jeweiligen Befragungen die relativen Positionen der Parteien auf der Links-Rechts Dimension korrekt angab.[4]

Abbildung 1: Anteil korrekter Anordnung relativer Parteipositionen auf der Links-Rechts-Dimension vor und nach der Wahl (Online-Tracking-Wellen)

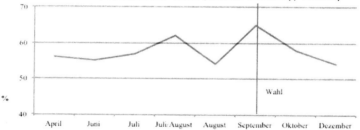

Es zeigt sich von April bis zur Bundestagswahl im September ein deutlicher Anstieg der korrekten Platzierungen der Parteien. Waren dazu im April nur 56 Prozent der Befragten in der Lage, so waren es bei der Tracking-Welle im September unmittelbar vor der Bundestagswahl immerhin 65 Prozent. Ein Anstieg fand vor allem zwischen der Befragung Anfang Juli und der Befragung Ende Juli/Anfang August statt, also zu dem Zeitpunkt an dem der Wahlkampf tatsächlich losging. Auffällig ist der Ausreißer bei der zweiten Erhebung im August, bei der der Anteil korrekter Einschätzungen der räumlichen Platzierungen wieder deutlich fällt, um dann bei der Erhebung im September wieder deutlich anzusteigen. Interessant ist ferner der kontinuierliche Abfall der korrekten Einschätzungen nach der Wahl. Von 65 Pro-

---

4   Als korrekt wurde die relative Einschätzung der Parteien dann codiert, wenn CDU und FDP rechts von SPD, Grünen und Linke eingeordnet wurden. Zudem musste die Linke weiter links als SPD und Grüne angeordnet sein. Wie CDU und FDP bzw. SPD und Grüne angeordnet waren, wurde dabei aufgrund der Schwierigkeit eines zweidimensionalen Parteiensystems nicht als Kriterium für die Korrektheit herangezogen. Dabei wurden, um die Daten zwischen den verschiedenen Befragungen vergleichbar zu machen und unterschiedliche Abbrecherquoten zu berücksichtigen, immer nur diejenigen Befragten herangezogen, die zumindest der CDU eine Position auf der Links-Rechts-Dimension zugewiesen haben.

zent im September fällt der Anteil auf nur noch 54 Prozent im Dezember. Die Daten sind natürlich nur begrenzt aussagekräftig, da es sich nicht um repräsentative Zufallsstichproben aus der Gesamtbevölkerung handelt und zudem die einzelnen Samples unterschiedlich zusammengesetzt sein können. Dennoch deuten die Daten auf einen moderaten Lerneffekt im Vorfeld der Bundestagswahl hin.

Noch genauer lässt sich der Lerneffekt von Wahlkämpfen mithilfe des Multi-Level-Panels nachvollziehen, dessen drei Wellen im Juni, August und September durchgeführt wurde. Dabei ist insbesondere der Vergleich der unterschiedlichen Bundesländer aufschlussreich. Da im Saarland, in Sachsen und Thüringen bereits Ende August Landtagswahlen stattfanden, waren die Bürger dort sehr viel früher mit Wahlkampf konfrontiert. Entsprechend sollten sich in diesen Bundesländern bereits früher Lerneffekte zeigen, wenn bereits die Landtagswahlkämpfe einen positiven Einfluss auf die Abschätzung der politischen Positionen der Parteien hatten.

Abbildung 2: Anteil korrekter Anordnung relativer Parteipositionen auf der Links-Rechts-Dimension Juni bis September (Online-Multi-Level-Panel)

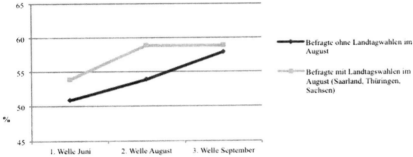

In Abbildung 2 ist der Anteil der Befragten angegeben, die die Parteien auf der Links-Rechts-Dimension in den drei Wellen jeweils richtig anordneten.[5] Unterschieden wird dabei zwischen den beiden Gruppen von Befragten mit Landtagswahlen im August und ohne Landtagswahlen im August. Für beide Gruppen zeigen sich deutliche Lerneffekte über den gesamten Zeitraum: von etwas mehr als 50 Prozent im Juni auf knapp 60 Prozent im September vor der Bundestagswahl. Diese Unterschiede zwischen Juni und September sind jeweils statistisch signifikant (zweiseitiger t-Test: p<0,01). Interessant ist nun insbesondere der Vergleich zwischen den beiden Gruppen im August. Befragte mit Landtagswahlen im August zeigten zwischen der ersten und der zweiten Welle deutlich stärkere Lerneffekte als die „Kontrollgruppe" ohne Landtagswahlen. Während der Anteil der korrekten Wahrnehmungen der

---

5   Die Vercodung der richtigen Anordnung erfolgte wie oben (siehe Fußnote 1). Berücksichtigt wurden nur Befragte die neben der letzten Welle im September zumindest an einer weiteren Befragung (Juni oder August) teilnahmen.

Parteipositionen in den Ländern mit Landtagswahlkampf bereits im August das hohe Niveau von knapp 60 Prozent erreichten – und danach auch nicht mehr weiter anstieg, stieg der Anteil der korrekten Einschätzungen in den Ländern ohne Landtagswahlen im August nur sehr moderat – um danach im September entsprechend stärker anzusteigen. Der Unterschied zwischen den Gruppen zeigt sich also nur im August und ist auch nur dort signifikant (zweiseitiger t-Test: $p<0{,}05$). Diese Ergebnisse deuten auf klare Lerneffekte nicht nur im Bundestagswahlkampfes hin, sondern auch auf positive Auswirkungen der Landtagswahlkämpfe. Wähler, die sich vor die Entscheidung gestellt sehen, bei Wahlen tatsächlich für eine Partei zu stimmen, waren besser über die Positionen der Parteien informiert.

Eine noch bessere Datengrundlage, um Lerneffekte bezüglich des politischen Angebots zu untersuchen, bietet die RCS-Panelstudie. Durch den Panel-Charakter wird auch hier sichergestellt, dass Veränderungen im Anteil der korrekten Einschätzungen tatsächlich auf individuelles Lernen zurückgeführt werden können und nicht auf zufällige andere Zusammensetzungen der Befragten im Sample. Zudem basiert diese Studie aber auch auf einer Zufallsstichprobe der Gesamtbevölkerung. In der RCS-Panelstudie wurden für einen Teil der Befragten in Vorwahl- und Nachwahlwelle nach den Positionen der Parteien beim Thema Steuer/Sozialstaat gefragt und der andere Teil der Befragten wurde nach den Positionen der Parteien beim Thema Kernkraft gefragt. In Abbildung 3 ist für die Vor- und Nachwahlwelle jeweils der Anteil der Personen angegeben, der die relativen Parteipositionen bei den Sachfragen jeweils korrekt einschätzte.[6]

Abbildung 3: Lernen über das politische Angebot: Anteil korrekter relativer Anordnung der Parteien bei den Themen Steuern/Sozialstaat und Kernkraft (RCS-Panelstudie)

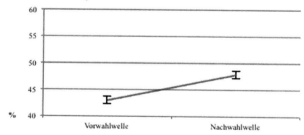

---

6   Als korrekt wurden die Einschätzungen dann kodiert, wenn beim Thema der Steuern/Sozialstaat die FDP rechts von der CDU angeordnet wurde, gleichzeitig die CDU rechts von der SPD und die SPD rechts von der Linken. Daneben musste die CDU auch rechts von den Grünen angeordnet sein. Das Verhältnis von SPD und Grünen wurde nicht berücksichtigt. Beim Thema Kernkraft wurden die Einschätzungen dann als korrekt kodiert, wenn die Grünen so eingeschätzt wurden, dass sie stärker als die SPD für einen Ausstieg sind und gleichzeitig die SPD stärker für einen Ausstieg ist als die CDU. Berücksichtigt werden auch in der Vorwahlwelle nur diejenigen Befragten, die auch an der Nachwahlwelle teilnahmen.

Der Anteil korrekter Einschätzungen hat sich von 43 Prozent in der Vorwahlwelle auf 48 Prozent in der Nachwahlwelle erhöht. In der Abbildung sind jeweils auch die Standardfehler für die Vor- und Nachwahlwelle angegeben. Der Unterschied zwischen den beiden Befragungen erweist sich bei zweiseitigem t-Test als signifikant auf dem p<.001-Niveau. Offensichtlich haben die Befragten also im Laufe des Wahlkampfes hinzugelernt und konnten das Angebot der politischen Parteien am Ende des Wahlkampfes besser einschätzen, wenngleich in moderatem Maße.[7]

Mit Hilfe des RCS-Panels lässt sich auch überprüfen, ob die Befragten im Laufe des Wahlkampfes eher Meinungen zu Sachfragen gebildet haben, die auf ihren Grundeinstellungen bzw. Ideologie basieren. Hierzu wurde untersucht, wie groß die Abweichung der jeweils ausgedrückten Issue-Meinung von der ideologischen Position, gemessen auf der Links-Rechts-Dimension ist. Je weniger die Meinungen zu Sachfragen auf ideologischen Grundüberzeugungen basieren, desto größer sollte die gemessene Abweichung sein. In Abbildung 4 sind die Abweichungen der Issue-Positionen von der ideologischen Grundeinstellung in der Vor- und der Nachwahlwelle abgetragen.

Abbildung 4: Abweichung der Issue-Meinungen von der ideologischen Grundeinstellung

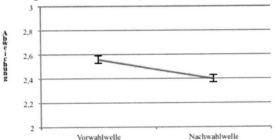

In der Vorwahlwelle war die Abweichung von der ideologischen Grundeinstellung mit 2,56 größer als in der Nachwahlwelle mit 2,4. Die Unterschiede zwischen den beiden Wellen sind deutlich und statistisch signifikant (t-Test: p<.001). Offensichtlich hat der Wahlkampf einigen Befragten geholfen, ihre Issue-Meinungen stärker an ihren ideologischen Grundeinstellungen auszurichten. Am Ende des Wahlkampfes zeigt sich eine insgesamt größere Kohärenz zwischen den ideologischen Grundeinstellungen der Befragten und den Issue-Einstellungen, die sie ausdrücken. Politisches Lernen zeigt sich also sowohl bei der Abschätzung der Parteipositionen als auch bei der eigenen Meinungsbildung. Für alle drei analysierten Datenquellen – das Online-Tracking, das Multi-Level-Panel und das RCS-Panel – ergibt sich also der

---

7 Der Wissenszuwachs zwischen den beiden Wellen ist bei den RCS-Daten wahrscheinlich auch deshalb etwas moderater, da in der Vorwahlwelle die Angaben aller Befragten verwendet werden, also auch solche, die nur wenige Tage vor der Wahl befragt wurden, wenn mögliche Lerneffekte bereits stattgefunden haben (siehe auch unten der signifikante Effekt der Zeitvariable in der multivariaten Analyse).

gleiche Befund: Wähler haben während des Wahlkampfes hinzugelernt. In den folgenden Abschnitten soll nun versucht werden, individuelle Unterschiede beim Lernen zu erklären.

5.2 Individuelle Faktoren zur Erklärung politischen Lernens im Wahlkampf

In Abschnitt 2 wurden verschiedene Faktoren vorgestellt, die einen Einfluss auf das Wissen um die politischen Standpunkte der Parteien am Ende des Wahlkampfes und das politische Lernen während des Wahlkampfes haben können, die im Folgenden anhand der RCS-Panelstudie überprüft werden sollen. Als abhängige Variable der Analyse dient zum einen die korrekte Einschätzung der relativen Parteipositionen am Ende des Wahlkampfes. Die „korrekte" Einschätzung ist dabei wie oben als dichotome Variable codiert. Das Wissen um die politischen Standpunkte in der Nachwahlwelle kann einen ersten Hinweis geben, welche Faktoren eine Rolle spielen bei allgemeinen Lernprozessen über das politische Angebot. Dabei kann natürlich nicht ausgeschlossen werden, dass das Wissen bereits bestand bzw. vor dem Wahlkampf erworben wurde. Deshalb wird als zweite abhängige Variable das direkte Lernen während des Wahlkampfes untersucht. Hierfür werden diejenigen Personen mit 1 kodiert, die in der Vorwahlwelle das Angebot falsch einschätzten, in der Nachwahlwelle aber richtig. Diejenigen Personen, die sowohl in der Vor- als auch in der Nachwahlwelle das Angebot falsch eingeschätzt haben, bekommen eine 0 zugewiesen genauso wie diejenigen, die zwar in der Vorwahlwelle richtig lagen, aber nicht mehr in der Nachwahlwelle. Befragte, die sowohl in Vor- als auch Nachwahl richtig lagen, werden aus der Analyse ausgeschlossen. Die unabhängigen Variablen wurden alle auf ein Intervall von 0 bis 1 standardisiert. Zusätzlich zu den oben beschriebenen Variablen wird bei dem Modell für politisches Lernen der Abstand zur Wahl in der Vorwahlbefragung berücksichtigt. Die Studienteilnehmer wurden ja in einem Zeitraum von 60 Tagen vor der Wahl befragt. Das RCS-Design der Vorwahlwelle stellt dabei sicher, dass der Zeitpunkt der Befragung für jeden Befragten vor der Wahl zufällig ist. Wenn der Wahlkampf einen Effekt auf das Lernen über das politische Angebot hatte, sollten Lerneffekte zwischen Vor- und Nachwahlwelle umso eher auftreten, je weiter der Befragungszeitpunkt in der Vorwahl vom Wahltermin entfernt liegt. Je kürzer der Zeitraum ist, der den Befragten noch vor der Wahl bleibt, desto weniger wahrscheinlich sollten Lerneffekte sein. In Tabelle 1 sind die Ergebnisse der beiden logistischen Modelle dargestellt.

Betrachtet man zunächst das allgemeine Modell für das Wissen am Ende des Wahlkampfes in der linken Spalte von Tabelle 1 zeigen sich für viele der unabhängigen Variablen die erwarteten Effekte. Die Wahrscheinlichkeit, das politische Angebot richtig einzuschätzen, steigt wenig verwunderlich mit dem politischen Interesse und der Bildung. Beim Medienkonsum zeigen sich interessante Effekte bezüglich der vermeintlichen Qualität der Inhalte. Während das Betrachten von Nachrichten auf öffentlich-rechtlichen Sendern einen starken positiven Effekt hat, haben Nachrichtensendungen von privaten Sendern sogar einen schwach negativen Effekt. Ein ähnliches, wenn auch schwächeres, Bild zeigt sich für Presseerzeugnisse: Während das Lesen der Bild-Zeitung keinen signifikanten Effekt auf das Wissen über das politische Angebot hat, erhöht das Lesen von anderen Tageszeitung und der Wochenpresse die Güte der politischen Wahrnehmungen immerhin schwach. Den zweitgrößten Effekt der

Medien nach dem Konsum von öffentlich rechtlichen Fernsehnachrichten hat das Internet. Wer das Internet nutzt, um sich politisch zu informieren hat am Ende des Wahlkampfes ein größeres Wissen über das politische Angebot. Das TV-Duell hat dagegen keinen signifikanten Einfluss. Befunde über positive Effekte lassen sich hier also nicht bestätigen.

Tabelle 1: Wissen um politische Standpunkte der Parteien und Lernen während des Wahlkampfes

	Korrekte Einschätzung Nachwahlbefragung	Lernen zwischen Vorwahlbefragung und Nachwahlbefragung
Abstand zur Wahl in Vorwahlbefragung		.45 (.20)*
Kognitive Differenzierung:		
Need to evaluate	-.41 (.13)**	-.25 (.19)
Need for cognitive closure	-.39 (.12)**	-.39 (.18)*
Need for cognition	.18 (.11)⁺	.41 (.16)**
Affekt: Angst vor Wirtschaftskrise	-.35 (.13)**	-.23 (.19)
Politisches Interesse	.69 (.19)***	.21 (.23)
Wahlkampfexposition	-.25 (.19)	.08 (.28)
Medienkonsum		
TV-Nachrichten: öffentl.-rechtl.	.34 (.07)***	.25 (.11)*
TV-Nachrichten: privat	-.26 (.19)⁺	-.15 (.18)
TV-Duell	-.02 (.09)	.15 (.17)
Presse: Bild	-.11 (.16)	-.46 (.26)⁺
Presse: andere Tageszeitung	.13 (.07)⁺	.09 (.11)
Presse: Wochenpresse	.16 (.09)⁺	.25 (.13)⁺
Internet	.31 (.11)**	.33 (.17)⁺
Interpersonale Kommunikation		
Gesprächspartner: Anzahl	.32 (.12)**	.16 (.17)
Meinungsdifferenzen	-.10 (.09)	-.04 (.12)
Bildung: Abitur	.50 (.07)***	.21 (.10)*
Geschlecht: Frau	-.34 (.07)***	-.28 (.10)**
Alter	-.96 (.18)***	-.43 (.26)
Konstante	-.11 (.17)	-1.39 (.26)***
McFadden Pseudo-R²	.07	.03
N	3867	2556

Alle Variablen wurden auf ein Intervall von 0 bis 1 standardisiert. Zellen enthalten Koeffizienten der logistischen Regression. Standardfehler in Klammern. ⁺ $p<0.1$ * $p<0.05$ ** $p<0.01$ *** $p<0.001$

Bei der interpersonalen Kommunikation hat wie erwartet die Anzahl der Gesprächspartner, mit denen man sich über Politik unterhält, einen signifikant positiven Effekt. Meinungsdifferenzen mit den Gesprächspartnern zeigen dagegen keinen Effekt. Aufschlussreich sind zudem die Effekte für die Konstrukte kognitiver Differenzierung. Need to Evaluate hat einen starken signifikant negativen Effekt auf das Wissen über das politische Angebot. Wer sehr meinungsstark ist und (vor-)schnell Objekte in seiner Umgebung bewertet, kann das politische Angebot in dem relativ komplexen Mehrparteiensystems der BRD offensichtlich schlechter einschätzen. Wie erwartet zeigt sich auch für Befragte mit hohem Wert auf der Need for Cognitive Closure – Skala ein signifikant negativer Effekt. Wer ein geschlossenes Weltbild bevorzugt und die Tendenz hat, in einfachen kognitiven Strukturen zu denken, ist schlechter darin, das politische Angebot in seiner Breite wahrzunehmen. Für Need for Cognition findet sich dagegen nur ein sehr schwacher Effekt, allerdings entsprechend den Erwartungen. Für den affektiven Zustand der Befragten ergibt sich ein unerwartetes Ergebnis. Entgegen den Erwartungen der Theorie affektiver Intelligenz hat eine erhöhte Angst vor der Wirtschaftskrise einen signifikant negativen Effekt auf die Wahrnehmung des politischen Angebots. Wer große Angst vor der Krise empfindet, ist am Ende des Wahlkampfes offensichtlich eher schlechter informiert über das politische Angebot der Parteien. Unerwartet starke Effekte finden sich zudem für die Kontrollvariable des Alters und für das Geschlecht.

So interessant die Ergebnisse für das Wissen am Ende des Wahlkampfes sind, die Frage nach tatsächlich wahlkampfbezogenen Lernens lässt sich damit nicht beantworten, da das Wissen am Ende des Wahlkampfes auch schon vor dem Wahlkampf erworben worden sein konnte. Das Modell in der rechten Spalte von Tabelle 1 gibt über das tatsächliche Lernen zwischen Vor- und Nachwahlbefragung Auskunft. Zunächst zeigt sich ein positiver Effekt des Abstands der Vorwahlbefragung zur Wahl. Befragte, die relativ früh im Wahlkampf befragt wurden, lernten mit einer höheren Wahrscheinlichkeit bis zur Wahl hinzu. Umgekehrt hat bei Wählern, die kurz vor der Wahl in der Vorwahlwelle befragt wurden, der Wissenszuwachs häufig bereits stattgefunden. Signifikante Effekte ergaben sich auch für Need for Cognition und Need for Closure. Wer einen höheren Wert auf der Need for Cognition – Skala hat und also eine größere Neigung aufbringt, sich mit den neuen Informationen auseinanderzusetzen, hat erwartungsgemäß auch eher im Wahlkampf hinzugelernt. Wie im vorherigen Modell hat Need for Cognitive Closure auch hier den erwarteten negativen Effekt. Wer sein geschlossenes Weltbild behalten und verteidigen möchte, wird nicht so sehr bereit sein neue Informationen aufzunehmen und bestehende Wahrnehmungen gegebenenfalls zu korrigieren. Die Angst vor der Wirtschaftskrise hat auf das Lernen zwischen Vor- und Nachwahlwelle keinen signifikanten Effekt. Das gleiche gilt für die Menge an Wahlkampfexposition, der die Befragten ausgesetzt waren und den Umstand, das TV-Duell gesehen zu haben. Das Verfolgen von öffentlich-rechtlichen Fernsehnachrichten hatte dagegen einen signifikant positiven Effekt auf das Lernen im Wahlkampf, das Lesen der Bild-Zeitung auf der anderen Seite einen schwach negativen Effekt. Für das Internet und das Lesen der Wochenpresse finden sich wiederum schwach positive Effekte. Für die These eines sich verstärkenden knowledge-gaps im Wahlkampf spricht der relativ große Effekt der Bildung. Wer gut gebildet ist, wird nicht nur von Anfang an über höheres politisches Wissen verfügen, sondern auch im Wahlkampf noch überdurchschnittlich hinzulernen. Überraschenderweise gilt das auch für das Geschlecht. Während die Literatur gegebenenfalls erwarten lässt, dass Frauen am Ende des Wahlkampfes etwas weniger über das politische Angebot wissen, erstaunt, dass Frauen auch während des Wahlkampfes deutlich weniger hinzulernen.

Im nächsten Schritt wird untersucht, ob sich auch bei der eigenen Meinungsbildung zu Sachfragen systematische individuelle Unterschiede finden lassen. Hierfür werden ähnlich wie oben zwei abhängige Variablen untersucht. Zum einen wird untersucht, welche Faktoren am Ende des Wahlkampfes die Übereinstimmung der Issue-Positionen mit den ideologischen Grundeinstellungen erklären können. Die abhängige Variable wurde hierbei aus der einfachen Umpolung der Abweichung von den Grundeinstellungen aus Abbildung 4 gewonnen. Zum anderen wird wie oben eine dichotome Variable für das Lernen im Wahlkampf gebildet.[8] In Tabelle 2 sind die Ergebnisse für die beiden Modelle dargestellt.

Tabelle 2: Lernen im Wahlkampf und ideologische Fundierung der eigenen Positionen

	Übereinstimmung von Issue-Position und Ideologie Nachwahlbefragung	Wachsende Übereinstimmung zwischen Vorwahlbefragung und Nachwahlbefragung
Abstand zur Wahl in Vorwahlbefragung		.39 (.14)**
Kognitive Differenzierung:		
Need to evaluate	-.47 (.13)***	.10 (.13)
Need for cognitive closure	-.25 (.12)*	-.05 (.13)
Need for cognition	.00 (.10)	.12 (.11)
Affekt: Angst vor Wirtschaftskrise	-.16 (.13)	.01 (.14)
Politisches Interesse	.29 (.16)+	-.03 (.17)
Wahlkampfexposition	.17 (.18)	.10 (19).
Medienkonsum		
TV-Nachrichten: öffentl.-rechtl.	.17 (.07)*	.04 (.07)
TV-Nachrichten: privat	-.10 (.11)	.23 (.12)+
TV-Duell	-.01 (.09)	.09 (.11)
Presse: Bild	-.05 (.15)	-.03 (.16)
Presse: andere Tageszeitung	.15 (.07)*	.04 (.07)
Presse: Wochenpresse	-.05 (.09)	-.13 (.09)
Internet	-.08 (.11)	-.08 (.12)
Interpersonale Kommunikation		
Gesprächspartner	.01 (.11)	-.02 (.12)
Meinungsdifferenzen	.17 (.08)*	.22 (.08)*
Bildung: Abitur	.33 (.07)***	.03 (.08)
Geschlecht: Frau	-.04 (.07)	-.07 (.07)
Alter	-.69 (.18)***	-.01 (.19)
Konstante	7.87 (.17)***	-.62 (.19)***
R^2/McFadden Pseudo-R^2	.03	.01
N	3752	3529

Alle Variablen wurden auf ein Intervall von 0 bis 1standardisiert. Zellen enthalten Koeffizienten der OLS-Regression (linke Spalte) bzw. der logistischen Regression (rechte Spalte). Standardfehler in Klammern. + $p<0.1$ * $p<0.05$ ** $p<0.01$ *** $p<0.001$

---

8   Eine 1 bekommen dabei diejenigen Befragten zugewiesen, die in der Nachwahlbefragung eine größere Übereinstimmung zwischen Issue-Positionen und ideologischer Grundeinstellung aufweisen als in der Vorwahlwelle und eine 0 wird denjenigen zugewiesen, die keine größere Übereinstimmung aufweisen. Die Befragten, die in beiden Wellen eine perfekte Übereinstimmung von Issue-Einstellung und Ideologie hatten, wurden nicht in die Analyse einbezogen.

Betrachtet man zunächst die Ergebnisse in der linken Spalte zeigen sich auch hier die erwarteten Effekte für die Maße der kognitiven Differenzierung. Need to Evaluate hat einen starken negativen Effekt. Befragte mit einer grundsätzlichen Tendenz, schnell zu bewerten und sich Meinungen über viele Dinge zu bilden, haben danach eher Issue-Positionen, die nicht mit ihren Grundeinstellungen übereinstimmen. Das gleiche gilt für Befragte mit hohem Need for Closure. Offensichtlich führt das größere Bedürfnis nach einem geschlossenen Weltbild und die Tendenz, sich gegen widersprüchliche Informationen abzuschotten, zu einer geringeren Fundierung der Issue-Positionen. Keine signifikanten Effekte finden sich für politisches Interesse, die Angst vor der Wirtschaftskrise und die Wahlkampfexposition. Beim Medienkonsum zeigen sich signifikant positive Effekte für die öffentlich-rechtlichen Fernsehnachrichten und das Lesen von Tageszeitungen. Für das TV-Duell und auch für das Nutzen des Internets zur politischen Information, finden sich dagegen keine Effekte. Der Befund zum Internet ist dabei – vor dem Hintergrund des starken Effekts auf die Abschätzung der Parteipositionen in der Analyse oben – etwas überraschend. Die politische Nutzung des Internets scheint also offensichtlich sehr gut dabei zu helfen, die Parteipositionen besser abzuschätzen, aber weniger geeignet, die eigene Meinungsbildung zu fundieren.

Von besonderem Interesse ist die interpersonale Kommunikation. Wie erwartet zeigen sich hier nicht so sehr Effekte für die Anzahl der Gesprächspartner, sondern für Meinungsdifferenzen mit diesen Gesprächspartnern. Wer sich in einem politisch heterogenen Netzwerk bewegt, wer häufiger mit seinen Gesprächspartner politisch kontrovers diskutiert, vertritt danach häufiger Issue-Positionen, die in den eigenen Grundeinstellungen fundiert sind. Bildung hat erwartungsgemäß einen signifikant positiven Effekt, das Geschlecht dagegen hat hier keinen Effekt. Verwunderlich ist der relativ starke Effekt des Alters. Junge Menschen haben danach eine größere Übereinstimmung von Issue-Positionen und ideologischer Grundausrichtung. Auf der rechten Seite von Tabelle 2 sind die Ergebnisse für das Lernen während des Wahlkampfes dargestellt. Zunächst zeigt sich wie für das Lernen über das politische Angebot, der vermutete Zusammenhang zwischen dem Zeitpunkt der Vorwahlbefragung und dem Lernerfolg. Wer mit großem Abstand zur Wahl befragt wurde, lernte im Wahlkampf mit größerer Wahrscheinlichkeit noch hinzu. Die anderen unabhängigen Variablen hatten dagegen fast alle keine signifikanten Einflüsse auf den Lernerfolg bei den eigenen Positionen. Die einzige Ausnahme sind die Meinungsdifferenzen im sozialen Netzwerk. Wähler, die mit ihren Gesprächspartnern während des Wahlkampfes kontrovers diskutieren, haben offensichtlich nicht nur am Ende des Wahlkampfes fundiertere Positionen. Das Ergebnis zeigt auch, dass sie im Wahlkampf tatsächlich hinzugelernt haben und Meinungen zu politischen Sachfragen herausgebildet haben, die stärker auf ihren ideologischen Grundeinstellungen basieren.

Insgesamt lassen sich für die eigene Meinungsbildung deutlich geringere individuelle Unterschiede für den Lernerfolg im Wahlkampf finden als für Lernerfolge beim Abschätzen des politischen Angebots. Das ist nicht sonderlich erstaunlich, da Lernen bei der eigenen Meinungsbildung nicht so sehr an die Aufnahme und Verarbeitung neuer Information im Wahlkampf gekoppelt ist. Dennoch zeigen die Ergebnisse in Abbildung 4 und der signifikante Effekt des Abstands zur Wahl in Tabelle 2, dass es im Aggregat auch hier zu Lernen gekommen ist. Die Befragten zeigten am Ende des Wahlkampfes eine geringere Abweichung der Meinungen zu Sachfragen von ihren Grundeinstellungen. Dabei finden sich dann aber nur geringe Unterschiede zwischen verschiedenen Wählergruppen. Die Fundierung der eigenen Positionen erfolgt relativ konstant über verschiedene Wählergruppen hinweg. Offensichtlich ermöglicht der Wahlkampf und die darin verwendeten Bezugsrahmen der verschiedenen Parteien den Wählern, stärker fundierte Meinungen auszubilden – relativ unabhängig von vermittelnden individuellen Variablen wie Interesse, Medienkonsum oder psychologischen Prädispositionen.

6. Fazit

Der Wahlkampf zur Bundestagswahl 2009, der in den Medien allgemein als einschläfernd, langweilig und ereignisarm beschrieben wurde, hat trotz allem einigen Wählern geholfen, das politische Angebot besser einzuschätzen und sich eigene Meinungen zu bilden, die besser in den eigenen Grundeinstellungen fundiert sind. Das politische Lernen im Wahlkampf war zwar relativ moderat, aber fern von „minimal". Mit Hilfe des Online-Trackings, des Multi-Level-Panels und der RCS-Panel-Studie konnte nachgewiesen werden, dass die Wähler in der Vorwahlphase systematisch hinzugelernt haben. Die Ergebnisse der Tracking-Studien deuten zudem darauf hin, dass das Lernen über das politische Angebot bereits relativ früh angesetzt hat und dass das Wissen nach der Wahl wieder relativ schnell nachgelassen hat. Die Ergebnisse des Multi-Level-Panels zeigen außerdem, dass zusätzlich zum Bundestagswahlkampf auch die Landtagswahlkämpfe im August zu verstärktem politischen Lernen führten. Der verstärkte politische Wettbewerb der Parteien hat also nicht dazu geführt, dass Wähler in die Irre geführt wurden. Vielmehr hat die Summe der parteipolitischen Bemühungen dazu geführt, dass sich die Bürger ein besseres Bild über das politische Angebot machen konnten. Trotz der schwierigen Ausgangslage mit einer Großen Koalition als amtierender Regierung und einem nicht sonderlich spannenden und konfrontativen Wahlkampf, kam es also zu Lerneffekten im Vorfeld der Bundestagswahl und damit aufgeklärteren politischen Urteilen. Diese Lerneffekte waren substantiell, trotzdem erscheint es plausibel, dass intensivere und ereignisreichere Wahlkämpfe zu noch größerem Lernen führen könnten.

Die Lernerfolge waren dabei nicht gleichmäßig über alle Wähler verteilt, manche haben im Wahlkampf deutlich mehr gelernt. In der multivariaten Analyse des politischen Lernens fanden sich einige interessante systematische Unterschiede. So hängt der Lernerfolg nicht unwesentlich von den kognitiven Dispositionen der Wähler ab. Die bisher in der Politikwissenschaft wenig beachteten Konzepte Need for Cognition, Need to Evaluate und Need for Closure wiesen signifikante Effekte beim Wissen am Ende des Wahlkampfes und zum Teil auch für den direkten Lernerfolg während des Wahlkampfes auf. Die nach der Theorie affektiver Intelligenz zu erwartende moderierende Rolle von Angst konnte nicht bestätigt werden. Nach der Theorie sollte eine größere Angst bei Wählern dazu führen, sich genauer mit dem politischen Angebot und den eigenen Urteilen auseinanderzusetzen. Für das Wissen um das politische Angebot am Ende des Wahlkampfes fanden sich gar gegenteilige Effekte: Wer größere Angst vor der Wirtschaftskrise hatte, war weniger gut über das politische Angebot informiert. Interessante Unterschiede ergab auch der Medienkonsum: der Konsum qualitativ hochwertiger Nachrichten und Zeitungen zeigte eigenständige positive Effekte in multivariaten Analyse. Die interpersonale Kommunikation spielt für das Lernen im Wahlkampf ebenso eine wichtige Rolle, insbesondere für die eigene Meinungsbildung im Wahlkampf. Wer mit seinen Gesprächspartnern politisch kontrovers diskutiert, bildet sich eher Meinungen zu Sachthemen, die in den eigenen Grundeinstellungen fundiert sind. Erstaunlich starke Effekte zeigten sich für die Bildung und das Geschlecht. Höher Gebildete waren nicht nur am Ende des Wahlkampfes besser über das politische Angebot informiert, was weniger erstaunlich ist, sondern lernten auch innerhalb des Wahlkampfes stärker hinzu als die weniger Gebildeten, was für die Ausweitung des „knowledge-gaps" in diesem Wahlkampf spricht. Ähnlich haben Frauen nicht nur am Ende schlechter über das politische Angebot Bescheid gewusst, sie haben auch während des Wahlkampfes weniger hinzugelernt.

Das reiche Datenangebot der GLES mit den unterschiedlichen Komponenten zu Erfassung kurzfristiger Wahlkampfdynamik ermöglichte erstmals eine sehr genaue Untersuchung des politischen Lernens in Deutschland. Viele der hier durchgeführten Analysen sind aber noch weiter ausbaubar: insbesondere das Zusammenführen von Medieninhaltsanalyse der TV-Nachrichten und Tageszeitungen mit der RCS-Studie erscheint vielversprechend. So sollte die Rolle der Informationsrezeption und der unterschiedlichen Effekte von verschiedenen Medien und Inhalten noch besser untersucht und verglichen werden können. Ein interessanter Pfad zukünftiger Forschung zu politischem Lernen in Wahlkämpfen ist darüber hinaus der Vergleich verschiedener Wahlkämpfe und ihrer Effekte auf das politische Lernen der Bürger. Nur so lassen sich die Größe der Effekte sinnvoll einordnen und Eigenschaften von Wahlkämpfen identifizieren, die das Ausmaß an Lernen beeinflussen. Aus methodischer Sicht sollten insbesondere unterschiedlich intensive Wahlkämpfe nützlich sein. Aus demokratietheoretischer Sicht ist nach den Befunden dieses Kapitels zu hoffen, dass zukünftige möglicherweise kontroversere Wahlkämpfe zu noch größeren Lerneffekten führen als der vergleichsweise langweilige und ereignisarme Wahlkampf 2009.

Literatur

Alvarez, Richard M. (1997). Information and elections. Ann Arbor: University of Michigan Press.
Ansolabehere, Stephen und Shanto Iyengar (1995). Going Negative: How Attack Ads Shrink and Polarize the Electorate. New York: Free Press.
Arceneaux, Kevin (2006). Do Campaigns Help Voters Learn? A Cross-National Analysis, in: British Journal of Political Science 36: 159-173.
Barabas, Jason und Jennifer Jerit (2009). Estimating the Causal Effects of Media Coverage on Policy-Specific Knowledge, in: American Journal of Political Science 53:73-89.

Bartels, Larry M. (1993). Messages Received: The Political Impact of Media Exposure, in: American Political Science Review 87: 267–85.
Bartels, Larry. M. (1988). Presidential primaries and the dynamics of public choice. Princeton, NJ: Princeton University Press.
Berelson, Bernard R., Paul F. Lazarsfeld und William N. McPhee (1954).Voting: A Study of Opinion Formation in a Presidential Campaign. Chicago: University of Chicago Press.
Berinsky, Adam and Donald R. Kinder (2006). Making Sense of Issues Through Media Frames: Understanding the Kosovo Crisis, in: The Journal of Politics 68: 640–656.
Bizer, George Y., Jon A. Krosnick, Allyson L. Holbrook, Christian Wheeler, Derek D. Rucker und Richard E Petty (2004). The Impact of Personality on Cognitive, Behavioral, and Affective Political Processes: The Effect of Need to Evaluate, in: Journal of Personality 72: 995-1028.
Bless, Herbert, Gerald L Clore, Norbert Schwarz, Verena Golisano, Christina Rabe und Marcus Wölk (1996). Mood and the Use of Scripts: Does a Happy Mood Really Lead to Mindlessness?, in: Journal of Personality and Social Psychology 71: 665-679.
Bodenhausen, Gale V., Geoffrey P. Kramer, und Karin Süsser (1994). Happiness and Stereotypic Thinking in Social Judgment, in: Journal of Personality and Social Psychology 66: 621-632.
Brewer, Paul R. und Kimberly Gross (2005). Values, Framing, and Citizens' Thoughts about policy Issues: Effects on Content and Quantity, in: Political Psychology 26: 929-948.
Brians, Craig L., und Martin P. Wattenberg (1996). Campaign Issue Knowledge and Salience: Comparing Reception from TV Commercials, TV News, and Newspapers, in: American Journal of Political Science 40: 172–93.
Cacioppo, John T. und Richard E. Petty (1984). The efficient assessment of need for cognition, in: Journal of Personality Assessment 48: 306-307.
Cacioppo, John T., Richard E. Petty, Jeffrey A. Feinstein und W. Blair Jarvis (1996). Dispositional differences in cognitive motivation: The life and times of individuals varying in need for cognition, in: Psychological Bulletin 119: 197–253.
Campbell, James E. und James C. Garand. (1999). Before the Vote: Forecasting American National Elections Thousand Oaks, Calif.: Sage Publications.
Chong, Dennis und James N. Druckman (2007). Framing Theory, in: Annual Review of Political Science 10: 103-126.
Conover, Pamela Johnston, Donald D. Searing und Ivor M. Crewe(2002). The Deliberative Potential of Political Discussion, in: British Journal of Political Science 32: 21-62.
Converse, Philip E. (1964). The Nature of Belief Systems in Mass Publics, in: David E. Apter (Hg.) Ideology and Discontent. New York: Free Press. pp.206–261.
Delli Carpini, Michael X. und Scott Keeter (1996). What Americans Know About Politics and Why It Matters. New Haven: Yale University Press.
Druckman James N. (2003). Media Matter: How Newspapers and Television News Cover Campaigns and Influence Voters, in: Political Communication 22: 463–481.
Druckman, James. N. (2004). Political Preference Formation: Competition, Deliberation, and the (Ir)relevance of Framing Effects, in: American Political Science Review 98: 671-686.
Druckman, James. N. und Kjersten R. Nelson (2003). Framing and Deliberation: How Citizens' Conversations Limit Elite Influence, in: American Journal of Political Science 47, 729-745.
Entman, Robert M. (1993). Framing: toward clarification of a fractured paradigm, in: Journal of Communication 43: 51–58.
Faas, Thorsten und Jürgen Maier (2004). Mobilisierung, Verstärkung, Konversion? Ergebnisse eines Experiments zur Wahrnehmung der Fernsehmodelle im Vorfeld der Bundestagswahl 2002, in: Politische Vierteljahresschrift 45: 55-72.
Faas, Thorsten und Jürgen Maier (2011). Medienwahlkampf: Sind TV-Duelle nur Show und damit nutzlos?, in: Evelyn Bytzek und Sigrid Roßteutscher (Hg.) Der unbekannte Wähler? Mythen und Fakten über das Wahlverhalten der Deutschen. Frankfurt am Main: Campus. pp.99-113.
Farrell, David M und Rüdiger Schmitt-Beck, Hg., (2002). Do Political Campaigns Matter? Campaign Effects in Elections and Referendums. London: Routledge.
Finkel, Steven E. (1993) Re-examining the "Minimal Effects" Model in Recent Presidential Campaigns, in: Journal of Politics 55: 1–21.
Frazer, Elizabeth und Kenneth Macdonald (2003) Sex Difference in Political Knowledge in Britain, in: Political Studies 51: 67–83.

Gelman, Andrew und Gary King (1993). Why are American Presidential Election Campaign Polls So Variable When Votes are So Predictable? British Journal of Political Science 23: 409–51.

Graber, Doris A. (2004). Mediated Politics and Citizenship in the Twenty-First Century, in: Annual Review of Psychology 55: 545–71.

Hermans, Dirk, Jan De Houwer und Paul Eelen (2001). The affective priming effect: Automatic activation of evaluative information in memory, in: Cognition and Emotion 8: 515-533.

Holbrook, Thomas M. (2006) Cognitive Style and Political Learning in the 2000 U.S. Presidential Campaign, in: Political Research Quarterly 59:343-352.

Huckfeldt, Robert, Paul E. Johnson und John Sprague (2004). Political Disagreement. The Survival of Diverse Opinions within Communication Networks. Cambridge: Cambridge University Press.

Huddy, Leonie, Stanley Feldman, Charles Taber, und Gallya Lahav (2005). Threat, Anxiety, and Support for Antiterrorism Policies, in: American Journal of Political Science 49: 593-608.

Iyengar Shanto (1991). Is Anyone Responsible?: How Television Frames Political Issues. Chicago: University of Chicago Press.

Jacoby, William G. (2000). Issue Framing and Public Opinion on Government Spending, in: American Journal of Political Science 44: 750-767.

Jarvis, Blair und Richard Petty (1996) The need to evaluate, in: Journal of Personality and Social Psychology 70: 172-194.

Kim, Joohan, Robert O. Wyatt und Elihu Katz (1999). News, Talk, Opinion, Participation: The Part Played by Conversation in Deliberative Democracy, in: Political Communication 16: 361-385.

Kinder, Donald R. and Lynn M. Sanders (1996). Divided by Color: Racial Politics and Democratic Ideals. Chicago: University of Chicago Press.

Kruglanski, Arie, Donna M. Webster und Adena Klem (1993). Motivated resistance and openness to persuasion in the presence or absence of prior information, in: Journal of Personality and Social Psychology 65: 861-876.

Lachat, Richard und Pascal Sciarini (2002). When do election campaigns matter, and to whom? Results from the 1999 Swiss election panel study, in: Farrell, David M und Rüdiger Schmitt-Beck (Hg.) Do Political Campaigns Matter? Campaign Effects in Elections and Referendums. London: Routledge. pp. 41–57.

Lanoue, David J. (1992) One that made a difference: Cognitive Consistency, Political Knowledge and the 1980 Debate, in: Public Opinion Quarterly 56:168-184.

Lazarsfeld, Paul, Bernard Berelson und Hazel Gaudet (1944). The People's Choice. How the Voter Makes Up his Mind in a Presidential Campaign. New York: Columbia University Press.

MacKuen, Michael, George Marcus, W. Russell Neuman und Luke Keele (2007). The Third Way: The Theory of Affective Intelligence and American Democracy, in: W. Russel Neuman, et al. (Hg.) The Affect Effect. Dynamics of Emotion in Political Thinking and Behavior. Chicago: The University of Chicago Press. pp. 124-151.

Marcus, George E., W. Russell Neuman und Michael MacKuen (2000). Affective Intelligence and Political Judgment. Chicago: The University of Chicago Press.

Miller, W. (1990). How Voters Change: The 1987 British Election Campaign in Perspective. Oxford: Oxford University Press.

Mondak, Jeffrey und Mary R. Anderson (2004) The Knowledge Gap: A Reexamination of Gender-Based Differences in Political Knowledge, in: Journal of Politics 66: 492-512.

Nelson, Thomas E., Rosalee A. Clawson und Zoe M. Oxley (1997). Media Framing of a Civil Liberties Conflict and Its Effect on Tolerance, in: American Political Science Review 91: 567-583.

Norris, Pippa und David Sanders (2003). Message or Medium? Campaign Learning During the 2001 British General Election, in: Political Communication 20: 233–62.

Patterson, Thomas E. und Robert D. McClure (1976). The Unseeing Eye: The Myth of Television Power in National Politics. New York: Putnam.

Poguntke Thomas und Paul Webb (2005). The Presidentialization of Politics. A Comparative Study of Modern Democracies. Oxford: Oxford University Press.

Prior, Markus (2005). News vs. Entertainment: How Increasing Media Choice widens Gaps in Political Knowledge and Turnout, in: American Journal of Political Science 49: 557-592.

Riker, William H. (1986). The Art of Political Manipulation. New Haven: Yale University Press.

Sabato, L. J., Mark Stencel und S. Robert Lichter. (2000). Peep show: Media and politics in an age of scandal. Lanham, MD: Rowman & Littlefield.

Schwarz, Norbert (2000). Emotion, Cognition, and Decision Making, in: Cognition and Emotion 14: 433-440.

Shepsle, Kenneth A. (1972). The Strategy of Ambiguity: Uncertainty and Electoral Competition, in: American Political Science Review 66: 555-568.
Sigelman, L. und David Bullock (1991). Candidates, issues, horse races, and hoopla: Presidential campaign coverage, 1888–1988, in: American Politics Quarterly 19: 5-32.
Sniderman, Paul M. und Sean M. Theriault (2004). The Structure of Political Argument and the Logic of Issue Framing, in: Willem E. Saris und Paul Sniderman (Hg.) Studies in Public Opinion: Attitudes, Nonattitudes, Measurement Error and Change. Princeton: Princeton University Press. pp. 133-165.
Stevenson, Randolph und Lynn Vavreck (2000). Does Campaign Length Matter? Testing for Cross-National Effects, in: British Journal of Political Science 30: 217–35.
Tichenor, Philip, George A. Donuhue und Calice A. Olien (1970). Mass Flow and Differential Growth in Knowledge, in: Public Opinion Quarterly 34: 149-170.
Tomz, Michael und Robert P. van Houweling (2009) The Electoral Implicaitons of Candidate Ambiguity, in: American Political Science Review 103: 83-98.
Verba, Sidney, Nancy Burns und Kay Lehman Schlozman (1997). Knowing and Caring About Politics: Gender and Political Engagement, in: Journal of Politics 59: 1051–57.
Viswanath, Kasisomayajula und John R. Finnegan (1996). The Knowledge Gap Hypothesis: Twenty-Five Years later, in: Brant Burleson (Hg.) Communication Yearbook. Thousand Oaks: Sage. pp.187-227.
Weaver, David. und Dan Drew (1993). Voter learning in the 1990 off-year election: Did the media matter?, in: Journalism Quarterly, 70, 356–368.
Zaller, John R. (1992). The Nature and Origins of Mass Opinion. New York: Cambridge University Press.

Individuelle Unterschiede in der Verarbeitung politischer Informationen: Der Einfluss von *Need for Cognition* und *Need to Evaluate* auf Parteisympathien

Alexander Glantz

1. Einleitung[1]

In modernen Massendemokratien spielen Wahlkämpfe eine herausragende Rolle (Hillygus 2010). Zum einen können sie von den Wählern genutzt werden, um sich über die politischen Parteien und das von ihnen vorgeschlagene Personal zu informieren. Zum anderen ermöglichen sie es Parteien und Politikern die politischen Überzeugungen und Einstellungen der Wähler zu beeinflussen, um ihre Chancen am Wahltag zu verbessern. Idealerweise sollten sich Wähler hierbei vor allem an sachlichen Erwägungen orientieren und derjenigen Partei ihre Stimme geben, die in ihren Augen am besten geeignet erscheint, drängende gesellschaftliche Probleme zu lösen. Die empirische Forschung zeichnet allerdings eher ein düsteres Bild über die politische Kompetenz der Wähler. So zeigen Untersuchungen, dass sie zu vielen Themen keine auskristallisierte Meinung besitzen und kaum über die politischen Standpunkte von Parteien und Kandidaten informiert sind (Bishop 2005; Maier et al. 2009; Pew Research Center 2012). Darüber hinaus sind Sachthemen und politische Streitfragen meist von geringerer Bedeutung bei der Urteilsbildung als affektive Parteibindungen oder die persönlichen Eigenschaften von Spitzenkandidaten (Kellermann 2008; Lewis-Beck et al. 2008). Aber reagieren alle Menschen in gleicher Weise auf die Flut politisch relevanter Informationen in modernen Wahlkämpfen?

Ausgehend von Zwei-Prozessmodellen der Informationsverarbeitung entwickelte die Wahlforschung in den letzten Jahren ein zunehmendes Interesse an den kognitiven Prozessen, die politischen Einstellungen zugrunde liegen (Ottati 2001; Ottati et al. 2002; Skitka/ Mullen 2002). Dabei wurde deutlich, dass die Verarbeitung von politischen Informationen von grundlegenden Persönlichkeitseigenschaften der Wähler beeinflusst wird (Suedfeld/Tetlock 2001; Briñol/Petty 2005). Manche Menschen denken sehr sorgfältig nach und wägen das Pro und Contra politischer Sachfragen ab, andere hingegen verlassen sich lieber auf einfache Heuristiken, wie beispielsweise langfristige Parteibindungen, um sich eine Meinung zu bilden. Besonders zwei Persönlichkeitseigenschaften standen hierbei im Mittelpunkt: das *Bedürfnis nach Kognition* (Cacioppo/Petty 1982) und das *Bedürfnis nach Bewertung* (Jarvis/Petty 1996). Demnach unterscheiden sich Wähler in dem Wunsch, sich ausführlicher mit

---

[1] Ich danke Harald Schoen und Thorsten Faas für ihre hilfreichen Anmerkungen zu einer früheren Version dieses Beitrags.

dem politischen Geschehen auseinanderzusetzen und die Komplexität der politischen Umwelt gedanklich zu strukturieren.

Vor diesem Hintergrund geht der vorliegende Beitrag der Frage nach, welche Auswirkungen individuelle Unterschiede in kognitiven Verarbeitungsstilen auf die Einstellungen gegenüber politischen Parteien im Vorfeld der Bundestagswahl 2009 haben. Zum einen geht es darum zu prüfen, ob das Bedürfnis nach Kognition bzw. das Bedürfnis nach Bewertung die Stärke von Parteisympathien beeinflusst. Zum anderen soll untersucht werden, welche Effekte sie auf die Determinanten der Parteisympathie haben, d. h. auf die relative Bedeutung von Sachfragen, Kandidaten und langfristigen Parteibindungen. Zu diesem Zweck werden Daten aus der *German Longitudinal Election Study* (GLES) herangezogen, in deren Rahmen erstmals Kurzskalen zur Erfassung der Bedürfnisse nach Kognition und Bewertung einer umfangreichen Stichprobe von deutschen Wählern vorgelegt wurden.

2. Theoretischer Hintergrund

Das Kognitionsbedürfnis (*Need for Cognition; NC*) bezeichnet nach Cacioppo und Petty (1982) die Freude und das kognitive Engagement bei Denkaufgaben. Menschen mit einem hohen Kognitionsbedürfnis möchten den Dingen auf den Grund gehen. Sie fühlen sich durch komplexe Probleme herausgefordert und erleben intellektuelle Auseinandersetzungen als befriedigend. Das Konstrukt wurde ursprünglich in der sozialpsychologischen Einstellungsforschung entwickelt, um stabile individuelle Unterschiede in der Wirkung persuasiver Kommunikation zu erklären. Ausgangspunkt hierfür war das Modell der Elaborationswahrscheinlichkeit (Petty/Cacioppo 1986; Petty et al. 2005), das die bisher verstreuten Einzelbefunde zur Einstellungsbildung in einem übergreifenden theoretischen Rahmen integrierte.

Das Modell geht davon aus, dass es zwei Wege gibt, um politische Einstellungen zu erwerben oder zu ändern. Die *zentrale Route* ist durch eine ausführliche Verarbeitung der inhaltlichen Argumente einer Botschaft gekennzeichnet, deren Qualität und Überzeugungskraft einer kritischen Prüfung unterzogen werden. Das bedeutet, Wähler denken gründlich über die von einem Kandidaten oder einer Partei vertretenen Positionen nach und vergleichen diese mit ihren eigenen Standpunkten (z.B. Downs 1957; Enelow/Hinich 1984; Rabinowitz/MacDonald 1989). Dagegen lassen sich Wähler auf der *peripheren Route* eher von den oberflächlichen Merkmalen einer Botschaft überzeugen, wie etwa der Attraktivität eines Kandidaten oder anderen heuristischen Hinweisen (Sniderman et al. 1991; Mondak 1994; Popkin 1994; Lupia/McCubbins 1998). Dazu gehören beispielsweise auch die persönlichen Eigenschaften eines Politikers wie Alter oder Geschlecht (Cutler 2002; Sanbonmatsu 2002), langfristige Parteiloyalitäten (Lau/Redlawsk 2001; Huckfeldt et al. 2005; Kam 2005) oder die Empfehlungen von bedeutsamen Meinungsführern (Hodson et al. 2001; Forehand et al. 2004; Lewkowicz 2006; McDermott 2006).

Auf welchem Wege politische Informationen verarbeitet werden, hängt davon ab, wie motiviert und fähig die Empfänger sind, sich mit den Argumenten einer persuasiven Botschaft auseinanderzusetzen. In den letzten Jahren haben eine Reihe von Studien den Einfluss individueller und situativer Faktoren auf die Verarbeitungsmotivation und die kognitiven Fähigkeiten untersucht (für einen Überblick siehe Petty et al. 2005, 2009). Dabei konzentrierte sich die Wahlforschung vor allem auf die Bedeutung der politischen Involviertheit. Dahinter steht die Annahme, dass politisch interessierte Wähler eher motiviert sind, sich mit komplexen politischen Sachverhalten auseinanderzusetzen und mit abstrakten ideologischen Prinzipien zu verknüpfen. Übereinstimmend mit diesen Überlegungen konnte gezeigt werden, dass involvierte Personen stabilere und konsistentere Einstellungen aufweisen (Lavine et al. 2000; Lehman/Crano 2002) und sich bei Wahlentscheidungen enger an Sachthemen orientieren (Krosnick 1988; Visser et al. 2003; Tilley et al. 2008).

Petty und Cacioppo (1986) nehmen jedoch an, dass sich Menschen auch grundsätzlich darin unterscheiden, wie sorgfältig sie über Informationen nachdenken und diese Tätigkeit als angenehm empfinden. Demnach sollte ein hohes Kognitionsbedürfnis die Motivation verstärken, persuasive Botschaften zentral zu verarbeiten. Eine Vielzahl empirischer Studien aus der Persuasionsforschung belegt, dass das Persönlichkeitskonstrukt mit einer tieferen Verarbeitung von sozialen Informationen zusammenhängt (Cacioppo et al. 1996). Die Variable findet aber auch in der Wahlforschung zunehmend Verwendung. In einigen frühen Studien, die den US-amerikanischen Präsidentschaftswahlkampf von 1984 untersuchten, stellte sich heraus, dass Wähler mit einem hohen Kognitionsbedürfnis mehr über die Kandidaten wussten und häufiger die Präsidentschaftsdebatten im Fernsehen verfolgten (Cacioppo et al. 1986; Ahlering 1987). Kam (2005) untersuchte in einer experimentellen Studie die Auswirkungen von politischer Expertise und NC auf die politische Meinungsbildung. Sie fand, dass Personen mit einem geringen politischen Wissen sich mehr durch parteipolitische Standpunkte beeinflussen ließen, während solche mit größerem Wissen eher auf themenrelevante Informationen achteten. Unabhängig davon hatte das Bedürfnis nach Kognition keinen Effekt darauf, welche Informationen genutzt wurden, um sich ein Urteil zu bilden.

Holbrook (2006) befasste sich mit der Rolle kognitiver Stile während der US-Präsidentschaftswahl 2000. Die Daten hierfür stammten aus der Amerikanischen Nationalen Wahlstudie (ANES), in der NC erstmals in einer größeren repräsentativen Stichprobe von Wählern erhoben wurde. Holbrook (2006) fand, dass politisches Interesse und Faktenwissen positiv mit der korrekten Einstufung von George W. Bush und Al Gore auf einem ideologischen Kontinuum korrelierte. Außerdem waren politisch involvierte Wähler besser in der Lage, die beiden Kandidaten auf acht politischen Themen einzuschätzen und konnten mehr Gründe für ihre Wahlentscheidung nennen. NC hatte lediglich einen positiven Effekt auf die korrekte Einstufung der Kandidaten auf den verschiedenen Themenpositionen. Liu und Eveland (2005) konnten anhand der ANES 2000 und 2004 bestätigen, dass Personen mit einem hohen Kognitionsbedürfnis mehr über die politischen Positionen der Kandidaten aus den Printmedien lernten als Personen, die weniger motiviert waren, sich mit der politischen Berichterstattung zu befassen. In einer Pilotstudie zur ANES demonstrierten Bizer et al. (2000), dass Wähler mit höherem Kognitionsbedürfnis mehr in den Wahlkampf involviert waren, z.B. indem sie andere überredeten zu wählen oder Wahlkampfveranstaltungen besuchten. Im Einklang mit den Ergebnissen von Holbrook (2006) fanden sie jedoch keinen moderierenden Effekt des NC auf die Verwendung von Sachthemen bei der Kandidatenbewertung.

Sowohl Bizer et al. (2000) als auch Holbrook (2006) kamen zu dem Schluss, dass eine andere Persönlichkeitsvariable einen erheblichen stärkeren Einfluss auf politische Einstellungen hat – das Bedürfnis nach Bewertung (*Need to Evaluate; NE*). Jarvis und Petty (1996: 172) verstehen darunter "individual differences in the propensity to engage in evaluation." Personen mit einem hohen Bewertungsbedürfnis neigen dazu, Einstellungsobjekte – z. B. Parteien, Kandidaten, Themen – spontan als positiv oder negativ zu bewerten. Sie bilden sich gerne eine Meinung zu einem Thema und vermeiden neutrale Positionen, während andere eher indifferent und zögerlich mit ihrem Urteil sind. Deshalb lässt sich vermuten, dass Wähler mit einem ausgeprägten Bedürfnis nach Bewertung ausgiebiger über Einstellungsobjekte nachdenken und nach Informationen suchen, um diese einschätzen zu können. In einer umfangreichen Studie untersuchten Bizer et al. (2004) auf der Basis von ANES Daten die Auswirkungen von NE auf die Einstellungsstärke und das individuelle Wahlverhalten. Die Ergebnisse zeigen, dass Wähler mit einem starken Bewertungsbedürfnis mehr Gründe angeben können, warum sie einen Kandidaten mögen oder nicht mögen, sie stärkere emotionale Reaktionen auf Politiker zeigen und sich bei der Kandidatenbewertung vergleichsweise mehr an Sachthemen und Parteiloyalitäten orientieren. Darüber hinaus waren sie mehr an Wahlkampfaktivitäten beteiligt und haben die politische Berichterstattung aufmerksamer verfolgt. Andere Studien ergaben, dass NE auch mit extremeren Einstellungen gegenüber Kandidaten einhergeht (Federico 2004; Britt et al. 2009). Die Resultate stimmen mit denen von Federico und Schneider (2007) überein, die belegen, dass Wähler mit einem starken Bewertungsbedürfnis ihre Einstellungen zu politischen Streitfragen ideologisch konsistenter im Gedächtnis organisieren.

Insgesamt betrachtet legt der aktuelle Forschungsstand die Vermutung nahe, dass individuelle Vorlieben für bestimmte Verarbeitungswege wichtige Auswirkungen auf das Wahlverhalten haben. Trotzdem bleiben einige wichtige Fragen offen: Zum einen standen bisher vor allem Einstellungen gegenüber Kandidaten im Mittelpunkt der Forschung. Die Rolle kognitiver Stile bei der Bildung von Parteipräferenzen wurde bislang kaum untersucht.[2] So bleibt unklar, ob sich die überwiegend amerikanischen Befunde angesichts der Unterschiede in der Ausgestaltung des Wahlsystems (Personen- vs. Parteienwahl) auf deutsche Verhältnisse übertragen lassen. Zum anderen weisen zwar einige Ergebnisse darauf hin, dass die genannten Persönlichkeitsmerkmale die Aufnahme von Informationen über die Medien steuern, aber scheinbar schlägt sich dies nicht durchgängig in der Verwendung bestimmter Urteilskriterien bei der Einstellungsbildung nieder. Offen bleibt daher, inwiefern Persönlichkeitsmerkmale die Maßstäbe beeinflussen, die Wähler anlegen, wenn sie politische Parteien bewerten.

3. Hypothesen

Im Rahmen des Modells der Elaborationswahrscheinlichkeit (Petty/Cacioppo 1986; Petty et al. 2005) können Persönlichkeitsmerkmale auf verschiedene Weise die Entstehung von Parteisympathien beeinflussen: Erstens können sie die Stärke der gebildeten Einstellungen er-

---

2   Eine Ausnahme bilden die Arbeiten von Schumann (2001) und von Collani und Blank (2003), in denen individuelle Unterschiede in der kognitiven Geschlossenheit untersucht wurden.

höhen. Zweitens können sie die Wähler dazu veranlassen, andere Kriterien heranzuziehen, um die Parteien zu bewerten. Dem Modell zufolge sind Parteisympathien, die auf dem zentralen Weg der Informationsverarbeitung gebildet werden, extremer, leichter verfügbar und in sich konsistenter (Petty et al. 1995; Huckfeldt et al. 1999). Dies liegt daran, dass Individuen sich während der Verarbeitung darum bemühen, Unstimmigkeiten zwischen den wahrgenommenen Merkmalen einer Partei und vorhandenen kognitiven Strukturen aufzulösen. Daher liegt die Hypothese nahe, dass Wähler mit einem starken Bedürfnis nach Kognition bzw. Bewertung polarisierte und widerspruchsfreie Einstellungen gegenüber Parteien entwickeln.

Nach Petty und Cacioppo (1986) können auch die verwendeten Urteilskriterien variieren, je nachdem, ob politische Informationen über den zentralen oder peripheren Weg verarbeitet werden. Man kann davon ausgehen, dass Einstellungen gegenüber Parteien von denselben klassischen Faktoren geprägt werden, wie das Wahlverhalten (Campbell et al. 1960).[3] Aus dieser Sicht liegt die Vermutung nahe, dass Parteisympathien das Ergebnis eines Zusammenspiels von langfristig wirksamen Faktoren und von kurzfristig veränderbaren Einstellungen sind. Der langfristige Bestimmungsfaktor ist die im politischen Sozialisationsprozess erworbene Parteiidentifikation. Diese wird als dauerhafte gefühlsmäßige Bindung an eine Partei aufgefasst und ist aufgrund ihrer sozialstrukturellen Verankerung nur schwer veränderbar. Die beiden kurzfristigen Einflussfaktoren bilden die Einstellungen gegenüber den von den Parteien präsentierten personellen Angeboten und den politischen Streitthemen: Je positiver die Kandidaten bewertet werden und je geringer die wahrgenommene Distanz der Partei zu den eigenen politischen Positionen ist, umso sympathischer wird die Partei empfunden.

Dabei stellt sich nun die Frage, welche Faktoren bei der Einstellungsbildung überwiegen. In der aktuellen Diskussion wird die Parteiidentifikation meist als schnelle und sparsame Urteilsheuristik verstanden (Ottati 2001; Kam 2005). Sie ermöglicht es, sich rasch in einer komplexen politischen Umwelt zu orientieren und kognitive Überlastungen zu vermeiden. Die Orientierung an politischen Sachfragen gilt dagegen als Ausdruck aufwendiger Informationsverarbeitung, da sie eine intensivere Beschäftigung mit den eigenen Präferenzen und den von den Parteien vertretenen Positionen voraussetzt. Daraus lässt sich die Hypothese ableiten, dass ein starkes Bedürfnis nach Kognition bzw. Bewertung dazu führt, dass die inhaltlichen Positionen der Parteien einen stärkeren Effekt auf die Parteisympathien ausüben, während die affektive Parteiidentifikation eine geringere Bedeutung hat. Die Rolle der Kandidatenorientierung ist hingegen wesentlich umstrittener (Schoen 2005). Einerseits können Wähler auf periphere Eigenschaften eines Kandidaten – wie Attraktivität, Alter, Geschlecht etc. – zurückkreifen, um eine Partei zu beurteilen. Andererseits stützt sich die Bewertung eines Kandidaten auch auf seine Fähigkeit, aktuelle politische Probleme zu lösen. Je nachdem, welcher Aspekt überwiegt, kann der Effekt der Kandidatenorientierung auf die Parteisympathie mit dem Kognitions- und Bewertungsbedürfnis zu- oder abnehmen.

---

3 Tatsächlich betrachten einige Autoren die Parteisympathie als alternatives Maß für die Wahlentscheidung (z. B. Rattinger 1996). Ich betrachte sie hingegen als mittelfristige Einstellungen, da Parteisympathien lediglich eine mentale Bewertung darstellen, während eine Entscheidung eine Auswahl aus konkurrierenden Handlungsalternativen bedeutet. Beide Sichtweisen legen aber nahe, dass hierbei dieselben Erklärungsfaktoren wirksam sind.

4. Methode

Die empirische Analyse basiert auf den Daten einer Pilotstudie, die im Vorfeld der *German Longitudinal Election Study* (GLES) durchgeführt wurde (Rattinger et al. 2009). Die Datenerhebung erfolgte zwischen dem 30. April und 12. Mai 2009 auf der Grundlage eines kommerziellen Online-Access-Panels. Das von der Respondi AG betriebene Access-Panel besteht aus einem Pool von Freiwilligen, die über verschiedene Zugangswege rekrutiert werden, und die sich bereit erklärt haben, in regelmäßigen Abständen an Online-Umfragen teilzunehmen. Die Grundgesamtheit der vorliegenden Studie bildeten alle volljährigen Panelmitglieder mit deutscher Staatsangehörigkeit. Die Stichprobenziehung erfolgte durch ein Quotenverfahren, um die Befragten hinsichtlich der Merkmale Geschlecht, Alter und Bildung an die Verhältnisse in der deutschen Wählerschaft anzugleichen. Um verschiedene Erhebungsinstrumente für die GLES zu testen, wurde die Gesamtstichprobe in drei Gruppen aufgeteilt, denen die Befragten zufällig zugewiesen wurden (Gruppe 1: $N = 1016$; Gruppe 2: $N = 505$; Gruppe 3: $N = 524$). Die Persönlichkeitsskalen wurden hierbei lediglich in der ersten Gruppe erhoben, wodurch sich die Anzahl der verwertbaren Fälle auf die Befragten dieser Gruppe reduziert. Tabelle 1 zeigt das soziodemographische Profil der Untersuchungsstichprobe.

Tabelle 1: Demographische Eigenschaften der Befragten

Eigenschaft	n	%
Geschlecht		
Männlich	512	50
Weiblich	504	50
Alter		
18-29 Jahre	253	25
30-39 Jahre	199	20
40-49 Jahre	253	25
50-59 Jahre	149	15
60 Jahre und älter	162	16
Schulbildung		
Hauptschule/keinen Abschluss	348	34
Realschule	413	41
Abitur	255	25

Anmerkung: $N = 1016$, die Werte addieren sich aufgrund von Rundungen nicht immer auf 100 Prozent.

4.1 Unabhängige Variablen

Um das Bedürfnis nach Kognition zu messen, entwickelten Cacioppo und Petty (1982) eine sehr umfangreiche Skala, dessen 32 Items die Tendenz beschreiben, sich intensiv mit Sachverhalten auseinander zu setzen und diese geistige Tätigkeit als befriedigend zu erleben. Die ursprüngliche Skala eignet sich aufgrund ihrer Länge aber kaum für den Einsatz in der Umfrageforschung. Aus diesem Grund wird in der vorliegenden Studie eine Kurzversion eingesetzt, die aus 5 Items besteht. Jedes Item sollte auf einer siebenstufigen Antwortskala beurteilt werden (1 = *trifft überhaupt nicht zu*, 7 = *trifft voll und ganz zu*). Die Items werden auf den Wertebereich zwischen 0 und 1 rekodiert und gemittelt ($M = .62$, $SD = .17$, $\alpha = .60$). Das Bedürfnis nach Bewertung wird ebenfalls in einer kürzeren Version der Skala von Jarvis und Petty (1996) erhoben. Die Skala umfasst insgesamt 5 Items mit einem Antwortformat von 1 (*trifft überhaupt nicht zu*) bis 7 (*trifft voll und ganz zu*) ($M = .60$, $SD = .17$, $\alpha = .58$) (siehe Tab. 2).

Tabelle 2: Die Items der Persönlichkeitsskalen

Item	M	SD	TS
Bedürfnis nach Kognition (NC)			
1. Ich finde wenig Befriedigung darin, angestrengt und stundenlang nachzudenken.*	.68	.28	.48
2. Ich trage nicht gerne die Verantwortung für eine Situation, die sehr viel Denken erfordert.*	.73	.26	.44
3. Ich würde das Lösen komplizierter Probleme dem Lösen einfacher Problemen vorziehen.	.46	.28	.10
4. Ich würde lieber etwas tun, das wenig Denken erfordert, als etwas, das mit Sicherheit meine Denkfähigkeit herausfordert.*	.75	.25	.44
5. Ich habe es gern, wenn mein Leben voller kniffliger Aufgaben ist, die ich lösen muss.	.46	.27	.36
Bedürfnis nach Bewertung (NE)			
1. Ich bilde mir zu allem eine Meinung.	.60	.29	.37
2. Ich habe deutlich mehr Überzeugungen als der Durchschnitt der Bevölkerung.	.48	.26	.32
3. Ich bilde mir nur dann eine feste Meinung, wenn es sein muss.*	.64	.29	.24
4. Ich ziehe es oft vor, bei schwierigen Fragen neutral zu bleiben.*	.62	.28	.31
5. Es ist mir sehr wichtig, einen festen Standpunkt zu vertreten.	.66	.27	.42

Anmerkung: Ausgewiesen sind die Mittelwerte, die Standardabweichung und die Trennschärfen (korrigierte Item-Test-Korrelation). Mit * gekennzeichnete Items sind entgegen der Skalenrichtung gepolt.

Die affektive Parteiidentifikation wird mit der Frage erfasst, ob die Befragten längere Zeit einer bestimmten Partei zuneigen. Für die nachfolgenden Analysen wird für jede Partei eine dichotome Variable gebildet, die angibt, ob sich ein Befragter mit der betreffenden Partei identifiziert (1), oder einer anderen bzw. keiner Partei zuneigt (0).[4] Die Kandidatenorientierung wird mittels Sympathieskalometern gemessen. Die Befragten wurden gebeten, insgesamt zehn Politiker zu bewerten: Angela Merkel, Horst Seehofer, Karl-Theodor zu Guttenberg, Frank-Walter Steinmeier, Franz Müntefering, Guido Westerwelle, Renate Künast, Jürgen Trittin, Oskar Lafontaine und Gregor Gysi. Die Einstellung zu den Spitzenkandidaten der Parteien wird dabei auf einer 11-Punkte-Skala von -5 (*halte überhaupt nichts von dem Politiker*) bis +5 (*halte sehr viel von dem Politiker*) festgehalten. Die Antworten werden rekodiert

---
4 Hierbei wurden – wie im folgenden – die CDU- und CSU-Anhänger zusammengefasst.

(0 = *negative Bewertung* bis 1 = *positive Bewertung*) und für jede Partei ein separater Kandidatenindex gebildet, indem die durchschnittliche Bewertung der Kandidaten berechnet wird.

Die Einstellungen gegenüber Sachfragen werden über sogenannte Positionsthemen gemessen. Dazu wurden die Befragten gebeten, jeweils ihre eigene Positionen und die Standpunkte der Parteien zu zwei gesellschaftlich umstrittenen Themen einzuschätzen. Die Antworten erfolgten auf 11-stufigen Skalen, deren Endpunkte jeweils mit der Pro und Contra Position bezeichnet waren. Die Fragen beziehen sich auf die Einstellung zum Wohlfahrtsstaat (1 = *Ausbau sozialstaatlicher Leistungen und weniger Eigenbeteiligung der Bürger*; 7 = *Abbau sozialstaatlicher Leistungen und mehr Eigenbeteiligung der Bürger*) und zur Zuwanderung von Ausländern (1 = *Zuzugsmöglichkeiten für Ausländer erleichtern*; 7 = *Zuzugsmöglichkeiten für Ausländer einschränken*). Für jede Partei wird die absolute Distanz zwischen der Position des Befragten und der Parteiposition bestimmt. Die Werte werden wiederum so rekodiert, dass sie von 0 bis 1 reichen, wobei höhere Werte eine größere Distanz anzeigen.

4.2 Abhängige Variablen

Die Parteisympathie wird auf einer 11-stufigen Skala erhoben, die von -5 (*halte überhaupt nichts von der Partei*) bis +5 (*halte sehr viel von der Partei*) reicht. Die Einstellungsextremität wird gemessen, indem für jede der sechs Parteibewertungen die absolute Abweichung vom neutralen Mittelpunkt der Skala (6) ermittelt wird. Anschließend wird der Durchschnittswert berechnet, um einen Index für die Polarisierung der Parteisympathien zu erhalten. Der Index wird anschließen auf den Wertebereich zwischen 0 (*gar nicht extrem*) und 1 (*sehr extrem*) rekodiert ($M = .51$, $SD = .21$, $\alpha = .67$).

Die kognitive Konsistenz wird über die assoziativen Beziehungen zwischen der Parteisympathie und den Sachfragenorientierungen erfasst. Nach Heider (1946; Judd/Krosnick 1989) bilden Einstellungssysteme ein kognitives Geflecht, dass aus dem Wähler, der Partei und einer bestimmten Sachfrage besteht. Diese sind durch positive oder negative Assoziationen miteinander verknüpft, die bestimmte Positionen (z. B. „Partei A ist für den Abbau des Sozialstaates") und Bewertungen (z. B. „Ich mag Partei A") zum Ausdruck bringen. Ein Einstellungssystem ist ausgeglichen, wenn ein Wähler beispielsweise eine positive Beziehung zu einer Partei besitzt und beide dieselbe Haltung zu einem Streitthema einnehmen oder eine negativ bewertete Partei eine Position einnimmt, die man ablehnt (siehe Abbildung 1a). Umgekehrt entstehen kognitive Spannungen, wenn eine präferierte Partei eine andere Haltung zu einem Thema einnimmt als man selbst oder eine ungeliebte Partei eine Position vertritt, die man selbst befürwortet (siehe Abbildung 1b).

Um die kognitive Konsistenz des Einstellungssystems zu messen, wird in Anlehnung an Behnke (1994) sowie Judd und Krosnick (1989) für jede Sachfrage das Produkt aus (a) der Einstellung des Befragten zu einer bestimmten Partei, (b) der Position des Befragten zu dem betreffenden Thema und (c) der wahrgenommenen Position der Partei zu diesem Thema berechnet. Ein konsistentes (inkonsistentes) System liegt dann vor, wenn das Produkt aller assoziativen Verbindungen positiv (negativ) ist. Dazu werden die ursprünglichen Einstellungsurteile so rekodiert, dass sie lediglich die Werte null, plus eins und minus eins annehmen.

Das heißt, negative Bewertungen der Parteien werden zu minus eins, positive zu plus eins und neutrale Urteile zu null. Analog hierzu werden Werte unter sechs auf den Themenskalen zu minus eins, Werte über sechs zu plus eins und der Wert sechs zu null. Anschließend wird ein Konsistenzindex gebildet, indem die Produkte über alle Parteien und Themen aufsummiert werden. Der Index wird schließlich auf den Bereich von 0 bis 1 rekodiert, wobei niedrige Werte ein dissonantes und hohe Werte ein konsonantes Einstellungssystem indizieren ($M = .57$, $SD = .16$, $\alpha = .61$).

4.3 Kontrollvariablen

Neben den genannten Persönlichkeitsmerkmalen wird das Ausmaß der politischen Involviertheit als Kontrollvariable berücksichtigt. Die kognitive Beteiligung am politischen Geschehen wird durch das subjektive politische Interesse, die Wichtigkeit des Wahlausgangs und die Teilnahme an politischen Diskussionen erfasst. Die Befragten wurden gebeten, ihr generelles Interesse an politischen Vorgängen anzugeben (1 = *überhaupt nicht*, 5 = *sehr stark*), wie wichtig ihnen der Ausgang der kommenden Bundestagswahl ist (1 = *überhaupt nicht wichtig*, 5 = *sehr wichtig*), und an wie vielen Tagen in der Woche sie sich mit anderen über Politik unterhalten (1 = *gar nicht*, 7 = *an sieben Tagen*). Die Items wurden auf den Wertebereich zwischen 0 und 1 rekodiert und zu einem Index zusammengefasst ($M = .53$, $SD = .19$, $\alpha = .61$). Weiterhin werden die folgenden soziodemographischen Merkmale als Kontrollvariablen verwendet: Geschlecht (1 = *männlich*, 0 = *weiblich*) Alter (in Jahren, 0-1 rekodiert) und formale Bildung (1 = *Abitur*, 0 = *anderen/keinen Schulabschluss*).

Abbildung 1: Beispiele für (in)konsistente Einstellungssysteme

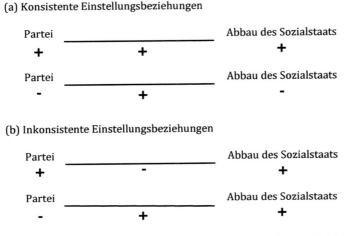

Anmerkung: Die Plus- und Minus-Symbole bezeichnen Bewertungen von Parteien und Sachfragen bzw. positive/negative Assoziationen zwischen Parteien und politischen Streitfragen.

5. Ergebnisse

5.1 Persönlichkeit und Einstellungsstärke

Auf der Grundlage des Modells der Elaborationswahrscheinlichkeit wurde vorhergesagt, dass individuelle Unterschiede im Kognitions- bzw. Bewertungsbedürfnis mit stärkeren Parteisympathien zusammenhängen. Die bivariaten Korrelationen zwischen den Variablen sind in Tabelle 3 dargestellt. Wie man sieht, korreliert NC schwach, aber wie erwartet positiv mit der Extremität und Konsistenz der Parteisympathien. Im Vergleich dazu, hängt ein ausgeprägtes NE enger mit einer extremeren Bewertung der Parteien zusammen und – etwas schwächer – mit einer konsistenten Strukturierung der Parteisympathien. Jarvis und Petty (1996) argumentieren ferner, dass die beiden Persönlichkeitsmerkmale klar voneinander unterscheidbare Verarbeitungsmotive darstellen. Dementsprechend fanden sie nur eine moderat positive Korrelationen zwischen NE und NC ($r = .35$). Dieser Befund kann mit den vorliegenden Daten repliziert werden.

Tabelle 3: Interkorrelationen zwischen den Determinanten der Einstellungsstärke

	1	2	3	4	5	6	7
1. Geschlecht	–						
2. Alter	.02	–					
3. Bildung	.06	-.22***	–				
4. Involviertheit	.20***	.17***	.16***	–			
5. NC	.05	.12***	.13***	.35***	–		
6. NE	.11***	.13***	.04	.44***	.39***	–	
7. Extremität	.08*	.07*	-.09**	.18***	.11***	.22***	–
8. Konsistenz	.07*	-.01	.09**	.19***	.15***	.14***	.12**

Anmerkung: Die Einträge sind Produkt-Moment-Korrelationen, $N = $ min 973.
* $p<0.05$, ** $p<0.01$, *** $p<0.001$.

Die Zusammenhänge mit den soziodemographischen Hintergrundvariablen entsprechen weitestgehend den Ergebnissen anderer Autoren (Cacioppo et al. 1996). Die NC-Skala korreliert positiv mit Alter und Bildung, wohingegen Männer und ältere Personen höhere Werte auf der NE-Skala erreichen. Tabelle 3 zeigt weiterhin, dass politisch involvierte Wähler ebenfalls stärkere Parteipräferenzen besitzen. Auffällig ist, dass die politische Involviertheit moderat bis stark mit den beiden Verarbeitungsmotiven zusammenhängt. Es stellt sich daher die Frage, ob die Persönlichkeitsmerkmale gegenüber der politischen Involviertheit einen eigenständigen Beitrag zur Erklärung der Einstellungsstärke liefern. Um die inkrementelle Validität der Persönlichkeitsvariablen angemessen bestimmen zu können, wurden hierarchische multiple Regressionsanalysen durchgeführt. Im ersten Schritt wurden soziodemographische Standardvariablen als Erklärungsfaktoren eingeführt. Im zweiten Schritt wurde die politische Involviertheit einbezogen. Schließlich wurde im dritten Schritt das Kognitions- und

Bewertungsbedürfnis aufgenommen, um zu prüfen, ob Persönlichkeitsmaße über die Involviertheit hinaus etwas zur Erklärung beitragen. Die Ergebnisse sind in Tabelle 4 aufgeführt.[5]

Tabelle 4: Der Einfluss von Persönlichkeitseigenschaften auf die Extremität und Konsistenz von Parteisympathien

Prädiktoren	Einstellungsextremität			Einstellungskonsistenz		
	B	*SE*	ΔR^2	*B*	*SE*	ΔR^2
Schritt 1			.02***			.01*
Geschlecht	.02	.01		.01	.01	
Alter	.003	.03		-.02	.02	
Bildung	-.06***	.02		.02	.01	
Schritt 2			.03***			.03***
Involviertheit	.14**	.04		.11***	.03	
Schritt 3			.02***			.01**
NC	.02	.04		.07*	.03	
NE	.19***	.04		.05	.03	
Konstante	.32***	.03		.44***	.02	
R^2_{Total}			.07			.05
N			983			973

Anmerkung. Die Einträge sind unstandardisierte Regressionskoeffizienten und Standardfehler im finalen Schritt (alle Variablen wurden auf den Wertebereich von 0 bis 1 rekodiert).
* $p<0.05$, ** $p<0.01$, *** $p<0.001$

Die Variablen Geschlecht, Alter und Bildung klären im ersten Schritt rund 2 Prozent der Varianz in der Extremität der Parteisympathien auf, $F(3, 979) = 5.90, p < .001$. Befragte mit Abitur weisen hierbei moderatere Einstellungen auf als Befragte mit Haupt- oder Realschulabschlüssen. Durch die Aufnahme der politischen Involviertheit erhöht sich die aufgeklärte Varianz um 3 Prozent, $F(1, 978) = 33.81, p < .001$. Wie erwartet, neigen Befragte, die in das politische Geschehen eingebunden sind, zu polarisierten Einschätzungen der Parteien. Die Persönlichkeitsmerkmale der Befragten führten darüber hinaus zu einem signifikanten Anstieg im Bestimmtheitsmaß um 2 Prozent, $F(2, 976) = 10.91, p < .001$. In Übereinstimmung mit der ersten Hypothese zeigt sich ein starker positiver Effekt des NE auf die Einstellungsextremität. Das Bedürfnis nach Kognition hat hingegen keine Auswirkungen auf die Polarisierung von Parteisympathien.

Betrachtet man die Konsistenz der Parteisympathien, zeigt sich, dass etwa 1 Prozent der Varianz der Einstellungskonsistenz durch soziodemographische Merkmale aufgeklärt werden kann, $F(3, 969) = 3.77, p < .05$. Allerdings erreicht keiner der soziodemographischen Faktoren das konventionelle Niveau statistischer Signifikanz.[6] Wird die politische Involviert-

---

[5] Da alle Variablen auf den Bereich zwischen 0 und 1 reskaliert wurden, indizieren die Regressionskoeffizienten die Veränderung der abhängigen Variable in Prozentpunkten der Skalenbreite, wenn sich eine erklärende Variable von ihrem minimalen zum maximalen Wert bewegt.

[6] Im ersten Schritt der hierarchischen Regressionsanalysen ist lediglich der Effekt der Bildung signifikant, $B = .03$, $p < .01$. Dieser Effekt verschwindet jedoch, sobald andere potentielle Erklärungsgrößen miteinbezogen werden.

heit in die Analyse aufgenommen, ergibt sich eine zusätzliche Varianzaufklärung von rund 3 Prozent, $F(1, 968) = 28.32$, $p < .001$. Je mehr die Befragten politisch involviert sind, umso widerspruchsfreier sind auch ihre Überzeugungssysteme organisiert. Die Persönlichkeitseigenschaften erhöhen die Varianzaufklärung nochmal um 1 Prozent, $F(2, 966) = 4.69$, $p < .01$. Dabei stellt sich das Kognitionsbedürfnis als einziger signifikanter Prädiktor heraus. In der Gesamtschau lässt sich erkennen, dass soziodemographische Merkmale kaum etwas zur Erklärung der Stärke von Parteisympathien beitragen. Eine ganz erhebliche Rolle spielt hingegen die politische Involviertheit der Befragten. Wer mehr in das politische Geschehen eingebunden ist, entwickelt deutlich extreme und konsistente Einstellungssysteme. Eine Veränderung der Involviertheitsvariable vom minimalen zum maximalen Wert führt zu einem Anstieg der Einstellungsstärke um 14 bzw. 11 Prozent der Skalenbreite. Aber auch unter Kontrolle derartiger Erklärungsfaktoren erweisen sich Persönlichkeitsmerkmale als förderlich für die Stärke von Parteisympathien. Im Falle der Einstellungsextremität ist der Effekt des NE mit 19 Prozent der Skalenbreite sogar höher als derjenige der politischen Involviertheit. Dies deutet darauf hin, dass die beiden Persönlichkeitsmerkmale Aspekte der kognitiven Strukturierung von politischen Einstellungen erfassen, die nicht von „klassischen" Determinanten der Einstellungsstärke, wie Bildung und politischer Involviertheit, erklärt werden können. Andererseits sind die Effekte der beiden Persönlichkeitsvariablen sehr viel differenzierter als bisher vermutet wurde. Die empirische Evidenz zeigt, dass chronische Bewertungsbedürfnisse stärker mit der Extremität von politischen Einstellungen zusammenzuhängen, während das chronische Engagement bei Denkaufgaben eher zu konsistenten Einstellungssystemen führt.

5.2 Persönlichkeit und die Determinanten der Parteisympathie

Dem theoretischen Modell zufolge sollte eine zentrale Informationsverarbeitung inhaltliche Aspekte in den Vordergrund rücken, während eine periphere Verarbeitung mit heuristischen Auswahlkriterien verbunden ist. Die zweite Hypothese lautete daher, dass Wähler mit einem hohen Kognitions- bzw. Bewertungsbedürfnis einerseits mehr Sachthemen heranziehen, um die Parteien zu bewerten. Andererseits sollte der Einfluss der Parteibindung deutlich abnehmen. Um den moderierenden Effekt der Persönlichkeitsmerkmale zu untersuchen, wurde für jede Partei ein separates Regressionsmodell mit der Parteisympathie als abhängiger Variable berechnet. Unabhängige Variablen waren die langfristige Parteiidentifikation, die Einstellungen gegenüber den jeweiligen Kandidaten, die Distanzmaße sowie die Interaktionen zwischen diesen Variablen und den Persönlichkeitsmerkmalen. Jedes Modell beinhaltet außerdem die politische Involviertheit als Kontrollvariable. Alle kontinuierlichen Variablen wurden zentriert, um das Problem der Multikollinearität der Prädiktoren zu vermindern (Cohen et al. 2003).

Die Ergebnisse der Analyse unterstützen nur teilweise die aufgestellten Hypothesen (siehe Tab. 5). Die klassischen Determinanten waren über alle Parteien hinweg signifikante Prädiktoren der Parteisympathie. Die Einstellungen gegenüber den aufgestellten Kandidaten hatten mit Abstand den stärksten Effekt, gefolgt von der affektiven Bindung an eine

Tabelle 5: Der moderierende Einfluss von Persönlichkeitseigenschaften auf die Determinanten der Parteisympathie

Prädiktoren	CDU/CSU B (SE)	SPD B (SE)	FDP B (SE)	B90/Grüne B (SE)	Linke B (SE)
Parteineigung	.21*** (.02)	.19*** (.02)	.12*** (.03)	.12*** (.03)	.20*** (.04)
Kandidaten	.66*** (.04)	.56*** (.03)	.62*** (.03)	.60*** (.04)	.70*** (.03)
Distanz: Wohlfahrtsstaat	-.13*** (.03)	-.11*** (.03)	-.16*** (.03)	-.20*** (.04)	-.08* (.03)
Distanz: Immigration	-.04 (.03)	-.14** (.03)	-.04 (.03)	-.11*** (.03)	-.03 (.03)
Politische Involviertheit	-.07 (.04)	-.05 (.04)	-.01 (.04)	.12* (.05)	.05 (.05)
NC	.09 (.06)	-.03 (.06)	.05 (.05)	.12* (.06)	-.12 (.06)
NE	.001 (.06)	.07 (.06)	.02 (.05)	-.09 (.06)	.09 (.06)
Parteineigung x NC	-.12 (.14)	.16 (.10)	-.18 (.17)	-.20 (.18)	.18 (.18)
Kandidaten x NC	.11 (.22)	-.35 (.21)	-.13 (.18)	-.07 (.21)	-.08 (.21)
Wohlfahrtsstaat x NC	-.14 (.17)	-.38* (.19)	-.36* (.18)	.05 (.21)	.07 (.20)
Immigration x NC	.12 (.18)	.04 (.15)	.08 (.16)	-.21 (.16)	.21 (.16)
Parteineigung x NE	.17 (.13)	-.18 (.11)	.19 (.19)	.05 (.20)	-.12 (.19)
Kandidaten x NE	-.40 (.22)	.29 (.20)	-.03 (.19)	.08 (.22)	.20 (.20)
Wohlfahrtsstaat x NE	-.17 (.17)	.35 (.19)	-.12 (.18)	.12 (.21)	-.13 (.20)
Immigration x NE	-.01 (.17)	-.38* (.18)	-.11 (.18)	.10 (.18)	-.40* (.18)
Konstante	.39*** (.01)	.49*** (.01)	.48*** (.01)	.47*** (.01)	.30*** (.01)
R^2	.62	.57	.60	.51	.62
N	735	726	669	655	638

Anmerkung. Die Einträge sind unstandardisierte Regressionskoeffizienten und Standardfehler in Klammern (alle Variablen wurden auf den Wertebereich von 0 bis 1 rekodiert und zentriert).
* $p<0.05$, ** $p<0.01$, *** $p<0.001$

Partei und den Streitthemen im Wahlkampf.[7] Die Wirkung dieser Faktoren wird jedoch nur sehr vereinzelt durch Persönlichkeitseigenschaften moderiert.[8] Für die Bewertung der SPD finden sich zwei signifikante Wechselwirkungen mit der Sachfragenorientierung der Wähler. Die Einstellung zum Wohlfahrtsstaat hat bei Wählern mit hohem NC einen starken Effekt auf die SPD-Bewertung ($B = -.31, p < .01$), wohingegen Wähler mit einem niedrigen NC nicht durch die wohlfahrtsstaatliche Position beeinflusst werden ($B = .08$, ns). Gleichzeitig orientieren sich Wähler mit einem ausgeprägten NE mehr an der migrationspolitischen Position der SPD, um ein Urteil zu fällen ($B = -.33, p < .001$ vs. $B = .05$, ns). Hinsichtlich der Bewertung der FDP zeigt sich ebenfalls eine Wechselwirkung der Verarbeitungsmotivation mit der sozialpolitischen Einstellung. Bei hoher Distanz zur Position der FDP zeigen Wähler mit hohem NC eine stärkere Ablehnung der Partei ($B = -.34, p < .001$), als Wähler mit einem niedrigen NC ($B = .02$, ns). Schließlich scheint sich die Einstellung zur Ausländerpolitik bei Personen mit einem hohen NE stärker in der Bewertung der Linken niederzuschlagen ($B = -.23, p < .01$) als bei Personen mit einem niedrigen NE ($B = .17$, ns). Es finden sich allerdings keine Belege dafür, dass die Persönlichkeitsvariablen die Wirkung der Kandidatenorientierung oder Parteibindung beeinflussen.

6. Diskussion

Die Aufnahme und Verarbeitung von Informationen aus der politischen Umwelt ist eine wichtige Voraussetzung, um aktuelle politische Sachfragen zu verstehen und vernünftige, das heißt am wohlverstandenen Eigeninteresse orientierte Parteipräferenzen zu bilden. Die Ergebnisse der vorliegenden Untersuchung zeigen, dass die Persönlichkeit von Wählern einen wichtigen Einfluss auf die Verarbeitung einstellungsrelevanter Informationen und die Herausbildung von Parteisympathien nimmt. Im Einklang mit Zwei-Prozessmodellen der Einstellungsbildung (Petty/Cacioppo 1986) konnte nachgewiesen werden, dass Wähler mit einem hohen Bedürfnis nach Bewertung zu einer polarisierten Wahrnehmung der Parteien neigen. Darüber hinaus fällt es Wählern mit einem ausgeprägten Bedürfnis nach Kognition leichter, Sachfragenpositionen und Parteisympathien in ein stimmiges Einstellungssystem zu integrieren. Schließlich finden sich Hinweise, dass die beiden Verarbeitungsmotive auch die Kriterien beeinflussen, die für die Urteilsbildung herangezogen werden. Der Einfluss von wohlfahrtstaatlichen Positionen auf die Parteisympathie zeigte sich vor allem bei Personen mit hohem Kognitionsbedürfnis. Dagegen orientierten sich Personen mit hohem

---

7   Darüber hinaus findet sich ein bedingter einfacher Effekt der politischen Involviertheit und des Kognitionsbedürfnisses auf die Sympathie für B90/Die Grünen. Diese Effekte können zweierlei bedeuten. Zum einen könnte es ein Hinweis darauf sein, dass es Affinitäten zwischen bestimmten kognitiven Strukturen und Parteipräferenzen gibt. Zum anderen könnten mit den NC- bzw. NE-Variablen Faktoren erfasst werden, die sowohl mit der kognitiven Strukturierung als auch der Parteisympathie zusammenhängen (z. B. Wertorientierungen).

8   Zur Illustration wurden die Effekte der Sachfragenorientierung im Folgenden für Befragte mit hohen (+1 Standardabweichung) und niedrigen (-1 Standardabweichung) Ausprägungen auf den NC- bzw. NE-Variablen berechnet.

Bewertungsbedürfnis mehr an der Position zu Einwanderungspolitik. Dabei ist allerdings zu beachten, dass die theoretisch postulierten Moderatoreffekte nur für drei der fünf Parteien gefunden wurden. Die Hypothese, dass affektive Bindungen an einer Partei bei einem hohen Kognition- bzw. Bewertungsbedürfnis weniger in Gewicht fallen, konnte dagegen nicht gestützt werden. Das heißt, dass sich Personen mit diesen Persönlichkeitseigenschaften zwar stärker von sachlichen Argumenten leiten lassen, aber Kandidaten und langfristige Bindungen an Parteien bei ihrer Urteilsbildung nicht kategorisch ausschließen.

Die empirischen Befunde haben darüber hinaus interessante Implikationen für das Verständnis des Wählerverhaltens und die Wirkungsweise von Wahlkampagnen. Erstens dürften Wähler mit dem entsprechenden Persönlichkeitsprofil widerstandsfähiger gegenüber persuasiven Kampagnenbotschaften sein, da sie stärker verankerte Parteisympathien besitzen, die zudem in ein Geflecht unterstützender Einstellungen eingebettet sind. Zweitens sollten Botschaften, die sich mehr auf sachliche Argumente beziehen, bei ihnen wirkungsvoller sein als in anderen Wählersegmenten. Trotzdem konnten in der vorliegenden Untersuchung nicht alle Fragen zur Wirkung kognitiver Verarbeitungsstile beantwortet werden. Zwar konnte nachgewiesen werden, dass die psychologischen Bedürfnisse nach Kognition und Bewertung über die politische Involviertheit hinaus einen signifikanten Effekt auf die Stärke von Parteisympathien haben. Dabei fällt der Zuwachs mit zwei bzw. einem Prozent aber eher gering aus. Um dieses Ergebnis einordnen zu können, muss man allerdings auch berücksichtigen, dass die Gesamterklärungskraft der Modelle mit sieben bzw. fünf Prozent an aufgeklärter Varianz sehr gering ausfällt. Dies könnte daran liegen, dass die Effekte aufgrund der mäßigen Reliabilität der verwendeten Skalen unterschätzt werden oder ein bedeutsamer Erklärungsfaktor nicht berücksichtigt wurde. Auffällig ist auch, dass die beiden Verarbeitungsmotive anders als erwartet auf unterschiedliche Dimensionen der Einstellungsstärke wirken. Die weitere Forschung sollte daher der Frage nachgehen, ob bestimmte Persönlichkeitseigenschaften nur mit spezifischen Aspekten der Einstellungsstärke in Beziehung stehen. Dabei könnten weitere Dimensionen berücksichtigt werden, z. B. die kognitive Verfügbarkeit oder Ambivalenz von Einstellungsurteilen (Miller/Peterson 2004; Visser et al. 2006).

Weiterhin deuten die Befunde darauf hin, dass die Wählerschaft in ihrem Urteilsverhalten weit weniger homogen ist, als vielfach angenommen wird. Entgegen den theoretischen Überlegungen zeigte sich ein Moderatoreffekt von Persönlichkeitsmerkmalen aber nicht konsistent über alle Determinanten der Parteisympathie. Eine Erklärung hierfür könnte sein, dass die Orientierung an Sachfragen nicht zwangsläufig mit einer sorgfältigen Informationsverarbeitung gleich gesetzt werden kann. Wähler beziehen meist nicht ihr gesamtes Wissen in den Prozess der Urteilsbildung ein, sondern berücksichtigen vor allem Kriterien, die besonders leicht aus dem Gedächtnis abgerufen werden können (Miller/ Krosnick 1996). Einstellungen zu Sachthemen, die im Wahlkampf der Parteien einen besonders breiten Raum einnehmen, können somit auch von Wählern, die normalerweise wenig motiviert sind, sich mit komplexen Themen zu befassen, als Urteilskriterium herangezogen werden. So sollte man z. B. erwarten, dass das Thema Umweltpolitik unabhängig von der Verarbeitungsmotivation einen Effekt auf die Bewertung von B90/Grüne ausübt, da es als parteispezifisches Wahlkampfthema sehr präsent ist. Eine weitere Möglichkeit besteht darin, dass kontroverse Streitfragen wie etwa das Thema Einwanderung oder der Abbau wohlfahrtsstaatlicher Leistungen starke emotionale Reaktionen auslösen, die als Heuristik bei der Urteilsbildung wirken (Sears 2001).

Auf der anderen Seite ist die langfristige Parteineigung nicht unbedingt als Ausdruck peripherer Verarbeitung aufzufassen. Wie Petty und Cacioppo (1986) betonen, können Persuasionsvariablen mehrere Rollen spielen. Die Identifikation mit einer Partei kann als simple Heuristik dienen, wenn die Motivation und Verarbeitungsfähigkeit gering ist. Die Parteineigung kann jedoch auch als inhaltliches Argument fungieren, wenn die Elaborationswahrscheinlichkeit hoch ist. Damit ist gemeint, dass nicht die affektive Bindung an eine Partei im Vordergrund steht, sondern die vergangene Leistungsbilanz der Partei, wenn diese an der Regierung beteiligt war. Betrachtet man die langfristige Parteibindung somit als retrospektive Leistungsbewertung (Fiorina 1981), kann sie durchaus als inhaltliches Argument wahrgenommen werden. In diesem Zusammenhang könnten zukünftige Untersuchungen darüber Aufschluss geben, inwiefern die Parteineigung bei Personen mit hohem bzw. niedrigem Kognitionsbedürfnis eine unterschiedliche Bedeutung hat.

Schließlich sollte man bei der Interpretation der Befunde berücksichtigen, dass die Ergebnisse aus Online-Access-Panels nicht ohne weiteres auf alle Wahlberechtigten verallgemeinert werden können. Einige Studien weisen darauf hin, dass sich aus Access-Panels rekrutierte Befragte in ihrer Einstellungsstruktur deutlich von repräsentativen Zufallsstichproben aus der Allgemeinbevölkerung unterscheiden (Faas 2003; Schoen 2004). Daher könnten die Zusammenhänge zwischen Persönlichkeitsmerkmalen und politischen Einstellungen im Vergleich zu repräsentativen Bevölkerungsumfragen verzerrt sein. Trotz aller offenen Fragen machen die vorliegenden Resultate aber deutlich, dass es sich lohnt, dem Zusammenspiel von Persönlichkeit und politischer Informationsverarbeitung weiter nachzugehen.

Literatur

Ahlering, Robert F. (1987): Need for Cognition, Attitudes and the 1984 Presidential Election. In: Journal of Research in Personality 21, 100-102.

Behnke, Joachim (1994): Kognitive Strukturierung und Wählerrationalität. In: Rattinger, Hans/Gabriel, Oscar W./Jagodzinski, Wolfgang (Hrsg) (1994): Wahlen und politische Einstellungen im vereinigten Deutschland. Frankfurt am Main, Peter Lang, 399-425.

Bishop, George F. (2005): The Illusion of Public Opinion: Fact and Artifact in American Public Opinion Polls. Lanham, MD: Rowman & Littlefield.

Bizer, George Y./Krosnick, Jon A./Holbrook, Allyson L./Wheeler, S. Christian/Rucker, Derek D./Petty, Richard E. (2004): The Impact of Personality on Cognitive, Behavioral and Affective Political Processes: The Effects of Need to Evaluate. In: Journal of Personality 72, 995-1027.

Bizer, George Y./Krosnick, Jon A./Petty, Richard E./Rucker, Derek D./Wheeler, S. Christian (2000). Need for Cognition and Need to Evaluate in the 1998 National Election Survey Pilot Study.

Briñol, Pablo/Petty, Richard E. (2005): Individual Differences in Attitude Change. In: Albarracin, Dolores/Johnson, Blair T./Zanna, Mark P. (Hrsg) (2005): The Handbook of Attitudes. New York, Psychology Press, 575-615.

Britt, Thomas W./Millard, Matthew R./Sundareswaran, Preetha T./Moore, DeWayne (2009): Personality Variables Predict Strength-Related Attitude Dimensions Across Objects. In: Journal of Personality 77, 859-882.
Cacioppo, John T./Petty, Richard E. (1982): The Need for Cognition. In: Journal of Personality and Social Psychology 42, 116-131.
Cacioppo, John T./Petty, Richard E./Feinstein, Jeffrey A./Jarvis, William Blair Gage (1996): Dispositional Differences in Cognitive Motivation: The Life and Times of Individuals Varying in Need for Cognition. In: Psychological Bulletin 119, 197-253.
Cacioppo, John T./Petty, Richard E./Kao, Chuan Feng/Rodriguez, Regina (1986): Central and Peripheral Routes to Persuasion: An Individual Difference Perspective. In: Journal of Personality and Social Psychology 51, 1032-1043.
Campbell, Angus/Converse, Philip E./Miller, Warren E./Stokes, Donald E. (1960): The American Voter. New York: Wiley.
Cohen, Jacob/Cohen, Patricia/West, Stephen G./Aiken, Leona S. (2003). Applied Multiple Regression/Correlation Analysis for the Behavioral Sciences. Hillsdale, NJ: Erlbaum.
Cutler, Fred (2002): The Simplest Shortcut of All: Sociodemographic Characteristics and Electoral Choice. In: Journal of Politics 64, 466-490.
Downs, Anthony (1957). An Economic Theory of Democracy. New York: Harper and Row.
Enelow, James M./Hinich, Melvin J. (1984). An Introduction to the Spatial Theory of Voting. Cambridge, UK: Cambridge University Press.
Faas, Thorsten (2003): Umfragen im Umfeld der Bundestagswahl 2002: Offline und Online im Vergleich. In: ZA-Information 52, 120-135.
Federico, Christopher M. (2004): Predicting Attitude Extremity: The Interactive Effects of Schema Development and the Need to Evaluate and Their Mediation by Evaluative Integration. In: Personality and Social Psychology Bulletin 30, 1281-1294.
Federico, Christopher M./Schneider, Monica C. (2007): Political Expertise and The Use of Ideology: Moderating Effects of Evaluative Motivation. In: Public Opinion Quarterly 71, 221-252.
Fiorina, Morris P. (1981). Retrospective Voting in American National Elections. New Haven, CT: Yale University Press.
Forehand, Mark R./Gastil, John/Smith, Mark A. (2004): Endorsements as Voting Cues: Heuristic and Systematic Processing in Initiative Elections. In: Journal of Applied Social Psychology 34, 2215-2233.
Heider, Fritz (1946): Attitudes and Cognitive Organization. In: Journal of Psychology 21, 107-112.
Hodson, Gordon/Maio, Gegory R./Esses, Victoria M. (2001): The Role of Attitudinal Ambivalence in Susceptibility to Consensus Information. In: Basic and Applied Social Psychology 23, 197-205.
Holbrook, Thomas M. (2006): Cognitive Style and Political Learning in the 2000 U.S. Presidential Campaign. In: Political Research Quarterly 59, 343-352.
Huckfeldt, Robert/Levine, Jeffrey/Morgan, William/Sprague, John (1999): Accessibility and the Political Utility of Partisan and Ideological Orientations. In: American Journal of Political Science 43, 888-911.
Huckfeldt, Robert/Mondak, Jeffery J./Craw, Michael/Mendez, Jeanette Morehouse (2005): Making Sense of Candidates: Partisanship, Ideology and Issues as Guides to Judgment. In: Cognitive Brain Research 23, 11-23.
Hillygus, D. S. (2010): Campaign Effects on Vote Choice. In: Jan E. Leighley (Hrsg.): The Oxford Handbook of American Elections and Political Behavior. New York: Oxford University Press, 326-345.
Jarvis, William Blair Gage/Petty, Richard E. (1996): The Need to Evaluate. In: Journal of Personality and Social Psychology 70, 172-194.
Judd, Charles M./Krosnick, Jon A. (1989): The Structural Bases of Consistency Among Political Attitudes: Effects of Political Expertise and Attitude Importance. In: Pratkanis, Anthony R./Breckler, Steven J./Greenwald, Anthony G. (Hrsg) (1989): Attitude Structure and Function. Hillsdale, NJ, Erlbaum, 99-128.
Kam, Cindy D. (2005): Who Toes the Party Line? Cues, Values, and Individual Differences. In: Political Behavior 27, 163-182.
Kellermann, Charlotte (2008): Trends and Constellations: Klassische Bestimmungsfaktoren des Wahlverhaltens bei den Bundestagswahlen 1990-2005. Baden-Baden: Nomos.
Krosnick, Jon A. (1988): The Role of Attitude Importance in Social Evaluation: A Study of Policy Preferences, Presidential Candidate Evaluations and Voting Behavior. In: Journal of Personality and Social Psychology 55, 196-210.

Lau, Richard R./Redlawsk, David P. (2001): Advantages and Disadvantages of Cognitive Heuristics in Political Decision Making. In: American Journal of Political Science 45, 951-971.

Lavine, Howard/Borgida, Eugene/Sullivan, John L. (2000): On the Relationship Between Attitude Involvement and Attitude Accessibility: Toward a Cognitive-Motivational Model of Political Information Processing. In: Political Psychology 21, 81-106.

Lehman, Barbara J./Crano, William D. (2002): The Pervasive Effects of Vested Interest on Attitude-Criterion Consistency in Political Judgment. In: Journal of Experimental Social Psychology 38, 101-112.

Lewis-Beck, Michael S./Jacoby, William G./Norpoth, Helmut/Weisberg, Herbert F. (2008): The American Voter Revisited. Ann Arbor, MI: University of Michigan Press.

Lewkowicz, Michael A. (2006): The Effectiveness of Elite Cues as Heuristics in Proposition Elections. In: American Politics Research 34, 51-68.

Liu, Yung-I/Eveland, William P., Jr. (2005): Education, Need for Cognition, and Campaign Interest as Moderators of News Effects on Political Knowledge: An Analysis of the Knowledge Gap. In: Journalism and Mass Communication Quarterly 82, 910-929.

Lupia, Arthur/McCubbins, Mathew D. (1998). The Democratic Dilemma: Can Citizens Learn What They Need to Know? Cambridge, UK: Cambridge University Press.

Maier, Jürgen/Glantz, Alexander/Bathelt, Severin (2009): Was wissen die Bürger über Politik? Zur Erforschung der politischen Kenntnisse in der Bundesrepublik Deutschland 1949 bis 2008. In: Zeitschrift für Parlamentsfragen 40, 561-579.

McDermott, Monika L. (2006): Not for Members Only: Group Endorsements as Electoral Information Cues. In: Political Research Quarterly 59, 249-257.

Miller, Joanne M./Krosnick, Jon A. (1996): News Media Impact on the Ingredients of Presidential Evaluations: A Program of Research on the Priming Hypothesis. In: Mutz, Diana C./Sniderman, Paul M. (Hrsg) (1996): Political Persuasion and Attitude Change. Ann Arbor, MI, University of Michigan Press, 79-99.

Miller, Joanne M./Peterson, David A. M. (2004): Theoretical and Empirical Implications of Attitude Strength. In: Journal of Politics 66, 847-867.

Mondak, Jeffery J. (1994): Cognitive Heuristics, Heuristic Processing and Efficiency in Political Decision Making. In: Delli Carpini, Michael X./Huddy, Leonie/Shapiro, Robert Y. (Hrsg) (1994): Research in Micropolitics. Greenwich, CT, JAI Press. 4, 117-142.

Ottati, Victor C. (2001): The Psychological Determinants of Political Judgment. In: Tesser, Abraham/Schwarz, Norbert (Hrsg) (2001): Blackwell Handbook of Social Psychology: Intraindividual Processes. Oxford, UK, Blackwell, 615-634.

Ottati, Victor C./Wyer, Robert S., Jr./Deiger, Megan/Houston, David A. (2002): The Psychological Determinants of Candidate Evaluation and Voting Preferences. In: Ottati, Victor C./Tindale, R. Scott/Edwards, Johnet al (Hrsg) (2002): The Social Psychology of Politics. New York, Kluwer, 3-28.

Petty, Richard E./Briñol, Pablo/Priester, Joseph R. (2009): Mass Media Attitude Change: Implications of the Elaboration Likelihood Model of Persuasion. In: Bryant, Jennings/Oliver, Mary Beth (Hrsg) (2009): Media Effects: Advances in Theory and Research. New York, Routledge, 125-164.

Petty, Richard E./Cacioppo, John T. (1986). Communication and Persuasion: Central and Peripheral Routes to Attitude Change. New York: Springer.

Petty, Richard E./Cacioppo, John T./Strathman, Alan J./Priester, Joseph R. (2005): To Think or Not to Think: Exploring Two Routes to Persuasion. In: Brock, Timothy C./Green, Melanie C. (Hrsg) (2005): Persuasion: Psychological Insights and Perspectives. Thousand Oaks, CA, Sage, 81-116.

Petty, Richard E./Haugtvedt, Curtis P./Smith, Steven M. (1995): Elaboration as a Determinant of Attitude Strength: Creating Attitudes That Are Persistent, Resistant, and Predictive of Behavior. In: Petty, Richard E./Krosnick, Jon A. (Hrsg) (1995): Attitude Strength: Antecedents and Consequences. Mahwah, NJ, Erlbaum, 93-130.

Pew Research Center. (2012): What the Public Knows about the Political Parties. Washington, DC: The Pew Research Center for the People & the Press.

Popkin, Samuel L. (1994). The Reasoning Voter: Communication and Persuasion in Presidential Campaigns. Chicago: University of Chicago Press.

Rabinowitz, George/MacDonald, Stuart Elaine (1989): A Directional Theory of Issue Voting. In: American Political Science Review 83, 93-121.

Rattinger, Hans (1996): Parteineigungen, Sachfragen- und Kandidatenorientierungen in Ost- und Westdeutschland 1990 bis 1992. In: Rattinger, Hans/Gabriel, Oscar W./Jagodzinski, Wolfgang (Hrsg.): Wahlen und Einstellungen im vereinigten Deutschland. Frankfurt am Main: Verlag Peter Lang, 267-315.

Rattinger, Hans/Roßteutscher, Sigrid/Schmitt-Beck, R./Weßels, B. (2009): German Longitudinal Election Study – Langfrist-Online-Tracking, T1 (ZA5334, Version 1.2). Köln: GESIS.

Sanbonmatsu, Kira (2002): Gender Stereotypes and Vote Choice. In: American Journal of Political Science 46, 20-34.

Schoen, Harald (2004): Online-Umfragen – schnell, billig, aber auch valide? Ein Vergleich zweier Internetbefragungen mit persönlichen Interviews zur Bundestagswahl 2002. In: ZA-Information 54, 27-52.

Schoen, Harald (2005): Ist Wissen auch an der Wahlurne Macht? Politische Kompetenz und Wahlverhalten. In: Schumann, Siegfried/Schoen, Harald (Hrsg) (2005): Persönlichkeit: Eine vergessene Größe der empirischen Sozialforschung. Wiesbaden, Verlag für Sozialwissenschaften, 137-155.

Schumann, Siegfried (2001). Persönlichkeitsbedingte Einstellungen zu Parteien: Der Einfluss von Persönlichkeitseigenschaften auf Einstellungen zu politischen Parteien. München: Oldenbourg.

Sears, David O. (2001): The Role of Affect in Symbolic Politics. In: Kuklinski, James H. (Hrsg) (2001): Citizens and Politics: Perspectives from Political Psychology. Cambridge, UK, Cambridge University Press, 14-40.

Skitka, Linda J./Mullen, Elizabeth (2002): Psychological Determinants of Public Opinion. In: Ottati, Victor C./Tindale, R. Scott/Edwards, Johnet al (Hrsg) (2002): The Social Psychology of Politics. New York, Kluwer, 107-134.

Sniderman, Paul M./Brody, Richard A./Tetlock, Philip E. (1991). Reasoning and Choice: Explorations in Political Psychology. Cambridge, UK: Cambridge University Press.

Suedfeld, Peter/Tetlock, Philip E. (2001): Individual Differences in Information Processing. In: Tesser, Abraham/Schwarz, Norbert (Hrsg) (2001): Blackwell Handbook of Social Psychology: Intraindividual Processes. Oxford, UK, Blackwell, 284-304.

Tilley, James/Garry, John/Bold, Tessa (2008): Perception and Reality: Economic Voting at the 2004 European Parliament Election. In: European Journal of Political Research 47, 665-686.

Visser, Penny S./Bizer, George Y./Krosnick, Jon A. (2006): Exploring the Latent Structure of Strength-Related Attitude Attributes. In: Zanna, Mark P. (Hrsg) (2006): Advances in Experimental Social Psychology. San Diego, CA, Academic Press. 38, 1-67.

Visser, Penny S./Krosnick, Jon A./Simmons, Joseph P. (2003): Distinguishing the Cognitive and Behavioral Consequences of Attitude Importance and Certainty: A New Approach to Testing the Common-Factor Hypothesis. In: Journal of Experimental Social Psychology 39, 118-141.

von Collani, Gernot/Blank, Hartmut (2003): Persönlichkeitsmerkmale, soziale Überzeugungen und politische Parteienpräferenzen: Eine Internetbefragung zur Bundestagswahl 2002. In: Zeitschrift für Politische Psychologie 11, 307-324.

Politische Kommunikation

Wirkungen von veröffentlichten Wahlumfragen auf die Koalitionserwartung, die Wahlbeteiligung und die Wahlentscheidung bei der Bundestagswahl 2009: Eine Mehrebenenanalyse auf der Grundlage der Rolling Cross-Section-Befragung der German Longitudinal Election Study (GLES)

Hanna Hoffmann / Markus Klein

1. Einleitung

In modernen Mediendemokratien – wie die Bundesrepublik Deutschland sie sicherlich darstellt – sind im Vorfeld von nationalen Parlamentswahlen die Ergebnisse politischer Meinungsumfragen nahezu omnipräsent. Sie nehmen in der Wahlberichterstattung der Massenmedien breiten Raum ein (Brettschneider 2005) und ein Großteil der Wahlberechtigten kommt auf diesem Weg auch mit ihnen in Berührung (Brettschneider 2000, Faas/Schmitt-Beck 2007). Welche Wirkungen von der Wahrnehmung solcher Umfrageergebnisse auf das Verhalten des individuellen Wählers ausgehen, ist empirisch allerdings bislang vergleichsweise wenig erforscht (vgl. aber vor allem Brettschneider 1991, 1992, 2000). Dies steht in einem eigentümlichen Kontrast zu weitreichenden Wirkungsvermutungen bei Journalisten und Politikern, die zuweilen in der Forderung nach einem Verbot der Veröffentlichung von Umfrageergebnissen im Vorfeld von Wahlen gipfeln (Brettschneider 2003).

Die neuesten für Deutschland vorliegenden empirischen Analysen des Einflusses veröffentlichter Umfrageergebnisse auf das Wählerverhalten kommen zu widersprüchlichen Befunden: Eine von Jürgen Maier und Frank Brettschneider vorgelegte Auswertung von Online-Experimenten aus Anlass der jeweils letzten Landtagswahlen in Baden-Württemberg, Rheinland-Pfalz und Hessen fand keinen belastbaren „Hinweis für einen Einfluss von veröffentlichten Umfrageergebnissen auf das Wählerverhalten. Dies gilt sowohl für die Wahlbeteiligung als auch für die Stimmabgabe zugunsten einer bestimmten Partei" (Maier/Brettschneider 2009: 335). Faas, Mackenrodt und Schmitt-Beck hingegen fanden bei der Bundestagswahl 2005 Effekte veröffentlichter Meinungsumfragen: „We have not only found evidence that polls may guide voters' expectations of the likely election outcome, but also indications of an impact of opinion polls on voting behaviour itself. However, this concerned only some of the parties" (Faas et al. 2008: 319). Diese widersprüchlichen Forschungsergebnisse erklären sich sicherlich teilweise durch die Unterschiede in der verwendeten Analysemethode und die Tatsache, dass unterschiedliche Wahlen auf unterschiedlichen Systemebenen untersucht wurden. Gleichzeitig verweisen sie aber auf weiterhin bestehenden Forschungsbedarf.

Der vorliegende Aufsatz stellt sich vor diesem Hintergrund mehrere Aufgaben: Zuerst und in vorderster Linie geht er der Frage nach, ob sich für die Bundestagswahl 2009 Wirkungen der im Vorfeld veröffentlichten Wahlumfragen auf Koalitionserwartungen und die Wahlentscheidung nachweisen lassen. Darüber hinaus diskutiert er die methodischen Probleme, die aus unserer Sicht mit den von Faas, Mackenrodt und Schmitt-Beck (Faas/Schmitt-Beck 2007; Faas et al. 2008) für die Bundestagswahl 2005 vorgelegten Analysen verbunden sind. Vor diesem Hintergrund wird die Form der statistischen Modellierung erläutert, die wir in diesem Aufsatz anwenden. Schließlich wird auch der Frage nach den Einflüssen von veröffentlichten Umfrageergebnissen auf die Wahlbeteiligung nachgegangen, die für Deutschland bislang noch nicht mit den Daten einer Rolling Cross-Section-Befragung untersucht wurden.

Im Folgenden werden zunächst kurz die theoretischen Erwartungen skizziert, die in der Literatur bezüglich der Wirkungen von veröffentlichten Wahlumfragen formuliert wurden (Kapitel 2). Sodann werden die methodischen Probleme diskutiert, die bei der empirischen Untersuchung der Wirkungen von veröffentlichten Umfrageergebnissen auftreten (Kapitel 3). Es folgen eine Beschreibung der von uns verwendeten Daten und Analysestrategien (Kapitel 4) sowie die Darstellung unserer empirischen Befunde (Kapitel 5). Der Aufsatz wird abgeschlossen durch eine kurze Zusammenfassung und einige Schlussfolgerungen (Kapitel 6).

2. Theoretische Erwartungen

In der Literatur werden eine ganze Reihe möglicher Wirkungen der Wahrnehmung von Umfrageergebnissen diskutiert. Diese lassen sich grob in drei Kategorien einteilten: Kognitive Wirkungen, Wirkungen auf die Wahlteilnahme sowie Wirkungen auf die eigentliche Wahlentscheidung.

Die *kognitiven Wirkungen* der Wahrnehmung von Wahlumfragen bestehen schlicht in der Tatsache, dass das Bilden von Erwartungen bezüglich des Wahlausgangs ermöglicht wird (Schmitt-Beck 1996a,b; Daschmann 2000). Die Wählerinnen und Wähler erhalten durch Wahlumfragen die nötigen Informationen, die ihnen das Einschätzen der Erfolgschancen der verschiedenen Parteien und Koalitionsmodelle ermöglichen. Die kognitiven Wirkungen der Wahrnehmung von Wahlumfragen beziehen sich also auf die Beeinflussung der Überzeugungen der Wählerinnen und Wähler.

Wahlumfragen können – vermittelt über die Beeinflussung der Überzeugungen bezüglich des Wahlausgangs – aber auch das Wahlverhalten beeinflussen. Hierbei wird zwischen der Wahlteilnahme und der eigentlichen Wahlentscheidung differenziert. Bezüglich der *Wahlteilnahme* werden in der Literatur zwei unterschiedliche Wirkungsmechanismen diskutiert, aus denen sich vier Hypothesen ableiten lassen: Der erste Mechanismus besteht darin, dass die aus den Umfrageergebnissen abgeleitete Knappheit des Wahlausgangs die Wahrscheinlichkeit der Wahlteilnahme beeinflusst (de Bock 1976; Brettschneider 2000). Die *Mobilisierungshypothese* besagt dabei, dass die Wahlberechtigten mit einer höheren Wahrscheinlichkeit an einer Wahl teilnehmen, wenn die Wahlumfragen darauf hindeuten, dass diese Wahl noch nicht entschieden ist. Als Grund wird die Wahrnehmung einer höheren Bedeutung der eigenen Stimme für den Wahlausgang angeführt. Die *Bequemlichkeits-Hypothese* hingegen besagt, dass die Wahlberechtigten im Falle eines als sicher wahrgenommenen Wahlausgangs eher zuhause bleiben, da die Bedeutung der eigenen Stimme für den Wahlausgang als gering eingeschätzt wird. Der zweite Mechanismus spezifiziert die Wirkungen der wahrgenommenen Knappheit des Wahlausgangs für die unterschiedlichen politischen Lager (vgl. Brettschneider 1991): Gemäß der *Defätismus-Hypothese* beteiligen sich die Anhänger derjenigen Parteien, die die Wahl zu verlieren scheinen, besonders häufig nicht an der entsprechenden Wahl. Die *Lethargie-Hypothese* behauptet gleiches für die Anhänger der vermeintlich siegreichen Parteien.

Bezüglich der eigentlichen *Wahlentscheidung* werden ebenfalls mehrere unterschiedliche Hypothesen diskutiert. Ein erstes Hypothesenpaar argumentiert weniger politisch als individualpsychologisch: Nach der *Bandwagon-Hypothese* ziehen diejenigen Parteien, die in den Umfragen als „Sieger" der Wahl vorhergesagt werden, verstärkt Stimmen auf sich. Begründet wird dies mit einer natürlichen Neigung der Menschen, auf der Siegerseite stehen zu wollen (vgl. u. a. Mutz 1994). Im Gegensatz dazu behauptet die *Underdog-Hypothese*, dass sich die Wahlberechtigten aus Mitleid verstärkt auf die Seite der Wahlverlierer schlagen würden (Brettschneider 1991; Irwin/van Holsteyn 2002, Hardmeier/Roth 2003). Drei weitere Hypothesen stellen taktisch-politische Erwägungen der Wahlberechtigten in den Vordergrund: Nach der *Fallbeil-Hypothese* werden die Anhänger kleiner Parteien ihre Partei mit einer deutlich geringeren Wahrscheinlichkeit wählen, wenn sich in den Umfragen abzeichnet, dass sie an der Fünf-Prozent-Hürde scheitern wird (Reumann 1983). Begründet wird dies damit, dass die Wahlberechtigten ihre Stimme nicht verschenken wollen (Schoen 1999; Behnke 2007). Allerdings kann das wahrgenommene Scheitern einer kleinen Partei an der Fünf-Prozent-Hürde nach der *Leihstimmen-Hypothese* auch dazu führen, dass Anhänger des prospektiven Koalitionspartners ihr ihre Stimme geben, um den Erfolg der gewünschten Koalition zu befördern (Kirchgässner 1983; Pappi/Thurner 2002). Zuweilen wird auch die Hypothese formuliert, dass die Wahlberechtigten bei einer sich abzeichnenden absoluten Mehrheit einer Partei ihre Stimme bevorzugt solchen Parteien geben, die diese absolute Mehrheit verhindern. Nach der *Hypothese des Verhinderns absoluter Mehrheiten* gilt dies selbst für einige Anhänger der vermeintlich dominanten Partei (Maier/Brettschneider 2009).

3. Methodische Probleme

Wie eingangs bereits angedeutet, existieren für die Bundesrepublik Deutschland nur einige wenige Arbeiten, die sich der empirischen Überprüfung der eben skizzierten Hypothesen widmen. Die erste umfassende Untersuchung der Wirkungen von veröffentlichten Umfrageergebnissen wurde 1991 von Frank Brettschneider vorgelegt. Brettschneiders Arbeit stellt sicherlich eine vorbildliche Analyse der zum damaligen Zeitpunkt verfügbaren Umfragedaten dar. Gleichwohl kann an dieser Arbeit kritisiert werden, dass sie den Einfluss von wahrgenommenen Umfrageergebnissen auf die Wahlentscheidung auf der Grundlage von Selbstauskünften der Wahlberechtigten untersucht (Maier/Brettschneider 2009: 321f). Prinzipiell stellt sich dabei die Frage, inwieweit Wahlberechtigte wirklich valide Auskunft darüber geben können, von welchen Einflussfaktoren sie in ihrer Wahlentscheidung beeinflusst wurden. In der experimentellen Sozialpsychologie zumindest dominiert die Einschätzung, dass Menschen nur Auskunft über das Ergebnis eines Entscheidungsprozesses geben können, nicht aber über den Entscheidungsprozess selbst (vgl. hierzu u. a. Nisbett/Wilson 1977).

In einer gemeinsam mit Jürgen Maier verfassten Arbeit jüngeren Datums verwendet Brettschneider als Datenbasis keine Umfragedaten sondern die Daten eines Online-Experiments (Maier/Brettschneider 2009). Experimente wurden bei der Analyse der Wirkungen von Wahlumfragen zuvor auch bereits von anderen Autoren eingesetzt (de Bock 1976; Navazio 1977). Experimentelle Methoden haben dabei den Vorteil, dass sie für den Nachweis kausaler Effekte prinzipiell besser geeignet sind als die Analyse von Umfragedaten. Sie können darüber hinaus zielgenau auf die empirisch zu prüfenden Hypothesen zugeschnitten werden. So war beispielsweise in dem hier vorgelegten Aufsatz eine empirische Überprüfung der *Fallbeilhypothese*, der *Leihstimmenhypothese* und der *Hypothese des Verhinderns absoluter Mehrheiten* nicht möglich, da bei der Bundestagswahl 2009 keine der kleinen Parteien an der Fünf-Prozent-Hürde zu scheitern drohte und sich auch keine absolute Mehrheit für eine der beiden Volksparteien abzeichnete. Im Rahmen experimenteller Settings können solche Situationen hingegen künstlich erzeugt und in ihren Wirkungen dann auch empirisch untersucht werden.

Der Nachteil experimenteller Untersuchungsansätze besteht in ihrer häufig durchaus fragwürdigen externen Validität. So werden die Probanden in dem Online-Experiment von Maier und Brettschneider zunächst mit geringfügig manipulierten Umfrageergebnissen konfrontiert (teilweise mit und teilweise ohne erläuternde Kommentierung) und im unmittelbaren Anschluss nach ihren politischen Einstellungen und Verhaltensabsichten gefragt. Ein solches Untersuchungsdesign sollte den Nachweis von Effekten der Umfrageergebnisse auf das Wahlverhalten tendenziell erleichtern, da der Stimulus unmittelbar vor der Erhebung der Response-Variablen gesetzt wird. Gleichzeitig stellt dies aber kein besonders realistisches Setting dar. Umso bemerkenswerter ist es, dass Maier und Brettschneider in ihrer Analyse keine Effekte der wahrgenommenen Umfrageergebnisse nachweisen können. Man kann spekulieren, dass dies wiederum möglicherweise mit ihrer nicht-repräsentativen studentischen Untersuchungspopulation zu tun hat.

Besonders gut für die Analyse von Effekten der Umfrageberichterstattung geeignet sind Rolling Cross-Section-Befragungen, die in der empirischen Wahlforschung in den letzten Jahren zunehmend Verbreitung gefunden haben (Johnston/Brady 2002; Romer et al. 2004). Solche RCS-Befragungen zeichnen sich dadurch aus, dass die Datenerhebung auf einen längeren Zeitraum vor der Wahl gestreckt wird. Die Bruttostichprobe wird dabei in mehrere sogenannte Scheiben unterteilt, die derart auf die verschiedenen Erhebungstage verteilt werden, dass die an jedem einzelnen Tag erhobenen Daten als das Ergebnis einer zufälligen Bevölkerungsstichprobe interpretiert werden können (vgl. für Details Kenski 2004). Dadurch wird es möglich, die Dynamik des Wahlkampfes tagesgenau zu analysieren. RCS-Befragungen ermöglichen es dann auch, die an den verschiedenen Tagen veröffentlichen Umfrageergebnisse als externe Informationen hinzuzuspielen. Auf der Grundlage solcher Daten kann dann empirisch untersucht werden, ob und in welcher Weise Wahlumfragen die Erwartungen bezüglich des Wahlausgangs und das Wahlverhalten beeinflussen.

Für die Bundestagswahl des Jahres 2005 wurden zwei Analysen vorgelegt, die RCS-Daten benutzten, um die Wirkungen von Wahlumfragen empirisch zu analysieren (Faas/Schmitt-Beck 2007; Faas et al. 2008). Diese Analysen haben die Forschung einen großen Schritt voran gebracht, weisen aus unserer Sicht aber dennoch einige Probleme auf. Das Hauptproblem besteht darin, dass RCS-Befragungen als hierarchisch strukturierte Datensätze aufgefasst werden müssen. Die Level-1-Einheiten sind dabei die Befragten, die Level-2-Einheiten werden durch den Tag der Befragung definiert. Spielt man solchen Daten die an den verschiedenen Tagen veröffentlichten Umfrageergebnisse zu, so müssen diese als Level-2-Variable behandelt werden. Dies hat zur Konsequenz, dass die Wirkungen der Umfrageergebnisse auf Koalitionserwartungen und Wahlverhalten nicht im Rahmen einfacher Single-Level-Modelle analysiert werden können. Die Signifikanz der Effekte der Umfrageergebnisse wird dann nämlich auf der Grundlage einer deutlich zu hohen Fallzahl geschätzt. Es besteht folglich die Gefahr, signifikante Effekte zu finden, die sich bei einer Schätzung auf der Grundlage der richtigen Zahl an Freiheitsgraden als nicht-signifikant erweisen würden.

Ein weiteres Problem der oben zitierten Analysen besteht darin, dass Umfrageergebnisse von fünf verschiedenen Instituten in die Analyse eingehen, die eine durchaus unterschiedliche Breitenwirkung haben. So kann vermutet werden, dass die Umfragergebnisse von Infratest-dimap, der Forschungsgruppe Wahlen und forsa in der Öffentlichkeit mit einer besonders hohen Wahrscheinlichkeit wahrgenommen werden, da über sie im Fernsehen (ARD, ZDF, RTL) berichtet wird. Die Umfragen von Emnid und dem Institut für Demoskopie dagegen haben eine deutlich geringere Breitenwirkung, da sie im ersten Fall vor allem von einem eher randständigen Fernsehsender (n-tv) und im zweiten Fall nur in einer einzigen Tageszeitung (FAZ) veröffentlicht werden. In den bislang vorliegenden Analysen werden die Umfrageergebnisse der fünf Institute aber gleichrangig behandelt, was wir problematisch finden.

Ein letztes Problem der bislang vorliegenden Analysen ist schließlich in der angenommenen verzögerten Wirkung von Umfrageergebnissen zu sehen. Auf der Grundlage kreuzversetzter Korrelationen zwischen den aktuellen Umfragewerten und den tagesweise aggregierten Koalitionserwartungen bzw. Wahlabsichten wurde dort der time-lag in der Wirkung der wahrgenommenen Umfrageergebnisse bestimmt. Anschließend wurden die Umfrageergebnisse in den Regressionsmodellen entsprechend zeitversetzt einbezogen. Irritierend ist dabei zunächst, dass der time-lag bei den Koalitionserwartungen zwei Tage und bei der Wahlabsicht drei Tage betragen soll (Faas et al. 2008: 306, 313), wofür es aus unserer Sicht keinen nachvollziehbaren Grund gibt. Auch scheint zumindest im Falle der SPD der Anstieg in der Entwicklung der Wahlabsicht dem Anstieg der Umfragezahlen zeitlich voraus zu gehen (Faas/Schmitt-Beck 2007: 254) und nicht umgekehrt. Dies verweist auf das Problem, dass kreuzversetzte Korrelationen keine Auskunft über die Richtung des zugrundeliegenden Ursache-Wirkungs-Verhältnisses zu geben vermögen. Drittens schließlich sind die Korrelationen zwischen zwei kurzen Zeitreihen mit vergleichsweise geringer Variation – vor allem im Falle der Umfragewerte, für die zudem nicht für jeden Tag auch ein neuer Wert vorliegt – enorm instabil und wenig belastbar. Wie sich aus den bei den verschiedenen Parteien hochgradig unterschiedlich ausfallenden kreuzversetzten Korrelationen (Faas et al. 2008: 313) eindeutig ein time-lag in der Wirkung wahrgenommener Wahlumfragen von drei Tagen ableiten lässt, ist für uns nicht nachvollziehbar. Wir werden in den folgenden Analysen aus diesen Gründen auf die Berücksichtigung eines time-lags verzichten.

4. Daten und Analysestrategie

4.1 Datenbasis

Der hier analysierte RCS-Datensatz wurde im Zeitraum vom 29.07.2009 bis zum 26.09.2009 erhoben. Die Grundgesamtheit ist die deutschsprachige, in Privathaushalten mit mindestens einem Festnetzanschluss lebende Bevölkerung der Bundesrepublik, die zur Bundestagswahl 2009 wahlberechtigt war (Methodenbericht GLES1201 2009: 4). Die Umfrage wurde in Form einer CATI-Erhebung durchgeführt und umfasst 6.008 Befragte. Von den 6.008 Fällen des Datensatzes zählen 3.083 (51,3 %) zur Hauptstichprobe, 2.180 (36,3 %) Fälle stammen aus der Überziehung (Reservenummern der Hauptstichprobe) und 745 (12,4 %) stammen aus einer nachträglich gezogenen Stichprobe. Die Nachziehung einer weiteren Stichprobe war notwendig, da die vom Umfrageinstitut kalkulierte Umsetzung von Nummern in Interviews zu gering angesetzt wurde (siehe Methodenbericht GLES1201 2009). Dadurch erhöht sich die geplante Anzahl der zu verwendenden Telefonnummern von 80.000 auf 94.400. Für die nachfolgenden Analysen beginnt der Untersuchungszeitraum erst am 03.08.2009, da die ersten Tage aufgrund zu geringer Fallzahlen[1] ausgeschlossen werden müssen. Die Anzahl der Level-2-Einheiten verringert sich dadurch von 60 auf 55 Tage.

Der Datensatz der RCS-Wahlkampfstudie wurde durch die Daten der veröffentlichten Umfrageergebnisse zur Sonntagsfrage im Erhebungszeitraum ergänzt. Die Ergänzung der Umfragedaten beschränkt sich auf die Veröffentlichungen der Institute forsa, Infratest-dimap und Forschungsgruppe Wahlen. Dieses Vorgehen weicht zwar von dem der Vorgängerstudien von Faas und Schmitt-Beck (2007) sowie Faas et al. (2008) ab, wir halten dies jedoch aus den oben genannten Gründen für die konsequentere Form der Operationalisierung. Die Folge aus dieser Einschränkung ist eine verringerte Variation der Umfragewerte über die Zeit. Eine Überprüfung hat jedoch gezeigt, dass dies keinen substanziellen Unterschied für die nachfolgend dargestellten Untersuchungen macht. Die drei Institute veröffentlichten im betrachteten Zeitraum 22 Umfragen an 21 unterschiedlichen Tagen.[2] Für die Erstellung des Datensatzes, der jedem Erhebungstag einen Umfragewert zuweist, wurde jeweils der aktuellste Wert verwendet, demnach bildet der letztaktuellste Wert, bis zu der Veröffentlichung neuer Ergebnisse, den Informationskontext der Befragten an den einzelnen Tagen. Auf diese Weise wird ein impliziter time-lag integriert, denn in mehr als der Hälfte der Tage liegt die Veröffentlichung der Umfrage einen Tag oder länger zurück. Für den einen Tag, an dem

---

1 Die Fallzahlen der ersten fünf Tage bewegen sich zwischen 22 und 43 Befragten, wobei die durchschnittliche Anzahl bei 100 Befragten pro Tag liegen sollte (Schmitt-Beck 2005).
2 Forsa veröffentlichte in diesem Zeitraum neun Umfragen, Infratest-dimap sieben Umfragen und die Forschungsgruppe Wahlen verzeichnet sechs Veröffentlichungen.

zwei der Institute Umfrageergebnisse veröffentlicht haben, wurde der Mittelwert hinzugespielt. Die Operationalisierung der weiteren, in die Untersuchung eingeflossenen, Variablen ist in einer Übersicht im Anhang dargestellt.

4.2 Analysestrategie

Da angenommen wird, dass die zu untersuchenden Daten Objekte verschiedener Ordnung enthalten, müssen die formulierten Hypothesen anhand von Mehrebenenmodellen getestet werden. Der hierarchisch strukturierte Datensatz besteht dabei aus den Objekten der Individualebene (Level 1) und denen der Kontextebene (Level 2). Es wird vorausgesetzt, dass jedes Objekt des Level 1 als ein Element eines Objekts der nächsthöheren Ordnung dargestellt werden kann (Ditton 1998: 11). In der vorliegenden Untersuchung bilden die Befragten die Objekte der Individualebene und die einzelnen Tage stellen die Einheiten der Kontextebene dar. Der Tag der Befragung bildet somit den Informationskontext, unter dem die Respondenten ihre Wahlabsichten und ihre Erwartungen bezüglich möglicher Koalitionen herausbilden. Der Informationskontext wird, wie bereits erläutert, in der vorliegenden Untersuchung durch die jeweils aktuellsten Umfrageergebnisse operationalisiert. Da es sich bei den abhängigen Variablen der vorliegenden Untersuchung um Dummy-Variablen handelt, wurden binär logistische Mehrebenenmodelle geschätzt. Als Analysesoftware diente MLwiN 2.17 und die Parameterschätzung wurde mit dem Restricted Iterative Generalized Least Squares Algorithmus (RIGLS) durchgeführt.

Es sei bereits an dieser Stelle ausdrücklich darauf hingewiesen, dass auch unsere Analysestrategie Schwächen aufweist. So werden in der Mehrebenenanalyse die Fälle der zweiten Ebene des Datensatzes in der Regel als Zufallsstichprobe aus einer theoretisch definierten Grundgesamtheit aufgefasst. Dies ist bei den hier vorliegenden Daten aber nicht der Fall. Auch handelt es sich bei den Daten unserer Level-2-Variablen streng genommen um Zeitreihendaten. Bei Zeitreihen besteht jedoch oftmals das Problem autokorrelierter Fehlerterme, d.h., dass der Wert eines Tages mit dem Wert des Vortages korreliert ist. Die Werte sind folglich nicht unabhängig voneinander, sondern ähneln einander. Dadurch werden die Standardfehler tendenziell unterschätzt (vgl. Hox 2002: 98 f.). Alles in allem sind die methodischen Probleme unserer Analysestrategie im Vergleich zu den Problemen von Faas et al. (2008) aber deutlich weniger gravierend. Immerhin wird dort bei der Schätzung der Effekte der Umfrageergebnisse eine um den Faktor 40 inflationierte Fallzahl zugrundegelegt.

5. Empirische Befunde

5.1 Die Intraklassenkorrelation

Eine Besonderheit von Mehrebenenmodellen liegt darin, dass sich die unerklärte Varianz der abhängigen Variable in zwei Teile gliedert: in einen Teil der Individualebene (σ^2_e) und einen der Kontextebene (σ^2_{u0}). Im Falle von logistischen Mehrebenenanalysen beträgt der Varianzanteil auf Level 1 (σ^2_e) $\pi^2/3$ (Snijders/Bosker 1999: 224). Auf Basis der beiden Varianzanteile sowie der Gesamtvarianz kann der *intraclass correlation coefficient* (ICC) berechnet werden.[3] Zu diesem Zweck werden Modelle geschätzt, die noch keine erklärenden Variablen enthalten, sogenannte *intercept-only* Modelle (Hox 2002: 14f.). Somit entspricht der ICC dem Anteil an Varianz der abhängigen Variable, welcher auf die Zugehörigkeit der Einheiten der Individualebene zu den unterschiedlichen Kontexteinheiten zurückgeführt werden kann (Engel 1998: 83 ff.). Darüber hinaus kann der ICC auch als Ähnlichkeitsmaß der Individuen an einem Befragungstag verstanden werden (vgl. Hox 2002: 15). Je größer der ICC, desto ähnlicher sind sich die Befragten eines Befragungstages und desto unterschiedlicher sind die Befragten verschiedener Tage. Ein von Null verschiedener ICC deutet folglich auch darauf hin, dass potentiell Effekte von Level-2-Variablen auf die abhängige Level-1-Variable existieren. Ein von Null verschiedener ICC wird in den einschlägigen Lehrbüchern daher häufig als Voraussetzung dafür angesehen, dass die Schätzung eines Mehrebenenmodells überhaupt sinnvoll ist (vgl. für viele andere Luke 2004: 17-23).

Tabelle 1: Intraklassenkorrelationen der modellspezifischen abhängigen Variablen

Abhängige Variablen	ICC	N
Wahlbeteiligungsabsicht	0.020**	5800
Wahlabsicht: *Union*	0.000	4855
Wahlabsicht: *SPD*	0.000	4855
Wahlabsicht: *FDP*	0.000	4855
Wahlabsicht: *Die Grünen*	0.007	4855
Wahlabsicht: *Die Linke*	0.000	4855
Koalitionserwartung: *große Koalition*	0.030***	5831
Koalitionserwartung: *schwarz-gelbe Koalition*	0.027***	5831

Signifikanzniveaus: * $p \leq 0.05$; ** $p \leq 0.01$; *** $p \leq 0.001$

In *Tabelle 1* zeigt sich, dass bei der Wahlbeteiligungsabsicht und den beiden Koalitionserwartungen nur ein geringer Anteil an Varianz auf die Zugehörigkeit zu den Einheiten der zweiten Ebene zurückgeführt werden kann. Die Modelle, welche die Wahlabsicht als abhängige Variable beinhalten, weisen fast durchgängig einen ICC von Null auf.[4] Lediglich für die Grünen ergibt sich ein geringfügig von Null verschiedener, jedoch nicht-signifikanter ICC, so dass die beabsichtige Wahl dieser Partei nicht gesondert betrachtet werden muss. Die Wahlabsicht für die einzelnen Parteien variiert damit nicht überzufällig über die Tage des Erhebungszeitraums, womit die häufig als notwendige erachtete Voraussetzung für die Berechnung von Mehrebenenmodellen an dieser Stelle nicht gegeben ist.

---

3   Die Berechnung des ICC basiert auf der folgenden Formel: ICC = $\sigma^2_{u0}/(\sigma^2_{u0} + \sigma^2_e)$. Siehe hierfür beispielsweise Hox (2010: 15) oder Bryk/Raudenbush (2002: 24).

4   An dieser Stelle sei darauf hingewiesen, dass die Wahlabsichten für die CDU und die CSU zu einer Wahlabsicht für die Union zusammengefasst wurden.

Für das Modell zur Untersuchung der Wahlbeteiligungsabsicht zeigt sich, dass 2,0 Prozent der Varianz auf die Erhebungstage zurückgeführt werden können. Für die Koalitionserwartungen beträgt der entsprechende Anteil 3,0 bzw. 2,7 Prozent. Für diese drei abhängigen Variablen gilt demnach, dass sich die Befragten eines Tages geringfügig ähnlicher sind als die Befragten, die an unterschiedlichen Tagen befragt wurden.

Die weiteren Ergebnisse werden im Folgenden nacheinander für die einzelnen abhängigen Variablen dargestellt. Wir beginnen dabei mit den Modellen zum Wahlverhalten (Teilnahme und eigentliche Entscheidung) und schließen mit den Ergebnissen zu den Erwartungen bezüglich des Wahlausgangs ab. Dabei wird jeweils mit einer deskriptiven Darstellung des Verlaufs der abhängigen Variablen über den Erhebungszeitraum hinweg begonnen. In den Grafiken können zum einen die Anteile für die einzelnen Tage abgelesen werden, zum anderen wird eine Glättung der Daten dargestellt, welche den Wochendurchschnitt wiedergibt. Darüber hinaus werden die jeweils relevanten Umfragewerte im Hintergrund der Grafik abgetragen. Von den Erkenntnissen, die aus den Verlaufsdarstellungen gewonnen werden können, wird dann auf die Ergebnisse der Mehrebenenanalysen übergeleitet.

5.2 Wirkungen auf die Wahlteilnahme

In *Abbildung 1* ist der Verlauf der Wahlbeteiligungsabsicht dargestellt. Dabei wird der Anteil derjenigen Befragten abgebildet, die angeben sicher an der Wahl teilzunehmen. Wird die Entwicklung über die 55 untersuchten Tage betrachtet, so zeigt sich, dass dieser Anteil zu Beginn der heißen Wahlkampfphase noch bei ungefähr 73 Prozent liegt, einen Tag vor der Wahl jedoch auf fast 98 Prozent ansteigt. In der Zeitspanne dazwischen liegt der Anteil größtenteils zwischen 78 und 90 Prozent, wobei anhand des Wochendurchschnitts ein geringer, kontinuierlicher Anstieg zu beobachten ist. Dies entspricht zunächst der Erwartung, dass im Zuge der natürlichen Wahlkampfmobilisierung die Bereitschaft zur Wahlteilnahme mit dem Näherrücken des Wahltags steigt. Diese Entwicklung könnte möglicherweise aber auch darauf zurückzuführen sein, dass die Befragten mit Näherrücken des Wahltags – vermittelt über die Wahlumfragen – einen immer knapperen Wahlausgang wahrnehmen. Graphisch sind die Prozentpunktabstände zwischen den summierten Umfragewerten der jeweiligen Koalitionsmöglichkeiten anhand gestapelter Balken dargestellt. An der Entwicklung der Balken kann abgelesen werden, dass sich die zunehmende Knappheit zwischen der schwarz-gelben und der rot-grünen Koalition kurz vor der Wahl, ungefähr parallel zur ansteigenden Wahlbeteiligungsabsicht verhält. Dies deutet auf einen möglichen Mobilisierungseffekt hin.

Abbildung 1: Die Entwicklung der Wahlbeteiligungsabsicht sowie der Knappheit der Umfrageergebnisse über den Zeitraum vom 03.08. – 26.09.2009

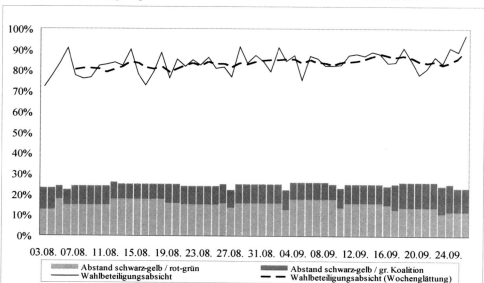

Tabelle 2 zeigt die Ergebnisse der Mehrebenenanalyse zum Einfluss der Knappheit des Wahlausgangs auf die Wahlbeteiligungsabsicht, anhand derer die *Mobilisierungs-* und die *Bequemlichkeits-Hypothese* überprüft werden können. In einem ersten Schritt wurde ein Modell geschätzt, welches nur Individualmerkmale beinhaltet. Dabei wird für die demographischen Merkmale Geschlecht, Alter und Bildung kontrolliert. Darüber hinaus fließen das politische Interesse, die Parteiidentifikation und die Wahrnehmung von Meinungsumfragen mit ein. Für das politische Interesse wird angenommen, dass es einen mobilisierenden Einfluss auf die Beteiligung an Wahlen hat (Caballero 2005). Darüber hinaus besteht für Wähler, die eine Bindung zu einer Partei aufweisen, eine größere Wahrscheinlichkeit, dass sie sich an Wahlen beteiligen. Die Wahrnehmung von Meinungsumfragen ist im Modell berücksichtigt worden, da erwartet werden kann, dass diese Variable den Einfluss der veröffentlichten Meinungsumfragen auf die Wahlbeteiligungsabsicht moderiert. Ab Modell 2 werden die Variablen der Kontextebene schrittweise hinzugefügt. Zunächst wird eine Trendvariable eingeführt, um für die natürliche Wahlkampfmobilisierung zu kontrollieren. Hinzu kommt eine weitere Level-2-Variable, welche die Knappheit der Umfragewerte zwischen der schwarz-gelben und der rot-grünen Koalition darstellt. Um die Knappheit der Umfragewerte der Koalitionen erfassen zu können wurden zuerst die Umfragewerte für die jeweiligen Parteien summiert und daraufhin der Betrag der Differenz zwischen den beiden Koalitionen berechnet (vgl. Kirchgässner 1990). Modell 3 bildet zunächst das Gesamtmodell für den Einfluss der Knappheit der Umfragewerte zwischen einer schwarz-gelben Koalition und einer rot-grünen Koalition mit

Tabelle 2: Binomial logistische Mehrebenenanalysen zur Wirkung von Umfragewerten (Forsa, Infratest, FGW) auf die individuelle Wahlbeteiligungsabsicht

	Modell 1		Modell 2		Modell 3		Modell 4		Modell 5	
	Odds	S. E.	Odds	S. E.	Odds	S. E.	Odds	S. E.	Odds	S. E.
Konstante	0.043***	0.212	0.035***	0.534	0.035***	0.588	0.137***	0.557	0.148***	0.579
Level 1										
Geschlecht (Ref.: *weiblich*)	0.819*	0.086	0.821*	0.086	0.821*	0.086	0.822*	0.086	0.822*	0.086
Alter	1.023***	0.003	1.024***	0.003	1.024***	0.003	1.024***	0.003	1.024***	0.003
Bildung (Ref.: *Hauptschulabschluss*)										
Realschulabschluss	1.395**	0.112	1.392**	0.112	1.392**	0.112	1.390**	0.112	1.388**	0.112
(Fach-) Abitur	1.968***	0.119	1.978***	0.119	1.978***	0.119	1.976***	0.119	1.978***	0.119
Politisches Interesse	2.773***	0.050	2.784***	0.050	2.784***	0.050	2.787***	0.050	2.787***	0.050
Parteiidentifikation	1.511***	0.086	1.525***	0.086	1.525***	0.086	1.525***	0.087	1.522***	0.087
Wahrnehmung Meinungsumfragen	1.254	0.950	1.224*	0.096	1.236	0.763	1.225*	0.096	0.953	0.509
Level 2										
Trend: Tag			1.012**	0.004	1.012**	0.004	1.016**	0.005	1.016**	0.005
Knappheit schwarzgelb vs. rotgrün			1.038	0.034	1.038	0.037				
Knappheit schwarzgelb vs. rotgrün *Wahrnehmung Meinungsumfragen					0.999	0.049				
Knappheit schwarzgelb vs. gr. Koalition							0.927	0.045	0.919	0.049
Knappheit schwarzgelb vs. gr. Koalition *Wahrnehmung Meinungsumfragen									1.027	0.054
σ^2_e	3.29		3.29		3.29		3.29		3.29	
σ^2_{u0}	0.106**		0.084*		0.084*		0.080*		0.080*	
N (Level 2)	55		55		55		55		55	
N (Level 1)	5280		5280		5280		5280		5280	

Signifikanzniveaus: * $p \leq 0.05$; ** $p \leq 0.01$; *** $p \leq 0.001$.
Die dargestellten Standardfehler beziehen sich auf die Logit-Koeffizienten.

einem in diesem Modell beigefügten Interaktionsterm zwischen der Knappheit der Umfragen und der Wahrnehmung von Meinungsumfragen. Der Interaktionsterm wird eingeführt, um den Einfluss der Umfragewerte unter der Voraussetzung, dass diese tatsächlich auch wahrgenommen wurden, untersuchen zu können. In Modell 4 und 5 wird in identischer Form erst die Variable eingeführt, welche die Knappheit zwischen der großen und der schwarz-gelben Koalition wiedergibt, und daraufhin der Interaktionsterm für die Knappheit der Umfragewerte und die Wahrnehmung von Meinungsumfragen.

Auf Level 1 zeigt sich in allen fünf Modellen der *Tabelle 1*, dass neben den demographischen Merkmalen das politische Interesse, die Parteiidentifikation und die Wahrnehmung von Meinungsumfragen einen statistisch signifikanten Effekt auf die Wahlbeteiligungsabsicht haben. Der eigenständige Effekt der Wahrnehmung von Meinungsumfragen reflektiert dabei wohl in erster Linie eine intensive Zuwendung zur Wahlkampfberichterstattung. Bei der Betrachtung der Level-2-Koeffizienten wird deutlich, dass sich kein signifikanter Effekt der Umfragewerte auf die Wahlbeteiligungsabsicht nachweisen lässt. Es geht von ihnen offensichtlich also keine mobilisierende oder demobilisierende Wirkung aus. Darüber hinaus wurde außerdem der Einfluss der Umfragewerte der einzelnen Parteien überprüft, wobei ebenfalls keine Evidenz gemäß der *Defätismus*- bzw. *Lethargie-Hypothese* gefunden wurde (die Ergebnisse sind hier nicht im Einzelnen dokumentiert). Jedoch ergibt sich ein empirischer Nachweis für die oben angesprochene natürliche Wahlkampfmobilisierung. Mit jedem Tag des Wahlkampfs steigt die Chance einer Wahlbeteiligung um 1,2 (Modell 2 und 3) bzw. um 1,6 (Modell 4 und 5) Prozent.[5]

5.3 Wirkungen auf die Wahlentscheidung

In den *Abbildungen 2 bis 6* ist zunächst die Entwicklung der Wahlabsicht zugunsten der fünf untersuchten Parteien während des Erhebungszeitraums abgetragen. Dabei wird deutlich, dass für jede Partei im Aggregat zunächst ein typisches Unterstützungsniveau existiert, um das herum tageweise deutliche Schwankungen auftreten. Vor allem bei den Grünen und den Linken zeigt sich im Zeitverlauf aber auch eine Veränderung dieses Unterstützungsniveaus. Die veröffentlichten Umfrageergebnisse für die einzelnen Parteien sind graphisch als Balkendiagramm hinter die Entwicklung der Wahlabsicht gelegt. Durch pures „eye balling" lässt sich aus den Abbildungen bezüglich der Wirkungen von Umfragewerten auf die Wahlentscheidung aber nur wenig ablesen: Bei der Betrachtung der Wahlabsicht für die Grünen in *Abbildung 5* zeigt sich jedoch zum Ende des Untersuchungszeitraums eine scherenartige Entwicklung der Wahlabsicht und der Umfragewerte. Während die Umfragewerte für die Grünen leicht abnehmen, ist eine zunehmende Wahlabsicht für die Partei zu beobachten. Dies könnte auf einen Effekt entsprechend der *Underdog-Hypothese* hindeuten.

---

5   Es wurde überprüft, ob die Trendvariable einer parallel verlaufenden zunehmenden Knappheit der Umfragewerte die Wirkung entzieht. Dies ist nicht der Fall, die Modelle ohne die Kontrolle des Mobilisierungstrends kommen nicht zu substantiell anderen Ergebnissen.

Wirkungen von veröffentlichten Wahlumfragen

Abbildung 2: Die Entwicklung der Wahlabsicht sowie der Umfragewerte für die Union im Zeitraum vom 03.08. – 26.09.2009

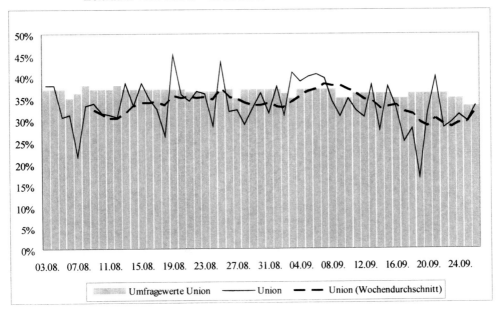

Abbildung 3: Die Entwicklung der Wahlabsicht sowie der Umfragewerte für die SPD im Zeitraum vom 03.08. – 26.09.2009

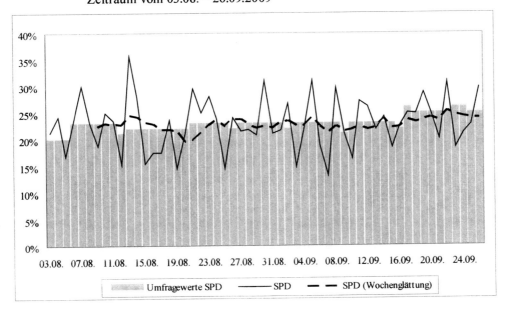

Abbildung 4: Die Entwicklung der Wahlabsicht sowie der Umfragewerte für die FDP im Zeitraum vom 03.08. – 26.09.2009

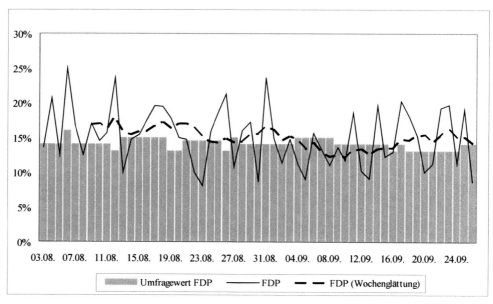

Abbildung 5: Die Entwicklung der Wahlabsicht sowie der Umfragewerte für Die Grünen im Zeitraum vom 03.08. – 26.09.2009

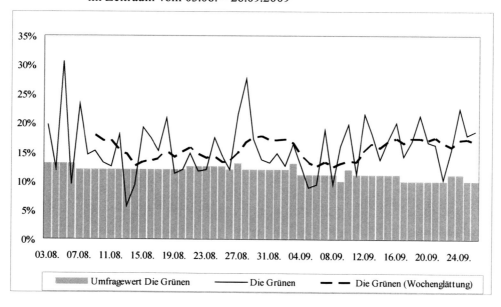

Abbildung 6: Die Entwicklung der Wahlabsicht sowie der Umfragewerte für Die Linke im Zeitraum vom 03.08. – 26.09.2009

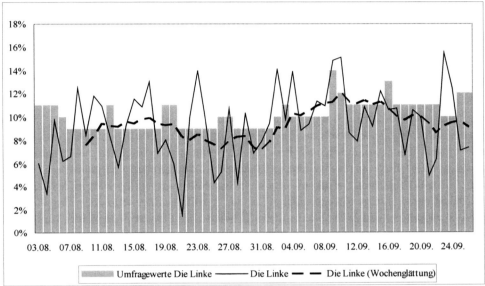

Die Schätzung der ICCs hat bereits gezeigt, dass die individuelle Wahlabsicht nicht systematisch in Abhängigkeit von den Erhebungstagen variiert. Die Schätzung von Mehrebenenmodellen scheint damit zunächst nicht notwendig zu sein. Allerdings gibt es in der Literatur Hinweise darauf, dass unter bestimmten Umständen auch bei einem ICC von Null Level-2-Variation vorhanden sein kann, die allerdings erst nach der Einführung von Level-1-Prädiktoren in das Modell zu Tage tritt (Roberts 2007). Um vor diesem Hintergrund zweifelsfrei zeigen zu können, dass von den veröffentlichten Umfragewerten kein Einfluss auf die Wahlabsicht für die verschiedenen Parteien ausgeht, haben wir entsprechende Mehrebenenmodelle geschätzt und deren Ergebnisse im Anhang dokumentiert (Tabelle A1). In den ersten Analyseschritten zur Untersuchung der Wahlabsicht wurde zunächst nur für Individualmerkmale kontrolliert. Darunter fallen erneut die demographischen Merkmale Geschlecht, Alter und Bildung sowie die Wahrnehmung von Meinungsumfragen. Darüber hinaus wurde für den Einfluss der Standardfaktoren des sozialpsychologischen Ansatzes zur Erklärung des Wahlverhaltens, die Parteiidentifikation, die Sachfragenorientierung und die Kandidatenorientierung (vgl. Campbell et al. 1960), kontrolliert. In den Modellen zeigt sich, dass die Effekte der Umfragewerte statistisch nicht signifikant sind.[6] Damit kann eine Wirkung der Wahlumfragen im Sinne der *Bandwagon-* oder der *Underdog-Hypothese* nicht nachgewiesen werden. Es zeigt sich jedoch erwartungsgemäß, dass die Faktoren des sozialpsychologischen Ansatzes

---
6   Werden die veröffentlichten Umfragen der anderen Institute (Emnid, Institut für Demoskopie Allensbach) mit berücksichtigt, ergeben sich für die Umfragewerte ebenfalls keine statistisch signifikanten Effekte.

die individuelle Wahlabsicht beeinflussen: Der Wähler entscheidet sich demnach für die Partei, der er sich verbunden fühlt, welcher er in wichtigen politischen Problemen die größte Lösungskompetenz zuschreibt und deren Kanzlerkandidaten/in er sympathisch findet. Dies entspricht den Modellannahmen des sozialpsychologischen Ansatzes (vgl. Schoen/Weins 2005).

5.4 Kognitive Wirkungen von Wahlumfragen

Nachdem weder Wirkungen der Umfragewerte auf die Wahlteilnahme noch auf die Wahlentscheidung nachgewiesen werden konnten, soll im Folgenden die Beeinflussung der Überzeugungen der Wählerinnen und Wähler bezüglich des Wahlausgangs untersucht werden. Bei der Betrachtung der Entwicklung der Regierungserwartungen in den *Abbildungen 7* und *8*, zeigt sich in der Anfangsphase der 55 Tage ein eindeutiger Vorteil für die schwarz-gelbe Koalition. Der Glaube an eine weitere Legislaturperiode der großen Koalition scheint zu diesem Zeitpunkt unter den Befragten nicht mehr besonders ausgeprägt zu sein. Mit dem Näherrücken des Wahltags bewegen sich die beiden Koalitionsmodelle in der wahrgenommenen Wahrscheinlichkeit dann aber deutlich aufeinander zu. Etwa 10 Tage vor der Wahl liegen die Erwartungen bezüglich einer großen Koalition dann sogar über denen einer schwarz-gelben Koalition. Einen Tag vor der Wahl liegt die schwarz-gelbe Koalition dann allerdings wieder vor der großen Koalition.

Abbildung 7: Die Entwicklung der Erwartungen bezüglich einer großen Koalition sowie der Umfragewerte von SPD und CDU im Zeitraum vom 03.08. – 26.09.2009

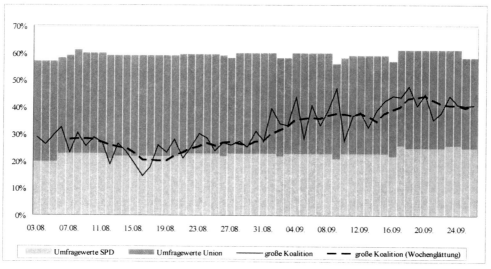

Abbildung 8: Die Entwicklung der Erwartungen bezüglich einer schwarz-gelben Koalition sowie der Umfragewerte von CDU und FDP im Zeitraum vom 03.08. – 26.09.2009

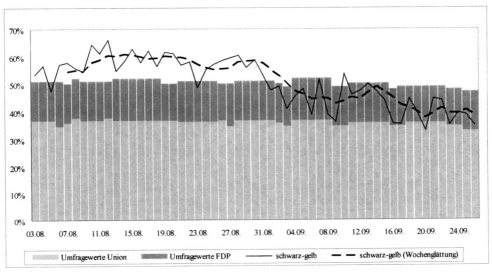

Es stellt sich die Frage, ob die Veränderungen in den Koalitionserwartungen auf die Umfrageergebnisse zurückzuführen sind. Wird die an den dargestellten Balken ablesbare Entwicklung der summierten Umfragewerte im Erhebungszeitraum betrachtet, so zeigt sich für die Umfragewerte der beiden Koalitionspartner in der Summe wenig Varianz. Nehmen wir jedoch die Anteilswerte für die einzelnen Parteien als Bezugspunkt, so zeigt sich, dass tendenziell mit Abnahme der Umfragewerte für die Union die wahrgenommene Wahrscheinlichkeit einer schwarz-gelben Koalition sinkt und mit Zunahme der SPD-Umfragewerte die wahrgenommene Wahrscheinlichkeit einer großen Koalition steigt. Bei genauerer Betrachtung lässt sich allerdings feststellen, dass die Kausalitätsrichtung nicht eindeutig ist. So gilt vor allem in *Abbildung 7*, dass zunächst der Anteil derjenigen Befragten ansteigt, die eine große Koalition erwarten und die Umfragewerte der SPD erst zu einem späteren Zeitpunkt zunehmen.

Für die Koalitionserwartungen zeigten sich akzeptable Werte der ICCs, so dass im Folgenden die entsprechenden binomial logistischen Mehrebenenmodelle dargestellt werden. Modell 1 zeigt wie in den anderen Analysen zunächst den Einfluss der Individualmerkmale. Neben den bekannten demographischen Merkmalen sowie der Wahrnehmung von Meinungsumfragen wird hier noch für die Präferenz für die jeweilige Koalition kontrolliert. In Modell 2 werden daraufhin die Umfragewerte der Koalitionspartner jeweils getrennt voneinander eingeführt, da sich sonst mögliche Einflüsse gegenseitig aufheben könnten. Modell 3 enthält abschließend die Interaktionsterme der Umfragewerte mit der Wahrnehmung von Meinungsumfragen.

Tabelle 3 zeigt die Effekte für die Erwartung, dass Union und SPD in Form einer großen Koalition die Regierung bilden werden. Wie in Modell 2 deutlich wird, lässt sich für diese Erwartung ein statistisch signifikanter Effekt der veröffentlichten Umfrageergebnisse nachweisen. Wenn die Umfragewerte für die Union um einen Prozentpunkt steigen, dann sinkt die Chance, dass eine große Koalition erwartet wird, um gut 11 Prozent. Dagegen steigt die Chance der Erwartung einer großen Koalition mit jedem zusätzlichen Prozentpunkt der SPD in den Umfragen um 9,5 Prozent. Der Einfluss der Umfragewerte wird zugleich durch den abnehmenden Varianzanteil auf Level 2 gestützt. In Modell 3 bestätigt sich außerdem der Einfluss der Umfragewerte der SPD durch einen statistisch signifikanten Interaktionseffekt. Demnach unterstützt die Wahrnehmung von Meinungsumfragen die Beeinflussung der Erwartung einer großen Koalition durch die Umfragewerte der SPD.

Tabelle 3: Binomial logistische Mehrebenenanalysen zur Wirkung von Umfragewerten (Forsa, Infratest, FGW) auf die Erwartung einer großen Koalition

	Modell 1		Modell 2		Modell 3	
	Odds	S. E.	Odds	S. E.	Odds	S. E.
Konstante	0.262***	0.149	1.519	2.472	2.635	2.971
Level 1						
Geschlecht (Ref.: *weiblich*)	0.911	0.061	0.915	0.061	0.913	0.061
Alter	0.993**	0.002	0.992***	0.002	0.992***	0.002
Bildung (Ref.: *Hauptschulabschluss*)						
Realschulabschluss	1.134	0.088	1.140	0.089	1.133	0.089
(Fach-) Abitur	1.110	0.086	1.114	0.086	1.108	0.086
Präferenz für eine große Koalition	1.177***	0.010	1.177***	0.010	1.178***	0.010
Wahrnehmung Meinungsumfragen	1.096	0.062	1.081	0.063	0.313	3.299
Level 2						
Umfragewert Union			0.899*	0.052	0.928	0.063
Umfragewert SPD			1.095**	0.040	1.018	0.047
Umfragewert Union*Wahrnehmung Meinungsumfragen					0.938	0.070
Umfragewert SPD*Wahrnehmung Meinungsumfragen					1.165**	0.053
σ^2_e	3.29		3.29		3.29	
σ^2_{u0}	0.09**		0.06**		0.06**	
N (Level 2)	55		55		55	
N (Level 1)	5482		5482		5482	

Signifikanzniveaus: * p ≤ 0.05; ** p ≤ 0.01; *** p ≤ 0.001.
Die dargestellten Standardfehler beziehen sich auf die Logit-Koeffizienten.

Tabelle 4 zeigt die Beeinflussung der Erwartung, dass die kommende Regierung aus Union und FDP gebildet wird. Auch hier zeigen sich signifikante Effekte der Umfrageergebnisse. In Modell 2 kann abgelesen werden, dass die Chance der Erwartung einer schwarz-gelben Regierung mit jedem zusätzlichen Umfrage-Prozentpunkt für die Union um 23 Prozent steigt. Im Falle der FDP beträgt der entsprechende Anstieg 14,1 Prozent. Werden in Modell 4 die Interaktionsterme der Umfragewerte mit der Wahrnehmung von Meinungsumfragen berücksichtigt, ist auf Level 2 nur noch der Effekt der Umfragewerte für die Union statistisch signifikant.

Eine mögliche Erklärung für die unterschiedlichen Ergebnisse der Interaktionseffekte in den Analysen der beiden Koalitionserwartungen liegt in einer indirekten Wirkung der Umfrageergebnisse: Die Beeinflussung der Wähler durch Wahlumfragen muss nicht notwendigerweise deren direkte Wahrnehmung voraussetzen, da sich die Ergebnisse ebenfalls in dem, von den Medien vermittelten, politischen Stimmungsbild widerspiegeln. Somit besteht bereits dadurch die Möglichkeit der Beeinflussung.

Tabelle 4: Binomial logistische Mehrebenenanalysen zur Wirkung von Umfragewerten (Forsa, Infratest, FGW) auf die Erwartung einer schwarz-gelben Koalition

	Modell 1		Modell 2		Modell 3	
	Odds	S. E.	Odds	S. E.	Odds	S. E.
Konstante	0.115***	0.144	0.000***	1.899	0.000***	2.200
Level 1						
Geschlecht *(Ref.: weiblich)*	1.462***	0.058	1.461***	0.059	1.459***	0.059
Alter	1.016***	0.002	1.016***	0.002	1.016***	0.002
Bildung *(Ref.: Hauptschulabschluss)*						
Realschulabschluss	1.178	0.084	1.181	0.085	1.184	0.085
(Fach-) Abitur	1.765***	0.082	1.774***	0.082	1.779***	0.082
Präferenz für eine schwarz-gelbe Koalition	1.175***	0.008	1.177***	0.008	1.177***	0.008
Wahrnehmung Meinungsumfragen	1.346***	0.060	1.362***	0.061	0.001**	2.368
Level 2						
Umfragewert Union			1.230***	0.049	1.135*	0.057
Umfragewert FDP			1.141*	0.065	1.078	0.073
Umfragewert Union*Wahrnehmung Meinungsumfragen					1.172	0.061
Umfragewert FDP*Wahrnehmung Meinungsumfragen					1.137	0.083
σ^2_e	3.29		3.29		3.29	
σ^2_{u0}	0.12***		0.07**		0.07**	
N (Level 2)	55		55		55	
N (Level 1)	5636		5636		5636	

Signifikanzniveaus: * $p \leq 0.05$; ** $p \leq 0.01$; *** $p \leq 0.001$.
Die dargestellten Standardfehler beziehen sich auf die Logit-Koeffizienten.

Es bleibt festzuhalten, dass sich die Erwartungen bezüglich möglicher Regierungskoalitionen vor allem an den Umfragewerten der beiden großen Volksparteien orientieren. Liegt die Union in den Umfragen eindeutig vorne, wird eher eine schwarz-gelbe Regierung erwartet und gewinnt die SPD an Stimmen, entwickeln sich die Erwartungen zugunsten einer großen Koalition.

6. Fazit

Der vorliegende Aufsatz hat es sich zur Aufgabe gemacht, die Wirkungen von veröffentlichten Wahlumfragen auf die Wahlbeteiligung und die Wahlentscheidung im Vorfeld der Bundestagswahl 2009 empirisch zu untersuchen. Darüber hinaus wurde geprüft, ob sich kognitive Wirkungen der Umfrageergebnisse auf die Überzeugungen der Wählerinnen und Wähler bezüglich des Wahlausgangs nachweisen lassen. Die Untersuchungen wurden dabei anhand von Mehrebenenanalysen durchgeführt, innerhalb derer die jeweils zuletzt veröffentlichte Wahlumfrage als Informationskontext der Befragten interpretiert wurde. Die Umfragewerte gehen dadurch als Kontext- und nicht als Individualmerkmale in die Analyse ein.

Bereits bei der Berechnung der ICCs für die einzelnen Analysemodelle zeigte sich, dass die Wahlabsicht auf der individuellen Ebene nicht systematisch in Abhängigkeit vom Erhebungstag variiert. Dies muss dahingehend interpretiert werden, dass der Wahlkampf im Allgemeinen und die Umfrageberichterstattung im Besonderen weitgehend spurlos an den Menschen vorbeigegangen sind. Die fehlende Wirkung der veröffentlichten Wahlumfragen bestätigte sich ebenfalls für die Wahlbeteiligungsabsicht. Im Gegensatz zu den Ergebnissen bezüglich der Wirkungen von Wahlumfragen auf Wahlteilnahme und Wahlentscheidung zeigen sich für die Koalitionserwartungen jedoch kognitive Wirkungen. Die veröffentlichten Umfrageergebnisse konstruieren ein Bild der politischen Stimmungslage, an dem sich die Wählerinnen und Wähler bei der Bildung ihrer Überzeugungen orientieren. Berücksichtigt werden sollte hierbei jedoch, dass in den graphischen Analysen keine eindeutige kausale Richtung beobachtet werden kann.

Die Wirkungen der veröffentlichten Wahlumfragen im Vorfeld der Bundestagswahl 2009 beschränken sich demnach auf die Beeinflussung der Erwartungen bezüglich des Wahlausgangs. Sie haben jedoch keinen kurzfristigen Einfluss auf die relativ stabilen Absichten des Einzelnen bezüglich Wahlteilnahme und Wahlentscheidung. Die hier erzielten Befunde stehen im Widerspruch zu den Befunden von Faas et al. (2008) sowie von Faas/Schmitt-Beck (2007) für die Bundestagswahl 2005. Für diese Unterschiede bieten sich zwei mögliche Erklärungen an: Entweder sind die von den genannten Autoren berichteten Effekte von Umfragen auf die Wahlabsicht Artefakte, die auf ihre methodisch problematische Modellierung zurückzuführen sind, oder aber die Bundestagswahl 2009 unterscheidet sich grundsätzlich von der Bundestagswahl 2005. Für letztgenannte Interpretation spricht, dass der Wahlkampf im Vorfeld der Bundestagswahl 2009 aufgrund der Koalition aus SPD und CDU/CSU wenig zugespitzt und dynamisch war. So schrieb beispielsweise die FAZ am 11.08.2009: „Die Stille vor der Wahl. […] und man möchte nicht sagen, das Land liege im Wahlfieber".

Es wäre vor diesem Hintergrund eine lohnende Herausforderung, die Analysen von Faas, Schmitt-Beck und Mackenrodt unter Beachtung der Mehrebenenstruktur ihres Datensatzes zu replizieren. Einen ersten Schritt in diese Richtung haben wir bereits unternommen und mit ihren Daten die Intraklassenkorrelationen geschätzt. *Tabelle 5* zeigt, dass diese für die Wahlabsicht zwar teilweise geringfügig von Null verschieden sind, aber die statistische Signifikanz verfehlen.[7] Wirkungen von Umfragen auf die Wahlentscheidung sind demnach nur mit einer geringen Wahrscheinlichkeit zu erwarten. Die Befunde von Faas und Kollegen bezüglich der Beeinflussung der Wahlabsicht können damit bereits durch die Berücksichtigung der Mehrebenenstruktur ihrer Daten in Zweifel gezogen werden. Unsere geringfügig abweichenden Entscheidungen im weiteren Fortgang der empirischen Analyse (Berücksichtigung von nur drei Umfrageinstituten, Verzicht auf time-lags), sind dabei für diesen Hauptbefund ohne Bedeutung.

Tabelle 5: Intraklassenkorrelationen der modellspezifischen abhängigen Variablen für 2005

Abhängige Variablen	ICC	N
Wahlabsicht: *Union*	0.007	3033
Wahlabsicht: *SPD*	0.017	3033
Wahlabsicht: *FDP*	0.000	3033
Wahlabsicht: *Die Grünen*	0.006	3033
Wahlabsicht: *Die Linke*	0.000	3033
Koalitionserwartung: *große Koalition*	0.011*	2944
Koalitionserwartung: *schwarz-gelbe Koalition*	0.053**	2944

Signifikanzniveaus: * $p \leq 0.05$; ** $p \leq 0.01$; *** $p \leq 0.001$.

Variablenübersicht

Wahlbeteiligungsabsicht:

Wenn Wahlen stattfinden, geben viele Leute ihre Stimme ab, andere kommen nicht dazu, ihre Stimme abzugeben, oder nehmen aus anderen Gründen nicht an der Wahl teil. Nun findet am 27. September die nächste Bundestagswahl statt. Wie ist es da bei Ihnen? Werden Sie da bestimmt zur Wahl gehen, wahrscheinlich zur Wahl gehen, vielleicht zur Wahl gehen, wahrscheinlich nicht oder bestimmt nicht zur Wahl gehen? Die Antwortskala ging von 1 (bestimmt) bis 5 (bestimmt nicht). Darüber hinaus konnten die Befragten angeben, ob sie „bereits Briefwahl gemacht" haben. Für die vorliegende Untersuchung wurde eine Dummy-

---

7 Der ICC für die Wahlabsicht der SPD verfehlt die Signifikanz nur knapp. Vor diesem Hintergrund wäre eine ausführliche und detaillierte Replikation dieses einen Modells notwendig, was jedoch den Rahmen des vorliegenden Aufsatzes sprengt.

Variable gebildet, die diejenigen, die angeben bestimmt zur Wahl zu gehen, in Vergleich zu allen anderen setzt, ausgenommen der Briefwähler.

Wahlabsicht:

Bei der Bundestagswahl am 27. September können Sie ja zwei Stimmen vergeben. Die Erststimme für den Kandidaten einer Partei in Ihrem Wahlkreis, die Zweitstimme für eine Partei. Welche Partei werden Sie bei der Bundestagswahl mit Ihrer Zweitstimme wählen? Die Wahlabsicht wurde in Dummy-Variablen für die Parteien CDU/CSU (Union), SPD, FDP, die Grünen und die Linke rekodiert. Die Referenzgruppe bilden jeweils diejenigen, die eine Wahlabsicht für eine andere Partei angeben oder noch unentschlossen sind.

Koalitionserwartung:

Welche Koalitionen tatsächlich gebildet werden können, hängt ja auch vom Wahlergebnis ab. Was erwarten Sie, welche Parteien werden tatsächlich nach der Bundestagswahl zusammen die Regierung bilden? Hier wurden die Nennungen für die einzelnen Parteien, die in der Regierung erwartet werden, als Dummy-Variablen erfasst: 1 (genannt) 0 (nicht genannt). Für die vorliegende Untersuchung wurden die Nennungen für die jeweiligen Koalitionspartner zusammengefasst.

Wahrnehmung von Meinungsumfragen:

Haben Sie in der vergangenen Woche Berichte über aktuelle Meinungsumfragen zur Bundestagswahl gesehen oder gelesen? Ausprägungen: 1 (Ja) und 2 (Nein).

Politisches Interesse:

Einmal ganz allgemein gesprochen: Wie stark interessieren Sie sich für Politik – sehr stark, ziemlich stark, mittelmäßig, weniger stark oder überhaupt nicht? Die Antwortskala ging von 1 (überhaupt nicht) bis 5 (sehr stark).

Parteiidentifikation:

In Deutschland neigen viele Leute längere Zeit einer bestimmten politischen Partei zu, obwohl sie auch ab und zu eine andere Partei wählen. Wie ist das bei Ihnen: Neigen Sie – ganz allgemein gesprochen – einer bestimmten Partei zu? Und wenn ja, welcher? Für die Modelle zur Untersuchung der Wahlbeteiligungsabsicht wurde eine Dummy-Variable gebildet, welche die Ausprägungen 1 (Parteiidentifikation für eine der Parteien vorhanden) und 0 (keine Parteiidentifikation) hat. Für die Modelle zur Untersuchung der Wahlabsicht wurden Dummy-Variablen für jede Partei gebildet mit den Ausprägungen 1 (Parteiidentifikation für die Partei vorhanden) und 0 (Parteiidentifikation für eine andere Partei oder keine vorhanden).

Sachfragenorientierung:

Wenn Sie nun an die aktuelle politische Situation denken – was ist Ihrer Meinung nach gegenwärtig das wichtigste (zweitwichtigste) politische Problem in Deutschland? Und welche Partei ist Ihrer Meinung nach am besten geeignet, dieses Problem zu lösen? Hier wurden Dummy-Variablen für jede Partei gebildet, die die Information enthalten, ob die jeweilige Partei genannt wurde, 1 (genannt) 0 (nicht genannt).

Kandidatenorientierung:

Bitte sagen Sie mir nun, was Sie von einigen führenden Politikern halten. Benutzen Sie dafür bitte wieder das Thermometer von +5 bis -5. +5 bedeutet, dass Sie sehr viel von dem Politiker halten; -5 bedeutet, dass Sie überhaupt nichts von dem Politiker halten. Was halten Sie von Angela Merkel, von Frank-Walter Steinmeier, von Guido Westerwelle, von Renate Künast und von Oskar Lafontaine? Die Skala wurde in die Werte von 0 (überhaupt nichts) bis 10 (sehr viel) umkodiert.

Koalitionspräferenz:

Jetzt habe ich einige Fragen zu möglichen Zusammensetzungen der künftigen Bundesregierung. Stellen Sie sich einmal ein Thermometer vor, das aber lediglich von +5 bis –5 geht, mit einem Nullpunkt dazwischen. Sagen Sie mir bitte mit diesem Thermometer, was Sie von den folgenden Koalitionen halten – unabhängig davon, wie wahrscheinlich eine solche Koalition Ihrer Meinung nach ist. Die Skala wurde in die Werte von 0 (überhaupt nichts) bis 10 (sehr viel) umkodiert.

Trendvariable:

Um das Näherrücken des Wahltages darstellen zu können wurde eine Trendvariable eingeführt, welche die Tage bis zur Wahl herunter zählt. Für die Vereinfachung der Interpretation wurde das Vorzeichen der Koeffizienten in den Tabellen umgedreht.

Literatur

Behnke, Joachim, 2007: Das Wahlsystem der Bundesrepublik Deutschland. Logik, Technik und Praxis der Verhältniswahl. Baden-Baden: Nomos.

Brettschneider, Frank, 1991: Wahlumfragen. Empirische Befunde zur Darstellung in den Medien und zum Einfluss auf das Wahlverhalten in der Bundesrepublik Deutschland und den USA. München: Minerva Publikation – K.G. Saur Verlag.

Brettschneider, Frank, 1992: Der taktische und rationale Wähler. Über den Einfluss von Wahlumfragen auf das Wählerverhalten bei den Bundestagswahlen 1983 bis 1990, in: Zeitschrift für Parlamentsfragen 33: 55-72.

Brettschneider, Frank, 2000: Demoskopie im Wahlkampf – Leitstern oder Irrlicht? S. 477-505 in: Markus Klein, Wolfgang Jagodzinski, Ekkehard Mochmann und Dieter Ohr (Hrsg.): 50 Jahre empirische Wahlforschung in Deutschland. Opladen: Westdeutscher Verlag.

Brettschneider, Frank, 2003: Wahlumfragen: Medienberichterstattung und Wirkungen. S. 257-282 in: Andreas Wüst (Hrsg.): Politbarometer. Opladen: Westdeutscher Verlag.

Brettschneider, Frank, 2005: Bundestagswahlkampf und Medienberichterstattung, in: Aus Politik und Zeitgeschichte 51-52: 19-26.

Bryk, Anthony S. und Stephen W. Raudenbush, 2002: Hierachical Linear Models: Applications and Data Analysis Methods, 2. Aufl. Newbury Park: Sage Publications.

Caballero, Claudio, 2005: Nichtwahl. S. 329-362 in: Jürgen W. Falter und Harald Schoen (Hrsg.): Handbuch Wahlforschung. Wiesbaden: VS Verlag für Sozialwissenschaften.

Campbell, Angus, Philip E. Converse, Warren E. Miller and Donald E. Stokes, 1960: The American Voter. New York: Wiley.

Daschmann, Gregor, 2000: Vox Pop & Polls. The Impact of Poll Results and Voter Statements in the Media on the Perception of a Climate of Opinion, in: International Journal of Public Opinion Research 12: 160-181.

de Bock, Herold, 1976: Influence of In-State Election Poll Reports on Candidate Preference in 1972, in: Journalism Quartely 53: 457-462.

Ditton, Hartmut, 1998: Mehrebenenanalyse. Grundlagen und Anwendungen des Hierarchisch Linearen Modells. Weinheim u. a.: Juventa Verlag.

Engel, Uwe, 1998: Einführung in die Mehrebenenanalyse. Grundlagen, Auswertungsverfahren und praktische Beispiele. Opladen: Westdeutscher Verlag.

Faas, Thorsten, Christian Mackenrodt und Rüdiger Schmitt-Beck, 2008: Polls that Mattered: Effects of Media Polls on Voters' Coalition Expectations and Party Preferences in the 2005 German Parliamentary Election, in: International Journal of Public Opinion Research 20: 299-325.

Faas, Thorsten und Rüdiger Schmitt-Beck, 2007: Wahrnehmungen und Wirkungen politischer Meinungsumfragen. Eine Exploration zur Bundestagswahl 2005. S. 233-267 in: Frank Brettschneider, Oskar Niedermayer und Bernhard Weßels (Hrsg.): Die Bundestagswahl 2005. Wiesbaden: VS Verlag für Sozialwissenschaften.

Frankfurter Allgemeine Zeitung, 2009: Die Stille vor der Wahl. Online-Dokument: http://www.faz.net/s/Rub510A2EDA82CA4A8482E6C38BC79C4911/Doc~EC15A33DF45624531AD65CA1562152053~ATpl~Ecommon~Scontent.html. Stand: 05.06.2010.

Hardmeier, Sibylle und Hubert Roth, 2003: Die Erforschung der Wirkung politischer Meinungsumfragen: Lehren vom ,Sonderfall' Schweiz, in: Politische Vierteljahresschrift 44(2): 174-195.

Hox, Joop, 2010: Multilevel Analysis. Techniques and Applications,2. Auflage. New Jersey: Lawrence Erlbaum Associates, Publishers.

Irwin, Galen und Joop van Holsteyn, 2002: According to the Polls. The Influence of Opinion Polls on Expectations, in: The Public Opinion Quarterly 66(1): 92-104.

Johnston, Richard und Henry E. Brady, 2002: The rolling cross-section design, in: Electoral Studies 21: 283-295.

Kenski, Kate, 2004: The Rolling Cross-Section Design. S. 56-65 in: Daniel Romer, Kate Kenski, Paul Waldmann, Christopher Adasiewicz und Kathleen Hall Jamieson (Hrsg.): Capturing Campaign Dynamics. The National Annenberg Election Survey. New York: Oxford University Press.

Kirchgässner, Gebhard, 1983: Der Einfluss von Meinungsumfragen auf das Wahlergebnis. S. 232-247 in Hans-Dieter Klingemann und Max Kaase (Hrsg.): Wahlen und politischer Prozeß. Analysen aus Anlass der Bundestagswahl 1983. Opladen: Westdeutscher Verlag.

Kirchgässner, Gebhard, 1990: Hebt ein ,knapper' Wahlausgang die Wahlbeteiligung? Eine Überprüfung der ökonomischen Theorie der Wahlbeteiligung anhand der Bundestagswahl 1987. S. 445-477 in: Max Kaase und Hans-Dieter Klingemann (Hrsg.): Wahlen und Wähler. Analysen aus Anlass der Bundestagswahl 1987. Opladen: Westdeutscher Verlag.

Luke, Douglas A., 2004: Multilevel Modelling. Thousand Oaks/London/New Dehli: Sage (Quantitative Applications in the Social Sciences, 143)

Maier, Jürgen und Frank Brettschneider, 2009: Wirkungen von Umfrageberichterstattung auf Wählerverhalten: Ein Online-Experiment zu den Landtagswahlen in Baden-Württemberg 2006, Rheinland-Pfalz 2006 und Hessen 2008. S. 321-337 in: Nikolaus Jackob, Harald Schoen und Thomas Zerback (Hrsg.): Sozialforschung im Internet. Wiesbaden: VS Verlag für Sozialwissenschaften.

Methodenbericht GLES1201, 2009: German Longitudinal Election Study, Komponente 2, Rolling Cross Section-Wahlkampfstudie mit Nachwahl-Panelwelle. Mannheim: GESIS.

Mutz, Diana, 1994: The political Effects of Perceptions of Mass Opinion, in: Research in Micropolitics 4: 143-167.

Nisbett, Richard E. und Timothy D. Wilson, 1977: Telling More Than We Know: Verbal Reports on Mental Processes, in: Psychological Review 84: 231-259.

Navazio, Robert, 1977: An Experimental Approach to Bandwagon Research, in: Public Opinion Quartely 41: 217-225.

Pappi, Franz U. und Paul W. Thurner, 2002: Electoral behaviour in a two-vote system: Incentives for ticket splitting in German Bundestag elections, in: European Journal of Political Research 41: 207-232.

Reumann, Kurt, 1983: Gibt es den Fallbeil-Effekt für die kleineren Parteien? Zum Streit um die Veröffentlichung von Umfrage-Ergebnissen vor Wahlen. Für und Wider eines gesetzlichen Verbots, in: Frankfurter Allgemeine Zeitung, 09.03.1983.

Roberts, J. Kyle, 2007: Group Dependency in the Presence of Small Intraclass Correlation Coefficients: An Argument in Favor of Not Interpreting the ICC. Paper presented at the annual meeting of the American Educational Research Association, April 10, 2007. (Download unter http://www.hlm-online.com/papers/depend.pdf am 29.09.2010).

Romer, Daniel, Kate Kenski, Paul Waldman, Christopher Adasiewicz und Kathleen Hall Jamieson, 2004: Capturing Campaign Dynamics. The National Annenberg Election Survey. New York: Oxford University Press.

Schmitt-Beck, Rüdiger, 1996a: Mass Media, the Electorate, and the Bandwagon. A Study of Communication Effects on Vote Choice in Germany, in: International Journal of Public Opinion Research 8: 266-291.

Schmitt-Beck, Rüdiger, 1996b: Medien und Mehrheiten. Massenmedien als Informationsvermittler über die Wahlchancen der Parteien, in: Zeitschrift für Parlamentsfragen 27: 127-144.

Snijders, Tom und Roel Bosker, 1999: Multilevel Analysis. An introduction to basic and advanced multilevel modeling. Thousand Oaks: SAGE Publications.

Schoen, Harald, 1999: Mehr oder weniger als fünf Prozent – ist das wirklich die Frage?, in: Kölner Zeitschrift für Soziologie und Sozialpsychologie 51: 565-582.

Schoen, Harald und Cornelia Weins, 2005: Der sozialpsychologische Ansatz zur Erklärung von Wahlverhalten. S. 187-242 in: Jürgen W. Falter und Harald Schoen (Hrsg.): Handbuch der Wahlforschung. Wiesbaden: VS Verlag für Sozialwissenschaften.

Anhang

Tabelle A.1: Binomial logistische Mehrebenenanalysen zur Wirkung von Umfragewerten (Forsa, Infratest, FGW) auf die individuelle Wahlabsicht

	Union Odds	S.E.	SPD Odds	S.E.	FDP Odds	S.E.	Die Grünen Odds	S.E.	Die Linke Odds	S.E.
Konstante	0.026	2.621	0.001***	1.519	0.042	1.671	0.002***	1.194	0.000	1.085
Level 1										
Geschlecht (Ref.: *weiblich*)	0.994	0.097	1.088	0.109	1.412**	0.122	1.324*	0.128	1.214	0.168
Alter	1.000	0.003	1.003	0.004	1.003	0.004	0.990*	0.004	1.020***	0.005
Bildung (Ref.: *Hauptschulabschluss*)										
Realschulabschluss	1.139	0.141	0.741	0.156	1.293	0.190	1.169	0.216	1.230	0.249
(Fach-) Abitur	0.879	0.138	0.772	0.149	2.063***	0.180	1.629*	0.200	1.540	0.242
Parteiidentifikation	8.069***	0.099	11.752***	0.111	8.989***	0.178	16.445***	0.145	18.578***	0.211
Sachfrageorientierung	3.865***	0.100	4.051***	0.118	4.874***	0.148	3.655***	0.204	7.822***	0.216
Kandidatenorientierung	1.451***	0.036	1.324***	0.030	1.571***	0.033	1.435***	0.034	1.429***	0.032
Wahrnehmung Meinungsumfragen	0.027	3.535	2.433	1.998	0.131	2.334	12.988	1.552	2.321	1.403
Level 2										
Umfragewert (Forsa, Infratest, FGW)	0.951	0.072	1.087	0.065	0.803	0.116	1.120	0.096	1.160	0.095
Umfragewert*Wahrnehmung Meinungsumfragen	1.107	0.098	0.962	0.086	1.155	0.167	0.788	0.134	0.928	0.135
σ^2_e	3.29		3.29		3.29		3.29		3.29	
σ^2_{u0}	0.01		0.02		0.00		0.00		0.00	
N (Level 2)	55		55		55		55		55	
N (Level 1)	4078		4030		4049		3939		4054	

Signifikanzniveaus: * $p \leq 0.05$; ** $p \leq 0.01$; *** $p \leq 0.001$.
Die dargestellten Standardfehler beziehen sich auf die Logit-Koeffizienten.

Die Qual der Wahl:
Entscheidertypen bei der Bundestagswahl 2009

Markus Steinbrecher

1. Einleitung

Analysen zum Zeitpunkt der Entscheidung für eine Partei oder einen Kandidaten im Wahlkampf sind bereits seit ihren Anfängen in den 1940er- und 1950er-Jahren Teil der empirischen Wahlforschung (Berelson et al. 1954; Campbell et al. 1954, 1960; Lazarsfeld et al. 1968). Die Forschung in diesem Bereich wird in den letzten Jahren von einem starken Focus auf Spätentscheider (late deciders) dominiert (z. B. für Deutschland: Plischke/Bergmann 2011; Schmitt-Beck 2003, 2009). Als Spätentscheider werden in der Regel diejenigen Wähler definiert, die erst kurz vor der Wahl oder aber am Wahltag selbst ihre endgültige Entscheidung für eine Partei treffen.

Einer der Gründe für die Konzentration auf Spätentscheider ist die zunehmende Größe dieser Wählergruppe, die von verschiedenen Forschern für mehrere Länder festgestellt worden ist (Dalton et al. 2000; Irwin/van Holsteyn 2008; McAllister 2002; Plasser et al. 2003), darunter auch Deutschland (Plischke/Bergmann 2011; Schmitt-Beck 2003, 2009). Die Zunahme später Wahlentscheidungen wird dabei einerseits als Konsequenz der Bedeutungsabnahme langfristiger stabiler Parteibindungen (Dealignment) angesehen (Arzheimer 2006; Dalton 2012), andererseits ergibt sich eben wegen des Fehlens einer Parteiidentifikation für diese Gruppe von Wählern ein deutlich höheres Potential für Wahlkampfwirkungen und Einflüsse über verschiedene Kommunikationskanäle. Daher hat sich vor allem die politische Kommunikationsforschung mit der Kampagnenrezeption dieser Gruppe und Wahlkampfeinflüssen auf ihr Wahlverhalten auseinandergesetzt.

Bisherige Untersuchungen zum Zeitpunkt der Wahlentscheidung müssen aufgrund der Gestaltung der in der Regel verwendeten Querschnittsstudien mit ihrer einmaligen Befragung davon ausgehen, dass sich einmal getroffene Entscheidungen im Verlauf des Wahlkampfes nicht mehr ändern. Bei Vorwahlbefragungen mit einer Feldzeit von 8 Wochen ist eine nochmalige Änderung der Wahlabsicht insbesondere für Befragte in den ersten Wochen aber durchaus nicht unwahrscheinlich. Bei Nachwahlbefragungen ist man hingegen auf die subjektive Wahrnehmung des Entscheidungszeitpunktes und -prozesses durch die Befragten angewiesen. Deren Angaben sind aber mit größter Vorsicht zu genießen, wie starke Unterschiede im Zeitpunkt der Entscheidung zwischen subjektiver Rückerinnerungs- und objektiver Panelmethode im US-amerikanischen Kontext zeigen (Kogen/Gottfried 2012).

Ein größeres Potential zur genaueren Erfassung des Zeitpunktes der Wahlentscheidung und des Prozesscharakters der Wahlentscheidung bieten RCS-Studien (Rolling Cross Section). Die bisher für die Bundestagswahlen 2005 und 2009 durchgeführten RCS-Studien befragen die Wahlberechtigten in der Regel einmal im Laufe des Wahlkampfes und einmal nach der Wahl nach ihrer Wahlentscheidung bzw. -absicht. Doch auch mit diesem Design lassen sich Verläufe von Entscheidungsprozessen und der letztliche Zeitpunkt einer Entscheidung für eine Partei nur unpräzise erfassen. Weichen Vorwahlabsicht und Rückerinnerung an die Wahlentscheidung nach der Wahl voneinander ab, weiß man lediglich, dass die Veränderung zwischen dem Zeitpunkt des Vorwahlinterviews und dem Wahltermin stattgefunden haben muss. Ob es möglicherweise mehrere Veränderungen gegeben hat, ist nicht feststellbar, und die angesprochene Problematik verzerrter subjektiver Erinnerung an den genauen Zeitpunkt der Entscheidung in der Nachwahlbefragung besteht auch für diese Form der Befragung.

Analysen zum Zeitpunkt der Wahlentscheidung und zu Entscheidungsprozessen mit Querschnitt- oder RCS-Daten erlauben also einerseits keine präzise Messung des Entscheidungszeitpunktes selbst, andererseits ist eine Erfassung mehrfacher Präferenzänderungen, also eine Abbildung des Verlaufs des Entscheidungsprozesses, aufgrund des Erhebungsdesigns nicht möglich. Ein wesentlich größeres Analysepotential im Hinblick auf diese beiden Aspekte bieten dagegen mehrwellige Panelstudien wie das Wahlkampfpanel der GLES (German Longitudinal Election Study) 2009 (ZA 5305).[1]

Mit seinem an die Erie County-Studie von Paul F. Lazarsfeld und seinen Mitarbeitern (1968) angelehnten Design eröffnet das Wahlkampfpanel der GLES bisher nicht vorhandene Möglichkeiten, den Zeitpunkt der Wahlentscheidung relativ präzise zu erfassen und Entscheidungsprozesse während des Wahlkampfes abzubilden. Vor allem letzterer Punkt ist von besonderem Interesse, ist es doch nun erstmals möglich zu zeigen, wie sich Parteipräferenzen im Laufe des Wahlkampfes zu einer Bundestagswahl entwickeln und verändern. Das erste Ziel der vorliegenden Analyse ist daher die Identifikation von Entscheidertypen auf der Basis der Angaben der Befragten zu ihrem Wahlverhalten im Wahlkampfpanel der GLES. Anders als in vorangehenden Arbeiten mit diesen Daten (Plischke/Bergmann 2011), werden allerdings nicht nur die Entscheidungen von Spätentscheidern im Wahlkampf zur Bundestagswahl 2009 analysiert, sondern alle Wähler berücksichtigt, unabhängig davon, wann sie sich entschieden haben. Für die Bildung der Wählertypen wird aufgrund des sehr ähnlichen Studiendesigns auf die Typologie aus „The People's Choice" zurückgegriffen. Auf der Basis der Wahlabsichten (in den Vorwahlwellen) und der Rückerinnerung (in der Nachwahlwelle), unterscheiden Lazarsfeld et al. zwischen vier verschiedenen Wählertypen, den Parteianhängern (partisans), Kristallisierern (crystallizers), Zauderern (waverers) und Parteiwechslern (party changers) (1968: 65ff.).

Das zweite Ziel der Analyse ist, herauszufinden, wie sich die gebildeten Typen charakterisieren lassen und welche Faktoren dazu beitragen, dass jemand zwischen zwei Parteien schwankt oder bereits vor Beginn des Wahlkampfes auf eine Partei festgelegt ist. In der empirischen Analyse wird daher untersucht, welchen Beitrag sozialstrukturelle Merkmale, politische Einstellungen und Prädispositionen, Kampagnenwahrnehmungen sowie interper-

---

1 Rattinger, Roßteutscher, Schmitt-Beck, Weßels: German Longitudinal Election Study – Wahlkampf-Panel, 10.07.-07.10.2009. GESIS, Köln: ZA5305, Version 3.0.0, doi: 10.4232/1.11131.

sonale und andere Formen der Kommunikation leisten können, Unterschiede zwischen den Typen herauszuarbeiten bzw. die Zugehörigkeit zu einem der Wählertypen zu erklären. Die theoretische Fundierung der ausgewählten Prädiktoren erfolgt dabei sowohl auf der Basis der Literatur zum Zeitpunkt der Wahlentscheidung als auch der zur Erklärung von Wahlentscheidungen im sozialpsychologischen (Campbell et al. 1954, 1960) sowie im mikrosoziologischen Modell (Lazarsfeld et al. 1968).

Um diese beiden Ziele zu erreichen, ist der Beitrag folgendermaßen gegliedert: Im zweiten Abschnitt werden die theoretischen Grundlagen für die empirischen Analysen gelegt. In 2.1 wird die Wählertypologie aus „The People's Choice" vorgestellt und die Notwendigkeit zur Anpassung auf die Gegebenheiten in Deutschland diskutiert. In 2.2 werden potentielle Prädiktoren für die Zugehörigkeit zu einem der Typen präsentiert und darauf aufbauend Hypothesen formuliert. Der dritte Abschnitt dieses Papiers konzentriert sich auf die Vorstellung der Datenbasis. 3.1 widmet sich der Diskussion der Vor- und Nachteile von Paneldaten wie von Online-Umfragen. 3.2 konzentriert sich auf die Darstellung der Wählertypologie sowie die Operationalisierung der unabhängigen Variablen. Der vierte Abschnitt ist den Ergebnissen der Analysen gewidmet. Während 4.1 die Verteilung der Wählertypen im Datensatz sowie Unterschiede zwischen den Parteien zeigt, ist es die Aufgabe von 4.2, mit Hilfe multivariater Analysen darzustellen, welche Faktoren die Zugehörigkeit zu den Wählertypen erklären können. Zuletzt werden im fünften und letzten Abschnitt die Ergebnisse der Analysen zusammengefasst und diskutiert.

2. Theorie und Hypothesen

Dieser Abschnitt gibt in seinem ersten Unterabschnitt einen Überblick über die Wählertypologie aus „The People's Choice" (Lazarsfeld et al. 1968). Aufgrund von Unterschieden im politischen wie im Parteiensystem zwischen den USA und Deutschland ist es allerdings notwendig, Probleme bei der Übertragung zu benennen und die Typologie entsprechend anzupassen. Aufgabe des zweiten Unterabschnitts ist es, die Erklärungsvariablen einzuführen und Hypothesen über den Einfluss dieser Prädiktoren auf die Zugehörigkeit zu den Typen zu formulieren.

2.1 Die Wählertypologie aus „The People's Choice" und ihre Übertragung auf Deutschland

„The People's Choice" beruht auf einem siebenwelligen Panel, das zur US-amerikanischen Präsidentschaftswahl 1940 im Erie County, Ohio, erhoben wurde. 3000 Bürger dieses Countys wurden in sechs Vorwahlwellen und einer Nachwahlwelle mit Face-to-face-Interviews befragt. Die Interviews wurden monatlich zwischen Mai und November 1940 durchgeführt. Die Gesamtstichprobe wurde in fünf Gruppen zu 600 Befragten aufgeteilt. Während die Panelisten in jeder Welle befragt wurden, dienten die anderen vier Gruppen zur Kontrolle und wurden in unterschiedlichen Intervallen interviewt (Lazarsfeld et al. 1968: 1ff.).

Die Analyse von Veränderungen der Wahlabsicht und der mit der Rückerinnerungsfrage gemessenen Wahlentscheidung führte zu einer Typologie mit vier Wählertypen (Lazarsfeld et al. 1968: 65ff.): Parteianhänger (partisans) sind diejenigen, die in jeder Welle dieselbe Partei angegeben haben. Dies waren 49 Prozent der Panelteilnehmer der Erie County-Studie. Der zweite Wählertypus sind die Kristallisierer (crystallizers). Diese Personen haben in der ersten Panelwelle keine Wahlabsicht oder geben eine „weiß nicht"-Antwort, sind demnach unentschlossen, entscheiden sich aber in einer der späteren Wellen für eine Partei bzw. einen Kandidaten, den bzw. die sie dann letztendlich auch wählen. Die Wahlentscheidung dieser Personen kristallisiert sich also zwischen dem Anfang und dem Ende des Panels heraus. 28 Prozent der Befragten gehören zu dieser Gruppe. Zauderer (waverers), der dritte Typ, haben bereits in der ersten Welle des Panels eine Wahlabsicht, verändern im Verlauf der Untersuchung ihre Wahlabsicht hin zu einer anderen Partei oder „weiß nicht", kehren aber am Ende wieder zu ihrer Partei aus der ersten Welle zurück. 15 Prozent der Panelisten des Erie County-Panels entsprechen diesem Typ. Der vierte Typ hat den geringsten Anteil. Lediglich acht Prozent der Panelisten verändern ihre Wahlentscheidung während des Wahlkampfes endgültig von einer Partei zur anderen (Parteiwechsler, party changers).

Diese Typologie könnte man ohne Probleme auf den deutschen Kontext übertragen, weil sie im Grunde alle politisch relevanten Möglichkeiten von Präferenzänderungen der Wahlabsicht während eines Wahlkampfes abdeckt. Allerdings sind Wahl- und Parteiensystem Deutschlands vollkommen unterschiedlich und machen vor allem aufgrund der größeren Zahl der relevanten politischen Akteure eine Modifikation der Typologie erforderlich. Während das Zwei-Parteien-System der USA eindeutig die Zahl der möglichen Wechsel zwischen den Panelwellen begrenzt, gibt es im Parteiensystem Deutschlands schon 5^7 mögliche Kombinationen im Verlauf des Panels, wenn man nur die im Bundestag vertretenen Parteien berücksichtigt. Bei Einschluss weiterer Parteien sowie von Nichtwahl und weiß nicht/keine Angabe gäbe es entsprechend noch deutlich mehr Möglichkeiten.

Ein anderer wichtiger Unterschied zwischen den USA und Deutschland ist die Notwendigkeit der Bildung von Koalitionen im politischen System Deutschlands. Nur bei einer einzigen Bundestagswahl konnte eine Partei die absolute Mehrheit der Sitze im Bundestag gewinnen. Aber selbst nach der Bundestagswahl 1957 entschied sich die CDU/CSU für eine Koalitionsregierung. Mit Ausnahme der beiden großen Koalitionen zwischen 1966 und 1969 sowie 2005 und 2009 wurde Deutschland immer von einander ideologisch nahestehenden Koalitionspartnern regiert. Dies machte die Vorhersage möglicher Koalitionen nach einer Wahl relativ leicht, vor allem dank der in der Regel bereits vor der Wahl veröffentlichten Koalitionsaussagen. Entweder kam es zu einer Koalition zwischen den Mitte-Rechts- (CDU/CSU und FDP (vor 1969 und nach 1982) oder den Mitte-Links-Parteien (SPD, Bündnis 90/Die Grünen oder der FDP (zwischen 1969 und 1982). Dies änderte sich mit der Bundestagswahl 2005, als sich Die Linke vor allem auf Kosten der SPD (Hofrichter/Kunert 2009) als fünfte Kraft im gesamtdeutschen Parteiensystem etablieren konnte. Obwohl die SPD bisher noch nicht offen eine Koalition mit der Linken auf Bundesebene oder in einem der westdeutschen Bundesländer unterstützt hat, kann Die Linke aufgrund ihrer ideologischen Nähe zu SPD und Grünen dem linken Lager zugeordnet werden (Bytzek/Huber 2011; Roßteutscher/Scherer 2011).

Die Aufteilung des Parteiensystems in zwei Lager hat Konsequenzen für die Bildung der Wählertypen. Wenn die Parteien innerhalb eines Lagers einander ideologisch und programmatisch näherstehen, dann hat es eine andere Bedeutung, ob jemand seine Wahlabsicht zwischen Parteien desselben Lagers ändert oder von einem Lager ins andere wechselt. Strategische Überlegungen und Erwartungen in bezug auf zukünftige Koalitionen werden diese Entscheidung stark beeinflussen. Dies belegt die Notwendigkeit, Zauderer und Parteiwechsler innerhalb eines Lagers sowie zwischen den Lagern zu unterscheiden. Die ursprüngliche Typologie von Lazarsfeld et al. wird also um zwei Typen erweitert. Zauderer und Parteiwechsler werden jeweils in zwei Gruppen aufgeteilt. (vgl. den 3. Abschnitt).

Die Anwendung der modifizierten Wählertypologie in starker Anlehnung an Lazarsfeld et al. (1968) auf das Wahlkampfpanel zur Bundestagswahl 2009 ist aus verschiedenen Gründen sinnvoll. Da die entscheidenden Parameter des Studiendesigns identisch sind (7-welliges Panel mit regelmäßigen Befragungsabständen während eines Wahlkampfes zur wichtigsten nationalen Wahl) und die Typologie alle relevanten Möglichkeiten für Präferenzänderungen zwischen Parteien während des Wahlkampfes abdeckt, scheint es ein logischer erster Schritt bei der Analyse der Entwicklung von Wahlabsichten zu sein, eben diese Typologie auch anzuwenden und zu prüfen, ob sie empirisch tragfähig ist. Würde eine relativ ähnliche Verteilung der Wählertypen und ihrer Charakteristika zeigen, dass die Wahlberechtigten sich in zwei unterschiedlichen Wahlsystemen zu verschiedenen Zeitpunkten relativ ähnlich verhalten und ihr Verhalten sich durch ähnliche Bestimmungsfaktoren erklären lässt, wäre das ein Grund, auch in weiteren, umfassenderen Arbeiten zu Entscheidungsabläufen und Präferenzentwicklungen in bezug auf das Wahlverhalten in Deutschland auf die Typologie von Lazarsfeld et al. (1968) zurückzugreifen. Sich stark unterscheidende Ergebnisse würden nahelegen, dass Entscheidungsprozesse in Deutschland anders ablaufen und/oder die Bestimmungsfaktoren dieser Prozesse andere sind. In diesem Fall könnte der vorliegende Beitrag als Ausgangspunkt für eine von „The People's Choice" unabhängige Typologie dienen, die den starken Unterschieden in den beiden politischen Systemen sowie den gesellschaftlichen und politischen Veränderungen zwischen 1940 und 2009 stärker Rechnung trägt.

2.2 Erklärungsfaktoren für die Zugehörigkeit zu den Wählertypen

Der Schwerpunkt von „The People's Choice" liegt bei der Darstellung und der Erklärung von Effekten des Wahlkampfes und interpersoneller Kommunikation. Leider gibt es im Verlauf der Studie nur begrenzte Informationen über die Charakteristika der vier Wählertypen. Die einzige Gruppe, über die etwas mehr Informationen bereitgestellt werden, sind die Parteiwechsler. Sie haben das geringste Interesse an Wahlen, am Wahlergebnis und treffen ihre Wahlentscheidung am spätesten. Zudem ist das Ausmaß ihres Medienkonsums am geringsten, und sie haben die höchste Wahrscheinlichkeit, durch interpersonale Kommunikation überzeugt zu werden. Bezüglich ihrer Persönlichkeitseigenschaften gibt es keinerlei Auffälligkeiten, wohl aber hinsichtlich ihrer sozialstrukturellen Eigenschaften. So weist diese Gruppe das höchste Ausmaß an sozialstrukturellen Cross pressures auf – bezogen auf den sogenannten Index politischer Prädisposition (Index of political predisposition: IPP), der aus sozioökonomischem Status, Konfession und Urbanisierungsgrad gebildet wird (Lazarsfeld et al. 1968: 16ff.). Für die anderen Typen gibt es leider keine solche ausführliche Charakterisierung. Die einzige Information für die Zauderer besteht darin, dass ihr Selbstbewußtsein geringer ist. Und für die Kristallisierer wird angegeben, dass ihre letztendliche Wahlentscheidung sehr gut mit Hilfe des IPP vorhergesagt werden kann (Lazarsfeld et al. 1968: 65ff.).

Dieser Informationsmangel erfordert für die Fundierung des theoretischen Rahmens und der zu prüfenden Hypothesen den Rückgriff auf Arbeiten aus anderen Forschungssträngen. Gut geeignet dafür scheint die Literatur zum Zeitpunkt der Wahlentscheidung. Dies trifft besonders für die Unterscheidung zwischen Parteianhängern und den anderen Typen zu, denn Parteianhänger sind bereits vor Beginn des Wahlkampfs auf ihre Wahlentscheidung festgelegt. Die anderen Typen hingegen treffen ihre Entscheidung irgendwann während des Wahlkampfes. Desweiteren lohnt ein Rückgriff auf ausgewählte Prädiktoren zur Erklärung von Wahlentscheidungen im sozialpsychologischen (Campbell et al. 1954, 1960) sowie im mikrosoziologischen Modell (Lazarsfeld et al. 1968).

Betrachtet man die Literatur zum Zeitpunkt der Wahlentscheidung, zeigt sich, dass die meisten der dort zur Erklärung des Entscheidungszeitpunkts verwendeten Faktoren zu den Variablengruppen politische Prädispositionen, politische Involvierung und Wahlkampfperzeptionen gehören. Dies sind zum Großteil Merkmale, die sich bereits in der Erie County-Studie von Lazarsfeld et al. (1968) und in den Arbeiten der Michigan-Gruppe um Angus Campbell (Campbell et al. 1954, 1960) wiederfinden. Konzentriert man sich auf einzelne Prädiktoren, sind es vor allem Parteiidentifikation, politisches Interesse und politisches Wissen, die in Analysen zum Zeitpunkt der Wahlentscheidung die konsistentesten Ergebnisse liefern. Bürger mit einer stärkeren Parteibindung, mehr politischem Interesse oder größerem politischen Wissen entscheiden sich früher als Personen mit schwächerer oder gar keiner Parteibindung, weniger politischem Interesse und weniger politischem Wissen (Chaffee/Choe 1980; Chaffee/Rimal 1996; Fournier et al 2004; Kogen/Gottfried 2012; Schmitt-Beck 2009). Daraus lassen sich einige Hypothesen ableiten:

> Eine stärkere Parteibindung erhöht die Wahrscheinlichkeit, zu den Parteianhängern zu gehören (H1a (Hypothese)). Ein höheres politisches Interesse erhöht die Wahrscheinlichkeit, zu den Parteianhängern zu gehören (H1b). Ein höheres politisches Wissen erhöht die Wahrscheinlichkeit, zu den Parteianhängern zu gehören (H1c). Im Vergleich zwischen Kristallisierern, Zauderern und Parteiwechslern erhöhen stärkere Parteibindungen (H1d), mehr politisches Interesse (H1e) und mehr politisches Wissen (H1f) die Wahrscheinlichkeit, zu den Kristallisierern zu gehören.

Wie bereits in der Einleitung angesprochen, sollten sich Bürger, insbesondere wenn sie keine starken parteipolitischen Prädispositionen oder starkes politisches Interesse haben, bei ihrer Entscheidungsfindung auf den Wahlkampf, Medienberichterstattung oder persönliche Kommunikation stützen. Diejenigen, die der Medienberichterstattung und den Wahlkampagnen der Parteien folgen, sollten sich während des Wahlkampfes entscheiden, während die Personen, die diesen Formen politischer Kommunikation keine Beachtung schenken, ihre Entscheidung kurz vor der Wahl treffen. Bedauerlicherweise ist die empirische Evidenz für diese Kommunikationsvariablen durchwachsen. Einige Studien (Chaffee/Choe 1980; Chaffee/

Rimal 1996) bestätigen die Erwartungen, andere nicht: Vielmehr sind es die Frühentscheider, also die Parteianhänger, die diesen Informationen am meisten Aufmerksamkeit entgegenbringen (Fournier et al. 2004; Kogen/Gottfried 2012). Im Hinblick auf die Herausbildung einer Wahlentscheidung sollte es nicht so sehr auf die allgemeine Intensität des Kontaktes mit dem Wahlkampf und politischen Informationen aus Medien und interpersonaler politischer Kommunikation ankommen. Vielmehr erscheint es notwendig, vor allem die parteipolitische Färbung der politischen Kommunikation zu berücksichtigen. Nimmt ein zu Beginn des Wahlkampfes noch nicht entschiedener Bürger vor allem für seine Partei günstige Informationen wahr, dann sollte er sich mit größerer Wahrscheinlichkeit auch für seine Partei entscheiden – ein Effekt der von Lazarsfeld et al. als Aktivierung beschrieben wird (1968: 73ff.). Ein solcher Einfluss parteipolitisch gefärbter Informationen sollte sich entsprechend auch zugunsten der Parteien des eigenen Lagers oder des anderen Lagers auswirken, falls eine Wählerin stärker solchen Informationen ausgesetzt ist.

> Werden mehr günstige Informationen für die Parteien des eigenen Lagers wahrgenommen, erhöht sich die Wahrscheinlichkeit, zu den Kristallisierern, den Zauderern oder Parteiwechslern innerhalb des Lagers zu gehören (H2a). Werden mehr günstige Informationen für die Parteien des anderen Lagers wahrgenommen, erhöht sich die Wahrscheinlichkeit, zu den Zauderern oder Parteiwechslern zwischen den Lagern zu gehören (H2b).

Neben auf politische Kommunikation oder den Wahlkampf bezogenen Variablen sollten vor allem solche Faktoren eine Rolle für die Erklärung der Zugehörigkeit zu einem der Typen spielen, welche Präferenzen für Parteien oder eben das Fehlen solcher Präferenzen abbilden können. Dazu gehören die bereits in „The People's Choice" (Lazarsfeld et al. 1968) angesprochenen Cross pressures auf der Grundlage der Zugehörigkeit zu verschiedenen sozialen Gruppen, der Existenz parteipolitisch verschieden gefärbter Einstellungen oder der Verbindung zu unterschiedlichen Kommunikationsnetzwerken. Diese einander widersprechenden Einflüsse ziehen die Bürger in unterschiedliche Richtungen und machen es schwieriger, eine klare parteipolitische Präferenz auszubilden. In diesem Beitrag werde ich mich auf attitudinale Cross pressures auf Basis des Michigan-Modells (Campbell et al. 1954, 1960) beschränken und untersuchen, ob Ambivalenz hinsichtlich Parteibindung, Kandidaten- sowie Themenorientierung einen Einfluss auf die Zugehörigkeit zu einem der Typen hat. Man kann davon ausgehen, dass Personen mit einer solchen attitudinalen Ambivalenz bzw. inkonsistenten Einstellungen deutlich stärker unter den Zauderern und Parteiwechslern vertreten sein sollten.

> Ein höheres Ausmaß attitudinaler Ambivalenz bzw. stärkere attitudinale Cross pressures erhöht/erhöhen die Wahrscheinlichkeit, zu den Zaudern oder Parteiwechslern zu gehören (H3).

Im Hinblick auf unklare Präferenzen sollte neben der auf die Komponenten des Michigan-Modells bezogenen Ambivalenz auch Indifferenz, also das Fehlen einer Präferenz für eine Partei, weil keine Unterschiede zwischen den beliebtesten Parteien wahrgenommen werden, eine Rolle bei der Erklärung der Zugehörigkeit zu den Typen spielen können. Indifferente Personen sollten in wesentlich größerem Maße unter Zauderern und Parteiwechslern zu finden sein.

> Höhere Indifferenz erhöht die Wahrscheinlichkeit, zu den Zauderern oder Parteiwechslern zu gehören (H4).

Neben der Vielzahl von Prädiktoren, welche die Klarheit und Eindeutigkeit der vorhandenen Präferenzen zu modellieren helfen, wurden die Teilnehmer des Wahlkampfpanels in der Befragungswelle nach der Bundestagswahl direkt danach gefragt, wie schwierig es für sie gewesen sei, ihre Entscheidung zu treffen. Auch im Hinblick auf diese Variable sollten sich die Parteianhänger von den anderen Wählertypen unterscheiden und eine deutlich geringere wahrgenommene Schwierigkeit der Entscheidung aufweisen. Ebenso sollten die Kristallisierer eine geringere Schwierigkeit ihrer Entscheidung wahrgenommen haben, da sie ja, wenn man den Ausführungen von Lazarsfeld et al. (1968) folgt, „nur" mit Hilfe von politischer Kommunikation und Information aktiviert werden mussten.

> Eine höhere wahrgenommene Schwierigkeit der Wahlentscheidung erhöht die Wahrscheinlichkeit, zu den Zauderern und Parteiwechslern zu gehören (H5).

Noch zwei weitere politische Einstellungen sollten dabei helfen können, die Zugehörigkeit zu den Entscheidertypen zu erklären: Interne und externe politische Efficacy. Mit einer großen Zahl weiterer Variablen sind sie von der Ann Arbor-Gruppe um Angus Campbell als staatsbürgerliche Orientierungen („civic orientations") in die empirische Wahlforschung eingeführt worden (Campbell et al. 1954, 1960). Für diese Variablen gehe ich davon aus, dass diejenigen Bürger, die denken, dass sie den politischen Prozess beeinflussen können bzw. dass Parteien und Politiker auf ihre Bemühungen reagieren, sich besonders unter den Parteianhängern wiederfinden lassen sollten.

> Eine stärkere interne und/oder externe Efficacy erhöht die Wahrscheinlichkeit, zu den Parteianhängern zu gehören (H6).

In den Analysen werden auch sozialstrukturelle Variablen berücksichtigt, die lediglich als grundlegende Kontrollvariablen fungieren. Dafür sprechen zwei Gründe. Zum einen die geringere Bedeutung der Sozialstruktur in Deutschland im Jahr 2009 im Vergleich zur USA von 1940. Lazarsfeld et al. (1968) betonten in ihrer Studie die Bedeutung der Sozialstruktur in Form des IPP (Index politischer Prädisposition) für politisches Verhalten. Allerdings sollte die Sozialstruktur heutzutage weniger bedeutsam sein, da die enge Verbindung zwischen Sozialstruktur und Wahlverhalten sich immer weiter abschwächt. Gründe dafür sind die schwindende Bedeutung der sozialen Konfliktlinien, der allgemeine soziale Wandel, der Wertewandel und Veränderungen der Massenkommunikation (Inglehart 1977, 1990; Dalton/Wattenberg 1993, 2000; Dalton 2000; Weßels 2011). Zum anderen sprechen die wenig eindeutigen Befunde der Analysen zum Zusammenhang zwischen dem Zeitpunkt der Wahlentscheidung und der Sozialstruktur (Chaffee/Choe 1980; Fournier et al. 2001, 2004; Kogen/Gottfried 2012; Mendelsohn/O'Keefe 1976; Schmitt-Beck 2009) gegen die Formulierung spezifischer Hypothesen.

3. Datenbasis des GLES-Wahlkampfpanels und Operationalisierung der Variablen

Dieser Abschnitt stellt im ersten Teil die Datenbasis des Artikels, das Wahlkampfpanel der GLES zur Bundestagswahl 2009 vor und diskutiert die Vor- und Nachteile des Datensatzes. Der zweite Teil erläutert die Typenbildung auf der Basis der Wählertypologie von Lazarsfeld et al. (1968) und präsentiert die unabhängigen Variablen mit ihrer Operationalisierung.

3.1 Das GLES-Wahlkampfpanel zur Bundestagswahl 2009, Vor- und Nachteile

Im Rahmen dieses Artikels werden die Daten des Wahlkampfpanels der GLES 2009 verwendet. Diese Befragung bestand aus sieben Wellen. Sechs wurden vor der Bundestagswahl durchgeführt, eine nach der Wahl. Die Feldarbeit für diese Studie begann am 10. Juli und endete am 7. Oktober 2009. Insgesamt betrug die Feldzeit also etwa drei Monate. Die Länge der einzelnen Wellen variierte zwischen neun und elf Tagen. Wegen der engen Taktung wurde das Wahlkampfpanel der GLES online durchgeführt. Da für Onlinestudien einfache Zufallsstichproben noch nicht realisierbar sind, wurden die Befragten mit Hilfe einer Quotenstichprobe aus einem kommerziellen Online Access Panel rekrutiert.[2] Dies bedeutet, dass das Wahlkampfpanel nicht repräsentativ für die wahlberechtigte Bevölkerung in Deutschland ist, auch wenn das Internet von immer mehr Menschen genutzt wird und sich die Unterschiede hinsichtlich der Nutzungshäufigkeit zwischen einzelnen sozialstrukturellen Gruppen immer mehr auflösen (Initiative D21 2009). Trotz der Quotierung der Stichprobe sind die hier präsentierten Ergebnisse also nur eingeschränkt auf die Wahlberechtigten in Deutschland übertragbar, bieten aber dennoch erstmals die Gelegenheit zur Analyse von Wählertypen auf der Basis von Präferenzänderungen vor einer Bundestagswahl (Hill 1965; Asher 1983: 12; Behnke et al. 2006: 64ff.). Das Design des Wahlkampfpanels weist insgesamt große Ähnlichkeiten mit dem der Erie County-Studie von Lazarsfeld et al. (1968) auf, auch wenn es natürlich in bezug auf den Datenerhebungsmodus (Online- vs. persönliche Interviews) und die Taktung der einzelnen Wellen (zweiwöchentlich vs. monatlich) Unterschiede gibt.

Die Verwendung von Paneldaten ist grundsätzlich mit einigen Problemen verbunden: Erstens müssen die Messinstrumente über alle Wellen eines Panels hinweg konstant sein. Zweitens verändert sich die Struktur des Panels im Laufe der Befragung, da Befragte aus dem Panel ausscheiden. Dies wird als Panelmortalität bezeichnet. Und drittens verändern sich Befragte, ihre Einstellungen sowie ihr generelles Antwortverhalten wegen der wiederholten Befragung (Schnell et al. 2005: 241). Diese Prozesse werden mit dem Begriff Paneleffekte zusammengefasst.

Bei einem Befragungszeitraum von etwa drei Monaten stellt die Konstanz der Messinstrumente kein Problem für Analysen des Wahlkampfpanels der GLES dar. Um das Problem der Panelmortalität zu umgehen und um überhaupt komplette Informationen über die Wahlabsicht der Befragten und die Erklärungsvariablen in allen sieben Wellen zu erhalten, wer-

---

2 Für ausführliche Informationen zur Quotierung sowie andere Merkmale und Besonderheiten des Datensatzes sei auf die ausführliche Dokumentation unter http://www.gesis.org/wahlen/gles/daten-und-dokumente/daten/ (04.09.2012) verwiesen.

den in den vorliegenden Analysen nur diejenigen Befragten berücksichtigt, die an allen sieben Wellen des Panels teilgenommen haben. Hinzu kommen noch diejenigen, die erstmals in der zweiten Welle befragt wurden und dann an allen folgenden Wellen teilgenommen haben. Dies sind insgesamt 1.583 Befragte. Paneleffekte können hingegen – unabhängig von Sozialstruktur und Einstellungen – für alle Befragten auftreten. Sie werden verursacht durch bewusste und unbewusste Lernprozesse, die Erinnerung an zurückliegendes Antwortverhalten und den Aufbau des Fragebogens während der letzten Interviews (Sobol 1959; Hansen 1982: 107-110). Im Wahlkampfpanel der GLES sollten die Paneleffekte sehr stark sein, weil die einzelnen Wellen zeitlich sehr eng zusammenliegen. Je kürzer die Abstände zwischen den Panelwellen sind, desto wahrscheinlicher ist es, dass die Befragten sich immer noch an ihre zurückliegenden Antworten, den Aufbau und die Sequenz des Fragebogens erinnern (Lazarsfeld 1948; Sobol 1959; Hanefeld 1987: 138ff.; Kellermann 2008: 196). Es ist also zum einen davon auszugehen, dass es Verzerrungen hinsichtlich des Niveaus von Einstellungs- und Verhaltensvariablen gibt. Zum anderen sollten den Befragten die Filterführungen bestimmter Variablenkomplexe in späteren Befragungswellen des Panels bekannt sein. Es besteht also für einige Befragte eine höhere Wahrscheinlichkeit, dass sie bewusst falsche Angaben machen, um zum Beispiel die Dauer der Befragung zu verkürzen. Diese möglichen Verzerrungen in den verwendeten Variablen müssen bei der Interpretation der Analyseergebnisse in 4. in Betracht gezogen werden.

3.2 Operationalisierung der abhängigen und unabhängigen Variablen

Wie in Unterabschnitt 2.1 diskutiert, ist es notwendig, die Originaltypologie der Erie County-Studie an die Gegebenheiten des Partei- und Wahlsystems in Deutschland anzupassen. Daher wird bei den Zauderern und Parteiwechslern zwischen denjenigen unterschieden, die in ihrem Entscheidungsprozess lediglich Parteien desselben Lagers einbeziehen (Zauderer/Wechsel innerhalb des Lagers) und denjenigen, die auch eine Partei oder Parteien aus dem anderen Lager berücksichtigen (Zauderer/Wechsel zwischen den Lagern). Tabelle 1 bietet Beispiele für Kombinationen der Wahlabsicht über die sieben Wellen des GLES-Wahlkampfpanels hinweg und illustriert sowohl die Typenbildung der ursprünglichen als auch der modifizierten Typologie. Für die genaue Verteilung der einzelnen Typen sei auf Tabelle 2 in Abschnitt 4.1 verwiesen.

Ein Überblick zur Kodierung der unabhängigen Variablen sowie zu deskriptiven Statistiken findet sich in Tabelle A.1 im Anhang zu diesem Beitrag. Ein Großteil der Variablen hat einen Wertebereich zwischen 0 und 1. Ausnahmen sind das Alter mit einer Skala zwischen 18 und 80 sowie das Bildungsniveau als ordinale Variable mit den Ausprägungen von 1 bis 3. Dichotome Variablen in Tabelle A.1 können anhand des Fehlens von Werten in der Spalte mit den Standardabweichungen identifiziert werden. Mittelwerte für diese Variablen sind als Prozentwerte zu interpretieren, die angeben, auf wieviel Prozent der Befragten das Merkmal zutrifft. Genaue Angaben zur Berechnung der einzelnen Variablen finden sich ebenfalls im Anhang.[3]

Tabelle 1: Beispiele für Wählertypen und modifizierte Wählertypen nach Lazarsfeld et al. in Deutschland

W1	W2	W3	W4	W5	W6	W7	Typ nach Lazarsfeld	Modifizierter Typ
CDU	CDU	CDU	CDU	CDU	CDU	CDU	Parteianhänger	Parteianhänger
w. n.	w. n.	SPD	SPD	SPD	SPD	SPD	Kristallisierer	Kristallisierer
Grüne	Linke	Linke	Linke	Linke	Grüne	Grüne	Zauderer	Zauderer innerhalb des Lagers
Linke	FDP	FDP	FDP	FDP	FDP	Linke	Zauderer	Zauderer zwischen den Lagern
CDU	CDU	CDU	CDU	FDP	FDP	FDP	Parteiwechsler	Parteiwechsler innerhalb des Lagers
Grüne	SPD	SPD	FDP	FDP	FDP	Grüne	Parteiwechsler	Parteiwechsler zwischen den Lagern

4. Analyse der Wählertypen bei der Bundestagswahl 2009

Nach der Vorstellung der Wählertypen im vorangehenden Abschnitt ist es ein Ziel der Analysen in diesem Abschnitt, die Charakteristika von Parteianhängern, Kristallisierern, Zauderern, Parteiwechslern und Nichtwählern herauszuarbeiten. Unterabschnitt 4.1 berichtet die Verteilung der Teilnehmer des Wahlkampfpanels auf die sechs Typen und untersucht, ob sich die Wählerschaft der einzelnen Parteien hinsichtlich der Verteilung ihrer Wähler auf die Typen unterscheidet. Unterabschnitt 4.2 beinhaltet dann multivariate Analysen, in denen die in Unterabschnitt 2.2 formulierten Hypothesen untersucht werden.

4.1 Verteilung der Wählertypen bei der Bundestagswahl 2009

Tabelle 2 zeigt die Verteilung der Befragten auf die verschiedenen Wählertypen. 39,4 Prozent waren von vorne herein festgelegt, blieben den ganzen Wahlkampf über bei ihrer Partei und sind daher als Parteianhänger einzustufen. 20,2 Prozent der klassifizierten Panelisten waren zu Beginn des Wahlkampfpanels unentschlossen, haben sich irgendwann im Laufe des Wahlkampfs für ihre Partei entschieden und werden daher als Kristallisierer eingestuft. 9,5 Prozent der Wähler waren von Beginn an für eine Partei entschieden, bewegten sich aber zwischen den Parteien hin und her (Zauderer), 6,8 Prozent bewegten sich lediglich innerhalb ihres Lagers, während 2,7 Prozent zwischen Parteien verschiedener Lager hin- und herwechselten. 18,9 Prozent derjenigen, die einem der Typen zugeordnet werden konnten, sind schließlich Parteiwechsler. Wechsel innerhalb eines Lagers kamen mit 8,9 Prozent et-

---

3 Für den Wortlaut der Fragen sei auf die ausführliche Dokumentation unter http://www.gesis.org/wahlen/gles/daten-und-dokumente/daten/ (04.09.2012) verwiesen.

was seltener vor als Wechsel zwischen den Lagern (10,0 Prozent). Immerhin 12,1 Prozent der berücksichtigten Teilnehmer des Wahlkampfpanels gingen überhaupt nicht zur Bundestagswahl oder machten in der Nachwahlwelle keine Angabe, so dass eine Zuordnung zu einem der Typen nicht möglich war. Im weiteren Verlauf dieses Beitrags werden diese Befragten nicht mehr berücksichtigt.

Tabelle 2: Wählertypen und modifizierte Wählertypen nach Lazarsfeld et al. bei der Bundestagswahl 2009

Wählertyp	N		Prozent	
	Gesamt	darunter	Gesamt	darunter
Parteianhänger	623		39.4	
Kristallisierer	319		20.2	
Zauderer	151		9.5	
innerhalb des Lagers		108		6.8
zwischen Lagern		43		2.7
Parteiwechsler	299		18.9	
innerhalb des Lagers		141		8.9
zwischen den Lagern		158		10.0
Weiß nicht, keine Angabe oder Nichtwahl	191		12.1	
Summe gesamt	1.583		100.0	

Quelle: ZA 5305, V 3.0.

Wie hoch ist der Anteil der Entscheidertypen an der Wählerschaft der fünf im Bundestag vertretenen Parteien? CDU und CSU haben offensichtlich die stabilste Wählerschaft (Tabelle 3). 50,8 Prozent ihrer Wähler sind während des gesamten Verlaufs des Wahlkampfpanels bei diesen Parteien geblieben. Neben der Union konnten nur die Grünen während des Wahlkampfes annähernd die Hälfte ihrer Wähler halten. SPD (46,6 Prozent), FDP (44,5 Prozent) und Die Linke (44,1 Prozent) waren dabei deutlich weniger erfolgreich und haben folglich eine instabilere bzw. volatilere Wählerschaft. Das zeigt sich auch am höheren Anteil der Parteiwechsler. Während unter den Wählern der Unionsparteien nur 14,8 Prozent ihre Wahlentscheidung von einer anderen Partei zu CDU und CSU verändert haben, sind es bei der SPD 19,1 Prozent, bei den kleinen Parteien sogar mehr als 20 Prozent: Die Linke und die FDP (jeweils 23,4 Prozent) weisen hier die höchsten Werte auf. Während CDU/CSU, SPD, FDP und Grüne mehr Wähler aus ihrem eigenen Lager von sich überzeugen konnten, kommen die Wechsler bei Die Linke zu gleichen Teilen aus dem eigenen wie aus dem anderen Lager. Dieser Befund zeigt, dass es SPD, FDP und den Grünen gelungen ist, strategische Wähler an sich zu binden, die wohl für eine bestimmte Koalitionskonstellation eintreten. Auch bei den Zauderern sticht wieder Die Linke hervor, die als einzige Partei mehr Zauderer zwischen den Lagern als innerhalb des Lagers vorweisen kann. Der höchste Wert für Zauderer innerhalb eines Lagers tritt bei CDU/CSU mit einem Wert von 10,9 Prozent auf. Scheinbar haben relativ viele ihrer Anhänger aus koalitionsstrategischen Gründen mit einer Stimmabgabe für die FDP geliebäugelt. Betrachtet man zuletzt noch die Kristallisierer, fällt auf, dass hier bei der Linken der höchste Wert auftritt. Bei 23,5 Prozent der Wähler dieser Partei hat sich die Wahlentscheidung erst während des Wahlkampfes herausgebildet. Bei den Grünen ist dieser Typ mit insgesamt 18.5 Prozent am seltensten anzutreffen. Insgesamt zeigen sich also eher kleinere Unterschiede für die Verteilung der Typen auf die einzelnen Parteien.

Tabelle 3: Wählertypen für die verschiedenen Parteien in Prozent[4]

Wählertyp	Gesamt	CDU/CSU	SPD	FDP	Grüne	Die Linke
Parteianhänger	44.8	50.8	46.6	44.5	48.7	44.1
Kristallisierer	14.6	21.5	22.6	20.7	18.5	23.5
Zauderer innerhalb	7.8	10.9	6.4	9.7	10.3	4.2
Zauderer zwischen	3.1	2.1	5.3	1.8	1.0	4.7
Parteiwechsler innerhalb	10.1	8.5	11.0	13.7	13.3	11.7
Parteiwechsler zwischen	11.4	6.3	8.1	9.7	8.2	11.7
N	1392	331	283	227	195	213

Quelle: ZA 5305, V 3.0.

4.2 Erklärung der Zugehörigkeit zu den Wählertypen bei der Bundestagswahl 2009

In der folgenden multivariaten Analyse sollen die in 2.2 präsentierten Hypothesen getestet werden. Dafür werden zwei multinomiale logistische Regressionen gerechnet. Eine Präsentation aller theoretisch möglichen Gruppenvergleiche ist an dieser Stelle aus Platzgründen leider nicht möglich. Und da sich die meisten Hypothesen auf Unterschiede zwischen den Parteianhängern bzw. den Kristallisierern und den anderen Wählertypen beziehen, ist es ausreichend, sich auf Analysen dieser beiden Gruppen im Vergleich zu den anderen zu konzentrieren. Außerdem ist es aufgrund der geringen Fallzahlen für die Zauderer- und Parteiwechslertypen wenig gewinnbringend, diese Gruppen als Basiskategorien in den folgenden multinomialen logistischen Regressionen zu verwenden. Die Tabellen 4 und 5 zeigen unstandardisierte multinomial-logistische Regressionskoeffizienten.

Tabelle 4 stellt die Parteianhänger den fünf anderen Wählertypen gegenüber. Gemessen an der Zahl der signifikanten Effekte erweisen sich die wahrgenommene Schwierigkeit der Wahlentscheidung, das Vorhandensein von Cross pressures und die Stärke der Parteiidentifikation als die wichtigsten Prädiktoren zur Unterscheidung. Die selbsteingeschätzte

---

[4] Die Typenbildung wurde auch für die Wähler der Piratenpartei sowie der sonstigen Parteien vorgenommen, aber nicht separat tabellarisch ausgewiesen. Da diese Parteien keinem Lager zugeordnet sind, ergibt sich für die Wählerschaft dieser Parteien, dass relativ viele ihrer Wähler zwischen den Lagern wechseln bzw. zaudern.

Schwierigkeit erhöht generell die Wahrscheinlichkeit, nicht zu den Parteianhängern zu gehören. Auch stärkere Cross pressures erhöhen die Wahrscheinlichkeit, zu einem der anderen Typen (mit Ausnahme der Zauderer innerhalb des Lagers) anstatt zu den Parteianhängern zu gehören. Die Hypothesen für diese Faktoren werden also weitgehend bestätigt. Ein wenig anders ist es bei der Stärke der Parteiidentifikation. Zwar sind Personen mit schwächerer Parteiidentifikation eher unter den Kristallisierern oder Zauderern zu finden, im Vergleich zu den Parteiwechslern zeigt sich aber kein signifikanter Effekt. Wissen über das politische System Deutschlands ist auch ein relevanter Faktor für die Differenzierung zwischen den Typen. Geringeres Wissen erhöht die Wahrscheinlichkeit, ein Kristallisierer oder Parteiwechsler zwischen den Lagern zu sein. Auch für die anderen Typenvergleiche finden sich hypothesenkonforme negative Effekte, allerdings sind diese nicht signifikant.

Bei den Wahlkampf- und Kommunikationsvariablen erweist sich vor allem parteipolitisch gefärbte persönliche Kommunikation für die Vergleiche der anderen Typen mit den Parteiwechslern als relevant. Unterhalten sich Befragte eher weniger mit einem politisch gleich ausgerichteten Gesprächspartner, erhöht sich für sie die Wahrscheinlichkeit, zu den Kristallisierern oder Zauderern innerhalb des eigenen Lagers zu gehören. Das Fehlen gleichgerichteter persönlicher politischer Kommunikation scheint also dazu zu führen, dass sich die Wahlentscheidung später herausbildet. Parteiwechsler innerhalb des eigenen Lagers scheinen hingegen durch die Wahlkampfbemühungen der Parteien mobilisiert zu werden. Hat ein Bürger viele Wahlkampfinformationen der Parteien des eigenen und wenige des anderen Lagers erhalten, so gehört er eher zu den Wechslern innerhalb des eigenen Lagers. Dies ist im Übrigen der einzige Typenvergleich, für den parteipolitisch gefärbte Wahlkampfinformationen eine Rolle spielen. Insgesamt ist persönliche Kommunikation (wie schon in „The People's Choice" (Lazarsfeld et al. 1968)) am wichtigsten. Dies zeigt sich auch für diejenigen, die zwischen Parteien beider Lager wechseln oder den Wechsel überlegt haben. Für diese Wechsel scheinen parteipolitisch unterschiedlich gefärbte Gesprächspartner eine Rolle zu spielen. Die Hypothesen zu politischer Kommunikation lassen sich also vor allem im Hinblick auf persönliche Gespräche über Politik bestätigen.

Auch Indifferenz ist ein Faktor, der spätere oder kompliziertere Entscheidungen mit erklären kann. Kann eine Wahlberechtigte nicht zwischen ihren beiden präferierten Parteien unterscheiden, gehört sie tendenziell eher zu den Kristallisierern oder den Parteiwechslern innerhalb des Lagers. Zuletzt sei noch erwähnt, dass auch sozialstrukturelle Merkmale eine Rolle bei der Differenzierung zwischen den Typen spielen. Generell sind alle Angehörigen der anderen Typen jünger und weisen ein niedrigeres Bildungsniveau auf als die Parteianhänger. Bei Zauderern und Parteiwechslern zwischen den Lagern haben diese soziodemographischen Merkmale sogar einen signifikanten Effekt.

Tabelle 5 vergleicht die Kristallisierer mit den anderen Wählertypen. Hier sind lediglich die Vergleiche mit den Zauderern und den Parteiwechslern interessant, da die Gegenüberstellung mit den Parteianhängern bereits bei der Diskussion von Tabelle 4 abgedeckt wurde. Für keinen der verwendeten Prädiktoren ergeben sich systematische, alle Typen abdeckende Effekte. Insgesamt zeigen sich für jeden der vier Typenvergleiche unterschiedliche Muster. Zauderer innerhalb des eigenen Lagers hatten im Vergleich zu den Kristallisierern weniger

Schwierigkeiten, zu ihrer Wahlentscheidung zu kommen und unterlagen weniger attitudinalen Cross pressures. Kommunikationsvariablen oder soziodemographische Merkmale spielen für diesen Vergleich keine Rolle. Für den Vergleich zwischen Zauderern zwischen den Lagern und den Kristallisierern erweisen sich vier Faktoren als relevant: Ein stärkeres politisches Interesse und die Wahrnehmung von mehr ihrer Wahlabsicht entgegenstehenden persönlichen Informationen erhöhen die Wahrscheinlichkeit, zu diesem Zauderer-Typ zu gehören, ebenso wie eine geringere Indifferenz und niedrigere Bildung. Beide Parteiwechsler-Typen weisen eine stärkere Parteiidentifikation auf. Für die Parteiwechsler innerhalb des eigenen Lagers ist zudem persönliche Kommunikation wichtig: Erhält man häufiger über den wichtigsten Diskussionspartner parteipolitisch für das eigene Lager günstige Informationen, erhöht dies die Wahrscheinlichkeit, zu den Wechslern innerhalb des Lagers zu gehören. Für den zweiten Parteiwechsler-Typ ist persönliche Kommunikation ebenfalls wichtig, hier aber die häufigere Wahrnehmung von ihrer Wahlabsicht entgegenstehenden persönlichen Informationen. Diese, wie die Aufnahme parteipolitisch gegensätzlich gefärbter Fernsehnachrichten, erhöhen die Wahrscheinlichkeit, zu den Parteiwechslern zwischen den Lagern zu gehören. Parteiwechsler zwischen den Lagern weisen zudem eine höhere Ambivalenz auf als die Kristallisierer. Insgesamt lassen sich die aufgestellten Hypothesen hinsichtlich der Unterschiede zwischen Kristallisierern und andern Wählern also nur partiell bestätigen. Generell sind die verwendeten Prädiktoren weniger zur Differenzierung geeignet als in den Analysen für die Parteianhänger als Kontrastgruppe.

Das aufgestellte Modell ist mit einem Nagelkerkes R^2 von 0,478 insgesamt gut geeignet, die Unterschiede zwischen den Wählertypen zu erklären. Besonders relevant sind auf der Basis der präsentierten Ergebnisse Prädispositionen wie die Parteibindung, das Vorhandensein attitudinaler Cross pressures auf der Basis des Michigan-Modells, die wahrgenommene Schwierigkeit der Entscheidungssituation sowie persönliche Kommunikation während des Wahlkampfes, die parteipolitisch zugunsten der Parteien des eigenen politischen Lagers oder des anderen Lagers gefärbt ist. Generell kann festgestellt werden, dass das Fehlen eindeutiger politischer Prädispositionen, Einstellungen und ein heterogener Kommunikationskontext die Wahrscheinlichkeit deutlich erhöhen, die Wahlentscheidung erst während des Wahlkampfes zu treffen und dabei, je nach der parteipolitischen Färbung des persönlichen Kommunikationsumfelds, zwischen Parteien des eigenen oder anderen Lagers zu schwanken oder gar die Wahlentscheidung zwischen diesen zu ändern.

Tabelle 4: Multinomiale logistische Regression, Parteianhänger im Vergleich zu anderen Wählertypen

Variable	Kristallisierer	Zauderer innerhalb	Zauderer zwischen	Parteiwechsler innerhalb	Parteiwechsler zwischen
Stärke PID	-2.45 (0.42)[c]	-1.75 (0.53)[c]	-1.77 (0.81)[a]	0.01 (0.50)	0.11 (0.56)
Politisches Interesse	-0.57 (0.64)	0.70 (0.79)	1.93 (1.24)	-0.44 (0.75)	0.24 (0.85)
Wissen	-1.25 (0.44)[b]	-0.42 (0.54)	-0.29 (0.85)	-0.80 (0.52)	-1.68 (0.56)[b]
Wahrnehmung Wahlkampf eigenes Lager	7.10 (4.52)	0.33 (4.99)	-5.23 (9.36)	9.09 (4.55)[a]	3.57 (6.20)
Wahrnehmung Zeitungen eigenes Lager	1.33 (3.26)	2.37 (3.62)	-5.00 (6.64)	4.15 (3.18)	-5.37 (4.74)
Wahrnehmung Fernsehen eigenes Lager	1.62 (1.80)	0.55 (1.97)	0.27 (3.56)	0.48 (2.03)	-1.97 (2.64)
Wahrnehmung persönliche Kommunikation eigenes Lager	-2.08 (0.75)[b]	-1.70 (0.83)[a]	-0.25 (1.43)	0.83 (0.75)	-1.23 (1.05)
Wahrnehmung Wahlkampf anderes Lager	-6.22 (4.76)	0.82 (5.17)	0.29 (8.87)	-10.22 (5.05)[a]	-2.91 (6.08)
Wahrnehmung Zeitungen anderes Lager	0.18 (3.93)	1.56 (4.50)	8.79 (5.34)	-4.39 (4.35)	5.56 (3.82)
Wahrnehmung Fernsehen anderes Lager	-2.39 (1.81)	-2.11 (2.07)	-0.69 (2.84)	0.39 (1.76)	2.43 (1.85)
Wahrnehmung persönliche Kommunikation anderes Lager	-0.76 (1.13)	-1.70 (1.44)	4.41 (1.65)[b]	-1.12 (1.33)	3.96 (1.18)[c]
Ambivalenz (Cross pressures)	1.94 (0.40)[c]	0.00 (0.50)	1.60 (0.75)[a]	2.82 (0.44)[c]	4.24 (0.54)[c]
Indifferenz	3.18 (1.00)[b]	1.84 (1.09)	-0.73 (1.48)	5.16 (1.25)[c]	2.28 (1.31)
Schwierigkeit der Wahlentscheidung	2.64 (0.38)[c]	1.52 (0.46)[b]	2.21 (0.70)[b]	2.24 (0.42)[c]	2.90 (0.47)[c]
Interne Efficacy	-0.26 (0.72)	-0.71 (0.87)	-1.82 (1.41)	1.04 (0.82)	0.48 (0.97)
Externe Efficacy	-0.28 (0.62)	0.12 (0.74)	0.67 (1.18)	-0.82 (0.69)	-1.51 (0.83)
Frau	0.22 (0.20)	0.29 (0.24)	0.12 (0.39)	0.31 (0.23)	0.09 (0.27)
Alter	-0.01 (0.01)	-0.00 (0.01)	-0.03 (0.02)[a]	-0.00 (0.01)	-0.03 (0.01)[b]
Bildung	-0.27 (0.15)	-0.20 (0.18)	-0.98 (0.30)[b]	-0.01 (0.16)	-0.67 (0.20)[b]
Ost	0.28 (0.25)	0.40 (0.29)	0.84 (0.44)	0.33 (0.28)	0.55 (0.32)
Konstante	-1.44 (1.08)	-1.59 (1.22)	0.64 (1.79)	-7.59 (1.37)[c]	-3.13 (1.47)[a]
N			1227		
Nagelkerkes R^2			0.478		

Quelle: ZA 5305, V 3.0.
Signifikanzniveau: a: p<0.05, b: p<0.01, c: p<0.001.
Anmerkung: Unstandardisierte Koeffizienten, Standardfehler in Klammern.

Tabelle 5: Multinomiale logistische Regression, Kristallisierer im Vergleich zu anderen Wählertypen

Variable	Parteianhänger	Zauderer innerhalb	Zauderer zwischen	Parteiwechsler innerhalb	Parteiwechsler zwischen
Stärke PID	2.45 (0.42)[c]	0.69 (0.55)	0.67 (0.81)	2.46 (0.51)[c]	2.55 (0.55)[c]
Politisches Interesse	0.57 (0.64)	1.28 (0.85)	2.50 (1.26)[a]	0.13 (0.79)	0.81 (0.85)
Wissen	1.25 (0.44)[b]	0.82 (0.57)	0.96 (0.85)	0.45 (0.53)	-0.43 (0.56)
Wahrnehmung Wahlkampf eigenes Lager	-7.10 (4.52)	-6.77 (5.88)	-12.32 (9.75)	2.00 (5.45)	-3.53 (6.66)
Wahrnehmung Zeitungen eigenes Lager	-1.33 (3.26)	1.03 (4.19)	-6.33 (6.83)	2.81 (3.61)	-6.71 (4.83)
Wahrnehmung Fernsehen eigenes Lager	-1.62 (1.80)	-1.07 (2.35)	-1.35 (3.62)	-1.15 (2.26)	-3.59 (2.64)
Wahrnehmung persönliche Kommunikation eigenes Lager	2.08 (0.75)[b]	0.38 (0.99)	1.83 (1.52)	2.90 (0.90)[b]	0.84 (1.13)
Wahrnehmung Wahlkampf anderes Lager	6.22 (4.76)	7.03 (6.11)	6.50 (9.30)	-4.00 (5.90)	3.31 (6.56)
Wahrnehmung Zeitungen anderes Lager	-0.18 (3.93)	1.37 (5.16)	8.61 (5.77)	-4.58 (4.90)	5.38 (4.34)
Wahrnehmung Fernsehen anderes Lager	2.39 (1.81)	0.28 (2.46)	1.70 (3.09)	2.78 (2.14)	4.83 (2.14)[a]
Wahrnehmung persönliche Kommunikation anderes Lager	0.76 (1.13)	-0.94 (1.60)	5.16 (1.76)[b]	-0.36 (1.44)	4.72 (1.26)[c]
Ambivalenz (Cross pressures)	-1.94 (0.40)[c]	-1.94 (0.55)[c]	-0.34 (0.77)	0.87 (0.48)	2.30 (0.55)[c]
Indifferenz	-3.18 (1.00)[b]	-1.33 (1.32)	-3.90 (1.65)[a]	1.98 (1.43)	-0.90 (1.43)
Schwierigkeit der Wahlentscheidung	-2.64 (0.38)[c]	-1.12 (0.49)[a]	-0.43 (0.71)	-0.40 (0.43)	0.25 (0.46)
Interne Efficacy	0.26 (0.72)	-0.44 (0.96)	-1.55 (1.44)	1.30 (0.89)	0.75 (0.98)
Externe Efficacy	0.28 (0.62)	0.40 (0.81)	0.95 (1.22)	-0.53 (0.76)	-1.23 (0.84)
Frau	-0.22 (0.20)	0.07 (0.27)	-0.10 (0.40)	0.10 (0.25)	-0.13 (0.28)
Alter	0.01 (0.01)	0.00 (0.01)	-0.02 (0.02)	0.01 (0.01)	-0.02 (0.01)
Bildung	0.27 (0.15)	0.07 (0.20)	-0.71 (0.31)[a]	0.26 (0.18)	-0.40 (0.21)
Ost	-0.28 (0.25)	0.12 (0.32)	0.56 (0.45)	0.05 (0.30)	0.27 (0.32)
Konstante	1.44 (1.08)	-0.15 (1.44)	2.08 (1.92)	-6.15 (1.53)[c]	-1.69 (1.57)
N			1227		
Nagelkerkes R^2			0.478		

Quelle: ZA 5305, V 3.0.

Signifikanzniveau: a: $p<0.05$, b: $p<0.01$, c: $p<0.001$.

Anmerkung: Unstandardisierte Koeffizienten, Standardfehler in Klammern.

5. Schlussbetrachtung

Es war das erste Ziel der vorliegenden Analyse, auf der Basis der Angaben der Befragten zu ihrer Wahlabsicht während des Wahlkampfpanels der GLES zur Bundestagswahl 2009 Wählertypen zu bilden. Die Klassifikation folgte – mit einigen Modifikationen aufgrund der divergierenden politischen Systeme der USA und Deutschlands – der Typologie von Lazarsfeld et al. (1968). Bei den sechs gebildeten Wählertypen handelt es sich um Parteianhänger, Kristallisierer, Zauderer innerhalb des eigenen Lagers, zwischen den beiden Lagern sowie Parteiwechsler innerhalb des eigenen Lagers und zwischen den Lagern. Dabei zeigte sich, dass ein größerer Teil der Wähler bereits vor dem Wahlkampf auf eine Partei festgelegt ist, mehr als die Hälfte der untersuchten Befragten aber erst während des Wahlkampfes auf verschiedenen Wegen zu einer Entscheidung kommt. Die Wählerschaft der einzelnen Parteien unterscheidet sich nur geringfügig hinsichtlich der Verteilung über die sechs Typen. Parteianhänger scheinen ein wenig stärker unter den Wählern der CDU/CSU vertreten zu sein als bei den anderen Parteien. Strategisches Verhalten zugunsten einer bestimmten Regierungskoalition tritt tendenziell eher bei Wählern von SPD, FDP und Grünen auf.

Das zweite Ziel des vorliegenden Artikels war, herauszufinden, wie sich die gebildeten Typen charakterisieren lassen und welchen Beitrag sozialstrukturelle Merkmale, politische Einstellungen und Prädispositionen, Kampagnenwahrnehmungen sowie interpersonale und andere Formen der Kommunikation leisten können, Unterschiede zwischen den Typen herauszuarbeiten bzw. die Zugehörigkeit zu einem der Wählertypen zu erklären. Die verwendeten Faktoren stammten dabei aus der Literatur zum Zeitpunkt der Wahlentscheidung sowie der zur Erklärung von Wahlentscheidungen im sozialpsychologischen (Campbell et al. 1954, 1960) und mikrosoziologischen Modell (Lazarsfeld et al. 1968). Nur ein Teil der in Abschnitt 2 aufgestellten Hypothesen konnte bestätigt werden. Als besonders erklärungskräftig für die Differenzierung zwischen Parteianhängern als einzigem Wählertyp mit stabilen Wahlabsichten und den anderen Wählertypen erwiesen sich die wahrgenommene Schwierigkeit der eigenen Wahlentscheidung, Indifferenz zwischen den beiden am besten bewerteten Parteien, attitudinale Cross pressures auf der Basis des Michigan-Modells und die Stärke der Parteibindung. Dabei zeigte sich, dass eine geringere Schwierigkeit, geringere Indifferenz, weniger Cross pressures und eine stärkere Parteibindung klar die Wahrscheinlichkeit erhöhen, dass ein Teilnehmer des Wahlkampfpanels zur Gruppe der Parteianhänger gehört. Auch soziodemographische Merkmale und der Kommunikationskontext, hier insbesondere die parteipolitische Färbung persönlicher Gespräche über Politik spielen eine Rolle, die Typenzugehörigkeit zu erklären. Vor allem für die Untertypen der Zauderer und Parteiwechsler scheint es von großer Bedeutung zu sein, welchem parteipolitischen Tenor sie in politischen Diskussionen ausgesetzt sind. Dies bestätigt wie schon in „The People's Choice" (Lazarsfeld et al. 1968) die besondere Bedeutung interpersonaler politischer Kommunikation für die Herausbildung einer Wahlabsicht während eines Wahlkampfes.

Deren Bedeutung zeigt sich auch bei einer Gegenüberstellung der Kristallisierer und der anderen Wählertypen. Die über die persönliche Kommunikation hinausgehenden signifikanten Effekte sind aber im Gegensatz zum Vergleich zwischen Parteianhängern und anderen Typen weniger deutlich und belegen nur selten die formulierten Hypothesen, die analog zu „The People's Choice" (Lazarsfeld et al. 1968) davon ausgehen, dass die unterschwellig vorhandenen Prädispositionen der Kristallisierer lediglich durch Informationen zugunsten der Präferenzpartei aktiviert werden müssen. Welche Faktoren es genau sind, die letztendlich zu dieser Aktivierung führen, läßt sich auf der Basis der Analyseergebnisse allerdings nur schwer benennen.

Dies hängt auch mit den vorhandenen Schwächen der Daten wie den noch möglichen Verbesserungen und Erweiterungen der vorliegenden Analysen zusammen. Im Wahlkampfpanel wurde zum Beispiel der politische Kommunikationskontext nicht vollständig erfasst. So fehlten Angaben zum Tenor der Berichterstattung in Lokalzeitungen sowie von besuchten Internetangeboten der Medien – in einer online durchgeführten Studie sicher ein Manko. Auch wäre zu überlegen, ob die Wahrnehmung des Tenors der wahrgenommenen Informationen aus den Medien nicht durch objektive Informationen auf Basis einer Medieninhaltsanalyse ersetzt werden könnte, die den Befragten dann auf der Basis ihrer Angaben zur Mediennutzung zugeordnet werden, um so mögliche Verzerrungen in der Wahrnehmung umgehen zu können. Desweiteren ist über eine Modifikation der Analysestrategie nachzudenken. In diesem Beitrag wurden vor allem Aggregatmaße über das ganze Wahlkampfpanel für die Operationalisierung der unabhängigen Variablen verwendet. Diese Vorgehensweise erschien für einen ersten analytischen Zugriff auf die Daten geeignet und hilft auch, zufallsbedingte Schwankungen oder systematische Paneleffekte auszugleichen. Für tiefergehende Analysen sollte aber auch die Nutzung von Veränderungsvariablen von einer Welle zur nächsten berücksichtigt werden. Ein weiterer logischer Schritt über die Berücksichtigung von Delta-Variablen hinaus wäre auch eine komplexere Modellierung des kausalen Gefüges, das letztendlich zur Stabilität oder zum Wandel von Wahlabsichten während des Wahlkampfes führt. Diese möglichen Erweiterungen und Verbesserungen der Analyse zeigen, dass dieser Beitrag auf jeden Fall erst am Beginn weiterer Arbeiten zu Wählertypen und Entscheidungsprozessen im Wahlkampf steht.

Literatur

Arzheimer, Kai 2006. Dead men walking? Party identification in Germany, 1977-2002. In: Electoral Studies 25, 791-807.
Asher, Herbert B. 1983. Causal Modeling. 2. Auflage. Beverly Hills: Sage.
Behnke, Joachim/Baur, Nina/Behnke, Nathalie 2006. Empirische Methoden der Politikwissenschaft. Paderborn et al.: Schöningh.
Berelson, Bernard/Lazarsfeld, Paul F./McPhee, William N. 1954. Voting: A study of opinion formation in a presidential campaign. Chicago: University of Chicago Press.

Bytzek, Evelyn/Huber, Sascha 2011. Koalitionen und strategisches Wählen. In: Rattinger, Hans, Roßteutscher, Sigrid, Schmitt-Beck, Rüdiger, Weßels, Bernhard (Hg.), Zwischen Langeweile und Extremen: Die Bundestagswahl 2009, Baden-Baden: Nomos, 247-263.
Campbell, Angus/Gurin, Gerald/Miller, Warren E. 1954. The Voter Decides. Evanston, Illinois: Row, Peterson, and Company.
Campbell, Angus/Converse, Philip E./Miller, Warren E./Stokes, Donald E. 1980 [1960]. The American Voter. New York et al.: Wiley.
Chaffee, Steven H./Choe, Sun Yuel 1980. Time of decision and media use during the Ford-Carter campaign. In: Public Opinion Quarterly 29, 53-69.
Chaffee, Steven H./Rimal, Rajiv N. 1996. Time of vote decision and openness to persuation. In: Mutz, Diana, Sniderman, Paul M. & Brody, Richard A. (Hg.), Political persuasion and attitude change. Ann Arbor: University of Michigan Press, 267-291.
Dalton, Russell J. 2000. Citizen Attitudes and Political Behavior. In: Comparative Political Studies 33, 912-940.
Dalton, Russell J. 2012. Apartisans and the changing German electorate. In: Electoral Studies 31, 35-45.
Dalton, Russell J./Wattenberg, Martin P. 1993. The Not So Simple Act of Voting. In: Finifter, Ada W. (Hg.), Political Science: The State of the Discipline II, Washington D.C.: APSA, 193-218.
Dalton, Russell J./Wattenberg, Martin P. (Hg.) 2000. Parties without Partisans. Political Change in Advanced Industrial Democracies. Oxford: Oxford University Press.
Dalton, Russell J./McAllister, Ian/Wattenberg, Martin P. 2000. The consequences of partisan dealignment, in: Dalton, Russell J., Wattenberg, Martin P. (Hg.), Parties without partisans: Political change in advanced industrial democracies. Oxford: Oxford University Press, 37-63.
Fournier, Patrick et al. 2001. Validation of Time-of-Voting-Decision Recall. In: Public Opinion Quarterly 65, 95-107.
Fournier, Patrick et al. 2004. Time-of-voting decision and susceptibility to campaign effects. In: Electoral Studies 23, 661-681.
Hanefeld, Ute 1987. Das sozio-ökonomische Panel. Grundlagen und Konzeption. Frankfurt/Main et al.: Campus.
Hansen, Jochen 1982. Das Panel. Zur Analyse von Verhaltens- und Einstellungswandel. Opladen: Westdeutscher Verlag.
Hill, Austin B. 1965. The environment and disease: association or causation? In: Proceedings of the Royal Society of Medicine 58, 295-300.
Hofrichter, Jürgen/Kunert, Michael 2009. Wählerwanderung bei der Bundestagswahl 2005: Umfang, Struktur und Motive des Wechsels. In: Gabriel, Oscar W./Weßels, Bernhard/Falter, Jürgen W. (Hg.), Wahlen und Wähler. Analysen aus Anlass der Bundestagswahl 2005. Wiesbaden: VS Verlag für Sozialwissenschaften, 228-250.
Inglehart, Roland 1977. The Silent Revolution. Changing Values and Political Styles Among Western Publics. Princeton, New Jersey: Princeton University Press.
Inglehart, Ronald 1990. Culture Shift in Advanced Industrial Society. Princeton, New Jersey: Princeton University Press.
Initiative D21 2009. (N)Onliner Atlas. Eine Topographie des digitalen Grabens durch Deutschland. Nutzung und Nichtnutzung des Internets, Strukturen und regionale Verteilung. Berlin: WoltersKluwer.
Irwin, Galen A./van Holsteyn, Joop J.M. 2008. What are they waiting for? Strategic information for late deciding voters. In: International Journal of Public Opinion Research 20, 483-493.
Kellermann, Charlotte 2008. Trends and Constellations. Klassische Bestimmungsfaktoren des Wahlverhaltens bei den Bundestagswahlen 1994 bis 2005. Baden-Baden: Nomos.
Kogen, Lauren/Gottfried, Jeffrey A. 2012. I Knew it All Along! Evaluating Time-of-Decision Measures in the 2008 U.S. Presidential Campaign. In: Political Behavior 34, 719-736.
Lazarsfeld, Paul F. 1948. The use of panels in social research. In: Proceedings of the American Philosophical Society 92, 405-410.
Lazarsfeld, Paul F./Berelson, Bernard/Gaudet, Hazel 1968 [1944]. The People's Choice. How the Voter Makes up His Mind in a Presidential Campaign. 3. Auflage. New York, London: Columbia University Press.
McAllister, Ian 2002. Calculating or capricious? The new politics of late deciding voters. In: Farrell, David M. & Schmitt-Beck, Rüdiger (Hg.), Do political campaigns matter? Campaign effects in elections and referendums. New York et al.: Routledge, 22-40.
Mendelsohn, H./O'Keefe, G. 1976. The people choose a president: Influences on voter decision making. New York: Praeger.

Plasser, Fritz/Ulram, Peter A./Seeber, Gilg U.H. 2003. Erdrutschwahlen: Momentum, Motive und neue Muster im Wahlverhalten. In: Plasser, Fritz/Ulram, Peter A. (Hg.), Wahlverhalten in Bewegung: Analysen zur Nationalratswahl 2002. Wien: WUV-Universitätsverlag, 97-157.

Plischke, Thomas/Bergmann, Michael 2011. Entscheidungsprozesse von Spätentscheidern bei der Bundestagswahl 2009. In: Politische Vierteljahresschrift-Sonderheft 45/2011, 489-513.

Roßteutscher, Sigrid/Scherer, Philipp 2011. Ideologie und Wertorientierungen. In: In: Rattinger, Hans, Roßteutscher, Sigrid, Schmitt-Beck, Rüdiger, Weßels, Bernhard (Hg.), Zwischen Langeweile und Extremen: Die Bundestagswahl 2009, Baden-Baden: Nomos, 131-146.

Schmitt-Beck, Rüdiger 2003. Kampagnenwandel und Wählerwandel. „Fenster der Gelegenheit" für einflussreichere Wahlkämpfe. In: Sarcinelli, Ulrich/Tenscher, Jens (Hg.), Machtdarstellung und Darstellungsmacht: Beiträge zu Theorie und Praxis moderner Politikvermittlung. Baden-Baden: Nomos, 199-218.

Schmitt-Beck, Rüdiger 2009. Better Late Than Never: Campaign Deciders at the 2005 German Parliamentary Election. Papier präsentiert bei der 5. ECPR General Conference, Potsdam, September 10-12, 2009.

Schnell, Rainer/Hill, Paul B./Esser, Elke 2005. Methoden der empirischen Sozialforschung. 7. vollständig überarbeitete und erweiterte Auflage. München: Oldenbourg.

Sobol, Marion G. 1959. Panel Mortality and Panel Bias. In: Journal of the American Statistical As-sociation 54, 52-68.

Weßels, Bernhard 2011. Das Wahlverhalten sozialer Gruppen. In: In: Rattinger, Hans, Roßteutscher, Sigrid, Schmitt-Beck, Rüdiger, Weßels, Bernhard (Hg.), Zwischen Langeweile und Extremen: Die Bundestagswahl 2009, Baden-Baden: Nomos, 103-117.

Anhang

Tabelle A.1: Deskriptive Statistiken: Erklärungs- und Kontrollvariablen

Variable	Min	Max	Mittelwert	Std.-Abw.
Stärke PID	0	1	0,52	0,31
Politisches Interesse	0	1	0,56	0,23
Wissen	0	1	0,69	0,26
Wahrnehmung Wahlkampf eigenes Lager	0	1	0,05	0,06
Wahrnehmung Zeitungen eigenes Lager	0	1	0,02	0,04
Wahrnehmung Fernsehen eigenes Lager	0	1	0,03	0,07
Wahrnehmung persönliche Kommunikation eigenes Lager	0	1	0,16	0,16
Wahrnehmung Wahlkampf anderes Lager	0	1	0,04	0,06
Wahrnehmung Zeitungen anderes Lager	0	1	0,01	0,03
Wahrnehmung Fernsehen anderes Lager	0	1	0,03	0,07
Wahrnehmung persönliche Kommunikation anderes Lager	0	1	0,05	0,09
Ambivalenz (Cross pressures)	0	1	0,42	0,30
Indifferenz	0	1	0,87	0,12
Schwierigkeit der Wahlentscheidung	0	1	0,33	0,29
Interne Efficacy	0	1	0,55	0,19
Externe Efficacy	0	1	0,27	0,17
Frau	0	1	0,49	-
Alter	18	80	41,91	14,29
Bildung	1	3	2,20	-
Ost	0	1	0,18	-
N			1249-1583	

Quelle: ZA 5305, V 3.0.

Kodierung der in der Analyse verwendeten Variablen:

Variable	Messung
Stärke PID	Mittelwert über die Stärke der Parteiidentifikation (keine PID (0)-sehr starke PID (1)) in den Wellen 3, 5 und 7, Variablen: KP3_2090, KP3_2100, KP5_2090, KP5_2100, KP7_2090, KP7_2100
Politisches Interesse	Mittelwert über das politische Interesse (kein Interesse (0)-sehr starkes Interesse (1)) in den Wellen 2, 4 und 6, Variablen: KP2_010, KP4_010, KP6_010
Wissen	Wissensindex über sechs politische Wissensfragen zum politischen System Deutschlands (5-Prozent-Klausel, Zahl der Bundesländer, Wahlgeheimnis, Wahlrecht, Bundesrat, Erst-/Zweitstimme). Zählung der korrekten Antworten: keine korrekte Antwort/kein Wissen vorhanden (0)-alle Antworten korrekt/viel Wissen (1), Variablen: KP2_090, KP2_120, KP3_100, KP3_130, KP3_140, KP4_110
Wahrnehmung Wahlkampf eigenes Lager	Mittelwert über die Zahl der Kontakte mit dem Wahlkampf der Parteien des eigenen Lagers (auf der Basis der Wahlentscheidung in der Nachwahlwelle) in den Wellen 2-6. Gar kein Kontakt mit dem Wahlkampf der Parteien des eigenen Lagers (0)- Höchstmöglicher Kontakt mit dem Wahlkampf der Parteien des eigenen Lagers (1), Variablen: KP2_420a-k, KP3_420a-k, KP4_420a-k, KP5_420a-k, KP6_420a-i, k

Variable	Messung
Wahrnehmung Zeitungen eigenes Lager	Mittelwert über die Wahrnehmung parteipolitisch gefärbter Berichterstattung für die Parteien des eigenen Lagers (auf der Basis der Wahlentscheidung in der Nachwahlwelle) in nationalen Tageszeitungen in den Wellen 2, 3, 5 und 6. Gar keine für die Parteien des eigenen Lagers günstigen Berichte (0)- Vollständig für die Parteien des eigenen Lagers günstigen Berichte (1), Variablen: KP2_1670a-f, KP3_1670a-f, KP5_1670a-f, KP6_1670a-f
Wahrnehmung Fernsehen eigenes Lager	Mittelwert über die Wahrnehmung parteipolitisch gefärbter Berichterstattung für die Parteien des eigenen Lagers (auf der Basis der Wahlentscheidung in der Nachwahlwelle) in Hauptnachrichtensendungen des Fernsehens in den Wellen 2, 3, 5 und 6. Gar keine für die Parteien des eigenen Lagers günstigen Berichte (0)- Vollständig für die Parteien des eigenen Lagers günstigen Berichte (1), Variablen: KP2_1690a-e, KP3_1690a-e, KP5_1690a-e, KP6_1600a-e
Wahrnehmung persönliche Kommunikation eigenes Lager	Mittelwert über die Wahrnehmung der parteipolitischen Orientierung für die Parteien des eigenen Lagers des wichtigsten politischen Gesprächspartners (auf der Basis der Wahlentscheidung in der Nachwahlwelle) in den Wellen 2-6. Gar keine für die Parteien des eigenen Lagers günstige parteipolitische Orientierung des Gesprächspartners (0)- Vollständig für die Parteien des eigenen Lagers günstige parteipolitische Orientierung des Gesprächspartners (1), Variablen: KP2_1970, KP2_1990, KP3_1970, KP3_1990, KP4_1970, KP4_1990, KP5_1970, KP5_1990, KP6_1970, KP6_1990
Wahrnehmung Wahlkampf anderes Lager	Mittelwert über die Zahl der Kontakte mit dem Wahlkampf der Parteien des anderen Lagers (auf der Basis der Wahlentscheidung in der Nachwahlwelle) in den Wellen 2-6. Gar kein Kontakt mit dem Wahlkampf der Parteien des anderen Lagers (0)- Höchstmöglicher Kontakt mit dem Wahlkampf der Parteien des anderen Lagers (1), Variablen: KP2_420a-k, KP3_420a-k, KP4_420a-k, KP5_420a-k, KP6_420a-i, k
Wahrnehmung Zeitungen anderes Lager	Mittelwert über die Wahrnehmung parteipolitisch gefärbter Berichterstattung für die Parteien des anderen Lagers (auf der Basis der Wahlentscheidung in der Nachwahlwelle) in nationalen Tageszeitungen in den Wellen 2, 3, 5 und 6. Gar keine für die Parteien des anderen Lagers günstige Berichte (0)- Vollständig für die Parteien des anderen Lagers günstige Berichte (1), Variablen: KP2_1670a-f, KP3_1670a-f, KP5_1670a-f, KP6_1670a-f
Wahrnehmung Fernsehen anderes Lager	Mittelwert über die Wahrnehmung parteipolitisch gefärbter Berichterstattung für die Parteien des anderen Lagers (auf der Basis der Wahlentscheidung in der Nachwahlwelle) in Hauptnachrichtensendungen des Fernsehens in den Wellen 2, 3, 5 und 6. Gar keine für die Parteien des anderen Lagers günstigen Berichte (0)- Vollständig für die Parteien des anderen Lagers günstige Berichte (1), Variablen: KP2_1690a-e, KP3_1690a-e, KP5_1690a-e, KP6_1600a-e
Wahrnehmung persönliche Kommunikation anderes Lager	Mittelwert über die Wahrnehmung der parteipolitischen Orientierung für die Parteien des anderen Lagers des wichtigsten politischen Gesprächspartners (auf der Basis der Wahlentscheidung in der Nachwahlwelle) in den Wellen 2-6. Gar keine für die Parteien des anderen Lagers günstige parteipolitische Orientierung des Gesprächspartners (0)- Vollständig für die Parteien des anderen Lagers günstige parteipolitische Orientierung des Gesprächspartners (1), Variablen: KP2_1970, KP2_1990, KP3_1970, KP3_1990, KP4_1970, KP4_1990, KP5_1970, KP5_1990, KP6_1970, KP6_1990
Ambivalenz (Cross pressures)	Mittelwert auf der Basis von Parteiidentifikation, Kandidatenorientierung, und Lösungskompetenz für das wichtigste Problem in den Wellen 2-6. Von 0 (Partei der Parteiidentifikation, Kandidatenorientierung und Lösungskompetenz entsprechen der Wahlentscheidung in der Nachwahlwelle) – 1 (Partei der Parteiidentifikation, Kandidatenorientierung und Lösungskompetenz entsprechen nicht der Wahlentscheidung in der Nachwahlwelle), Variablen: KP2_2090, KP5_2090, KP7_2090, KP2_670, KP3_670, KP4_670, KP5_670, KP6_670, KP2_850, KP3_850, KP4_850, KP5_850, KP6_850

Variable	Messung
Indifferenz	Differenz zwischen den Skalometern der beiden am besten bewerteten Parteien. Von 0 (maximale Differenz in den Skalometern) – 1 (Differenz in den Skalometern = 0), Variablen: KP2_430a-f, KP3_430a-f, KP4_430a-f, KP5_430a-f, KP6_430a-f
Schwierigkeit der Wahlentscheidung	Einschätzung der Schwierigkeit der eigenen Wahlentscheidung in der Nachwahlwelle. Von 0 (sehr leicht) bis 1 (sehr schwer), Variable: KP7_330
Interne Efficacy	Mittelwert über Index für interne Efficacy in den Wellen 4 und 6. Von 0 (gar keine interne Efficacy) – 1 (maximale interne Efficacy), Variablen: KP4_050h, KP4_050k, KP6_050h, KP6_050k
Externe Efficacy	Mittelwert über Index für externe Efficacy in den Wellen 4 und 6. Von 0 (gar keine externe Efficacy) – 1 (maximale externe Efficacy), Variablen: KP4_050a, KP4_050e, KP6_050a, KP6_050e
Frau	Variable: KPX_2280
Alter	Variable: KPX_2290
Bildung	Von 1 (niedrige Bildung), über 2 (mittlere Bildung) bis 3 (hohe Bildung), Variable: KPX_2320
Ost	Variable: KPX_2601

Quelle: ZA 5305, V 3.0.

Bundestagswahlen im Kontext

„Völlig losgelöst?":
Eine Analyse der Entkopplung der Ergebnisse von Bundestags- und Landtagswahlen in Deutschland auf Kreisebene

Markus Steinbrecher

1. Einleitung

Bei der bayerischen Landtagswahl am 28. September 2008 konnte die CSU in der Stadt Augsburg 40,4 Prozent der Stimmen gewinnen. Im Vergleich zur Bundestagswahl 2005 verschlechterte sich ihr Ergebnis um 3,5 Prozentpunkte. Auch bei den anderen Parteien kam es zu Verschiebungen im Vergleich zur Bundestagswahl. Die SPD verlor 1,7 Prozentpunkte, die FDP 1,8 Prozentpunkte und die Grünen 0,2 Prozentpunkte, während die Linkspartei um 1,2 Prozentpunkte und die rechten Parteien um 0,4 Prozentpunkte zulegen konnten. Wahlgewinner waren eindeutig die sonstigen Parteien, darunter die Freien Wähler, die, mit einem Zugewinn von 5,6 Prozentpunkten, insgesamt 7,4 Prozent der Stimmen erringen konnten. Insgesamt hätten zwischen beiden Wahlen 7,2 Prozentpunkte umverteilt werden müssen, um das Ergebnis der Bundestagswahl 2005 in Augsburg in das Ergebnis der Landtagswahl zu verwandeln. Deutlich stärkere Differenzen zeigten sich im nur wenige Kilometer von Augsburg entfernten Landkreis Dillingen an der Donau. Hier hätten auf der Basis des Bundestagswahlergebnisses 20,6 Prozentpunkte zwischen den Parteien hin- und hergeschoben werden müssen, um zum Ergebnis der Landtagswahl zu kommen. Wesentlich dazu bei trugen die Verluste der CSU (um 7,5 Prozentpunkte auf 47,8 Prozent) und der SPD (um 10,9 Prozentpunkte auf 19,4 Prozent). Eindeutiger Profiteur waren auch in dem schwäbischen Landkreis die sonstigen Parteien mit den Freien Wählern an der Spitze, die ihr Ergebnis um 17,3 Prozentpunkte auf 19,1 Prozent verbessern konnten.

Dieses einleitende Beispiel zeigt zweierlei: Zum einen illustriert es Differenzen in den Wahlergebnissen verschiedener Wahlebenen in derselben territorialen Einheit, hier auf Kreisebene. Zum anderen gibt es offensichtlich deutliche regionale Unterschiede zwischen politischen Einheiten, die demselben Kontext, in diesem Fall dem Freistaat Bayern, entstammen. Im politischen Mehrebenensystem Deutschlands zeigen sich sowohl auf Länder- als auch auf Kreisebene bei nahezu jeder Landtags-, Europa- oder Kommunalwahl deutliche Unterschiede des Wahlverhaltens im Vergleich zur zeitlich vorangehenden Bundestagswahl. Einerseits sind diese Unterschiede aus einer eher normativen Perspektive nicht ungewöhnlich, sondern vielmehr zu erwarten: Die Wahlen zu den verschiedenen Parlamenten finden zwar in einem sehr ähnlichen politischen Kontext (in Bezug z. B. auf Parteien und Wahlsystem) statt, es handelt sich aber bei Landtagen und dem Bundestag nichtsdestotrotz um unterschiedliche politische Objekte mit unterschiedlichen Rechten und Kompetenzen, so dass auf Seiten der Wähler unterschiedliche Faktoren (z. B. Kandidaten, landesspezifische Probleme oder Themen) eine Rolle spielen können oder diese Faktoren bei Wahlen auf verschiedenen Ebenen des politischen Systems anders gewichtet werden. Dafür sprechen auch die empirischen Ergebnisse verschiedener Analysen auf der Basis von Individualdaten in den letzten Jahren (Gabriel/Holtmann 2007; Schnapp 2007; Völkl 2007, 2009; Völkl et al. 2008a). Auch wenn die zahlreichen Beiträge im Sammelband von Völkl et al. (2008a) und im Sonderheft der Zeitschrift für Parlamentsfragen (3/2007) auf Länderebene sehr unterschiedliche Ansätze verfolgen und stark voneinander divergierende Erklärungsmodelle testen, läßt sich übereinstimmend feststellen, dass nur in wenigen Bundesländern bundespolitische Einflüsse für das Wahlverhalten bei Landtagswahlen von größerer Bedeutung sind als landesspezifische (Völkl et al. 2008b). Andererseits zeigen diese Analysen aber auch, dass Landtags- und Bundestagswahlen nicht völlig losgelöst voneinander stattfinden. Vielmehr ist aufgrund eines „gesamtsystemaren Wahlverhaltens" (Kevenhörster 1976) davon auszugehen, dass Faktoren der Bundes- und der Landesebene für Wahlentscheidungen und Wahlergebnisse auf beiden Ebenen eine Rolle spielen. Dies nicht zuletzt auch deshalb, weil politische Akteure und Medien Landtagswahlen als Testwahlen für die Bundesebene interpretieren.

Bis zur Veröffentlichung der genannten Individualdatenanalysen gab es in Deutschland nur sporadische Ansätze zur Untersuchung des Wahlverhaltens bei Landtagswahlen. Wenn sich die Wahlforschung überhaupt mit diesem Thema auseinandersetzte, dann vor allem unter Rückgriff auf Aggregatdaten und mit starkem Focus auf Abweichungen der Wahlergebnisse bei Landtagswahlen von denen bei Bundestagswahlen (Burkhart 2005; Decker/von Blumenthal 2002; Dinkel 1977; Hough/Jeffery 2003; Jeffery/Hough 2001). In der Regel wird in diesen Beiträgen die Stärke der Landeseinflüsse über das Ausmaß der Differenz zwischen den Ergebnissen von Bundes- und Landtagswahlen in einer territorialen Einheit gemessen: Stimmen die Ergebnisse überein, gibt es keine Landeseinflüsse. Je stärker sie voneinander abweichen, desto stärker wirken landesspezifische Faktoren. Ein Maß zur Quantifizierung dieser Unterschiede ist der Index der Unähnlichkeit (*index of dissimilarity*), der bereits im Rahmen des einleitenden Beispiels berechnet wurde. Dieser Index stammt ursprünglich aus der kanadischen Wahlforschung (Clarke et al. 1979; Burke 1980, Johnston 1980). Er vergleicht die Ergebnisse einer nationalen Wahl mit denen einer Wahl auf einer untergeordneten politischen Ebene in einem bestimmten Gebiet und gibt den Anteil der Wähler an, der zwischen den Parteien umverteilt werden müßte, um das Ergebnis der Wahl auf der unteren Ebene in das Ergebnis der Wahl auf der höheren Ebene zu verwandeln. Das Maß bietet also einen sehr guten Gradmesser für die Übereinstimmung bzw. Entkopplung des Wahlverhaltens zwischen den verschiedenen Ebenen des politischen Systems.

Auch im europäischen und deutschen Kontext wurde dieses Maß von verschiedenen Autoren verwendet (Abedi/Siaroff 1999; Abold 2008; Arzheimer 2008; Fürnberg/Schnapp 2008; Hough/Jeffery 2002, 2003; Kaina/Görl 2008; Kaspar 2008; Steinbrecher/Wenzel 2007, 2008; Thaidigsmann 2008). Allerdings diente der Unähnlichkeitsindex in diesen Veröffentlichungen lediglich zur Illustration von Differenzen zwischen den Wahlebenen. So zeigt sich etwa in den Analysen von Hough und Jeffery (2003), dass die Ergebnisse von Bundestags- und

Landtagswahlen im Zeitverlauf immer stärker voneinander abweichen. Weitere analytische Schritte zur Erklärung der größer werdenden Lücke zwischen den politischen Ebenen unternehmen die genannten Autoren aber nicht. Zudem wird mit Ausnahme der Beiträge von Arzheimer (2008) sowie Steinbrecher und Wenzel (2007, 2008) auch nur die Landesebene in den Blick genommen, so dass die mit Hilfe des Beispiels zu Beginn der Einleitung verdeutlichte territoriale Dimension unterschiedlicher Ergebnisse auf beiden Wahlebenen vollkommen vernachlässigt wird. Das analytische Potential des Unähnlichkeitsindex scheint also bei weitem noch nicht ausgeschöpft worden zu sein. Es ist daher das Ziel dieses Beitrags, genau diese Lücke zu schließen. Dafür soll zum einen das Ausmaß der Unterschiede der Wahlergebnisse von Bundestags- und Landtagswahlen auf Kreisebene über einen längeren Zeitraum (hier: 1976 bis 2009) beschrieben werden. Zum anderen soll untersucht werden, welche Merkmale des politischen Kontextes dazu führen, dass die Ergebnisse von Bundestags- und Landtagswahlen voneinander abweichen.

Um diese Ziele zu erreichen, sind einige Vorarbeiten nötig: So soll im 2. Abschnitt ein kurzer Überblick über die bisherigen Ansätze zur Erklärung von Unterschieden zwischen Bundestags- und Landtagswahlergebnissen gegeben werden. Darauf aufbauend wird der Unähnlichkeitsindex als Maß zur Messung von Unterschieden zwischen den Ebenen präsentiert und bisherige Analysen, die ihn nutzten, zusammengefasst. Im 3. Abschnitt wird die verwendete Datenbasis und die Operationalisierung der unabhängigen Variablen vorgestellt. Der 4. Abschnitt zeigt zunächst rein deskriptiv die Entwicklung des Unähnlichkeitsindex im Zeitverlauf zwischen 1976 und 2009 und beleuchtet die wichtigsten regionalen Unterschiede. Im zweiten Unterabschnitt liegt dann die Konzentration auf der Analyse und Erklärung der festgestellten Unterschiede mit Hilfe von Varianz- und Regressionsanalysen. Im letzten Abschnitt werden die Ergebnisse zusammengefasst und im Hinblick auf Implikationen für die weitere Forschung zu Unterschieden im Wahlverhalten zwischen verschiedenen Ebenen des politischen Systems diskutiert.

2. Theoretische Überlegungen, Forschungsstand und Hypothesen zur Entkopplung der Wahlergebnisse von Bundestags- und Landtagswahlen

Die deutsche Wahlforschung hat sich im Wesentlichen auf die Erklärung des Wahlverhaltens bei Bundestagswahlen konzentriert und die anderen Wahlebenen (Europa-, Landtags- und Kommunalwahlen) vernachlässigt. Erst in jüngster Zeit sind systematische Versuche unternommen worden, das (individuelle) Wahlverhalten bei Landtagswahlen, insbesondere aber das Verhältnis zwischen Bundestags- und Landtagswahlen sowie die Wechselwirkungen zwischen Bundes- und Landesebene zu untersuchen (Gabriel/Holtmann 2007; Krumpal/Rauhut 2006; Krumpal/Vatter 2008; Schnapp 2007; Völkl 2007, 2009; Völkl et al. 2008a). Ziel dieses Abschnitts ist es, die wesentlichen Befunde dieser bisherigen Forschungsbeiträge zu Unterschieden zwischen den Ergebnissen von Bundestags- und Landtagswahlen zusammenzufassen und zu diskutieren. Daraus sollen dann Hypothesen abgeleitet werden, die in der empirischen Analyse im 4. Abschnitt überprüft werden.

2.1 Bisherige Befunde zu Unterschieden zwischen den Ergebnissen von Bundestags- und Landtagswahlen in Deutschland

Wie in der Einleitung bereits angedeutet, zeigen die angesprochenen Analysen und Untersuchungen mit Individualdaten weitgehend ein Vorherrschen landespolitischer Kalküle bei Wahlentscheidungen für Landtagswahlen. Lediglich in Niedersachsen, Rheinland-Pfalz und Mecklenburg-Vorpommern scheinen bundespolitische Einflüsse zu dominieren (Völkl et al. 2008b: 30ff.). Generell sind bundespolitische Einflüsse auf individuelles Wahlverhalten bei Landtagswahlen dann besonders groß, wenn Landtags- und Bundestagswahlen am selben Tag stattfinden, wenn bei Wählern keine langfristigen Parteibindungen vorhanden sind, wenn in Landes- und Bundesregierung die gleichen Parteien vertreten sind, wenn auf der Landesebene keine eindeutige Wettbewerbssituation besteht und wenn die Spitzenkandidaten der Landesparteien gleich bewertet werden (Gabriel/Holtmann 2007: 461). Ein Großteil dieser Faktoren kann aufgrund fehlender Informationen zu Parteibindungen sowie Bewertungen von Spitzenkandidaten und Parteien auf Kreisebene nicht operationalisiert werden – selbst wenn in den entsprechenden Wahlstudien Informationen zum genauen Wohnort eines Befragten vorhanden sind, reicht die Zahl der Umfrageteilnehmer in vielen kleineren Kreisen nicht aus, um verlässliche Aussagen zum politischen Stimmungsbild zu ermöglichen. Zudem ist fraglich, ob sich Befunde zu individuellem Wahlverhalten (bei Landtagswahlen) ohne weiteres auf ein höheres Aggregationsniveau wie die Kreisebene übertragen lassen.

Ohne Probleme operationalisieren lässt sich hingegen der Termin der Landtagswahl im Vergleich zur Bundestagswahl, wie ein Blick auf die Literatur zeigt, die sich mit dem Verhältnis zwischen Bundestags- und Landtagswahlen auf der Basis von Aggregatdaten auseinandergesetzt hat: Empirisch überprüft wurde der Zusammenhang zwischen Bundestags- und Landtagswahlergebnissen für Deutschland erstmals von Dinkel (1977). Für seine Untersuchung nutzte er das Konzept des Wahlzyklus (*electoral cycle*), das in der US-amerikanischen Wahlforschung in Bezug auf das zyklische Verhältnis der Ergebnisse von Midterm-Kongresswahlen zu Präsidentschaftswahlen entwickelt wurde (Tufte 1975; Stimson 1976): Mit Hilfe von Umfragedaten konnte für die USA festgestellt werden, dass die Popularität der Partei des Präsidenten nach der Euphorie zu Beginn seiner Amtszeit zur Mitte der vierjährigen Wahlperiode hin abnimmt und erst kurz vor der nächsten Präsidentschaftswahl wieder ansteigt. Durch diese zyklische Popularitätsentwicklung können die fast immer auftretenden Verluste der Partei des Präsidenten bei Midterm-Wahlen erklärt werden (Erikson 1988: 1011).

Basierend auf diesen amerikanischen Analysen untersuchte Dinkel mit einem einfachen Regressionsmodell für die Bundesrepublik Deutschland das Abschneiden der Regierungsparteien im Bund bei 67 Landtagswahlen zwischen 1949 und 1976. Er unterstellt eine lineare Entwicklung der Stimmenanteile von einer Bundestagswahl zur nächsten und kann so den bei einer Landtagswahl erzielten Stimmenanteil dem aufgrund der linearen Entwicklung zu erwartenden Stimmenanteil gegenüberstellen. Dinkel berechnet so einen „relativen Stimmenanteil" (Dinkel 1977: 349). Gemäß seinen Befunden folgen die Ergebnisse der Regierungsparteien des Bundes einem zyklischen Trend in Abhängigkeit vom zeitlichen Abstand einer Landtagswahl von der Bundestagswahl: Kurz nach einer Bundestagswahl schneiden die Regierungsparteien aufgrund der Nachwahleuphorie sogar leicht besser ab als aufgrund des linearen Modells zu erwarten wäre. In der ersten Hälfte der Legislaturperiode des Bundestages liegen die Ergebnisse der Regierungsparteien jedoch unter den zu erwartenden Werten und erreichen um die Mitte der Legislaturperiode herum ihren niedrigsten Wert. In der zweiten Hälfte der Legislaturperiode nähern sich die durch die Regierungsparteien des Bundes erreichten Stimmenanteile wieder den zu erwartenden Werten an. Da die Höhe der Verluste der Regierungsparteien im Bund bei Landtagswahlen abhängig ist vom zeitlichen Abstand der Landtagswahl zur nächsten Bundestagswahl, ergibt sich insgesamt gesehen ein U-förmiger Verlauf für den relativen Stimmenanteil innerhalb einer Legislaturperiode des Bundestages. Dinkel kommt daher zu dem Schluß, dass „untergeordnete Wahlen" allgemein und Landtagswahlen im Speziellen „systematisch von der übergeordneten Konstellation im Bundestag beeinflußt" werden (Dinkel 1977: 357).

Dieses zyklische Verhältnis zwischen Bundestagswahlergebnissen und Ergebnissen auf anderen Wahlebenen fand in der Folgezeit immer wieder das Augenmerk der Forschung. So stehen auch Reif und Schmitt (1980) mit ihrer Unterscheidung zwischen Haupt- und Nebenwahlen (first order bzw. second order elections) in dieser Forschungstradition, denn „the time that has passed since the last FOE is the crucial variable structuring SOE results" (Reif 1984: 246). Wesentliches Merkmal von Nebenwahlen – dazu zählen die beiden Autoren in ihren frühen Beiträgen in Deutschland Kommunal-, Landtags- und Europawahlen – ist, dass bei ihnen weniger auf dem Spiel steht als bei nationalen Parlamentswahlen (Reif/Schmitt 1980: 9). Daraus ergibt sich für Nebenwahlen, dass die Wahlbeteiligung niedriger und der Anteil der ungültigen Stimmen höher ist als bei Hauptwahlen. Kleinere und neue Parteien haben größere Erfolgschancen, da die Wähler eher bereit sind, mit ihrer Stimme zu experimentieren. Wichtigste Konsequenz ist aber, dass die Regierungsparteien der Hauptwahlebene schlechter, die Oppositionsparteien hingegen besser abschneiden (Reif/Schmitt 1980: 9f.).

In neueren Analysen und Beiträgen liefern Reif und Schmitt Belege dafür, dass Landtagswahlen nicht im gleichen Maße wie Europawahlen als Nebenwahlen charakterisiert werden können (Schmitt/Reif 2003; Schmitt 2005; Völkl et al. 2008b). Bei Europawahlen sei den Bürgern nicht klar, welche Rolle das Parlament überhaupt im politischen System der EU spiele. Zudem gebe es keinen Antagonismus zwischen Regierungs- und Oppositionsparteien, wie in den nationalen parlamentarischen Systemen üblich. Der Wahlkampf sei stark von nationalen Themen und Akteuren dominiert. Zudem gebe es, auch als Konsequenz aus den vorher genannten Punkten, in der EU-Politik keine bekannten Gesichter (Schmitt 2005: 668f.). Es fehle an Wissen und Kenntnissen über das Europaparlament wie das politische System der EU, und es gebe nur wenige Austausch- und Kommunikationsprozesse zwischen nationaler und europäischer Ebene. Völlig zurecht weisen Völkl und ihre Kollegen (Völkl et al. 2008b: 16f.) daraufhin, dass viele dieser Merkmale auf Landtagswahlen keineswegs zuträfen: Es gebe klare Strukturen und Wahlanreize. Die Wähler seien in der Lage, zwischen Regierung und Opposition zu unterscheiden. Zudem verfügten Kandidaten für das Amt des Ministerpräsidenten (oder, im Falle der Stadtstaaten, des Bürgermeisters) über einen hohen Bekanntheitsgrad. Demgegenüber stehe zwar auch eine Vermischung von Entscheidungszuständigkeiten und politischen Kompetenzen, allerdings vertikal, zwischen Bund, Ländern und kommunaler Ebene. Auch wenn sich empirisch zeigt, dass neue Parteien in Deutschland zuerst auf Länderebene erfolgreich sind, sind Landtagswahlen auf der Basis der angeführten Merkmale nicht in gleicher Weise wie Europawahlen als Nebenwahlen einzuordnen. Ebenenspezifische Faktoren spielen bei Wahlen in den Ländern eine deutlich größere Rolle (siehe oben).

Ebenfalls stark an Dinkels Vorgehen orientieren sich Hough und Jeffery (2001, 2003), die dessen Modell aber um das Abschneiden der Hauptoppositionspartei sowie der kleinen Parteien im Bund erweitern. Für die Entwicklung der Stimmenanteile dieser Parteien in einer Legislaturperiode des Bundestages nehmen sie einen Verlauf in der Form eines umgedrehten Us an, das heißt sie erzielen bei Landtagswahlen in der Mitte einer Legislaturperiode des Bundestages die besten Ergebnisse. Hough und Jeffery können die erwartete zyklische Entwicklung für die Wahlen bis zur Deutschen Einheit bestätigen, für den Zeitraum zwischen 1990 und 2002 kommen sie aber zu abweichenden Befunden: Unabhängig davon, ob sie in der Regierung oder in der Opposition sind, erreichen Union und SPD ihre schlechtesten Ergebnisse bei Landtagswahlen in der Mitte der Bundestagslegislaturperiode (Jeffery/Hough 2001: 81ff.; Hough/Jeffery 2003: 85ff.). Diese Befunde werten Hough und Jeffery als Indizien für „eine gestiegene territoriale Heterogenität der Bundesrepublik nach 1990" (Hough/Jeffery 2003: 87). Landtagswahlen nach der Wiedervereinigung folgten stärker einer eigenen, landesspezifischen Dynamik (Hough/Jeffery 2003: 90). In diese Richtung deuten auch die Befunde von Niedermayer (2011; vgl. auch Völkl et al. 2008b), der eine zunehmende Regionalisierung des Parteiensystems seit 1990, und insbesondere seit 2002, feststellen kann. Zu anderen Ergebnissen als Hough und Jeffery (2001, 2003) kommen allerdings Decker und von Blumenthal (2002). Bei ihren Analysen zeigen sich die üblichen Entwicklungen für die Gewinne und Verluste der Regierungsparteien sowie der größten Oppositionspartei innerhalb der Legislaturperioden des Bundestages. Abweichungen von den zyklischen Mustern treten nur auf, wenn die große Oppositionspartei in eine Krise gerät – wie beispielsweise die CDU infolge des Spendenskandals im Jahre 1999.

Während Jeffery/Hough sowie Decker/von Blumenthal nur einige Aspekte aus Dinkels Modell aufgreifen bzw. es um das Abschneiden der Hauptoppositionspartei und der kleinen Parteien erweitern, repliziert Burkhart (2005) die Analysen Dinkels für die Landtagswahlen in Deutschland zwischen 1976 und 2000: Für die Wahlen bis 1990 kann das zyklische Modell die Ergebnisse der Regierungsparteien recht gut erklären, für die Wahlen danach ist die Erklärungskraft des Modells äußerst gering (Burkhart 2005: 25). Sie führt dies nicht auf das Verschwinden eines Wahlzyklus, sondern auf die Verwendung des zeitlichen Abstands zwischen Bundestags- und Landtagswahl als Erklärungsvariable zurück. Daher wandelt Burkhart das Modell ab und ersetzt, analog zum Vorgehen in der amerikanischen Wahlzyklusliteratur (Tufte 1975), die Zeitvariable durch die Popularitätsverluste der Regierungsparteien. Auf diese Art kommt sie für die Zeit vor wie nach der Wiedervereinigung zu dem Ergebnis, dass die Regierungsparteien des Bundes bei Landtagswahlen um so schlechter abschneiden, je stärker ihre Popularität in der Bevölkerung abgenommen hat (Burkhart 2005: 30ff.).

Aus diesen Ausführungen zur Wahlzyklusliteratur ergeben sich einige Variablen, die zur späteren Erklärung der Höhe des Unähnlichkeitsindex herangezogen werden können. Dazu gehören der Abstand der Nebenwahl von der letzten Bundestagswahl in Monaten bzw., um die Zyklizität der Entwicklung der Unterschiede angemessener modellieren zu können, der Abstand zum Mittelpunkt der Bundestags-Legislaturperiode in Monaten. Die Einbeziehung von Popularitätswerten der Bundesregierung wäre zwar ebenfalls sinnvoll, doch liegt dieser Indikator maximal auf Länderebene, nicht aber auf Kreisebene vor. Ein Indikator, der in relativ ähnlicher Weise die Abnutzung einer Regierung im Zeitverlauf abbilden kann, ist die Länge der Amtsdauer der Bundes- und Landesregierungen. Gschwend und Norpoth (2001, 2005) konnten in ihren Beiträgen zur Erstellung eines Prognosemodells für das Abschneiden der Regierungsparteien bei Bundestagswahlen die Bedeutung der Abnahme der Regierungspopularität zeigen. Mit zunehmender Amtsdauer schneiden die Regierungsparteien bei Wahlen immer schlechter ab (Gschwend/Norpoth 2001: 485ff.). Auch für den Unähnlichkeitsindex als abhängige Variable sind deutliche Auswirkungen dieses Abnutzungseffekts zu erwarten. Mit längerer Amtsdauer der Bundes- oder der Landesregierung sollte die Differenz zwischen Bundestags- und Landtagswahlergebnissen in einem Kreis zunehmen. Damit ergeben sich die folgenden Hypothesen:

Hypothese 1: Je näher der Termin einer Landtagswahl am Mittelpunkt der Legislaturperiode des Bundestages ist, desto höher ist der Unähnlichkeitsindex.

Hypothese 2: Je länger eine Bundes- bzw. Landesregierung im Amt ist, desto höher ist der Unähnlichkeitsindex.

Folgt man den Befunden von Burkhart (2005) sowie Gschwend und Norpoth (2001) zur Bedeutung der Popularität der Bundesregierung für das Abschneiden der Regierungsparteien weiter, sollte es auch von großer Bedeutung für das Ausmaß der Unterschiede in den Wahlergebnissen beider Ebenen sein, ob sich die Parteien, welche die Bundesregierung bilden, gleichzeitig auch an der Landesregierung beteiligen. Der Einfluss der Übereinstimmung bzw. der Unterschiede in der parteipolitischen Regierungskonstellation auf Bundes- und Landesebene findet sich bereits in einem Kriterienkatalog von Czerwick (1984). Ohne dies selbst empirisch zu überprüfen, legt Czerwick dar, dass unterschiedlich gefärbte Regierungen auf beiden Ebenen die Wahrscheinlichkeit der Dominanz landespolitischer „Schwerpunkte in Landtagswahlkämpfen" erhöhen, während identische Koalitionsregierungen auf beiden Ebenen die Dominanz der Bundespolitik erhöhen (Czerwick 1984: 145ff.). Empirisch belegen können die Bedeutung gleich- oder unterschiedlich gerichteter Koalitionen Analysen für verschiedene Bundesländer (Gabriel/Holtmann 2007: 461). Folgt man dieser Logik, dann ergibt sich, dass bei identischen Koalitionen auf Bundes- und Landesebene die Abweichung der Wahlergebnisse zwischen beiden Ebenen geringer, bei unterschiedlichen Konstellationen aber die Abweichungen größer sein sollten.

Hypothese 3: Je größer die parteipolitische Übereinstimmung zwischen Bundes- und Landesregierung ist, desto geringer ist der Unähnlichkeitsindex.

Die bisher eingeführten Faktoren sind auf der Landesebene angesiedelt und daher für die Kreise und kreisfreien Städte innerhalb eines Bundeslandes für dieselbe Wahl identisch. Variationen zwischen den Kreisen innerhalb eines Landes können also mit diesen Prädiktoren nicht erklärt werden. Daher erscheint es sinnvoll, politische Merkmale in die Analyse einzuführen, die auch zwischen den Kreisen eines Landes variieren. Aus meiner Sicht sollte der Hochburgencharakter eines Kreises ein bedeutender Faktor für die Abweichung der Wahlergebnisse zwischen Bundestags- und Landtagswahlen sein. Je dominanter eine Partei auf Dauer in einem Gebiet ist, desto geringer ist das Potential für starke Verschiebungen in den Stimmenanteilen zwischen den Wahlebenen. Die dauerhafte Dominanz einer Partei hat also für einen Kreis eine relativ ähnliche Funktion wie die Parteiidentifikation (Campbell et al. 1954, 1960) für einen einzelnen Wähler: Sie stabilisiert das Wahlverhalten auf Dauer, macht aber Abweichungen keineswegs vollkommen unmöglich. Aufgrund der langen Vorherrschaft des „Bonner Parteiensystems" aus CDU/CSU, SPD und FDP (Niedermayer 2011) und der engen Allianzen mit bestimmten soziodemographischen Gruppen (vgl. z. B. Schoen 2005; Völkl/Langer 2011), sind es vor allem die beiden Volksparteien – in Ostdeutschland auch die Linkspartei – die sich in bestimmten Regionen Deutschlands eine besondere Dominanz erarbeitet haben und dort regelmäßig überdurchschnittlich gut abschneiden. Daraus läßt sich ableiten, dass es in Kreisen, die als Hochburgen einzuordnen sind, ein geringeres Potential für Verschiebungen der Stimmen zwischen den Wahlebenen gibt.

Hypothese 4: Je ausgeprägter der Hochburgencharakter eines Kreises, desto geringer ist der Unähnlichkeitsindex.

Ein weiteres politisches Merkmal, das zwischen den Kreisen variiert, ist die Wahlbeteiligung (Steinbrecher et al. 2007). Allerdings gibt es nicht nur Variationen zwischen den Kreisen, sondern auch zwischen den Wahlebenen. Die Wahlbeteiligung bei Bundestagswahlen ist nicht nur systematisch höher, sondern die für Deutschland auf allen politischen Ebenen festzustellende Abnahme der Wahlbeteiligung betrifft Landtagswahlen in weitaus stärkerem Maße als Bundestagswahlen. Aufgrund der Unterschiede im Partizipationsniveau verändert sich bei jeder Landtagswahl das Elektorat im Vergleich zur vorangehenden Wahl zum Bundestag. Da nicht davon auszugehen ist, dass die Wähler aller Parteien im gleichen Maße den Wahlurnen bei Landtagswahlen fernbleiben, sondern die Parteien ihre Anhängerschaft unterschiedlich gut mobilisieren können, führt ein unterschiedliches Beteiligungsniveau bei Bundestags- und Landtagswahlen nahezu zwangsläufig zu Verschiebungen in den Wahlergebnissen zwischen beiden Ebenen. Je stärker die Wahlbeteiligungsraten voneinander abweichen, desto größer ist das Potential für Verschiebungen im Wahlergebnis.

Hypothese 5: Je stärker die Wahlbeteiligung der Landtagswahl von der Wahlbeteiligung der vorangehenden Bundestagswahl abweicht, desto höher ist der Unähnlichkeitsindex.

2.2 Der Unähnlichkeitsindex als Maß zur Messung der Entkopplung von Bundestags- und Landtagswahlen in Deutschland

Die Übereinstimmung bzw. Entkopplung von Bundestags- und Landtagswahlergebnissen soll mit dem Unähnlichkeitsindex als abhängiger Variable untersucht werden. Wie in der Einleitung bereits angedeutet wurde, hat dieses Maß vor allem in der kanadischen Wahlforschung Verwendung gefunden. Erstmals wurde der Unähnlichkeitsindex von Clarke et al. (1979: 138ff.), Burke (1980) und Johnston (1980: 152ff.) in vergleichenden Analysen des Wahlverhaltens auf nationaler und Provinzebene in Kanada genutzt.[1] Mit Hilfe des Maßes konnte Johnston für den Zeitraum von 1908 bis 1974 gut die zwischen den Provinzen sehr stark variierende Entkopplung des Wahlverhaltens zwischen den beiden Ebenen herausarbeiten: Während in den atlantischen Provinzen und in Ontario relativ geringe Unterschiede zu verzeichnen sind, treten für die Prärie-Provinzen sowie Britisch-Kolumbien sehr hohe Differenzen auf, was eine starke Entkopplung der Wahlergebnisse beider Ebenen bedeutet.

Im europäischen und deutschen Kontext fand der Unähnlichkeitsindex in verschiedenen Arbeiten Verwendung. So untersuchten Abedi und Siaroff (1999: 210ff.) mit seiner Hilfe Unterschiede im Wahlverhalten auf nationaler und Länderebene in Österreich zwischen 1945 und 1995. Über alle Bundesländer hinweg können sie drei Phasen unterscheiden. In der ersten Phase bis 1962 zeigen sich nur sehr geringe Unterschiede zwischen den Wahlergebnissen beider Ebenen. Die Zeit zwischen 1966 und 1979 wird als Zeitraum moderater Unterschiede charakterisiert, während sich seit 1983 eine deutliche Entkopplung der Wahlergebnisse zeigt. Dies betrifft in besonderer Weise Oberösterreich, Tirol und Vorarlberg. Diese Entwicklung führen Abedi und Siaroff auf die Erfolge der FPÖ und die sich abschwächende Mobilisierungsfähigkeit der SPÖ zurück (1999: 212ff.).

Hough und Jeffery (2002, 2003) haben in zwei Arbeiten vom Unähnlichkeitsindex Gebrauch gemacht. Bei ihren Untersuchungen auf Länderebene für Deutschland im Zeitraum zwischen 1949 und 2002 zeigen sich wie für Österreich drei klar voneinander unterscheidbare Phasen. In der ersten Phase bis 1965 ergeben sich große Unterschiede zwischen den Wahlergebnissen beider Ebenen aufgrund der Konsolidierung des Parteiensystems. Bis zur Wiedervereinigung sind die Differenzen zwischen Bundestags- und Landtagswahlergebnissen – mit Ausnahme einiger Ausreißer – sehr gering. Seit 1990 zeigt sich jedoch ein Anstieg des ‚Unähnlichkeitsindex' in fast allen Bundesländern. Hough und Jeffery begründen diese Entwicklung mit dem sinkenden Einfluss der Bundespolitik auf die Landespolitik und der Entfaltung neuer territorialer Dynamiken des Wahlverhaltens (Hough/Jeffery 2003: 90ff.). Gerade im Vergleich zu Kanada mit seinen unterschiedlichen Parteiensystemen auf nationaler und Provinzebene sind allerdings die Inkongruenzen zwischen Bundestags- und Landtagswahlergebnissen auf Länderebene auch in der Zeit nach 1990 als gering einzustufen. Dies gilt offensichtlich ebenfalls im Vergleich mit Spanien, wo regionale Parteien wesentlich stärkere Wahlerfolge erzielen können als in Deutschland (Hough/Jeffery 2002: 229ff.). Die Bedeutung der Terminierung einer Landtagswahl im Wahlzyklus des Bundestages konnten Steinbrecher und Wenzel (2007, 2008) am Beispiel von Mecklenburg-Vorpommern herausarbeiten. Bei den gleichzeitig mit Bundestagswahlen durchgeführten Landtagswahlen 1994, 1998 und 2002 zeigten sich in diesem Bundesland vernachlässigbare bis geringe Unterschiede in den Wahlergebnissen auf Kreisebene, ganz im Gegensatz zu den Wahlen 1990 und 2006,

---

[1] Während Clarke et al. (1979) den Index der Unähnlichkeit bereits zur Illustration der Entkopplung der Wahlergebnisse auf Bundes- und Provinzebene in Kanada nutzten, verwendete Burke (1980) den Index vor allem für den Vergleich von Wahlergebnissen einer Partei in verschiedenen Provinzen und zwischen verschiedenen Parteien in einer Provinz.

als die Landtagswahl unabhängig von der Bundestagswahl stattfand (Steinbrecher/Wenzel 2008: 342ff.). Auch andere Beiträge aus dem von Völkl et al. (2008a) herausgegebenen Sammelband (Abold 2008; Arzheimer 2008; Fürnberg/Schnapp 2008; Kaina/Görl 2008; Kaspar 2008; Thaidigsmann 2008) haben den Unähnlichkeitsindex zur Illustration und Beschreibung von Unterschieden zwischen Bundestags- und Landtagswahlergebnissen auf Landesebene genutzt. Ein Manko aller aufgeführten Studien ist allerdings, dass in keiner dieser Arbeiten der systematisch-analytische Versuch unternommen wird, die mit Hilfe des Unähnlichkeitsindex' festgestellten Unterschiede zwischen den Ebenen auch zu erklären.

Der Unähnlichkeitsindex wird gemäß folgender Formel berechnet:

$$\frac{1}{2}\sum_k \left| P_{ik} - P_{jk} \right|$$

Dabei steht P_{ik} für den Anteil der Stimmen, den die Partei k in einer geographischen Einheit bei der Bundestagswahl gewonnen hat, während P_{jk} den Anteil der Stimmen repräsentiert, den Partei k in der gleichen geographischen Einheit bei der nächstgelegenen Landtagswahl erzielen konnte. Damit sich die Abweichungen der einzelnen Parteien bei der Addition nicht gegenseitig aufheben und auf null addieren, wird für die Berechnung der Gesamtsumme der Abweichungen der jeweilige Betrag der Differenzen zwischen Bundestags- und Landtagswahlergebnis verwendet. Um die Verdopplung der Summe durch die gleichzeitige Berücksichtigung positiver und negativer Abweichungen auszugleichen, erfolgt zum Abschluß eine Division durch zwei.[2] Anders als bei Arzheimers (2008) Analysen zu Bremen wird die Wahlbeteiligung nicht in die Berechnung des Index mit einbezogen, da davon auszugehen ist, dass die Wahlbeteiligung sich systematisch zugunsten oder zuungunsten einzelner Parteien auswirkt. Die unterschiedliche Mobilisierung bei Landtagswahlen hat also Einfluss auf die Übereinstimmung bzw. Abweichung der Wahlergebnisse. Daher ist die Differenz des Partizipationsniveaus zwischen Landtags- und Bundestagswahl als Erklärungsvariable Teil des Beitrages (siehe 2.1 und 4.2).

Die Vorgehensweise bei der Berechnung soll anhand eines Beispiels verdeutlicht werden. In Tabelle 1 finden sich die Zweitstimmenergebnisse der Bundestagswahl 2005 sowie der hessischen Landtagswahl 2008 in Frankfurt am Main. Wie aus der Tabelle ersichtlich wird, schnitten die beiden großen Parteien bei der Landtagswahl 2008 deutlich besser ab als bei der Bundestagswahl 2005, während die FDP und vor allem die Grünen eine klare Verschlechterung ihres Ergebnisses hinnehmen mußten. Addiert man die Beträge der Differenzen auf, kommt man auf einen Wert von 16,0 Prozent. Teilt man dies gemäß der Formel durch zwei, ergibt sich ein Wert von 8,0 Prozent für den Unähnlichkeitsindex. Wie man aus Tabelle 1 erkennen kann, entspricht dies natürlich sowohl der Summe der (gerundeten) positiven Differenzen als auch dem Betrag der Summe der negativen Differenzen zwischen den Ergebnissen der Parteien bei den beiden verglichenen Wahlen.

---

2 Damit gleicht die Konstruktion des Unähnlichkeitsindex' stark der des Volatilitätsindex' von Pedersen (1979). Im Gegensatz zum Volatilitätsindex wird allerdings nicht der Stimmenanteil von Parteien zwischen zwei Zeitpunkten, sondern zwischen zwei Wahlebenen verglichen.

Tabelle 1: Zweitstimmenergebnisse der Bundestagswahl 2005 sowie der Landtagswahl 2008 in Frankfurt am Main

Partei	BTW 2005	LTW 2008	Differenz
CDU	29.3%	33.2%	-3.9
SPD	30.4%	33.5%	-3.1
FDP	13.4%	10.8%	2.6
Grüne	16.6%	11.5%	5.1
Die Linke	6.7%	7.1%	-0.4
Rechte Parteien	1.7%	1.5%	0.2
Sonstige	1.8%	2.4%	-0.6

Quelle: Landeswahlleiter Hessen.

Somit ergibt sich für den Unähnlichkeitsindex ein Wertebereich zwischen 0 Prozent – es gibt keine Unterschiede zwischen Bundestags- und Landtagswahlergebnis, also müssen für die Anpassung der Ergebnisse auch keinerlei Stimmen umverteilt werden – und 100 Prozent. Dieser Extremwert ist allerdings rein hypothetisch, da in solch einem Fall eine Partei auf einer Wahlebene alle Stimmen gewinnen müßte, auf der anderen aber gar keine Stimmen erhalten dürfte. Dass der Index durchaus Werte im oberen Bereich der Skala annehmen kann, zeigen Ergebnisse der kanadischen Wahlforschung für die Provinzen Quebec (60,4 Prozent im Jahr 1962) und Britisch-Kolumbien (64,3 Prozent im Jahr 1974) (Johnston 1980: 156).

3. Vorstellung der Datenbasis und Operationalisierung der unabhängigen Variablen

Dieser Abschnitt gibt einen kurzen Überblick zu Datenbasis und Operationalisierung der unabhängigen Variablen. Der Unähnlichkeitsindex wurde gemäß der im vorangehenden Abschnitt präsentierten Formel für die Bundestags- und Landtagswahlen zwischen 1976 und 2009 berechnet. Die erste berücksichtigte Bundestagswahl ist die Wahl vom 3. Oktober 1976, die letzte Bundestagswahl die Wahl vom 18. September 2005. Die ersten einbezogenen Landtagswahlen sind die Bürgerschaftswahl in Hamburg sowie die Landtagswahl in Niedersachsen am 4. Juni 1978. Der Untersuchungszeitraum endet mit der thüringischen und saarländischen Landtagswahl vom 30. August 2009. Für die Berechnung des Index wurden die Landtagswahlen jeweils in Beziehung zur vorangehenden Bundestagswahl gesetzt. So können alle Landtagswahlen den Legislaturperioden des Bundestages zugeordnet werden. Dies bedeutet für Ostdeutschland, dass der Untersuchungszeitraum erst nach der Bundestagswahl 1990 beginnt, die Landtagswahlen im Oktober 1990 und die Volkskammerwahl im März 1990 werden nicht berücksichtigt. In die Berechnung der abhängigen Variable gingen CDU/CSU, SPD, FDP, Grüne und Linkspartei ein. DVU, NPD und Republikaner wurden als rechte Parteien zusammengefaßt. Die übrigen Parteien fielen in die Residualkategorie „Sonstige". Die Wahlergebnisse der Grünen und von Bündnis 90, die bis zu ihrer Vereinigung 1993 getrennt voneinander antraten, wurden ebenfalls zusammengefaßt. Gleiches gilt für PDS und WASG bis zu ihrer offiziellen Fusion im Sommer 2007.

Während für einen Großteil des Untersuchungszeitraums exakte Wahlergebnisse für alle Parteien vorliegen, ist dies für die Landtagswahlen der 10. Legislaturperiode des Bundestages (1983-1987) nicht der Fall. Hier sind lediglich genaue Daten für CDU/CSU, SPD, FDP und Grüne vorhanden. Für die Wahlen in diesem Zeitraum ist daher eine leichte Verzerrung des Unähnlichkeitsindex zu erwarten, die sich allerdings im Zehntelprozentbereich bewegen dürfte. Zweite Landtagswahlen[3] in einem Land innerhalb einer Legislaturperiode des Bundestages finden im Rahmen dieses Beitrags keine Berücksichtigung.

Geographische Bezugsebene dieses Beitrages sind die Landkreise und kreisfreien Städte Deutschlands. Maßgeblich ist der Gebietsstand zum 31. Oktober 2001, d.h. die Kreisgebietsreformen in Sachsen vom 1. August 2008 und in Sachsen-Anhalt vom 1. Juli 2007 werden nicht berücksichtigt.[4] Weiterhin wird auch die Fusion der kreisfreien Stadt und des Landkreises Hannover zur Region Hannover am 1. November 2001 nicht beachtet und beide Einheiten getrennt betrachtet. Die Kreise und kreisfreien Städte sind im Vergleich zu den für das Wahlverhalten eigentlich relevanteren Wahlkreisen wesentlich besser für die Analyse geeignet. Das größte mit den Wahlkreisen verbundene Problem ist, dass diese im Zeitverlauf keine stabilen Einheiten sind, da ihre Größe und ihr Zuschnitt aufgrund von Bevölkerungsveränderungen einerseits wie Veränderungen der Zahl der zu vergebenden Mandate andererseits ständig variieren. Zudem unterscheidet sich der Zuschnitt der Wahlkreise zwischen Bundes- und Landesebene erheblich. Die Landkreise und kreisfreien Städte als Untersuchungsebene bieten noch weitere Vorteile: Von den oben angesprochenen Ausnahmen sind sie im Zeitverlauf stabil. Außerdem können auf dieser Ebene Bundestags- und Landtagswahlergebnisse problemlos verglichen werden. Zuletzt sind Kreise für ihre Bürger und die darin wohnenden Wahlberechtigten wesentlich vertrautere politische Einheiten als die Wahlkreise, treffen sie doch in den Kreisen und kreisfreien Städten zahlreiche Wahlentscheidungen auf kommunaler Ebene.

Für die unabhängigen Variablen in der Analyse wurden die folgenden Operationalisierungen genutzt: Der Abstand des Termins der Landtagswahl vom Mittelpunkt der Legislaturperiode des Bundestages wird in Monaten gemessen und kann zwischen 0 und 24 Monaten variieren. Die Differenz der Wahlbeteiligung zwischen Bundestags- und Landtagswahlen variiert zwischen -10,0 und 33,4 Prozentpunkten. Positive Werte zeigen an, dass die Wahlbeteiligung bei Bundestagswahlen höher war, negative Werte entsprechend eine höhere Wahlbeteiligung bei Landtagswahlen.

---

3 Dies betrifft Berlin (1999 und 2001), Hamburg (Juni 1982 und Dezember 1982, 1991 und 1993), Hessen (2008 und 2009) und Schleswig-Holstein (1987 und 1988).

4 Mit Ausnahme der angesprochenen Reformen ist der Gebietsstand für den gesamten Untersuchungszeitraum zwischen 1976 und 2009 in Westdeutschland konstant. Die großen Gebietsreformen der 1960er- und 1970er-Jahre waren 1976 in allen westlichen Bundesländern abgeschlossen. Für die ostdeutschen Bundesländer wird davon ausgegangen, dass die Umrechnungen im Zusammenhang mit den Kreisgebietsreformen der 1990er-Jahre durch die statistischen Landesämter bzw. Landeswahlleiter korrekt sind. Da eine Umrechnung der Wahlergebnisse von der neuen (ab 2008) auf die alte Kreisstruktur (vor 2008) in Sachsen nicht möglich ist, wird die sächsische Landtagswahl vom 30.08.2009 nicht in die Analysen mit einbezogen, um die Konstanz der Untersuchungseinheiten zu gewährleisten.

Die Amtsdauer der Bundes- und Landesregierungen ist in Abhängigkeit vom jeweiligen Regierungschef codiert, d.h. tritt ein neuer Ministerpräsident an die Spitze einer weiterbestehenden Regierung oder Regierungskoalition, beginnt die Zählung der Amtsdauer dieser Regierung von vorne. Für die Landtagswahl in Bayern 2008 würde daher der Wert 12 (Monate) für diese Variable gelten, da Günter Beckstein zum Zeitpunkt der Wahl genau 12 Monate im Amt war. Die Länge der Amtsdauer variiert dabei insgesamt zwischen 0 und 191 (Landesregierungen) bzw. 192 (Bundesregierungen) Monaten.

Für die Übereinstimmung der Regierungskoalitionen zwischen Bundes- und Landesebene wurde eine Variable erstellt, die zwischen 0 und 1 variiert. Ist keine der Parteien der Bundesregierung in der Landesregierung, ergibt sich der Wert 0. Sind alle Parteien der Bundesregierung in der Landesregierung vertreten, nimmt die Variable den Wert 1 an. Findet sich nur eine von mehreren Parteien in der Landesregierung wieder, kann sich auch ein Wert von 0,33 oder 0,5 ergeben.

Die Variable zur Messung des Hochburgencharakters wurde folgendermaßen berechnet: Für CDU/CSU, SPD und Die Linke (bzw. ihre Vorgängerparteien) wurden die Quartile des Stimmenanteils bei der jeweiligen Landtagswahl berechnet. Lag der Stimmenanteil im obersten Quartil, wurde der Kreis als Hochburg der Partei gewertet. Über den gesamten Untersuchungszeitraum hinweg wurde die Zahl der Zugehörigkeiten eines Kreises zum obersten Quartil gezählt, so dass der Wert für die Variable – in Abhängigkeit von der Zahl der Landtagswahlen in einem Land – für CDU/CSU und die SPD zwischen 0 und 10 sowie für die Linkspartei zwischen 0 und 4 variieren kann.

4. Empirische Analysen zur Entkopplung von Bundestags- und Landtagswahlergebnissen in Deutschland

In diesem Abschnitt werden die Analyseergebnisse präsentiert. Im Unterabschnitt 4.1 wird mit Hilfe des Unähnlichkeitsindex die Entwicklung der Entkopplung der Wahlergebnisse von Landtags- und Bundestagswahlen in Deutschland auf Kreisebene zwischen 1976 und 2009 beschrieben, während in Unterabschnitt 4.2 eine Analyse der Ursachen der festgestellten Entkopplung mit Hilfe ausgewählter politischer Variablen erfolgt.

4.1 Die Entwicklung der Unterschiede zwischen Bundestags- und Landtagswahlergebnissen in Deutschland

Um einen Überblick über die zeitlichen Trends zu erhalten, erfolgt zu Beginn der Untersuchung eine Betrachtung des Unähnlichkeitsindex über den ganzen Analysezeitraum hinweg. In Tabelle 2 findet sich neben den gemittelten Werten des Unähnlichkeitsindex auf Länderebene zwischen der 8. und 16. Legislaturperiode des Bundestages auch der Mittelwert und die Standardabweichung für den angegebenen Zeitraum. Eigentlich dürfte man nur von „gemittelten Werten" sprechen, weil die Kreise alle mit gleichem Gewicht – unabhängig von ihrer Bevölkerungsgröße – in die Berechnung eingehen. Analysiert man zunächst Mittelwerte und Standardabweichungen, zeigen sich deutliche Unterschiede zwischen den Bundesländern. Das stabilste Verhältnis zwischen den Wahlergebnissen beider Ebenen weist eindeutig Mecklenburg-Vorpommern mit einem Mittelwert von 4,4 auf. Ursache dafür ist die gleichzeitige Durchführung von Bundestags- und Landtagswahlen in diesem Bundesland zwischen 1994 und 2002. Über alle Wahlen hinweg treten auch in Rheinland-Pfalz (6,3) und in Hessen (7,0) relativ geringe Differenzen zwischen den Wahlergebnissen beider Ebenen auf, allerdings ist die Standardabweichung in Hessen um 1 Prozentpunkt geringer. Aus den übrigen westdeutschen Bundesländern stechen Niedersachsen, Bremen und Hamburg mit Mittelwerten größer als 10 Prozent heraus. Hamburg weist nicht nur die im Mittel höchste Unähnlichkeit zwischen beiden Wahlebenen auf, hier variieren die Differenzen mit einer Standardabweichung von 5,9 auch am stärksten. Mit dem Unähnlichkeitsindex zeigen sich also für dieses Bundesland sehr deutlich die Konsequenzen punktueller Erfolge kleinerer Parteien bei Bürgerschaftswahlen wie der Statt- oder der Schillpartei.

Mit Ausnahme Mecklenburg-Vorpommerns liegen die Unterschiede zwischen Bundestags- und Landtagswahlergebnissen in den ostdeutschen Bundesländern auf einem deutlich höheren Niveau. In Brandenburg und Sachsen sind die Abweichungen zwischen beiden Ebenen im Mittel größer als 20 Prozentpunkte, beide Länder weisen also ein sehr stark ebenenspezifisches Wahlverhalten auf. In Sachsen-Anhalt gibt es zwar einen fast ebenso hohen Mittelwert, die Streuung des Index bewegt sich mit einem Wert von 3,6 (im Vergleich zu 6,0 in Sachsen und 9,8 in Brandenburg) allerdings auf einem deutlich niedrigeren Niveau. Ganz im Gegensatz dazu steht Thüringen mit einer Standardabweichung von 11,1. Diese starke Variation läßt sich auf die Gleichzeitigkeit beider Wahlen 1994 und den lediglich einmonatigen Abstand zwischen Landtagswahl und Bundestagswahl 2009 zurückführen, die für eine starke Abweichung des Index nach unten sorgen.

Wendet man den Blick auf die zeitliche Entwicklung, lassen sich keine klaren, länderübergreifenden Trends identifizieren. Vielmehr ergibt sich in vielen Ländern ein unsystematisches Auf und Ab, das darauf hindeutet, dass jede Landtagswahl einem spezifischen Wirkungsgefüge unterliegt. Wohl aber lässt sich – wie schon bei Hough und Jeffery (2003) – beobachten, dass die Unähnlichkeit in den Ergebnissen der beiden Wahlebenen seit der Wiedervereinigung in den westdeutschen Ländern deutlich zugenommen hat. Nur mit wenigen Ausnahmen, etwa in Nordrhein-Westfalen und Hessen, bewegt sich der Index auf ähnlichem oder sogar unter dem Niveau der 1970er und 1980er Jahre. Besonders gravierend sind die Unterschiede zwischen den Zeiträumen vor und nach 1990 in Niedersachsen, Bremen und Bayern. Hier kommt es im Mittel zu einer Verdopplung des Unähnlichkeitsindex (tabellarisch nicht ausgewiesen). In immerhin sechs der 16 Länder wird bei der jeweils letzten Wahl die höchste Differenz der beiden verglichenen Wahlergebnisse erreicht. Dies gilt beispielsweise auch für Rheinland-Pfalz, das nicht nur den geringsten Mittelwert in Westdeutschland aufweist, sondern auch noch den niedrigsten Wert aller einbezogenen Wahlen: Bei der Landtagswahl 1979 hätten nur 1,6 Prozentpunkte umverteilt werden müssen, um das Ergebnis der vorangehenden Bundestagswahl zu reproduzieren. Ganz anders ist es bei der brandenburgischen Landtagswahl 1994, bei der im Vergleich zur Bundestagswahl 1990 29,5 Prozentpunkte zwischen den Parteien hätten verschoben werden müssen, um zum gleichen Ergebnis zu kommen. Diese starken Abweichungen sind sicherlich eine Konsequenz der Konsolidierung des Parteiensystems nach der Wiedereinführung demokratischer Wahlen in Ostdeutschland 1990.

Tabelle 2: Unähnlichkeitsindex auf Länderebene, 1976-2009

Land	8. Leg. 1976-1980	9. Leg. 1980-1983	10. Leg. 1983-1987	11. Leg. 1987-1990	12. Leg. 1990-1994	13. Leg. 1994-1998	14. Leg. 1998-2002	15. Leg. 2002-2005	16. Leg. 2005-2009	$\bar{x}$	s
Schleswig-Holstein	8.2	-	6.6	9.4	16.5	9.0	5.0	9.6	-	9.2	3.6
Hamburg	6.5	18.4	7.1	7.5	9.5	13.5	20.5	21.5	14.3	13.2	5.9
Niedersachsen	7.4	16.0	3.0	5.0	14.1	9.4	-	15.4	14.1	10.5	5.0
Bremen	5.9	-	6.6	9.3	10.0	16.5	13.7	14.1	10.4	10.8	3.7
Nordrhein-Westfalen	5.5	-	9.9	8.6	-	6.1	6.0	12.8	-	8.1	2.8
Hessen	3.2	10.9	5.6	2.8	10.0	3.6	8.6	13.4	5.3	7.0	3.8
Rheinland-Pfalz	1.6	-	3.5	3.8	6.2	6.4	6.2	-	16.4	6.3	4.8
Baden-Württemberg	6.1	-	3.5	8.2	11.3	9.6	8.1	-	10.5	8.2	2.7
Bayern	3.0	5.6	8.1	7.0	13.7	8.3	-	11.0	15.7	9.0	4.2
Saarland	3.3	-	9.6	13.6	7.5	3.3	13.9	18.3	9.2	9.8	5.2
Berlin	-	-	-	-	3.6	13.3	21.3	-	8.3	11.6	7.6
Brandenburg	-	-	-	-	29.5		10.0	21.2	-	20.2	9.8
Mecklenburg-Vorpommern	-	-	-	-	-	2.0	1.9	2.9	10.7	4.4	4.3
Sachsen	-	-	-	-	15.5	-	26.6	25.0	-	22.4	6.0
Sachsen-Anhalt	-	-	-	-	20.9	18.3	24.1	-	15.8	19.8	3.6
Thüringen	-	-	-	-	-	2.8	22.6	27.8	12.1	16.3	11.1

Quelle: Eigene Berechnungen auf der Basis der Daten der Landeswahlleiter.

Im Folgenden soll der Focus auf die Kreisebene verlagert werden. Bei der Interpretation hilft die kartographische Darstellung. Um den Vergleich der Karten zwischen den einzelnen Legislaturperioden des Bundestages zu erleichtern, wurde für alle Karten eine identische Kategorisierung mit sechs Ausprägungen in Abstufungen zu 4 Prozentpunkten gewählt, auch wenn durch diese Entscheidung für die frühen Wahlen des Untersuchungszeitraumes die optischen Unterscheidungsmöglichkeiten wegen der wenigen hohen Indexwerte verschlechtert werden.

Aus den Abbildungen 1-3 für die einzelnen Wahlen wird bereits nach einem flüchtigen Blick deutlich, dass es nicht nur beträchtliche Unterschiede zwischen den Bundesländern, sondern innerhalb der Bundesländer für viele Wahlen große regionale Differenzen in den Abweichungen der Wahlergebnisse gibt. Dieser Befund deutet auf die Existenz lokaler und regionaler Einflussfaktoren hin, die unabhängig von der politischen Konstellation auf der Bundes- und der Landesebene zu wirken scheinen. Bei den Wahlen der 8. Legislaturperiode (Abbildung 1) des Bundestags fallen vor allem Nordrhein-Westfalen, Niedersachsen, Schleswig-Holstein und Baden-Württemberg ins Auge. In diesen Ländern gibt es jeweils einige Kreise, deren Unähnlichkeitsindex deutlich über denen im Rest des Landes liegt. Mit Ausnahme Schleswig-Holsteins sind diese Unterschiede nicht einfach zu erklären. Dort ist die Divergenz zwischen Bundestags- und Landtagswahlergebnis auf das starke Abschneiden der Minderheitenpartei SSW im schleswigschen Landesteil bei den Wahlen zum Kieler Parlament zurückzuführen.

In der 9. Legislaturperiode des Bundestages fanden nur in vier Bundesländern Landtagswahlen statt. In Niedersachsen und Hessen zeigen sich starke regionale Disparitäten. Während in Hessen in den südhessischen Kreisen deutlich stärkere Unterschiede zwischen beiden Wahlebenen als im Rest des Landes zu verzeichnen sind, scheint es in Niedersachsen ein Gefälle von Norden und Nordosten nach Süden und Südwesten zu geben, wo der Index geringere Werte annimmt.

Bei den Landtagswahlen zwischen 1983 und 1987 sind nur in Bayern deutliche Unterschiede zwischen einzelnen Regionen des Landes zu verzeichnen. Im Westen und Norden des Freistaats sind die Differenzen geringer, im Süden und Osten höher. Die anderen Bundesländer zeichnen sich durch eine starke Gleichförmigkeit aus, dort scheinen regionale Faktoren gar keine oder nur eine geringe Rolle für die Verschiebung der Stimmenanteile gespielt zu haben. Auffällig ist die starke Abnahme der Unähnlichkeit in den niedersächsischen Kreisen im Vergleich zur vorangehenden Legislaturperiode: Mit einigen wenigen Ausnahmen wird ein Wert von 4 Prozent nicht überschritten.

Im Vergleich zum vorangehenden Wahlpaar kommt es bei den Landtagswahlen der 11. Legislaturperiode des Bundestages in Schleswig-Holstein, Niedersachsen, dem Saarland, Baden-Württemberg und Bayern in nahezu allen Kreisen zu einem Anstieg der Unähnlichkeit. In Nordrhein-Westfalen und Rheinland-Pfalz sind die Veränderungen über alle Kreise hinweg relativ gering, während es in Hessen im gesamten Land zu einer Abnahme der Unähnlichkeit kommt. Die größten regionalen Disparitäten weist Bayern auf: Vor allem in der Oberpfalz und Oberbayern gibt es einige Kreise, in denen die Unterschiede zwischen Bundestags- und Landtagswahlergebnis größer sind als im Rest des Bundeslandes.

"Völlig losgelöst?"

Abbildung 1: Unähnlichkeitsindex auf Kreisebene, 1976-1990

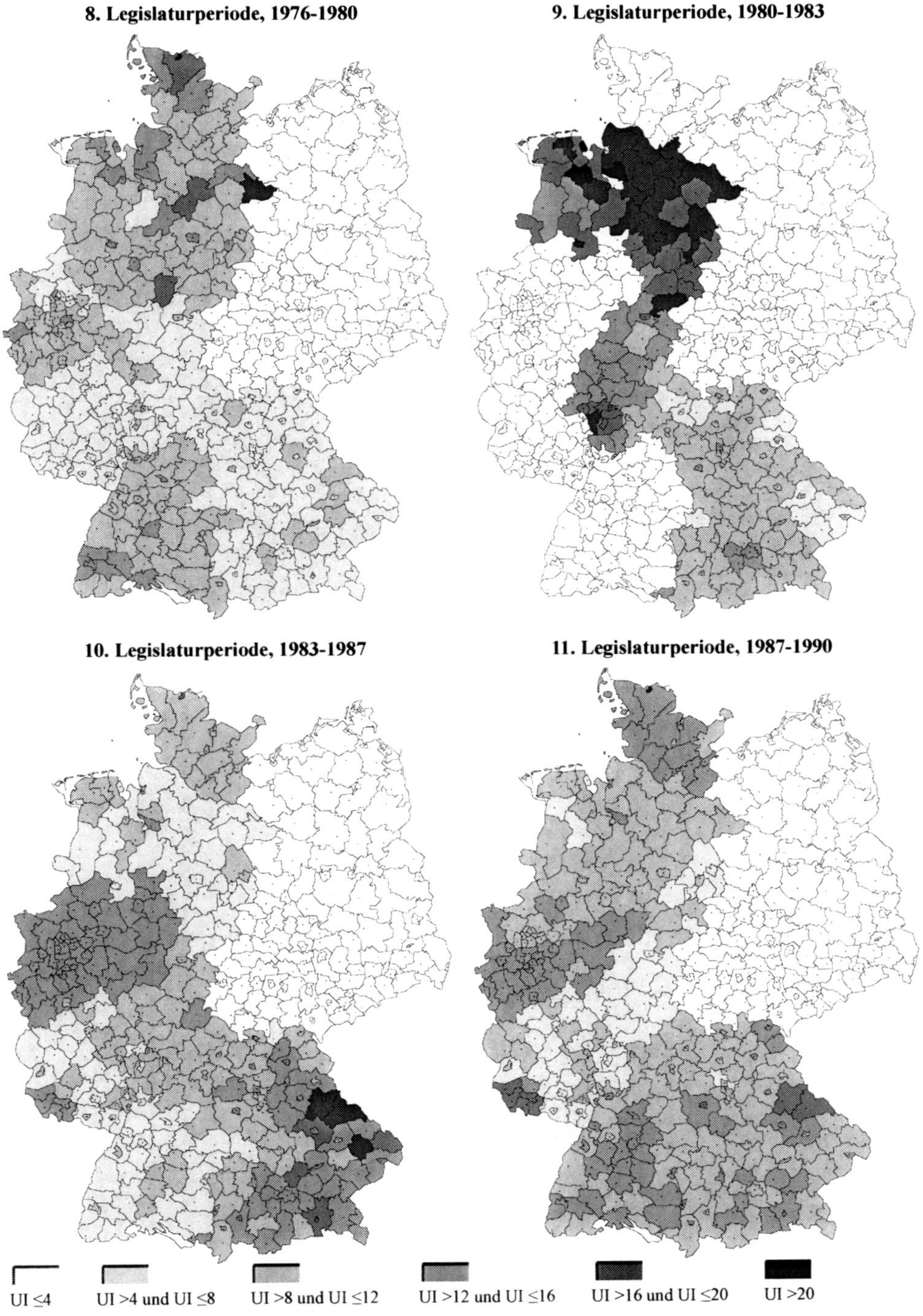

8. Legislaturperiode, 1976-1980

9. Legislaturperiode, 1980-1983

10. Legislaturperiode, 1983-1987

11. Legislaturperiode, 1987-1990

UI ≤4   UI >4 und UI ≤8   UI >8 und UI ≤12   UI >12 und UI ≤16   UI >16 und UI ≤20   UI >20

Mit den Landtagswahlen der 12. Legislaturperiode des Bundestages werden die ostdeutschen Wahlen in die Analyse einbezogen (Abbildung 2). In Sachsen-Anhalt, aber vor allem in Brandenburg, lassen sich sehr große ebenenspezifische Unterschiede im Wahlverhalten feststellen, die deutlich über dem Niveau in den westdeutschen Bundesländern liegen. Sachsen zeigt sowohl bezüglich des Niveaus als auch im Hinblick auf die regionalen Unterschiede relativ ähnliche Muster wie Baden-Württemberg und Niedersachsen. Besonders in letzterem Bundesland nimmt die Unähnlichkeit der Wahlergebnisse von West nach Ost zu. In Bayern stechen Oberbayern, Ober- und Mittelfranken mit höheren Differenzen als im Rest des Landes heraus. Ein über das ganze Land gleichförmiges Niveau der Unterschiede lässt sich in Hessen und Brandenburg feststellen.

Für die Landtagswahlen zwischen 1994 und 1998 ergeben sich in Mecklenburg-Vorpommern, Thüringen, Hessen und im Saarland in einer großen Mehrheit der Kreise Unähnlichkeitswerte unter 4 Prozent. Während dies in den beiden ostdeutschen Bundesländern und im Saarland wegen der Gleichzeitigkeit von Bundestags- und Landtagswahlen nicht überraschend, sind die geringen Unterschiede in Nord- und Mittelhessen als ungewöhnlich zu bezeichnen. Für Niedersachsen läßt sich abermals ein Ost-West-Gefälle der Unterschiede ausmachen, in Sachsen-Anhalt nehmen die Unterschiede hingegen von Süden nach Norden ab. Baden-Württemberg und Bayern weisen für die Landtagswahlen dieser Wahlperiode starke, wenig systematisierbare regionale Unterschiede auf.

Die Wahlen zwischen 1998 und 2002 dokumentieren in beeindruckender Weise in einigen Bundesländern den Heterogenitätszuwachs im Wahlverhalten zwischen beiden Ebenen. In Hamburg und Berlin, in ganz Sachsen, Sachsen-Anhalt und Thüringen beträgt die Differenz der Wahlergebnisse mindestens 20 Prozentpunkte. In Hessen und im Saarland kommt es in allen Kreisen zu einem Anstieg der Indexwerte im Vergleich zur vorherigen Wahl. Ganz entgegengesetzte Verhältnisse finden sich in Mecklenburg-Vorpommern und in Holstein, wo der Index Werte kleiner als 4 Prozent annimmt. Lediglich im schleswigschen Landesteil des nördlichsten Bundeslandes liegt die Heterogenität aufgrund der Landtagswahlerfolge des SSW höher. Weiterhin fällt – im Gegensatz zum Rest der Bundesländer – die deutliche Abnahme der Unähnlichkeit der Wahlergebnisse im Vergleich zum vorangehenden Wahlpaar in Brandenburg auf.

Vergleicht man die Landtagswahlen zwischen 2002 und 2005 mit der jeweils vorangehenden Wahl, so lässt sich in allen westdeutschen Ländern ein flächendeckender Anstieg der Differenzen beobachten. Während es in Nordrhein-Westfalen, Hessen und dem Saarland gar keine oder nur geringe regionale Unterschiede gibt, sind in Schleswig-Holstein, Niedersachsen und Bayern, wie schon bei einigen der vorangehenden Wahlen, deutliche regionale Differenzen ausmachen. In Schleswig-Holstein nimmt die Unähnlichkeit von Süden nach Norden zu, in Niedersachsen scheint sie im Süden und Osten – im Gegensatz zu vorherigen Wahlen – geringer zu sein, in Bayern eher im Süden des Bundeslandes. Unter den ostdeutschen Bundesländern zeigt lediglich Brandenburg deutliche Veränderungen: Hier nimmt die Heterogenität im Vergleich zur Wahl in der 14. Legislaturperiode deutlich zu.

Abbildung 2: Unähnlichkeitsindex auf Kreisebene, 1990-2005

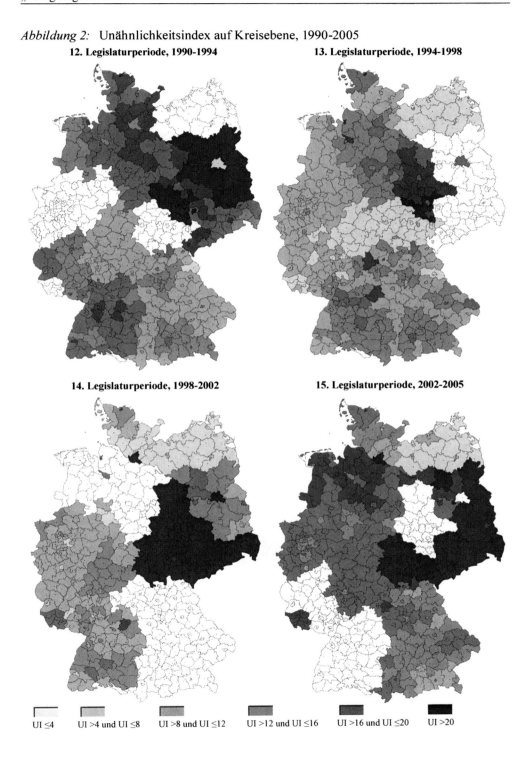

Abbildung 3: Unähnlichkeitsindex auf Kreisebene, 2005-2009, Mittelwert, Standardabweichung

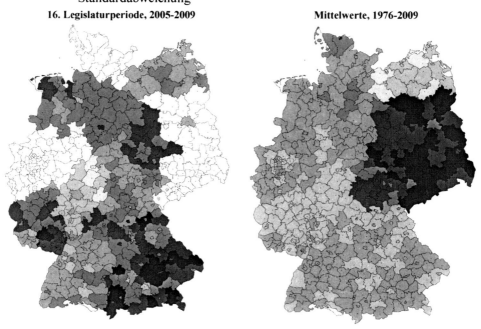

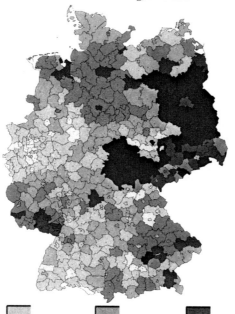

| UI ≤4 | UI >4 und UI ≤8 | UI >8 und UI ≤12 | UI >12 und UI ≤16 | UI >16 und UI ≤20 | UI >20 |

In der 16. Legislaturperiode (Abbildung 3) setzt sich der Trend der Zunahme der Unterschiede zwischen beiden Wahlebenen nur in einigen Bundesländern fort. Dazu gehören Bayern, Baden-Württemberg, Rheinland-Pfalz und Mecklenburg-Vorpommern. In Bayern ist, dies wurde schon im einleitenden Beispiel deutlich, der große Wahlerfolg der Freien Wähler bei der Landtagswahl 2008 als Hauptursache für diese Entwicklung anzusehen, in Mecklenburg-Vorpommern die Entkopplung der Wahltermine. Während die Unähnlichkeit zwischen beiden Wahlebenen in Niedersachsen annähernd konstant bleibt, gibt es in Hessen, Sachsen-Anhalt, im Saarland und in Thüringen eine Reduzierung der Heterogenität. In Rheinland-Pfalz und in Hessen (für die Landtagswahl 2008) deuten sich erstmals etwas stärkere regionale Disparitäten an, während diese in Bayern, Baden-Württemberg und Niedersachsen auch schon für frühere Wahlen festzustellen waren. In Bayern konzentrieren sich für diese Wahl die Gebiete mit überdurchschnittlichen Unterschieden in Oberbayern, Niederbayern und Schwaben.

Betrachtet man die Mittelwerte über den gesamten Untersuchungszeitraum hinweg, lassen sich die Länder in drei Gruppen einteilen. Mecklenburg-Vorpommern, Hessen und Rheinland-Pfalz gehören zur ersten Gruppe und zeichnen sich durch die niedrigsten mittleren Indexwerte – mit wenigen Ausnahmen liegen diese zwischen 4 und 8 Prozentpunkten – aus. Die zweite Gruppe bilden die übrigen westdeutschen Länder. Hier liegen die mittleren Differenzen zwischen Bundestags- und Landtagswahlen, mit Ausnahme Hamburgs und einiger Kreise in den norddeutschen Bundesländern, zwischen 4 und 12 Prozentpunkten. Die dritte Gruppe setzt sich aus den ostdeutschen Bundesländern ohne Mecklenburg-Vorpommern zusammen. Dort beträgt der Unterschied in allen Kreisen im Mittel mindestens 16 Prozentpunkte. Richtet man den Focus auf die einzelnen Länder, zeigen sich innerhalb aller Länder im Mittel relativ schwache regionale Disparitäten. Mit Ausnahme Schleswig-Holsteins fallen alle Kreise eines Landes in maximal zwei Kategorien auf der für die kartographische Darstellung gewählten sechsstufigen Skala.

Durchaus als sehr heterogen, auch innerhalb einzelner Bundesländer, erweist sich allerdings die Stabilität der Unterschiede zwischen beiden Wahlebenen über die Zeit hinweg, gemessen mit der Standardabweichung. Sehr stabil sind die Differenzen in Nordrhein-Westfalen, im Süden Sachsen-Anhalts, in Nordhessen, in weiten Teilen Baden-Württembergs und in Teilen Bayerns. Sehr starke Unterschiede zeigen sich in Thüringen und Brandenburg, wo die Standardabweichung in allen Kreisen über 7 Prozentpunkten liegt. Auch in weiten Teilen Sachsens, in der Pfalz, im Saarland und in einigen Kreisen Niedersachsens zeigen sich deutliche Schwankungen des Index' innerhalb des Untersuchungszeitraums. Allerdings ist für die ostdeutschen Länder darauf hinzuweisen, dass die Zahl der einbezogenen Wahlen maximal 4 beträgt und somit sehr starke Verzerrungen durch Ausreißer auftreten können.

4.2 Die Erklärung der Unterschiede zwischen Bundestags- und Landtagswahlergebnissen in Deutschland

Aufgabe dieses Abschnitts ist die Erklärung der im vorangehenden Abschnitt festgestellten Unterschiede. Das Ziel ist herauszufinden, welchen Einfluss die in 2.1 eingeführten Faktoren bei der Erklärung der Differenzen zwischen den Wahlergebnissen bei Bundestags- und

Landtagswahlen auf Kreisebene haben. Bevor dieses Ziel in einem umfassenderen analytischen Zugriff mittels Regressionsanalysen erreicht werden soll, wird in einem ersten Schritt mittels einer Varianzanalyse geprüft, wieviel Varianz durch die Landeszugehörigkeit eines Kreises erklärt werden kann. Je größer der Anteil der erklärten Varianz zwischen den Ländern, desto bedeutsamer sind globale, auf der Landesebene anzusiedelnde Einflussfaktoren für das Ausmaß der Unterschiede in den Wahlergebnissen der beiden Ebenen. Je geringer der Anteil der durch die Landeszugehörigkeit eines Kreises erklärten Varianz ist, desto wichtiger sind andere Faktoren, die sowohl regional bzw. kreisbezogen als auch bundesbezogen sein können. Eine genauere Zuordnung der nicht-erklärten Gesamtvarianz ist mit diesem Verfahren nicht möglich. In Tabelle 3 finden sich – getrennt berechnet nach den Legislaturperioden des Bundestages – Werte für Eta^2, die angeben, wieviel Prozent der Gesamtstreuung über alle Kreise hinweg durch die Landeszugehörigkeit einer Untersuchungseinheit erklärt werden kann. Die Erklärungsleistung der Bundesländer bewegt sich in allen einbezogenen Legislaturperioden zwischen 57 und knapp 95 Prozent. Wie schon bei der Beschreibung der Entwicklung der Indexwerte deutet sich bei einem Blick auf die zeitliche Dynamik der Erklärungsleistung eine Zunahme seit 1990 an. Während für die Zeit vor der deutschen Vereinigung nur einmal eine Varianzerklärung von 80 Prozent überschritten wird, ist dies seit 1990 in drei von fünf Legislaturperioden der Fall. Und auch in der 13. Legislaturperiode des Bundestages wird immerhin ein Eta^2 von 0,765 erreicht. Aus dem Rahmen fällt lediglich die 16. Legislaturperiode. Die Erklärungskraft beträgt hier 57,8 Prozent und rangiert damit auf einem ähnlichen Niveau wie schon zu Beginn des Untersuchungszeitraums. Insgesamt bleibt festzuhalten, dass die Landeszugehörigkeit über den gesamten Untersuchungszeitraum mehrheitlich die Streuung des Unähnlichkeitsindex in den Kreisen und kreisfreien Städten beeinflusst. Diesem Befund ist in den nachfolgenden Regressionsanalysen durch eine Berücksichtigung der Mehrebenenstruktur der Daten Rechnung zu tragen.

Tabelle 3: Varianzanteil der Bundesländer am Unähnlichkeitsindex

Legislaturperiode	Eta^2	N
8. 1976-1980	0.570	327
9. 1980-1983	0.834	170
10. 1983-1987	0.649	327
11. 1987-1990	0.662	327
12. 1990-1994	0.888	339
13. 1994-1998	0.765	393
14. 1998-2002	0.947	297
15. 2002-2005	0.889	335
16. 2005-2009	0.578	324

Quelle: Eigene Berechnungen auf der Basis der Daten der Landeswahlleiter.

Um eine Aufblähung der Darstellung zu vermeiden, sollen in der Regressionsanalyse keine separaten Modelle für die einzelnen Legislaturperioden des Bundestages geschätzt werden. In der Analyse wird lediglich zwischen dem Zeitraum vor und nach der Wiedervereinigung sowie zwischen Ost- und Westdeutschland differenziert, da sich anhand der bisherigen Befunde abzeichnet, dass es seit der Wiedervereinigung zu einem deutlichen Anstieg der Divergenzen zwischen beiden Wahlebenen gekommen ist. Zudem haben sich im Niveau der abhängigen Variablen deutliche Ost-West-Unterschiede gezeigt. Während die Modelle für die Zeit seit 1990 vollkommen identisch sind, musste beim Modell für die westdeutschen Kreise vor der Wiedervereinigung die Hochburgen-Variable für die Linkspartei aus dem Modell entfernt werden. Berechnet werden multivariate OLS-Regressionen. Die große Bedeutung der Landeszugehörigkeit der Kreise und landesspezifischer Faktoren wird berücksichtigt, indem die Kreise innerhalb der Länder geclustert werden. Die Konsequenz sind höhere Standardfehler für die Effekte der einzelnen Variablen. Da es sich bei den vorliegenden Daten innerhalb des berücksichtigten Zeitraums allerdings (nahezu) um Vollerhebungen handelt, wird auf die Angabe von Standardfehlern wie von Signifikanzstatistiken verzichtet.

Das Modell für die Zeit vor 1990 (Tabelle 4) zeigt, dass die Hypothese zu den Effekten der zeitlichen Position einer Landtagswahl im Bundestagswahlzyklus sich nicht bestätigen lässt. Schwache Abnutzungseffekte sind lediglich für die Amtsdauer der Bundesregierung zu berichten: Jeder zusätzliche Monat Regierungszeit führt zu einer Zunahme des Index um 0,016 Punkte. Im Gegensatz dazu scheint eine längere Regierungszeit der Landesregierung sogar stabilisierend auf die Unähnlichkeit zwischen beiden Wahlebenen zu wirken. Die parteipolitischen Konstellationen in den Regierungen auf Landes- und Bundesebene haben einen hypothesenkonformen Effekt. Stimmen die Regierungsparteien beider Ebenen vollständig überein, ist der Unähnlichkeitsindex um mehr als 2 Punkte geringer. Stärkere Abweichungen in den Wahlergebnissen gibt es also vor allem dann, wenn sich auf beiden Ebenen unterschiedliche Regierungsformationen gegenüberstehen. Auch der Hochburgencharakter eines Kreises spielt eine stabilisierende Rolle für die Differenz zwischen den Wahlergebnissen. Dabei scheint es gleichgültig zu sein, welche der Volksparteien einen Kreis dominiert, die Effekte für CDU/CSU und SPD sind fast identisch stark. Unterschiedliche Wahlbeteiligungsniveaus zwischen beiden Ebenen führen erwartungsgemäß zu differentieller Mobilisierung, d. h. mit jedem Prozentpunkt, den die Wahlbeteiligung bei der vorangehenden Bundestagswahl höher war, steigt der Unähnlichkeitsindex um 0,124 Punkte an. Insgesamt ist das Modell in der Lage, 16 Prozent der Streuung des Unähnlichkeitsindex' zu erklären, bietet also offensichtlich noch Raum für Verbesserungen.

Tabelle 4: Regressionsmodell für den Unähnlichkeitsindex in Westdeutschland 1976-1990

Variable	b
Entfernung Mitte Bundestagslegislaturperiode	0.009
Regierungsdauer Bundesregierung	0.016
Regierungsdauer Landesregierung	-0.015
Parteipolitische Übereinstimmung Bundes-/ Landesregierung	-2.220
CDU-Hochburg	-0.113
SPD-Hochburg	-0.094
Differenz Wahlbeteiligung BTW-LTW	0.124
Konstante	6.064
Korr. R^2	0.159
N	1150

Quelle: Eigene Berechnungen auf der Basis der Daten der Landeswahlleiter.

Im Zeitraum nach der Wiedervereinigung ergibt sich in Westdeutschland ein relativ ähnliches Bild wie vor 1990 (Tabelle 5). Die Entfernung von der Mitte der Bundestagslegislaturperiode hat weiterhin nur einen äußerst schwachen Einfluss auf die Entkopplung der Wahlergebnisse auf beiden Ebenen. Entgegen der weiter oben formulierten Hypothese zeigt sich weder für die Amtsdauer der Landes- noch der Bundesregierung ein Abnutzungseffekt. Ganz im Gegenteil: Je länger diese Regierungen amtieren, desto geringer ist die Abweichung der Wahlergebnisse von Bundestags- und Landtagswahlen. Die parteipolitische Übereinstimmung hat einen noch stärkeren Effekt als vor der Wiedervereinigung. Regieren auf beiden Ebenen dieselben Parteien, verringert sich der Index um mehr als 3 Punkte. Der Hochburgencharakter eines Kreises hat eine leicht stärkere Wirkung als vor 1990. Den oben formu-

Tabelle 5: Regressionsmodell für den Unähnlichkeitsindex in Westdeutschland 1990-2009

Variable	b
Entfernung Mitte Bundestagslegislaturperiode	0.012
Regierungsdauer Bundesregierung	-0.036
Regierungsdauer Landesregierung	-0.017
Parteipolitische Übereinstimmung Bundes-/ Landesregierung	-3.056
CDU-Hochburg	-0.103
SPD-Hochburg	-0.130
Linke-Hochburg	-1.639
Differenz Wahlbeteiligung BTW-LTW	-0.144
Konstante	18.553
Korr. R^2	0.171
N	1282

Quelle: Eigene Berechnungen auf der Basis der Daten der Landeswahlleiter.

lierten Erwartungen widerspricht der negative Effekt der Differenz des Beteiligungsniveaus. Mit jedem Prozentpunkt höherer Wahlbeteiligung bei der Bundestagswahl im Vergleich zur Landtagswahl verringert sich die Differenz im Wahlergebnis, gemessen mit dem Unähnlichkeitsindex, um 0,144 Prozentpunkte. Die Güte des Modells ist mit 17,1 Prozent ein wenig höher als vor 1990, bietet aber immer noch genug Potential für Verbesserung, z. B. durch den Einschluss zusätzlicher erklärender Variablen.

Tabelle 6: Regressionsmodell für den Unähnlichkeitsindex in Ostdeutschland 1990-2009

Variable	b
Entfernung Mitte Bundestagslegislaturperiode	-0.389
Regierungsdauer Bundesregierung	0.067
Regierungsdauer Landesregierung	0.010
Parteipolitische Übereinstimmung Bundes-/ Landesregierung	-10.130
CDU-Hochburg	0.228
SPD-Hochburg	0.021
Linke-Hochburg	0.197
Differenz Wahlbeteiligung BTW-LTW	0.714
Konstante	11.135
Korr. R^2	0.759
N	404

Quelle: Eigene Berechnungen auf der Basis der Daten der Landeswahlleiter.

Deutlich pointierter ist das Wirkungsgefüge für den gleichen Zeitraum in Ostdeutschland. Die drei entscheidenden Faktoren für die Höhe des Unähnlichkeitsindex sind die Differenz im Beteiligungsniveau, die parteipolitische Übereinstimmung zwischen Bundes- und Landesregierung sowie die Entfernung von der Mitte der Wahlperiode des Bundestages. Alle diese Prädiktoren wirken in die erwartete Richtung. Mit jedem Monat, den eine Landtagswahl näher an einer Bundestagswahl stattfindet, verringert sich das Ausmaß der Entkopplung zwischen beiden Ebenen um 0,39 Punkte. Identische Parteien in Bundes- und Landesregierung verringern die Abweichung sogar um mehr als 10 Prozentpunkte. Und jeder zusätzliche Prozentpunkt Beteiligung bei einer Bundestags- im Vergleich zu einer Landtagswahl erhöht die Abweichung der Wahlergebnisse um 0,714 Punkte. Im Gegensatz zu Westdeutschland zeigen sich leichte Abnutzungseffekte für die Bundesregierung. Jeder zusätzliche Monat erhöht den Index um 0,067 Punkte. Der oben formulierten Hypothese widersprechen die fehlenden Stabilisierungseffekte der Hochburgen. Hier zeigt sich, dass überall dort, wo eine der drei ostdeutschen Volksparteien stark ist, eine größere Abweichung der Wahlergebnisse auftritt. Vermutlich wird dieser kontraintuitive Effekt durch die häufigere Zusammenlegung von Wahlterminen in Ostdeutschland hervorgerufen. Im Gegensatz zu den Analysen für Westdeutschland kann das Modell für Ostdeutschland die Differenz in den Wahlergebnissen auf Kreisebene sehr gut erklären. Mehr als 75 Prozent der Varianz des Unähnlichkeitsindex können durch die unabhängigen Variablen erklärt werden.

5. Schlussbetrachtung

Ziel dieses Beitrags war die Deskription und Erklärung der Unterschiede in den Wahlergebnissen von Bundestags- und Landtagswahlen auf Kreisebene in Deutschland im Zeitraum zwischen 1976 und 2009. Während die Unähnlichkeit in den Wahlergebnissen bis zur deutschen Einheit nur leicht angestiegen ist, zeigt sich seit 1990 eine deutliche Entkopplung der Ergebnisse der Wahlen zum Bundestag und zu den Länderparlamenten. Dabei wird in Ostdeutschland ein deutlich höheres Niveau der Differenzen erreicht. Die Bedeutung der zeitlichen Position von Landtagswahlen innerhalb der Legislaturperiode des Bundestags kann für Ostdeutschland belegt werden: Ein gleichzeitiger Termin für beide Wahlen führt zu fast identischen Wahlergebnissen, während ein Wahltermin in der Mitte der Legislaturperiode des Bundestags den Abstand zwischen beiden Wahlergebnissen vergrößert. In Westdeutschland zeigen sich solche Einflüsse des Wahlzyklus überhaupt nicht.

Die Konstellation der Regierungsparteien auf Bundes- und Landesebene ist von Bedeutung für die Übereinstimmung beider Wahlergebnisse. Allerdings zeigen sich die postulierten Abnutzungseffekte nur für die Bundesregierung. Je länger diese im Amt ist, desto stärker entkoppeln sich die Wahlergebnisse beider Ebenen auf Kreisebene in Ostdeutschland und in Westdeutschland vor 1990. Da sich ähnliche Abnutzungseffekte für die Amtsdauer der Landesregierung nicht zeigen, ist dieses Ergebnis ein Beleg für bundespolitische Einflüsse auf das Wahlverhalten bei Landtagswahlen auf Kreisebene. Ein weiteres Indiz für bundespolitische Einflüsse auf Wahlergebnisse der Landesebene ist, dass die Ergebnisse beider Ebenen wesentlich weniger voneinander entkoppelt sind, wenn die parteipolitische Zusammensetzung der Landes- und Bundesregierung identisch ist. Starke Abweichungen ergeben sich dann, wenn die parteipolitische Konstellation vollkommen abweicht. Vor allem nach der Wiedervereinigung ist dieser Effekt besonders stark und zeigt, dass ein gesamtsystemares Wahlverhalten existiert.

Hochburgen haben nur in Westdeutschland einen stabilisierenden Einfluss auf die Differenz zwischen den Wahlergebnissen auf Landes- und Bundesebene. Dabei ist dieser Effekt unabhängig von der dominierenden Partei. Im Gegensatz dazu zeigt sich in Ostdeutschland in den Hochburgen von CDU, SPD und Die Linke sogar ein größerer Unterschied zwischen den Wahlergebnissen. Dieser Unterschied ist möglicherweise weniger substantiell-inhaltlich zu erklären als vielmehr durch die Operationalisierung der entsprechenden Variablen. In Ostdeutschland haben deutlich weniger Landtagswahlen stattgefunden, so dass es deutlich schwieriger ist, Kreise als klare Hochburgen einer Partei zu identifizieren.

Ebenfalls unterschiedlich sind die Ergebnisse für die Bedeutung der Differenz des Wahlbeteiligungsniveaus auf den Unähnlichkeitsindex. In Ostdeutschland ist das deutlich niedrigere Beteiligungsniveau bei Landtagswahlen eine der wesentlichen Ursachen für die mangelnde Kongruenz der Wahlergebnisse. Die Parteien scheinen ihre Anhänger also in sehr unterschiedlichem Maße mobilisieren zu können. Im Westen ist dieser Prädiktor vor der Wiedervereinigung nahezu unbedeutend bzw. hat nach der Wiedervereinigung sogar einen entgegengesetzten Effekt auf die Divergenzen zwischen den Ebenen.

Mit diesen Resultaten leistet diese Analyse einen wichtigen Beitrag zur Untersuchung der Unterschiede in den Wahlergebnissen zwischen Bundestags- und Landtagswahlen. Das Potential des Unähnlichkeitsindex konnte aufgezeigt werden, aber sowohl die Deskription als auch insbesondere das multivariate Erklärungsmodell bieten Spielraum für weitere Verbesserungen, vor allem im Hinblick auf die vergleichsweise geringe Erklärungsleistung. Es müssen ohne Zweifel weitere sozialstrukturelle und ökonomische Kontextvariablen in den Analysen berücksichtigt werden. Völkl (2009) sowie Flick und Vatter (2007) liefern im Rahmen ihrer Überlegungen und Analysen eine ganze Reihe von Variablen, die für weitere Analysen zum Unähnlichkeitsindex sehr geeignet erscheinen, z. B. die Konfessionsstruktur, Anteile von Beschäftigungsgruppen, die Arbeitslosenquote oder die Wirtschaftsleistung. Da die Varianzanalysen zeigen, dass ein Großteil der Unterschiede im Unähnlichkeitsindex auf landesspezifische Faktoren zurückzuführen ist, erscheint es sinnvoll, weitere solche Merkmale in die Analyse einzuführen, um die festgestellten regionalen Unterschiede innerhalb der Länder besser erklären zu können. Desweiteren ist es sinnvoll, auch Interaktionseffekte zu berücksichtigen, die zwischen den verschiedenen politischen Variablen bestehen können. Grundsätzlich ist es natürlich auch möglich, zusätzliche Wahlebenen miteinander zu vergleichen. Insgesamt bieten die vorgeschlagenen Verbesserungen und Ergänzungen somit umfassendes Potential für zusätzliche und tiefergehende Analysen zur Entkopplung der Wahlergebnisse im politischen Mehrebenensystem Deutschlands.

Literatur

Abedi, Amir/Siaroff, Alan 1999. The Mirror has Broken: Increasing Divergence between National and Land Elections in Austria. In: German Politics 8, 207-227.

Abold, Roland 2008. HafenCity oder Hartz IV? Bundespolitischer Einfluss auf Hamburger Bürgerschaftswahlen. In: Völkl, Kerstin/Schnapp, Kai-Uwe/Holtmann, Everhard/Gabriel, Oscar W. (Hg.), Wähler und Landtagswahlen in der Bundesrepublik Deutschland. Baden-Baden: Nomos, 149-173.

Arzheimer, Kai 2008. "Buten un binnen – wagen un winnen". Bundespolitische Einflüsse auf die Wahlen zur Bremischen Bürgerschaft. In: Völkl, Kerstin/Schnapp, Kai-Uwe/Holtmann, Everhard/Gabriel, Oscar W. (Hg.), Wähler und Landtagswahlen in der Bundesrepublik Deutschland. Baden-Baden: Nomos, 121-148.

Burke, Mike 1980. Dimensions of Variation in Electoral Coalitions, 1965-1974. In: Elkins, David J./Simeon, Richard (Hg.), Small Worlds: Provinces and Parties in Canadian Political Life. Agincourt: Methuen Publications, 179-210.

Burkhart, Simone 2005. Parteipolitikverflechtung. Über den Einfluss der Bundespolitik auf Landtagswahlentscheidungen von 1976 bis 2000. In: Politische Vierteljahresschrift 46, 14-38.

Campbell, Angus/Converse, Philip. E./Miller, Warren E./Stokes, Donald E. 1960. The American Voter. New York: Wiley.

Campbell, Angus/Gurin, Gerald/Miller, Warren E. 1954. The Voter Decides. Evanston, IL: Row, Peterson and Company.
Clarke, Harold D./LeDuc, Lawrence/Jenson, Jane/Pammett, Jon H. 1979. Political Choice in Canada. Toronto et al.: McGraw-Hill Ryerson.
Czerwick, Edwin 1984. Zum Verhältnis von Landtagswahlen und Bundestagswahlen. In: Sarcinelli, Ulrich (Hg.), Wahlen und Wahlkampf in Rheinland-Pfalz. Beiträge für die politische Bildungsarbeit aus Anlaß der Landtags- und Bundestagswahlen am 6. März 1983. Opladen: Leske+Budrich, 136-154.
Decker, Frank/von Blumenthal, Julia 2002. Die bundespolitische Durchdringung der Landtagswahlen. Eine empirische Analyse von 1970 bis 2001. In: Zeitschrift für Parlamentsfragen 32, 144-165.
Dinkel, Reiner 1977. Der Zusammenhang zwischen Bundes- und Landtagswahlergebnissen. In: Politische Vierteljahresschrift 18, 348-359.
Erikson, Robert S. 1988. The Puzzle of Mid-Term Loss. In: Journal of Politics 50, 1011-1029.
Flick, Martina/Vatter, Adrian 2007. Bestimmungsgründe der Parteienvielfalt in den deutschen Bundesländern. In: Politische Vierteljahresschrift 48, 44-65.
Fürnberg, Ossip/Schnapp, Kai-Uwe 2008. Magdeburger Modell und „rote Laterne": Wahlen in Sachsen-Anhalt. In: Völkl, Kerstin/Schnapp, Kai-Uwe/Holtmann, Everhard/Gabriel, Oscar W. (Hg.), Wähler und Landtagswahlen in der Bundesrepublik Deutschland. Baden-Baden: Nomos, 381-410.
Gabriel, Oscar W./Holtmann, Everhard 2007. Ober sticht Unter? Zum Einfluss der Bundespolitik auf Landtagswahlen: Kontext, theoretischer Rahmen und Analysemodelle. In: Zeitschrift für Parlamentsfragen 38, 445-462.
Gschwend, Thomas/Norpoth, Helmut 2001. „Wenn am nächsten Sonntag ...": Ein Prognosemodell für Bundestagswahlen. In: Klingemann, Hans-Dieter/Kaase, Max (Hg.), Wahlen und Wähler. Analysen aus Anlass der Bundestagswahl 1998. Wiesbaden: Westdeutscher Verlag, 473-499.
Hough, Daniel/Jeffery, Charlie 2002. Regionalwahlen in Mehr-Ebenen-Systemen. In: Conzelmann, Thomas/Knodt, Michèle (Hg.), Regionales Europa – Europäisierte Regionen. Frankfurt am Main, New York: Campus, 213-237.
Hough, Daniel/Jeffery, Charlie 2003. Landtagswahlen: Bundestestwahlen oder Regionalwahlen? In: Zeitschrift für Parlamentsfragen 34, 79-94.
Jeffery, Charlie/Hough, Daniel 2001. The Electoral Cycle and Multi-Level Voting in Germany. In: German Politics 10, 73-98.
Johnston, Richard 1980. Federal and Provincial Voting: Contemporary Patterns and Historical Evolution. In: Elkins, David J./Simeon, Richard (Hg.), Small Worlds: Provinces and Parties in Canadian Political Life. Agincourt: Methuen Publications, 131-178.
Kaina, Viktoria/Görl, Tilo 2008. „Wir in Brandenburg" – und dann eine Weile nichts? Der Einfluss der Bundespolitik auf die Landtagswahlen in Brandenburg. In: Völkl, Kerstin/Schnapp, Kai-Uwe/Holtmann, Everhard/Gabriel, Oscar W. (Hg.), Wähler und Landtagswahlen in der Bundesrepublik Deutschland. Baden-Baden: Nomos, 311-334.
Kaspar, Hanna 2008. Saar oder Spree? Der Einfluss der Bundespolitik auf das Wahlverhalten bei saarländischen Landtagswahlen. In: Völkl, Kerstin/Schnapp, Kai-Uwe/Holtmann, Everhard/Gabriel, Oscar W. (Hg.), Wähler und Landtagswahlen in der Bundesrepublik Deutschland. Baden-Baden: Nomos, 263-286.
Kevenhörster, Paul 1976. Parallelen und Divergenzen zwischen gesamtsystemarem und kommunalem Wahlverhalten. In: Kevenhörster, Paul/Pappi, Franz U./Simon, Klaus et al., Kommunales Wahlverhalten. Bonn. Eichholz-Verlag, 241-283.
Krumpal, Ivar/Rauhut, Heiko 2006. Dominieren Bundes- oder Landesparteien die individuellen Landtagswahlentscheidungen in der BRD? Eine quantitative Analyse zum Ausmaß der bundespolitischen Parteipolitikverflechtung bei Landtagswahlen. In: Arbeitsbericht des Instituts für Soziologie 45, Universität Leipzig.
Krumpal, Ivar/Vatter, Adrian 2008. Ökonomisches Wählen: Zum Einfluss von Wahrnehmungen der allgemeinen Wirtschaftslage auf das Abschneiden der Bundesregierungsparteien bei Landtagswahlen. In: Zeitschrift für Parlamentsfragen 39, 89-107.
Niedermayer, Oskar 2011. Regionalisierung des Wahlverhaltens und des Parteiensystems auf der Bundesebene 1949 bis 2009. In: Politische Vierteljahresschrift, Sonderheft 45, 134-156.
Norpoth, Helmut/Gschwend, Thomas 2005. Mit Rot-Grün ins Schwarze getroffen: Prognosemodell besteht Feuertaufe. In: Falter, Jürgen W./Gabriel, Oscar W./Weßels, Bernhard (Hg.), Wahlen und Wähler. Analysen aus Anlass der Bundestagswahl 2002. Wiesbaden: Verlag für Sozialwissenschaften, 371-387.
Pedersen, Mogens 1979. The Dynamics of European Party Systems: Changing Patterns of Electoral Volatility. In: European Journal of Political Research 7, 1-26.

Reif, Karlheinz 1984. National Election Cycles and European Elections 1979 to 1984. In: Electoral Studies 3, 44-255.
Reif, Karlheinz/Schmitt, Hermann 1980. Nine Second-order National Elections: A Conceptual Framework for the Analysis of European Election Results. In: European Journal of Political Research 8, 3-44.
Schmitt, Hermann 2005. The European Parliament Elections of June 2004: Still Second-Order? In: West European Politics 28, 650-679.
Schmitt, Hermann/Reif, Karlheinz 2003. Der Hauptwahlzyklus und die Ergebnisse von Nebenwahlen: Konzeptuelle und empirische Rekonstruktionen am Beispiel der Europawahlen im Wahlzyklus der Bundesrepublik. In: Wüst, Andreas M. (Hg.), Politbarometer. Opladen: Leske+Budrich, 239-254.
Schnapp, Kai-Uwe 2007. Landtagswahlen und Bundespolitik: immer noch eine offene Frage? Neue Antworten im Ländervergleich auf Aggregatdatenbasis. In: Zeitschrift für Parlamentsfragen 38, 463-480.
Schoen, Harald 2005. Soziologische Ansätze in der empirischen Wahlforschung. In: Falter, Jürgen W./Schoen, Harald (Hg.), Handbuch Wahlforschung. Wiesbaden: VS Verlag für Sozialwissenschaften, 135-185.
Steinbrecher, Markus/Huber, Sandra/Rattinger, Hans 2007. Turnout in Germany. Citizen Participation in State, Federal, and European Elections since 1979. Baden-Baden: Nomos.
Steinbrecher, Markus/Wenzel, Eva 2007. Landtagswahlen in Mecklenburg-Vorpommern 1990 bis 2002: der besondere Einfluss gleichzeitig stattfindender Bundestagswahlen. In: Zeitschrift für Parlamentsfragen 38, 549-559.
Steinbrecher, Markus/Wenzel, Eva 2008. Wählen für Berlin oder wählen für Schwerin? Der Einfluss der Bundespolitik auf Landtagswahlen in Mecklenburg-Vorpommern. In: Völkl, Kerstin/Schnapp, Kai-Uwe/Holtmann, Everhard/Gabriel, Oscar W. (Hg.), Wähler und Landtagswahlen in der Bundesrepublik Deutschland. Baden-Baden: Nomos, 335-360.
Stimson, James A. 1976. Public Support for American Presidents: A Cyclical Model. In: Public Opinion Quarterly 40, 1-21.
Thaidigsmann, S. Isabell 2008. Wir können alles. Außer auf einen CDU-Ministerpräsidenten verzichten. Ergebnisse der baden-württembergischen Landtagswahlen 1968 bis 2006. In: Völkl, Kerstin/Schnapp, Kai-Uwe/Holtmann, Everhard/Gabriel, Oscar W. (Hg.), Wähler und Landtagswahlen in der Bundesrepublik Deutschland. Baden-Baden: Nomos, 39-62.
Tufte, Edward R. 1975. Determinants of the Outcomes of Midterm Congressional Elections. In: American Political Science Review 69, 812-826.
Völkl, Kerstin 2007. Welchen Einfluss hat die Bundespolitik auf die Wahlentscheidung der Bürger bei Landtagswahlen? Eine Analyse von Individualdaten im Bundesländer- und Zeitvergleich. In: Zeitschrift für Parlamentsfragen 38, 480-491.
Völkl, Kerstin 2009. Reine Landtagswahlen oder regionale Bundestagswahlen? Eine Untersuchung des Abstimmungsverhaltens bei Landtagswahlen 1990-2006. Baden-Baden: Nomos.
Völkl, Kerstin/Langer, Wolfgang 2011. Cleavages und Landtagswahlen 1981 bis 2009. In: Politische Vierteljahresschrift, Sonderheft 45, 63-84.
Völkl, Kerstin/Schnapp, Kai-Uwe/Holtmann, Everhard/Gabriel, Oscar W. (Hg.) 2008a. Wähler und Landtagswahlen in der Bundesrepublik Deutschland. Baden-Baden: Nomos.
Völkl, Kerstin/Schnapp, Kai-Uwe/Holtmann, Everhard/Gabriel, Oscar W. 2008b. Zum Einfluss der Bundespolitik auf Landtagswahlen: theoretischer Rahmen und Analysemodelle. In: Völkl, Kerstin/Schnapp, Kai-Uwe/Holtmann, Everhard/Gabriel, Oscar W. (Hg.), Wähler und Landtagswahlen in der Bundesrepublik Deutschland. Baden-Baden: Nomos, 9-36.

Opposition macht mobil: Zur Bedeutung von differenzieller Mobilisierung bei Landtagswahlen

Michael Bergmann / Thomas Plischke

1. Einleitung[1]

Die Tatsache, dass die an der Bundesregierung beteiligten Parteien bei Landtagswahlen regelmäßig Niederlagen und herbe Stimmenverluste erleiden, kann fast schon als eine politikwissenschaftliche „Gesetzmäßigkeit" betrachtet werden. Die Landespolitiker dieser Parteien führen dies am Wahlabend regelmäßig auf den „Gegenwind aus Berlin" zurück, der den eigenen landespolitischen Erfolg überschattet habe. Die im Bund opponierenden Parteien, die bei Landtagswahlen dementsprechend meist Gewinner sind, vertreten natürlich genau die gegenteilige Meinung: Sie hätten gewonnen, weil sie eine bessere Arbeit im Land gemacht hätten und dementsprechend von den Bürgern belohnt wurden. Auch in der Politikwissenschaft wird regelmäßig diskutiert, ob der Ausgang einzelner Landtagswahlen eher dem Bundestrend folgt (vgl. klassisch Dinkel 1977) oder ob eher landespolitische Bedingungen den Ausschlag geben (vgl. zum Beispiel Bytzek/Shikano 2007; Gothe 2007: 35; Gschwend 2007: 540). Doch unabhängig davon, ob bundes- oder landespolitische Motive als Erklärung für das Wahlergebnis unterstellt werden, haben beide Perspektiven eines gemeinsam: Sie führen Gewinne und Verluste auf expressive Präferenzäußerungen der Wähler zurück. Begriffe wie „Denkzettelwahl", „Referendum" (Tufte 1975) oder „voting with the boot" (Oppenhuis et al. 1996: 301), die häufig zur Charakterisierung von Nebenwahlen verwendet werden, implizieren eine ausdrückliche Wahl *gegen* eine Partei.

Wie wir in diesem Aufsatz zeigen werden, vernachlässigt diese Sichtweise, dass ein substanzieller Anteil der Verluste in den Anteilswerten der Bundesregierungsparteien bei Landtagswahlen nicht durch expressive „Bestrafung" an der Wahlurne erfolgt, sondern durch das Fernbleiben von der Wahl. Die auf der Bundesebene opponierenden Parteien können ihre Wähler aus der vorangegangen Bundestagswahl bei Landtagswahlen besser mobilisieren als die Parteien der Bundesregierung; ein Phänomen, das wir „differenzielle Mobilisierung" nennen werden. Es ist wichtig, diese beiden Ursachen von Regierungsverlusten auseinander zu halten, denn das Verhältnis, in dem Verluste durch Netto-Wählerwanderungen oder durch differenzielle Mobilisierung zustande kommen, hängt stark von der jeweiligen bundes- und der landespolitischen Konstellation ab. Während das Ausmaß der differenziellen Mobilisierung zwischen Regierungs- und Oppositionsparteien vorwiegend dem bundespoli-

---

[1] Dieser Aufsatz entstand im Rahmen des von der Fritz-Thyssen-Stiftung finanzierten Forschungsprojekts „Die Bundestagswahl 2005 – Ein verspielter Wahlsieg".

tischen Meinungsklima zuzuschreiben ist, wird das Ausmaß der Wählerwanderungen zwischen den beiden Lagern in einem stärkeren Maße durch landespolitische Faktoren bestimmt.

Wir füllen mit dieser Untersuchung eine Lücke in der Literatur. Zur Rolle der Nichtwähler bei der Erklärung von Landtagswahlergebnissen bestehen bislang keine systematischen Untersuchungen. Zwar wird in Kommentaren zu einzelnen Landtagswahlen durchaus auf unterschiedliche Mobilisierungsniveaus verwiesen (vgl. zum Beispiel Schmitt-Beck 2000; Winkler 2000), und Brettschneider (2005: 482) geht gar selbstverständlich von der Existenz systematischer, wahlentscheidender Mobilisierungsdifferenzen aus.[2] Doch weder in der umfassenden Dissertation von Völkl (2008) noch in den jüngsten Sammlungen von Landtagswahlanalysen (Gabriel/Holtmann 2007; Völkl et al. 2008) wird der potenziellen Bedeutung unterschiedlicher Mobilisierungsraten Aufmerksamkeit geschenkt (eine Ausnahme ist Gschwend 2007: 534-536).

Dabei gibt es gute Gründe, Mobilisierungseffekte bei Landtagswahlen genauer unter die Lupe zu nehmen. Noch bis Anfang der achtziger Jahre war der Spielraum für Mobilisierungseffekte beschränkt, da die Wahlbeteiligung bei Landtagswahlen sehr hoch war. Dinkel (1977: 353-355) konnte deshalb für die 1970er Jahre überzeugend demonstrieren, dass die Wahlbeteiligung als Erklärung für die Verluste der Regierungsparteien nicht in Frage kommt. Doch seit Dinkels Untersuchung sind zwei Entwicklungen eingetreten, die das Potenzial für erhebliche Mobilisierungseffekte mittlerweile begründen: Erstens ist die Wahlbeteiligung massiv zurückgegangen und zweitens hat sich die Wahlbeteiligung bei Landtags- und Bundestagswahlen voneinander entkoppelt: Die Wahlbeteiligung bei Landtagswahlen ist deutlich stärker gesunken als die Wahlteilnahme bei Bundestagswahlen (vgl. Abbildung 1). Somit ist es mittlerweile möglich, dass Parteien bei Landtagswahlen Stimmenverluste erleiden, weil sie es nicht schaffen, ihre ehemaligen Wähler aus der vorangegangenen Bundestagswahl zu re-mobilisieren.

Um Ausmaß, Auswirkungen und Determinanten von Mobilisierungsdifferenzen bei Landtagswahlen zu analysieren, gehen wir folgendermaßen vor: In Abschnitt 2 erfolgt ein kurzer Überblick über den Forschungsstand, aus dem wir zum einen Erwartungen für unsere eigenen Analysen ableiten und zum anderen offene Forschungsfragen identifizieren, denen wir uns in diesem Aufsatz widmen wollen. Danach folgt in Abschnitt 3 eine ausführliche Diskussion der methodischen Probleme, die zu berücksichtigen sind. In Abschnitt 4 werden die verwendeten Daten und Operationalisierungen vorgestellt, die Ergebnisse anschließend in Abschnitt 5. Zuletzt erfolgt eine Zusammenfassung und eine Erörterung der Implikationen.

---

2   „[Aktivierung] ist gleichwohl eine wichtige Medienwirkung, hängt doch der Wahlausgang häufig entscheidend davon ab, welchem Lager es besser gelingt, seine Stammwähler zu mobilisieren. So ist die Schwäche der auf Bundesebene regierenden Parteien bei Landtagswahlen häufig auf mangelnde Mobilisierung der eigenen Anhänger zurückzuführen, während den Parteien, die auf Bundesebene in der Opposition sind, diese Mobilisierung leichter fällt" (Brettschneider 2005: 482).

Abbildung 1: Entwicklung der Wahlbeteiligung bei Landtagswahlen sowie der Wahlbeteiligungsdifferenz zur letzten Bundestagswahl, 1972-2009

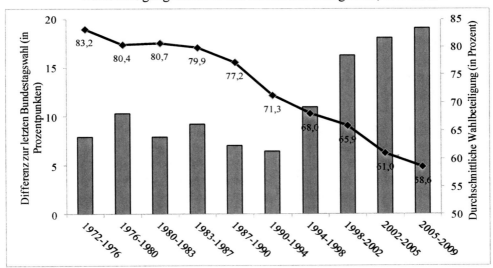

Daten: Bundeswahlleiter (www.bundeswahlleiter.de).

2. Forschungsstand

Die These, dass die Verluste der im Bund regierenden Parteien bei Landtagswahlen zumindest teilweise auf Mobilisierungseffekte zurückgehen, greift im Kern ein altes Argument der amerikanischen Wahlforschung auf. Folgt man der *surge-and-decline*-These von Angus Campbell (1960), dann sind in erster Linie Mobilisierungseffekte für die Verluste der Partei des amtierenden US-Präsidenten bei *midterm elections* verantwortlich. Campbell argumentiert, dass der Erfolg des Präsidenten teilweise durch politisch-apathische Wähler zustande kommt, die durch die massive Wahlwerbung bei Präsidentschaftswahlen mobilisiert wurden und vor allem für jenen Kandidaten stimmen, der zum Zeitpunkt der Wahl durch Kurzfristeinflüsse begünstigt wurde. In Midterm-Wahlen, bei denen das Ausmaß der Wahlwerbung deutlich geringer ausfällt als bei Präsidentschaftswahlen, können diese politikfernen Wähler nicht re-mobilisiert werden. Die Partei des Präsidenten verliert somit eine Wählerschicht, die zuvor noch zum Erfolg bei der Präsidentschaftswahl beigetragen hatte, und das Wahlergebnis nähert sich wieder dem „normalen" Kräftegleichgewicht der beiden Parteien an.[3]

---

[3] Würde man die Logik der speziell im US-amerikanischen Kontext formulierten *surge-and-decline*-Theorie auf das Verhältnis von Landes- und Bundestagswahlen übertragen, dann würde man die Verluste der Bundesregierungsparteien bei Landtagswahlen darauf zurückführen, dass sich das Wahlverhalten „normalisiert", d. h. sich an die Verteilung langfristiger Parteibindungen im Bundesland anpasst. Allerdings erscheint das Zutreffen dieser Logik im deutschen Kontext nicht sehr plausibel: In Deutschland können wohl eher Bun-

Mobilisierungsdifferenzen spielen auch in der *second-order-election*-Theorie (Reif/ Schmitt 1980; Reif 1984) eine wichtige Rolle, jedoch ist hier der unterstellte Mechanismus ein anderer. Die Theorie wurde in erster Linie im Kontext der Untersuchung von Europawahlen formuliert, beansprucht jedoch auch Gültigkeit für die Erklärung anderer sogenannter „Nebenwahlen" (unter diesen Begriff fallen neben Europawahlen auch Landtags- und Kommunalwahlen). Vertreter der *second-order-election*-Theorie führen die Verluste der Regierungsparteien der nationalen Hauptebene auf Enttäuschung oder Protest unter den Regierungsanhängern zurück. Da Regierungsparteien in der Regel dazu gezwungen sind, auch unpopuläre Maßnahmen durchzusetzen und Wahlversprechen zu brechen, befeuert dieses Verhalten die Anhänger der Oppositionsparteien. Diese sehen sich im scheinbaren Misserfolg der Regierung bestätigt und sind deshalb in einem hohen Ausmaß motiviert, ihrem Protest bei Nebenwahlen Ausdruck zu verleihen. Hingegen führt die kognitive Dissonanz der Regierungsanhänger dazu, dass sie sich von der Politik abwenden und sich nicht an der Nebenwahl beteiligen oder gar ins Oppositionslager wechseln.

Allerdings sind die Forschungsergebnisse über das Ausmaß von Mobilisierungseffekten bei Europawahlen widersprüchlich: Während van der Eijk und Franklin (1996: 48) höchstens marginale Mobilisierungsdifferenzen konstatieren, kommt Schmitt (2005b: 670) zu dem Schluss, dass die Wahlbeteiligung eine zentrale Rolle spielt: „We know from the 1999 European Elections Study that differential mobilisation is the stronger source of government parties' losses: many more first-order government voters (41 % on average) than opposition voters (29 % on average) abstain". Die widersprüchlichen Befunde der Europawahlforscher sind teilweise darauf zurückzuführen, dass unterschiedliche Methoden verwendet wurden, um Mobilisierungsdifferenzen zu messen. Schmitt verwendet eine Rückerinnerungsfrage, um das Wahlverhalten bei der Europawahl mit dem Wahlverhalten bei der letzten Bundestagswahl zu vergleichen. Van der Eijk und Franklin hingegen vergleichen das tatsächliche Wahlverhalten bei der Europawahl mit dem hypothetischen Wahlverhalten bei einer nationalen Hauptwahl, wenn beide zur gleichen Zeit stattfinden würden. Beide Methoden sind in gewisser Hinsicht problematisch (vgl. zu den Problemen der Rückerinnerungsfrage auch Abschnitt 3.1), aber der von van der Eijk und Franklin vorgenommene Vergleich einer hypothetischen mit einer tatsächlichen Wahl erscheint uns als die zweifelhaftere Variante, um reale Differenzen zu quantifizieren (vgl. hierzu auch Wüst 2003: 87). In diesem Aufsatz werden wir uns daher methodisch an Schmitt orientieren.

Während die Rolle von Mobilisierungsdifferenzen für die Wahlergebnisse bei Europawahlen kontrovers diskutiert wird, ist eine vergleichbare Diskussion in Bezug auf deutsche Landtagswahlen ausgeblieben. Mit Ausnahme des bereits erwähnten Aufsatzes von Dinkel (1977) sind uns keine Studien bekannt, welche die Rolle der Wahlbeteiligung Landtagswahl-übergreifend untersucht. Wenn sich jedoch Schmitts (2005b) Befund zur Europawahl 1999 auf Landtagswahlen übertragen ließe, dann wäre dies eine problematische Vernachlässigung der Existenz von Mobilisierungseffekten, welche die bisherige Interpretation von

---

destagswahlen als „Normalwahlen" charakterisiert werden (vgl. Rattinger 1998; Plischke/Rattinger 2009), während Landtagswahlergebnisse aufgrund ihrer hohen Aggregatvolatilität wenig „Normalität" erkennen lassen.

Landtagswahlergebnissen in Frage stellen würde: Die systematischen Verluste der Regierungsparteien würden sich dann nicht ausschließlich auf expressiven Protest gründen, sondern auch auf divergierende Motivations- und Mobilisierungsniveaus von Regierungs- und Oppositionswählern.

Falls sich herausstellen sollte, dass neben Wechselwahl- auch Mobilisierungsdifferenzen zur Erklärung der Verluste von Regierungsparteien beitragen, wäre die nächste entscheidende Frage, ob beide Mechanismen die gleichen Ursachen haben. In der Landtagswahl-Forschung wird regelmäßig darüber diskutiert, in welchem Ausmaß Landtagswahlergebnisse durch bundespolitische oder durch landespolitische Motive der Wähler geprägt sind,[4] ohne jedoch die beiden potenziellen Quellen von Stimmverlusten auseinander zu halten. Dabei wäre es theoretisch möglich, dass der bundespolitische Einfluss ausschließlich durch differenzielle Mobilisierung Eingang in das Landtagswahlergebnis findet. Ebenso wäre es denkbar, dass für den bundespolitischen Einfluss ausschließlich Wählerwanderungsströme zwischen Regierungs- und Oppositionslager verantwortlich sind.[5] Die Frage, ob Wechselwahl und Nichtwahl in einem unterschiedlichen Ausmaß durch bundes- und landespolitische Orientierungen beeinflusst werden, wurde bislang allerdings nicht systematisch untersucht.

In Abwesenheit von empirischen Erkenntnissen können wir diesbezüglich nur Vermutungen anstellen: Wir halten es für vorstellbar, dass das Ausmaß von Mobilisierungsdifferenzen stärker durch die aktuelle Popularität der Bundesregierung beeinflusst wird als das Ausmaß des Netto-Wählerwanderungsstroms zwischen dem Regierungs- und dem Oppositionslager. Nichtwähler interessieren sich im Mittel weniger für Politik (Kleinhenz 1995: 130; Steinbrecher et al. 2007: 240-255) und sind daher vermutlich auch landespolitisch weniger involviert. Ihre Nichtteilnahme könnte daher, im Sinne des *surge-and-decline*-Ansatzes, in einem höheren Maße auf fehlende, mobilisierend wirkende bundespolitische Stimuli zurückzuführen sein (vgl. für ein ähnliches Argument Bytzek 2011: 196). Hingegen ließe sich für die mobilisierten Wähler annehmen, dass sie sich stärker für Politik interessieren und daher auch die Landespolitik aufmerksamer verfolgen. Diese Wähler dürften folglich landespolitische Themen und die Spitzenkandidaten zur Wahl des Ministerpräsidenten in ihrem Wahlverhalten stärker berücksichtigen. Wir vermuten daher, dass bundes- und landespolitische Einflüsse in unterschiedlichen Relationen die Mobilisierungs- und Wählerwanderungsbilanzen zwischen den Bundesregierungs- und Oppositionsparteien beeinflussen: Bundespolitische

---

4   Eine strikte Trennung von bundes- und landespolitisch motiviertem Wählen ist zugegebenermaßen weder theoretisch noch empirisch möglich (vgl. Gabriel/Holtmann 2007: 455). Beispielsweise überlagern sich Bundes- und Landespolitik in zahlreichen Policy-Bereichen, Politiker können sowohl landes- als auch bundespolitische Ämter innehaben. Zudem können die Wähler die wahrgenommenen Leistungen der Parteien auf der Bundesebene als Orientierungshilfe verwenden, um Erwartungen bezüglich ihrer zukünftigen Performanz auf der Landesebene zu bilden. Wenn wir zwischen den Einflussfaktoren „Bundespolitik" und „Landespolitik" unterscheiden, dann haben wir damit idealtypische Bewertungsobjekte im Sinn, die sich eindeutig einer dieser beiden Ebenen zuordnen lassen. Die reale Unschärfe dieser beiden Begriffe ist uns dabei durchaus bewusst.

5   Natürlich können sich Wahlergebnisse im Zeitverlauf auch durch Generationenaustausch verändern. Diese eher graduelle Form der Veränderung wird im Folgenden vernachlässigt, denn sie stellt theoretisch keine Ursache für systematische Regierungsverluste bei Landtagswahlen dar.

Einflussgrößen sollten Mobilisierungsdifferenzen besser erklären als Wählerwanderungsbilanzen, während aggregierte landespolitische Orientierungen einen stärkeren Einfluss auf die Wählerwanderungsbilanz als auf Mobilisierungsunterschiede nehmen.

3. Methodische Probleme bei der Messung von Mobilisierungsdifferenzen

Wir wollen im Folgenden die aggregierten Veränderungen zwischen jeweils zwei Wahlen untersuchen und dabei klären, in welchem Ausmaß die Veränderungen durch Wechselwahl oder durch Nichtwahl zustande gekommen sind. Da unsere Mobilisierungs- und Wechselwahlraten auf Umfragedaten basieren, sehen wir uns in unserem Vorgehen sowohl mit den Messproblemen der Wechselwahlforschung (vgl. Schoen 2005: 368-375) als auch der Nichtwählerforschung (vgl. Caballero 2005: 331-336) konfrontiert.

3.1 Rückerinnerung

Die ideale Methode zur Messung von Mobilisierungsdifferenzen wären Wiederholungsbefragungen, bei denen eine repräsentative Stichprobe von bei der Landtagswahl wahlberechtigten Bürgern zuerst bei der Bundestagswahl und dann erneut bei der Landtagswahl interviewt wird. Mit dieser Methode ließe sich anhand des Vergleichs der Antworten der beiden Befragungszeitpunkte feststellen, ob sich die Regierungs- und Oppositionswähler der Bundestagswahl bei der darauf folgenden Landtagswahl beteiligt haben. Leider stehen uns solche Wiederholungsbefragungen nicht zur Verfügung, weshalb wir auf die Zuverlässigkeit der Rückerinnerung der Befragten angewiesen sind.[6] Die Befragten wurden kurz vor oder nach einer Landtagswahl gebeten, sich an ihr zurückliegendes Wahlverhalten bei der letzten Bundestagswahl zu erinnern. Anhand dieser Informationen lassen sich dann für die Landtagswahl Mobilisierungsraten sowohl für Wähler der Bundesregierungs- als auch der Oppositionsparteien bestimmen.

Das Problem, dass sich Befragte an zurückliegendes Wahlverhalten schlecht erinnern können, ist gut dokumentiert (vgl. van der Eijk und Niemöller 1979; Juhász 1993; Schoen 2000). Die Bundestagswahl kann bis zu vier Jahre zurückliegen und gerade politisch wenig interessierten Wählern, die einer Wahlteilnahme und der Unterstützung einer bestimmten Partei keine besondere Bedeutung beimessen, sollte eine korrekte Erinnerung schwer fallen. Wenn sich die Befragten nicht mehr an die gewählte Partei erinnern können, stehen ihnen in der Interviewsituation zwei Möglichkeiten zur Auswahl: Sie können ihr Nichtwissen entweder offen zugeben oder sie können raten und eine ihnen plausibel erscheinende Partei nennen. Rückerinnerungen sind daher stark fehlerbehaftet. Es besteht lediglich die Hoffnung,

---

6 Im Rahmen der „German Longitudinal Election Study" erschien zwar vor kurzem ein sogenanntes „Multi-Level-Panel" (ZA-Nr.: 5304), bei denen wahlberechtigte Personen zuerst im Kontext einer Landtagswahl befragt wurden, um dann einige Monate später im Kontext der Bundestagswahl 2009 wiederbefragt zu werden. Da jedoch in diesem Aufsatz die Mobilisierungsrate bei einer Landtagswahl in Abhängigkeit von der Wahlbeteiligung bei der vorangegangenen Bundestagswahl gemessen wird, hilft das „Multi-Level-Panel" an dieser Stelle leider nicht weiter.

dass diese Fehler unsystematisch auftreten und sich im Aggregat gegenseitig neutralisieren. Allerdings besteht Grund zur Annahme, dass in den Rückerinnerungen der Befragten auch systematische Fehler enthalten sind. Es ist bekannt, dass einige Befragte in Interviewsituationen bestrebt sind, einen möglichst kompetenten und konsistenten Eindruck zu hinterlassen. Wenn sie dabei unterschiedliche Angaben bei der retrospektiven (Bundestagswahl) und der aktuellen Parteipräferenz (Landtagswahl) als Widerspruch betrachten, besteht die Gefahr, dass sie ihr ehemaliges Bundestagswahlverhalten an ihre aktuelle Landtagswahlpräferenz anpassen. Das würde dazu führen, dass man anhand der Rückerinnerungsmethode das tatsächliche Ausmaß an Wechselaktivität systematisch unterschätzt (vgl. Schoen 2005: 373).

Ob systematische Rückerinnerungsverzerrungen die Validität gemessener Mobilisierungsunterschiede beeinträchtigen, lässt sich nur schwer beurteilen. Uns erscheint dies eher unwahrscheinlich, da die bei Landtagswahlen nicht mobilisierten Wähler ja keine aktuelle Parteipräferenz aufweisen, an die sie ihr erinnertes Bundestagswahlverhalten anpassen könnten. Es gibt daher keinen ersichtlichen Grund, diesen Personen systematische Erinnerungsverzerrungen zu unterstellen. Allerdings führt die Übertragung der aktuellen Landtagswahlpräferenz der Wähler auf ihr vergangenes Bundestagswahlverhalten und die damit verbundene Unterschätzung der Netto-Wählerwanderungsströme dazu, dass der Anteil der durch Mobilisierungseffekte herbeigeführten Veränderung an der Gesamtveränderung *über*schätzt wird. Wir werden auf diesen Punkt bei der Interpretation unserer Ergebnisse zurückkommen.

3.2 Messung der Wahlbeteiligung

Hinsichtlich der Validität von Mobilisierungsdifferenz-Schätzwerten erscheint uns jedoch ein zweites methodisches Problem ungleich schwerwiegender. Eine große Schwachstelle der Umfrageforschung besteht darin, dass das tatsächliche Ausmaß der Nichtwahl nicht adäquat abgebildet wird: Die Nichtwählerquote liegt in Umfragen meistens deutlich unterhalb des offiziell ermittelten Nichtwähleranteils. Diese Unterschätzung der Nichtwahl hat vermutlich mehrere Ursachen, von denen zwei als besonders bedeutsam angesehen werden.

Erstens besteht das Problem, dass Nichtwähler eine geringere Wahrscheinlichkeit aufweisen, an politischen Umfragen teilzunehmen. Konventionell angewandte Stichprobenverfahren begünstigen in der Regel die Auswahl solcher Personen, die einen festen Wohnsitz aufweisen und telefonisch gut zu erreichen sind (vgl. Clausen 1968: 591). Dies sind jedoch gleichzeitig Personen, die sich mit einer vergleichsweise hohen Wahrscheinlichkeit an Wahlen beteiligen. Nichtwähler sind somit seltener Bestandteil der Untersuchung, weil sie bereits in der Auswahlgesamtheit unterrepräsentiert sind (vgl. Campbell et al. 1960: 94). Darüber hinaus ist bekannt, dass Nichtwähler im Vergleich zu Wählern ein im Mittel deutlich geringeres politisches Interesse aufweisen (vgl. Kleinhenz 1995: 130; Steinbrecher et al. 2007: 240-255). Ein geringes politisches Interesse verleitet dazu, dass Personen ihre Teilnahme an einem politischen Interview verweigern (vgl. Voogt et al. 1998). Wir vermuten daher, dass die fehlende Motivation von Nichtwählern, sich an politischen Umfragen zu beteiligen, die wichtigste Ursache für die Diskrepanz zwischen offizieller und der in Umfragen gemessenen Wahlbeteiligung darstellt.

Ein zweiter Mechanismus, der zur Unterschätzung von Nichtwähleranteilen in politischen Umfragen beiträgt, ist das sogenannte *overreporting*. Unter diesem Begriff versteht man die Tendenz von Befragten, trotz tatsächlicher Wahlabstinenz eine Wahlteilnahme vorzutäuschen. Unwahre Angaben über die Wahlbeteiligung haben ihre Ursache in der Perzeption der Befragten, dass die Wahlteilnahme von der Gesellschaft als wünschenswerte Norm erachtet wird, deren Nichtbefolgung missbilligt wird. Im Bewusstsein dieser sozialen Norm mag es manchem Nichtwähler schwer fallen, seine Nichtteilnahme vor dem Interviewer zuzugeben. In der Tat existieren mehrere Studien, in denen *overreporting* nachgewiesen wurde (vgl. für eine Übersicht Caballero 2005: 335).

Welche Konsequenzen hat die Überschätzung der Wahlbeteiligung in Umfragen für die Messung von Mobilisierungsdifferenzen? Wir erachten es als notwendig, auf diesen Punkt etwas ausführlicher einzugehen, da er zentral für die Interpretation unserer späteren Ergebnisse ist. Wir können zwar nicht exakt bestimmen, in welchem Ausmaß unsere Schätzwerte verzerrt sind, denn es gibt keine offiziellen Statistiken über Mobilisierungsdifferenzen, anhand derer wir die Umfragedaten abgleichen könnten. Allerdings können wir durch das Aufstellen einiger plausibler Annahmen zumindest die Richtung und auch die Größenordnung der Verzerrung grob abschätzen. Anhand eines fiktiven Beispiels kann gezeigt werden, dass die übliche Überschätzung der Wahlbeteiligung in Umfragen eine substanzielle Unterschätzung von tatsächlich existierenden Mobilisierungsdifferenzen zur Folge hat. Wir gehen dabei von einer Landtagswahl mit einer tatsächlichen Wahlbeteiligung von 60 Prozent aus. Diese Zahl entspricht in etwa dem aktuellen Niveau der Wahlbeteiligung bei Landtagswahlen. Wir treffen zudem die beiden folgenden Annahmen:

- Sowohl bei Regierungs- als auch bei Oppositionswählern besteht die identische Tendenz der Überschätzung der Wahlbeteiligung. Diese Annahme ist zumindest nicht unplausibel, denn es gibt keinen theoretischen Grund, weshalb bei einer der beiden Gruppen eine stärkere Tendenz der Überschätzung der Wahlbeteiligung vorliegen sollte.
- Wir gehen ferner davon aus, dass die Parteien der Bundesregierung und der -opposition bei der vorangegangenen Bundestagswahl jeweils 50 Prozent der Stimmen erhielten, und dass dieses Verhältnis von Regierungs- und Oppositionswählern mit unseren fiktiven Umfragedaten exakt reproduziert werden kann.[7]

In unserem Beispiel weisen die Oppositionsparteien eine um 10 Prozentpunkte höhere Mobilisierungsrate auf als die Regierungsparteien. Ob wir diese „wahre" Mobilisierungsdifferenz in der Umfrage reproduzieren können, hängt unter den gegebenen Annahmen ausschließlich davon ab, in welchem Ausmaß die Wahlbeteiligung in der Umfrage überschätzt wird. Zwei Extreme wären vorstellbar: Das eine Extrem wäre eine maximale Überschätzung der Wahl-

---

7 Diese Annahme ist nicht zentral für die Verallgemeinerbarkeit der folgenden Darstellung, sie macht lediglich die Berechnung etwas leichter. Die Annahme ist jedoch von der Realität meistens nicht weit entfernt; beispielsweise erhielten die Parteien der späteren Regierungskoalition bei der Bundestagswahl 2009 48,4 Prozent der Stimmen. Die Annahme ist nur dann stärker verletzt, wenn im Bund eine große Koalition regiert.

beteiligung in der Umfrage. Das würde bedeuten, dass sowohl für Regierungs- als auch für Oppositionswähler eine Wahlbeteiligung von 100 Prozent gemessen wird, so dass das gemessene Mobilisierungsdifferenzial bei 0 Prozentpunkten läge. Dies entspräche folglich einer Unterschätzung des „wahren" Mobilisierungsdifferenzials von 10 Prozentpunkten. Dieser Wert wurde in Abbildung 2 am rechten oberen Rand abgetragen.

Abbildung 2: Auswirkungen einer überschätzten Wahlbeteiligung auf die Unterschätzung der „wahren" Mobilisierungsdifferenz (fiktives Beispiel bei einer Wahlbeteiligung von 60 Prozent und einer „wahren" Mobilisierungsdifferenz von 10 Prozentpunkten)

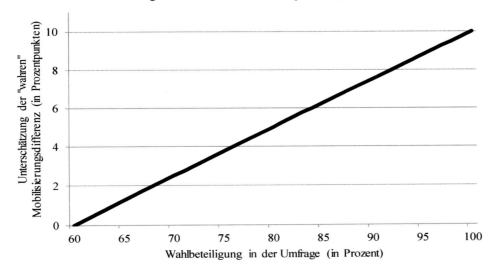

Das andere Extrem bestünde in der perfekten Messung der tatsächlichen Wahlbeteiligungsrate, in unserem Beispiel also 60 Prozent. Eine korrekt reproduzierte Wahlbeteiligungsrate in der Umfrage würde zwar nicht notwendigerweise implizieren, dass auch die Messung der Wahlbeteiligung auf der Individualebene valide ist. Da wir aber die Annahme getroffen haben, dass für Regierungs- und Oppositionswähler identische Verzerrungstendenzen bestehen, folgt daraus, dass wir für beide Gruppen die „wahren" Wahlbeteiligungsquoten messen und somit auch die „wahre" Mobilisierungsdifferenz feststellen würden. Die Unterschätzung der „wahren" Mobilisierungsdifferenz läge somit bei 0 Prozentpunkten. Dieser Wert ist in Abbildung 2 am linken unteren Rand abgetragen. Wenn man die beiden Extremwerte durch eine Linie verbindet, erhält man für jeden theoretisch vorstellbaren Wert der Wahlbeteiligungsüberschätzung einen entsprechenden Wert für das Ausmaß des unterschätzten Mobilisierungsdifferenzials. In unserem Beispiel würde somit eine durchaus realistische Überschätzung der Wahlbeteiligung von 20 Prozentpunkten (d. h. einer in der Umfrage gemessenen Wahlbeteiligung von 80 Prozent) dazu führen, dass das tatsächliche Mobilisierungsdifferenzial um 5 Prozentpunkte, das heißt um die Hälfte, unterschätzt wird.

Dieses Beispiel verdeutlicht, dass die in Umfragen üblicherweise auftretende Überschätzung der Wahlbeteiligung eine substanzielle Unterschätzung von existierenden Mobilisierungsdifferenzen zur Folge haben kann. Wir werden auf diesen Punkt in Abschnitt 5 zurückkommen, wenn wir uns den Mobilisierungsraten in den realen Landtagswahlumfragen widmen.

4. Daten und Operationalisierung

Unsere Datenanalyse stützt sich auf den methodischen Ansatz von Dinkel (1977), der aggregierte Landtagswahlergebnisse der Parteien in Relation zum vorangegangenen Bundestagswahlergebnis im selben Bundesland betrachtet (vgl. auch Burkhart 2005; Schmitt 2005a; Marsh 2007). Unsere Mobilisierungsraten beziehen sich auf die Gesamtheit aller Wähler der Regierung beziehungsweise der Opposition[8] bei der vorangegangen Bundestagswahl. „Differenzielle Mobilisierung" liegt dann vor, wenn sich die Wahlbeteiligungsraten der Regierungs- und Oppositionswähler bei Landtagswahlen voneinander unterscheiden. Von einem „Effekt" der differenziellen Mobilisierung auf das Landtagswahlergebnis sprechen wir, wenn die unterschiedlichen Mobilisierungsraten dazu beitragen, dass das Landtagswahlergebnis vom vorangegangen Bundestagswahlergebnis abweicht.

Für die Berechnung von Mobilisierungsraten ehemaliger Bundestagswähler bei Landtagswahlen werden Daten benötigt, die Informationen über individuelles Wahlverhalten bei beiden Wahlen enthalten. Dieses Kriterium wird für eine hinreichend große Anzahl von Landtagswahlen nur von den „forsa.omnitel-Tagesbefragungen" erfüllt, in deren Rahmen seit 1992 an jedem Wochentag 500 Personen im gesamten Bundesgebiet interviewt werden. An jedem Tag wird die Rückerinnerung an das Wahlverhalten bei der letzten Bundestagswahl abgefragt, ebenso wie das prospektive Landtagswahlverhalten. Insgesamt stehen uns Daten zu 53 Landtagswahlen zwischen 1995 und 2009 zur Verfügung.

Zur Ermittlung der Mobilisierungsraten berechneten wir den Anteil derjenigen Befragten, der nach eigenen Angaben bei der vorangegangenen Bundestagwahl gewählt hat und in den letzten zwei Wochen vor einer Landtagswahl eine Wahlintention angab. Diese Befragten gelten als „mobilisiert". Als „nicht-mobilisiert" betrachten wir demnach diejenigen Befragten, die zwar bei der Rückerinnerungsfrage für die Bundestagswahl eine Partei angaben, jedoch bei der Landtagswahlabsicht vermerkten, nicht wählen zu wollen, unentschlossen zu sein oder die Antwort komplett verweigerten.[9] Nach diesem Muster berechneten wir die Mobilisierungsraten für die Regierungs- und Oppositionsparteien und bildeten aus ihnen die Differenz. Die daraus resultierende Prozentpunktdifferenz zeigt an, welche der beiden

---

8   Unter dem Begriff „Opposition" fassen wir alle Parteien zusammen, die nicht an der Bundesregierung beteiligt sind.

9   Die Interpretation von Unentschlossenheit und Antwortverweigerung als Wahlenthaltung ist dabei sicher häufig, wenn auch nicht in allen Fällen, gerechtfertigt (vgl. für ein ähnliches Vorgehen Schmitt 2005a: 130).

Wählergruppen eine anteilsmäßig höhere Mobilisierung aufweist: Positive Werte bis theoretisch +100 indizieren einen relativen Mobilisierungsvorteil der Regierungsparteien, negative Werte bis -100 einen Vorteil der Oppositionsparteien; der Wert 0 steht für eine identische Mobilisierungsrate beider Lager.

In vergleichbarer Weise wurde die Netto-Wählerwanderungsbilanz zwischen aufeinander folgenden Bundes- und Landtagswahlen berechnet. Wir ermittelten den Anteil der ehemaligen Regierungswähler, die bei der Landtagswahl zu den Oppositionsparteien wechselten sowie den Anteil der Wechselwähler in die umgekehrte Richtung und bildeten daraus die Differenz. Auch diese Prozentpunktdifferenz kann theoretisch Werte zwischen +100 und -100 annehmen, wobei Werte größer als 0 eine Netto-Wählerwanderung zugunsten des Regierungslagers anzeigen.

Zur Erklärung des Ausmaßes von Mobilisierungsdifferenzen und Netto-Wählerwanderungen benötigen wir relevante bundes- und landesspezifische Orientierungen, die standardmäßig im Kontext aller 53 Landtagswahlen erhoben wurden. Als Indikator für den Einfluss der Bundespolitik verwendeten wir die mittlere Zufriedenheit mit der Bundesregierung aus dem monatlich erhobenen „Politbarometer" der Forschungsgruppe Wahlen (FGW).[10] Da uns Veränderungen des Stimmenanteils im Vergleich zur letzten Bundestagswahl interessieren, folgten wir der Vorgehensweise von Burkhart (2005) und berechneten die Veränderung der Zufriedenheit mit der Leistung der Bundesregierung seit der letzten Bundestagswahl. Die landespolitischen Orientierungen stammen aus FGW-Studien, die jeweils kurz vor den einzelnen Landtagswahlen durchgeführt wurden, und seit kurzem in kumulierter Form zur Verfügung stehen (vgl. Brislinger 2007). Aus den mittleren Skalometerwerten der beiden Spitzenkandidaten für das Amt des Ministerpräsidenten konstruierten wir ein Kandidatendifferenzial, das positive Werte bis maximal +5 annimmt, wenn der Spitzenkandidat der Bundesregierungspartei populärer ist als der Spitzenkandidat der Oppositionspartei, und entsprechend negative Werte bis -5, wenn das Umgekehrte gilt. Zum anderen berücksichtigten wir die mittlere Zufriedenheit mit der aktuellen Leistung der Landesregierung, welche ebenfalls einen theoretischen Wertebereich von -5 bis +5 aufweist.

5. Ergebnisse

5.1 Kann die Opposition besser mobilisieren?

In Tabelle 1 geben wir einen Überblick über die gemessenen Wahlbeteiligungsraten bei deutschen Landtagswahlen im Zeitraum 1995 bis 2009, jeweils getrennt für Regierungs- und Oppositionswähler. Die Tabelle enthält zudem für jede Landtagswahl die offizielle Wahlbeteiligung, um einen Eindruck zu vermitteln, um wie viele Prozentpunkte die tatsächliche Wahlbeteiligung überschätzt wird.

---

10 Aufgrund der teilweise deutlichen Mittelwertunterschiede zwischen Ost- und Westdeutschland haben wir die Differenzen für beide Landesteile getrennt berechnet, wobei die jeweils zutreffende Variable für die Analyse ost- und westdeutscher Landtagswahlen herangezogen wurde.

Tabelle 1: Mobilisierungsraten von Bundesregierungs- und Oppositionsparteien bei Landtagswahlen, 1995-2009

LTW	Wbt.	Gemessene Mobilisierungsraten in %		Diff.	n	LTW	Wbt.	Gemessene Mobilisierungsraten in %		Diff.	n
		Regierung (Bund)	Opposition (Bund)					Regierung (Bund)	Opposition (Bund)		
HE95	66	88	88	0	251	HE03	65	85	89	-4	292
BRE95	69	81	79	2	34	NI03	67	87	90	-3	402
NRW95	64	88	93	-5	725	BRE03	61	74	100	-26	26
BER95	69	87	72	15	142	BY03	57	83	88	-5	550
BW96	68	77	75	2	432	HH04	69	72	93	-21	71
RLP96	71	81	81	0	180	TH04	54	66	85	-19	107
SH96	72	90	87	3	126	BB04	56	78	88	-10	123
HH97	69	80	95	-15	59	SL04	56	54	85	-31	38
NI98	74	82	90	-8	258	SN04	60	71	84	-13	207
ST98	72	77	89	-11	94	SH05	67	80	77	2	120
BY98	70	86	87	-2	485	NRW05	63	79	91	-12	768
MV98	79	83	89	-6	78	Mittel	61	75	88	-13	
Mittel	70	83	85	-2		BW06	53	84	88	-5	467
BRE99	60	72	75	-3	26	ST06	44	74	84	-10	138
BB99	54	72	89	-16	116	RLP06	58	90	86	4	173
SL99	69	81	88	-8	41	BER06	58	87	88	-1	129
SN99	61	74	91	-18	170	MV06	59	75	85	-10	78
TH99	60	76	87	-11	80	BRE07	58	99	71	28	27
BER99	66	84	91	-7	107	NI08	57	83	85	-2	330
SH00	70	85	78	8	101	HE08	65	82	86	-4	228
NRW00	57	85	86	0	706	HH08	64	90	92	-2	64
BW01	63	85	85	0	460	BY08	58	81	88	-7	505
RLP01	62	85	77	8	190	HE09	60	81	91	-10	253
HH01	71	78	86	-8	65	SL09	68	90	79	11	44
BER01	68	85	85	0	152	TH09	56	90	93	-4	190
ST02	57	66	88	-22	120	SN09	52	77	93	-16	108
MV02	71	98	87	11	65	SH09	74	83	95	-11	132
Mittel	64	80	85	-5		BB09	67	87	87	0	110
						Mittel	59	85	87	-2	

Daten: Forsa Tagesbefragungen; Differenzen beruhen auf ungerundeten Mobilisierungsraten. Wbt.= tatsächliche Wahlbeteiligung.

Opposition macht mobil: Zur Bedeutung von differenzieller Mobilisierung bei Landtagswahlen 315

Der Vergleich der Mobilisierungsraten zwischen Regierungs- und Oppositionswählern zeigt deutlich, dass Mobilisierungsdifferenzen existieren. Wie erwartet fallen sie mehrheitlich, bei 36 von 53 Landtagswahlen, zu Lasten der Regierungsparteien aus. Die stärksten Mobilisierungsunterschiede sind in der zweiten Amtszeit der Regierung Schröder zu beobachten (2002-2005), in der die Oppositionsparteien im Durchschnitt eine um 13 Prozentpunkte höhere Mobilisierungsquote aufwiesen als die Regierungsparteien. Vergleichsweise gering fielen die Mobilisierungsunterschiede in der letzten Amtszeit von Helmut Kohl (1994-1998) aus sowie in der 16. Legislaturperiode (2005-2009), als eine große Koalition aus CDU/CSU und SPD regierte. In diesen beiden Legislaturperioden lag der gemessene Mobilisierungsvorteil der Opposition bei lediglich 2 Prozentpunkten. Bei einigen wenigen Landtagswahlen kehrten sich die Mobilisierungsdifferenzen um und begünstigten die Regierungsparteien. Besonders auffällig ist dies zum Beispiel bei den Landtagswahlen in den Jahren 2000 und 2001, als die damalige Oppositionspartei CDU mit einem Spendenskandal zu kämpfen hatte.

Wie durch den Vergleich der gemessenen mit den offiziellen Wahlbeteiligungsraten sichtbar wird, überschätzen die Umfragedaten die Wahlbeteiligung zum Teil erheblich. Hinzu kommt, dass das Ausmaß der Überschätzung in den zurückliegenden Legislaturperioden deutlich zugenommen hat. Während die offizielle Wahlbeteiligung im Beobachtungszeitraum stark zurückging, ist eine vergleichbare Abnahme der gemessenen Mobilisierungsraten von Bundesregierungs- und Oppositionsparteien nicht zu erkennen. In der ersten untersuchten Legislaturperiode (1994-1998) wurde die Wahlbeteiligung somit im Mittel um etwa 15 Prozentpunkte überschätzt, in der letzten Legislaturperiode (2005-2009) lag der Wert bereits bei etwa 25 Prozentpunkten.

Wie wir bereits in Abschnitt 3.2 demonstriert haben, führt die Überschätzung der Wahlbeteiligung unter bestimmten Voraussetzungen zu einer Unterschätzung der tatsächlichen Mobilisierungsdifferenz. Anhand des diskutierten Beispiels ist es nun möglich, begründete Vermutungen über das Ausmaß der Verzerrung in unseren Daten anzustellen. Eine grobe Abschätzung dieses Effekts wird durch den Umstand erleichtert, dass die Wahlbeteiligung in den letzten beiden Legislaturperioden im Mittel bei 60 Prozent lag. Dies entspricht exakt der Wahlbeteiligung in unserem fiktiven Beispiel. Aus Abbildung 2 ließ sich zudem ablesen, dass bei einer Überschätzung der Wahlbeteiligung um 20 Prozentpunkte mit einer Halbierung der gemessenen Mobilisierungsrate im Vergleich zur wahren Mobilisierungsrate zu rechnen ist. Wenn die getroffenen Annahmen in Abschnitt 3.2 annäherungsweise zutreffen, dann liegen die wahren Mobilisierungsdifferenzen zwischen 2005 und 2009 um etwa einen Prozentpunkt, in der Legislaturperiode zwischen 2002 und 2005 sogar um 6,5 Prozentpunkte höher.

Allerdings sollte man davon absehen, die Zahlen derart exakt zu interpretieren, da sie teilweise mit großer Unsicherheit behaftet sind. Gerade bei kleinen Bundesländern sind die ausgewiesenen Mobilisierungsraten aufgrund der geringen Fallzahlen mit Vorsicht zu genießen.[11] Doch selbst wenn man die Ergebnisse aus den kleinen Bundesländern entsprechend

---

11 So nahmen bei der Bremer Bürgerschaftswahl 2003 angeblich 100 Prozent aller Oppositionswähler an der Wahl teil. Vier Jahre später beteiligten sich laut den Umfragedaten hingegen 99 Prozent aller befragten Regierungswähler, was zu einem Mobilisierungsvorsprung gegenüber der Opposition von insgesamt 28 Prozentpunkten führte.

ihrer Größe gewichtet, ändert dies nichts an dem grundsätzlichen Befund, dass die Opposition ihre Wähler in der Regel besser mobilisieren kann als die Regierung.[12]

5.2 Wie stark beeinflussen Mobilisierungsdifferenzen das Landtagswahlergebnis?

Nachdem wir zeigen konnten, dass deutliche Mobilisierungsdifferenzen zwischen Regierung und Opposition bestehen, stellt sich nun die Frage, wie sich diese im Wahlergebnis widerspiegeln. Wir wissen, dass Regierungsparteien im Bund, gemessen an ihrem Stimmenanteil bei der letzten Bundestagswahl, bei Landtagswahlen Verluste erleiden. Wir wissen jedoch noch nicht, in welchem Ausmaß Mobilisierungseffekte zu diesen Verlusten beitragen. Um eine Vorstellung von der Größenordnung der Mobilisierungseffekte zu erhalten, haben wir hypothetische Stimmenverteilungen für die 53 untersuchten Landtagswahlen erzeugt, die zustande gekommen wären, wenn die nicht-mobilisierten Befragten an der Landtagswahl teilgenommen und derselben Partei wie bei der letzten Bundestagswahl ihre Stimmen gegeben hätten. Auf diese Weise erhalten wir für jede der 53 Landtagswahlen Stimmenanteile, deren Differenz zu den tatsächlich gemessenen Anteilen als Auswirkung unterschiedlicher Mobilisierungsraten aufgefasst werden kann.

Abbildung 3: Veränderung des Anteils der Bundesregierungsparteien bei Landtagswahlen im Vergleich zur vorangegangenen Bundestagswahl, 1995–2009

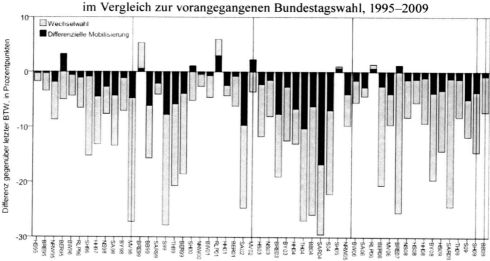

Daten: Forsa-Tagesbefragungen 1995-2009.

---

12 Wenn man die in Tabelle 1 für jede Legislaturperiode ausgewiesenen Mittelwerte in den Mobilisierungsdifferenzen mit Fallzahlengewichten berechnet, werden die Mittelwerte um den extremen Einfluss der „Ausreißer" bereinigt. Dann erhält man für die vier Legislaturperioden folgende Mittelwerte: 1994-1998 -2 Prozentpunkte, 1998-2002 -3 Prozentpunkte, 2002-2005 -9 Prozentpunkte, 2005-2009 -5 Prozentpunkte.

Die in Abbildung 3 dargestellten Balken geben für jede der 53 Landtagswahlen an, inwiefern sich das Ergebnis der Bundesregierungsparteien gegenüber der letzten Bundestagswahl verändert hat. In 45 von 53 Landtagswahlen zeigen die Balken Verluste für die Regierungsparteien an. Auf der Grundlage unserer Daten verloren die Regierungsparteien im Mittel etwa 11 Prozentpunkte im Vergleich zum entsprechenden Ergebnis bei der letzten Bundestagswahl. Besonders stark fielen die Verluste in den beiden letzten Legislaturperioden aus, in der die Regierungsparteien im Schnitt 16 (2002-2005) beziehungsweise 12 Prozentpunkte (2005-2009) gegenüber ihrem vormaligen Bundestagswahlergebnis einbüßten. Auch zu Beginn der 14. Legislaturperiode (1998-2002) hatten die SPD und die Grünen mit starken Verlusten bei Landtagswahlen zu kämpfen, doch als nach der Berlin-Wahl 1999 die Spendenaffäre der oppositionellen CDU einsetzte, reduzierten sich die Regierungsverluste oder wandelten sich sogar in Gewinne um. Insgesamt zeigen diese Zahlen auf eindrucksvolle Weise, wie schwerwiegend der Regierungsmalus bei Landtagswahlen ist.

Die Balken sind jeweils unterteilt in einen schwarzen und einen hellgrauen Bereich. Der schwarze Bereich kennzeichnet den Anteil der Veränderung, der unserer Berechnung nach durch Mobilisierungseffekte zustande gekommen ist. Der grau hinterlegte Anteil der Veränderungen entspricht einer Residualkategorie, in der Netto-Wählerwanderungsströme den mit Abstand wichtigsten Mechanismus darstellen. Wir werden daher im Folgenden den hellgrauen Bereich vollständig als Effekt der Netto-Wählerwanderung zwischen Regierungs- und Oppositionslager interpretieren. Wie anhand der Länge der schwarz gefärbten Balken deutlich wird, trugen Mobilisierungseffekte substanziell zu den Regierungsverlusten bei Landtagswahlen bei. Im Schnitt berechnet sich der Effekt von unterschiedlichen Mobilisierungsniveaus auf 3 Prozentpunkte, was mehr als einem Viertel der Gesamtverluste entspricht. Es zeigt sich zudem, dass Mobilisierungsdifferenzen in bestimmten Legislaturperioden überproportional zu den Verlusten beitrugen (z. B. 2002-2005), während sich hingegen die Verluste zwischen 2005 bis 2009 überproportional stark auf Wechselwähler zurückführen lassen. Eine (spekulative) post-hoc-Erklärung für die starken Wechselwahl-Effekte in der letzten Legislaturperiode könnte die damalige spezielle Regierungskonstellation gewesen sein: Während der Großen Koalitionen hatten unzufriedene Regierungswähler die Möglichkeit, innerhalb der ideologischen Lager zu den kleineren Parteien zu wechseln. Unzufriedene Wähler der Unions-Parteien konnten etwa auf die FDP ausweichen, unzufriedene SPD-Wähler auf die Grünen oder die Linke. Diese Möglichkeit bestand in den anderen Legislaturperioden nicht, weil Bundesregierung und -opposition aus den beiden ideologischen Lagern hervorgingen. Nichtwahl war daher in früheren Legislaturperioden die einzige Möglichkeit, um Enttäuschung mit den Regierungsparteien zum Ausdruck zu bringen, ohne aber expressiv Parteien aus dem gegnerischen ideologischen Lager unterstützen zu müssen.

Auch bei der Interpretation von Abbildung 3 sollte berücksichtigt werden, dass sich aus den bereits diskutierten Messproblemen Verzerrungen ergeben können. Erstens sollte bedacht werden, dass das Ausmaß der differenziellen Mobilisierung eher unterschätzt wird und dass daher der Einfluss der Wahlbeteiligung auf die Landtagswahlergebnisse vermutlich sogar noch stärker ausfällt als hier dargestellt. Zweitens darf jedoch auch nicht vergessen werden, dass die Validität der Ergebnisse wesentlich von der Validität der Rückerinnerungsfrage abhängt. Viele Befragte können sich nicht mehr erinnern, für welche Partei sie bei der letzten Bundestagswahl gestimmt haben. Wenn es zutrifft, dass ein Teil der Befragten ihr berichtetes vergangenes Wahlverhalten bei der Bundestagswahl an die aktuelle Parteipräferenz bei der Landtagswahl anpasst, dann wird das Ausmaß von Wechselwahl systematisch unterschätzt. Dies würde implizieren, dass das Gesamtausmaß der Veränderung tatsächlich sogar noch größer ausfällt als in Abbildung 3 abgebildet.

5.3 Unterscheiden sich die Determinanten von Mobilisierungs- und Wechselwahldifferenzialen?

Die Ergebnisse in Abbildung 3 zeigen aber auch, dass Mobilisierungseffekte nicht vollständig unabhängig von Wählerwanderungen auftreten. Die Verluste der Regierungsparteien kommen in der Regel sowohl durch Mobilisierungseffekte als auch durch die Netto-Wählerwanderung von Regierungs- zu Oppositionsparteien zustande. Es kann somit ausgeschlossen werden, dass der Effekt der Bundespolitik auf das Landtagswahlergebnis ausschließlich durch differenzielle Mobilisierung oder ausschließlich durch Wählerwanderungen vermittelt wird. In Abschnitt 2 hatten wir vermutet, dass das Ausmaß der differenziellen Mobilisierung vorwiegend durch die bundespolitische Stimmung geprägt wird, während das Ausmaß der Netto-Wählerwanderung neben der Bundespolitik auch spezifisch landespolitische Faktoren reflektiert. Im Folgenden wenden wir uns der Beantwortung dieser Frage zu.

Um festzustellen, in welchem Ausmaß Mobilisierungsdifferenzen und Netto-Wählerwanderungsströme von bundes- und landespolitischen Faktoren abhängen, berechneten wir zwei lineare Regressionsmodelle. Die beiden abhängigen Variablen sind die aggregierten Mobilisierungs- und Wählerwanderungsdifferenzen, bei denen positive Werte bis maximal +100 einen Vorteil für die Regierung und negative Werte bis maximal -100 einen Vorteil für die Opposition anzeigen. Unabhängige Variablen sind in beiden Modellen die Zufriedenheit mit der Bundesregierung, die Zufriedenheit mit der Landesregierung und das Kandidatendifferenzial der beiden Spitzenkandidaten für das Amt des Ministerpräsidenten. Ein Interaktionseffekt moderiert zudem die Wirkungsrichtung der Zufriedenheit mit der Landesregierung: Stellt eine Regierungspartei im Bund den Ministerpräsidenten (Amtsinhaberschaft=1), so sollte die Zufriedenheit mit der Landesregierung die Mobilisierung der Bundesregierungsparteien fördern. Stellt dagegen eine Partei der Bundesopposition den Ministerpräsidenten (Amtsinhaberschaft=0), so sollte sich die Wirkungsrichtung der Zufriedenheit zu Gunsten der Oppositionsparteien umdrehen.[13] Ausgeschlossen haben wir in beiden Modellen zunächst alle Landtagswahlen, die im Zeitraum der Großen Koalition zwischen 2005 und 2009 stattfanden, weil es in dieser Regierungskonstellation zu Überschneidungen in der partei-

---

13   Bei einigen Landtagswahlen bildeten Parteien aus der Bundesregierung und der Bundesopposition die Landesregierung, so dass eine eindeutige Zuordnung der Wirkungsrichtung problematisch ist. Allerdings führen Analysen, die für diesen Umstand kontrollieren, nicht zu substanziell anderen Ergebnissen. Unsere Daten zeigen vielmehr, dass von der Zufriedenheit mit der Landesregierung in erster Linie die Partei des Ministerpräsidenten profitiert, selbst wenn im Land eine große Koalition regiert. Daher funktioniert die Interaktionsvariable auch in diesen Fällen.

politischen Zusammensetzung von Bundes- und Landesregierung kommt, die den Einfluss landespolitischer Orientierungen auf das Ausmaß der Mobilisierungsunterschiede neutralisieren.[14] Für die bundes- und landespolitischen Orientierungen haben wir jeweils minimale und maximale Varianzaufklärungspotenziale angegeben, wobei die Minima denjenigen erklärten Varianzanteilen entsprechen, welche sich ausschließlich auf die Orientierungen der jeweiligen Politikebene zurückführen lassen (vgl. für ein ähnliches Vorgehen Klos 2003).

Tabelle 2: Mobilisierungs- und Wechselwahldifferenzen zwischen Regierung und Opposition: Vergleich bundes- und landespolitischer Determinanten, 1995-2005

	Mobilisierungsdifferenz (Regierung-Opposition)	Wechselwahldifferenz (Regierung-Opposition)
Konstante	6.82 (4.47)	0.52 (6.96)
Δ Zufriedenheit Bundesregierung	9.94[c] (2.32)	9.14[a] (3.61)
Zufriedenheit Landesregierung	-1.17 (2.66)	-12.11[b] (4.13)
Kandidatendifferenzial	0.34 (2.12)	2.36 (3.30)
Amtsinhaberschaft	-1.22 (3.95)	7.03 (6.14)
Amtsinhaberschaft x Zufriedenheit Landesregierung	2.83 (4.10)	20.00[b] (6.38)
min. Varianzaufklärung Bundesvariable	34.5	8.9
max. Varianzaufklärung Bundesvariable	42.7	25.9
min. Varianzaufklärung Landesvariablen	0.0	21.3
max. Varianzaufklärung Landesvariablen	1.9	38.3
Anzahl untersuchter Landtagswahlen	37	37

Angaben: Nicht-standardisierte Regressionskoeffizienten (Standardfehler in Klammern). Signifikanzen: a: p<0.05, b: p<0.01, c: p<0.001. Da für die Wahlen in Berlin 1999 und 2001 nicht alle Variablen zur Verfügung standen, wurden diese Wahlen ausgeschlossen.

Betrachtet man zunächst die Anteile der aufgeklärten Varianz für die Mobilisierungsdifferenzen, so zeigt sich ein sehr starker Einfluss der Zufriedenheit mit der Bundesregierung, die zwischen 35 und 43 Prozent der Varianz erklärt (vgl. Tabelle 2). Wie wir erwartet hatten, geht mit einem starken Popularitätsverlust der Bundesregierung auch eine im Vergleich zur

---
14 Um dies anhand eines Beispiels zu erläutern: Man könnte vermuten, dass ein populärer SPD-Ministerpräsident zu einer stärkeren Mobilisierung der SPD-Wählerschaft beiträgt. In den Jahren der rot-grünen Bundesregierung sollte sich dieser Effekt quantitativ in der aggregierten Mobilisierungsrate des Regierungslagers (SPD und Grüne kombiniert) niederschlagen. Während der Großen Koalition ist aber damit zu rechnen, dass dieser relative Mobilisierungserfolg der SPD auf Kosten des Koalitionspartners im Bund, der Union, geht, so dass sich beide Einflüsse gegenseitig aufheben.

Opposition schwächere Mobilisierung ihrer ehemaligen Wählerschaft einher. Verringert sich die Zufriedenheit mit der Bundesregierung um einen Skalenpunkt, so verringert sich die Mobilisierungsdifferenz um durchschnittlich 10 Prozentpunkte zu Lasten der Regierung, sofern alle anderen Einflüsse konstant bleiben. Aggregierte landespolitische Orientierungen können Mobilisierungsdifferenzen hingegen nicht erklären. Weniger als 1 Prozent zusätzliche Varianz wird durch die Zufriedenheit mit der Landespolitik und das Kandidatendifferenzial erklärt; beide Variablen sind nicht signifikant. Systematische Mobilisierungsdifferenzen lassen sich somit ausschließlich durch die Popularitätsveränderung der Bundesregierung erklären, die Landespolitik spielt hingegen keine Rolle.

Anders gestaltet sich dies bei der Erklärung der Wählerwanderung zwischen Regierungs- und Oppositionsparteien: Hier zeigt sich ein deutlich stärkerer landespolitischer Einfluss. Während landespolitische Bewertungen nun zwischen 21 und 38 Prozent der Varianz des Wechselwahldifferenzials erklären, ist der Varianzaufklärungsanteil der bundespolitischen Zufriedenheit mit 9 bis 26 Prozent deutlich geringer. Als stärkster Prädiktor erweist sich hier die Zufriedenheit mit der Landesregierung, welche je nach Amtsinhaberschaft die Wechselwahlbilanz der Bundesregierungs- beziehungsweise der Oppositionsparteien begünstigt. Demgegenüber wirkt der Bundeseinfluss deutlich schwächer, weist jedoch noch immer einen substanziellen Effekt auf das Ausmaß der Wählerwanderung zwischen Regierung und Opposition auf. Das Kandidatendifferenzial hat weiterhin keinen signifikanten Einfluss.

Bislang hatten wir alle Landtagswahlen aus dem Zeitraum der Großen Koalition ausgeschlossen, weil sich die Bundesregierung in jener Zeit aus Parteien zusammensetzte, die auf Landesebene in der Regel die Hauptkontrahenten darstellten. Aus diesem Grund gingen uns 12 Landtagswahlen verloren, die wir im nächsten Schritt mit einbeziehen werden. Zu diesem Zweck veränderten wir unsere beiden abhängigen Variablen, indem wir die Mobilisierungs- und Wechselwahldifferenzen nun nicht mehr für die Parteien der Bundesregierung und der Bundesopposition, sondern ausschließlich für die Union und die SPD berechneten. Auf diese Weise umgehen wir das Problem der teilweisen Überschneidung der Zusammensetzung von Bundes- und Landesregierungen und können die konkreten Bewertungen der beiden Parteien auf Bundes- und Landesebene als Erklärungsvariablen verwenden. Zudem entfällt nun die Notwendigkeit, einen Interaktionsterm einzubeziehen, da die Wirkungsrichtung der landespolitischen Zufriedenheit nicht mehr von der Regierungskonstellation im Bund und im Land abhängt. Wir verwenden stattdessen ein einfaches Zufriedenheitsdifferenzial der landespolitischen Bewertung von SPD und Union. Wenn wir nun mit einer höheren Fallzahl und einer leicht abgewandelten Modellspezifikation ähnliche Ergebnisse erzielen wie zuvor, wäre dies ein Hinweis auf die Robustheit der Ergebnisse.

Die Koeffizienten in Tabelle 3 bestätigen im Wesentlichen die Befunde aus Tabelle 2: Der starke positive Zusammenhang zwischen der bundespolitischen Zufriedenheit und der Ausprägung des Mobilisierungsdifferenzials bleibt bestehen, die beiden landesspezifischen Variablen bleiben jeweils insignifikant. Allerdings ist das Modell stärker multikollinear, weil die Befragten in ihrer Bewertung der Parteien nur schwer zwischen Bundes- und Landesebene unterscheiden können. Der Erklärungsanteil des bundespolitischen Einflusses auf die Mobilisierungsdifferenz zwischen Union und SPD liegt nun bei minimal 18 und maximal

44 Prozent, damit jedoch wiederum tendenziell höher als die landespolitischen Einflussfaktoren, die zwischen 2 und 28 Prozent der Varianz erklären.

Tabelle 3: Mobilisierungs- und Wechselwahldifferenzen zwischen Union und SPD: Vergleich bundes- und landespolitischer Determinanten, 1995-2009

	Mobilisierungsdifferenz (Union-SPD)	Wechselwahldifferenz (Union-SPD)
Konstante	2.54 (1.52)	-0.26 (2.27)
Δ Zufriedenheit: Union-SPD (Bund)	5.93[c] (1.45)	7.85[b] (2.17)
Zufriedenheit: Union-SPD (Land)	2.68 (2.87)	10.08[a] (4.27)
Kandidatendifferenzial	0.33 (3.95)	-1.39 (5.89)
min. Varianzaufklärung Bundesvariable	18.3	9.5
max. Varianzaufklärung Bundesvariable	44.0	45.6
min. Varianzaufklärung Landesvariablen	2.4	18.6
max. Varianzaufklärung Landesvariablen	28.1	54.7
Anzahl untersuchter Landtagswahlen	49	49

Angaben: Nicht-standardisierte Regressionskoeffizienten (Standardfehler in Klammern). Signifikanzen: a: p<0.05, b: p<0.01, c: p<0.001. Da für die Wahlen in Berlin 1999 und 2001, Hessen 2009 und Schleswig-Holstein 2009 nicht alle Variablen zur Verfügung standen, wurden diese Wahlen ausgeschlossen.

Auch bei der Wählerwanderung zwischen der Union und der SPD zeigt sich wie bereits zuvor ein stärkerer Einfluss der landespolitischen Faktoren, wenngleich dieser Unterschied nicht mehr ganz so stark ausfällt. Die Zufriedenheit mit der Arbeit der Parteien in der Landespolitik ist auch hier die erklärungskräftigste Variable, korreliert aber sehr stark mit der bundespolitischen Bewertung der beiden Parteien. Die Zufriedenheit mit der Arbeit der beiden Parteien in der Bundespolitik erklärt etwas weniger, weist aber noch immer einen substanziellen Einfluss auf. Einen Effekt des Kandidatendifferenzials können wir auch hier nicht feststellen.[15]

Unsere Vermutungen hinsichtlich verschiedener Wirkungsmechanismen von Regierungsverlusten bei Landtagswahlen finden somit Bestätigung: Differenzielle Mobilisierung spiegelt fast ausschließlich das bundespolitische Meinungsklima wider, während aggregierte landespolitische Orientierungen für die Erklärung der Mobilisierungsdifferenzen kaum eine Rolle spielen. Demgegenüber scheint der Wechsel von einer bei der letzten Bundestagswahl gewählten Partei in das Oppositionslager in einem stärkeren Maße landespolitischen Motivlagen geschuldet zu sein, auch wenn der bundespolitische Einfluss noch deutlich er-

---

15 Zusätzlich haben wir getestet, ob sich die Ergebnisse verändern, wenn die Stadtstaaten Hamburg und Bremen sowie das Saarland aus den Analysen ausgeschlossen werden. Auch hier zeigen sich keine inhaltlich anderen Befunde.

kennbar bleibt. Diese Ergebnisse erwiesen sich auch hinsichtlich alternativer Modellspezifikationen als robust.

6. Fazit

Im vorliegenden Aufsatz beschäftigten wir uns mit der Frage, welchen Einfluss systematische Mobilisierungsunterschiede auf den Ausgang von Landtagswahlen haben. Ausgehend von dem vor allem in der US-amerikanischen Literatur (Campbell 1960) und in der Europawahlforschung (Schmitt 2005b) dokumentierten Befund, dass sich Wähler der auf der Hauptebene des politischen Systems regierenden Parteien bei Nebenwahlen schlechter mobilisieren lassen als Wähler der Opposition, untersuchten wir diesen Effekt bei deutschen Landtagswahlen von 1995 bis 2009. Unseren Daten zufolge können etwas mehr als ein Viertel der Verluste von Regierungsparteien bei Landtagswahlen durch differenzielle Mobilisierung erklärt werden. Diese Schätzwerte sind eher konservativ; wir gehen davon aus, dass die tatsächlichen Mobilisierungseffekte sogar noch größer sind. Mobilisierungseffekte sind demnach wahrscheinlich nicht die Hauptursache für Verluste der Regierungsparteien bei Landtagswahlen, wie Schmitt (2005b: 670) hinsichtlich der Europawahl 1999 feststellt, sie tragen aber substanziell zu ihnen bei.

Darüber hinaus konnten wir erste Anhaltspunkte für das Zutreffen unserer These liefern, wonach das Ausmaß der Mobilisierungsdifferenzen in einem stärkeren Grad von der Popularität der Bundesregierung geprägt ist als die Wählerwanderungsbilanz zwischen den Regierungs- und Oppositionsparteien. Bundespolitisch unpopuläre Parteien können ihre Verluste bei Landtagswahlen durch landespolitische Popularität kompensieren, aber nur bei mobilisierten Wählern. Auf das Ausmaß der Verluste, die durch Mobilisierungsdifferenzen zustande kommen, hat die landespolitische Popularität kaum einen Einfluss. Wir erklären uns diesen Befund mit einer bei Wählern und Nichtwählern unterschiedlich stark ausgeprägten Aufmerksamkeit gegenüber der Landespolitik: Die bei Landtagswahlen nicht-mobilisierten Bürger interessieren sich weniger für Politik und lassen sich daher schwerer durch die mit landespolitischen Themen geprägten Wahlkämpfe mobilisieren. Hingegen sollten mobilisierte Bürger politisch interessierter sein und die Landespolitik stärker verfolgen. Sie lassen sich deshalb in ihrem Wahlverhalten in einem stärkeren Maße durch landespolitische Einstellungen leiten.

Ob diese Erklärung zutreffend ist, sollte in zukünftigen Arbeiten untersucht werden. Allerdings wird die Analyse individueller Motive der Nichtwahl durch den Umstand erschwert, dass Umfragedaten nur wenige Nichtwähler enthalten. Selbst in Zeiten, in denen sich bis zu 50 Prozent der wahlberechtigten Bevölkerung nicht an Landtagswahlen beteiligt, liegt der Anteil der Nichtwähler in Landtagswahl-Datensätzen lediglich bei etwa 15 Prozent. Generell ist die Unterrepräsentation der Nichtwähler in Umfragedaten ein schwer wiegendes Problem: Der geringe Nichtwähler-Anteil suggeriert, dass alle Veränderungen im Vergleich zweier Wahlergebnisse auf expressive Wechselwahl zurückzuführen ist, während unterschiedlichen Mobilisierungsraten von Anhängern verschiedener politischer Lager kaum

Aufmerksamkeit zuteil wird. Der geringe Anteil von Nichtwählern in Umfragedaten verleitet dazu, sie in Datenanalysen vollständig zu ignorieren. Das bedeutet jedoch, dass sich alle Analysen nur auf ein Teilelektorat beziehen, dessen Wahlverhalten stärker durch landespolitische Motivlagen geprägt ist. Problematisch sind in dieser Hinsicht auch die Daten aus Exit-Polls, die am Wahlabend präsentiert werden. Da Nichtwähler in Exit-Polls nicht enthalten sind, liefern uns diese Daten nur eine unvollständige Erklärung für die Verluste von Regierungsparteien bei Landtagswahlen.

Differenzielle Mobilisierung bei Landtagswahlen ist ein relativ neues Phänomen, dessen Auftreten erst durch die stark sinkende Wahlbeteiligung seit den 1970er Jahren ermöglicht wurde. Wir wissen nicht, wie sich die Wahlbeteiligung in der Zukunft entwickeln wird, ob sie noch weiter absinkt oder sich auf dem gegenwärtigen Niveau stabilisieren wird. Sollte sich der Trend fortsetzen und die Wahlbeteiligung weiter abnehmen, so wird sich das Potenzial für das Auftreten von differenzieller Mobilisierung weiter erhöhen. Wir erachten es daher als notwendig, unterschiedlichen Mobilisierungsraten in Zukunft größere Aufmerksamkeit zu schenken.

Literatur

Brettschneider, Frank (2005): Massenmedien und Wählerverhalten, in: Jürgen W. Falter und Harald Schoen (Hrsg.): Handbuch Wahlforschung. Wiesbaden, VS Verlag für Sozialwissenschaften, S. 473–500.

Brislinger, Evelyn (2007): Umfragedaten, Ereignisdaten und Makrodaten: Datenquellen für die Analyse der Landtagswahlen von 1960/62 bis 2004, in: Zeitschrift für Parlamentsfragen 38, S. 491–494.

Burkhart, Simone (2005): Parteipolitikverflechtung. Über den Einfluss der Bundespolitik auf Landtagswahlentscheidungen von 1976 bis 2000, in: Politische Vierteljahresschrift 46, S. 14–38.

Bytzek, Evelyn und Susumu Shikano (2007): Landtagswahlen in Niedersachsen 1970-2003: Landespolitik als wichtiger Einflussfaktor, in: Zeitschrift für Parlamentsfragen 38, S.513–521.

Bytzek, Evelyn (2011): Elefantenhochzeiten: Verändern Große Koalitionen die Parteienlandschaft?, in: Evelyn Bytzek und Sigrid Roßteutscher (Hrsg.): Der unbekannte Wähler? Mythen und Fakten über das Wahlverhalten der Deutschen. Frankfurt/New York, Campus Verlag, S. 193–210.

Caballero, Claudio (2005): Nichtwahl, in: Jürgen W. Falter und Harald Schoen (Hrsg.): Handbuch Wahlforschung. Wiesbaden, VS Verlag für Sozialwissenschaften, S. 329–365.

Campbell, Angus (1960): Surge and Decline: A Study of Electoral Change, in: Public Opinion Quarterly 24, S. 397–418.

Campbell, Angus, Philip E. Converse, Warren E. Miller und Donald E. Stokes (1960): The American Voter. Unabridged Edition. Chicago und London, The University of Chicago Press.

Campbell, James E. (1987): The Revised Theory of Surge and Decline, in: American Journal of Political Science 31, S. 965–979.

Clausen, Aage R. (1968): Response Validity: Vote Report, in: Public Opinion Quarterly 32, S. 588–606.

Converse, Philip E. (1966): The Concept of a Normal Vote, in: Angus Campbell, Philip E. Converse, Warren E. Miller und Donald E. Stokes (Hrsg.): Elections and the Political Order. New York, Wiley, S. 9–39.

Dinkel, Reiner (1977): Der Zusammenhang zwischen Bundestags- und Landtagswahlergebnissen, in: Politische Vierteljahresschrift 18, S. 348–359.

Franklin, Mark, Cees van der Eijk und Erik Oppenhuis (1996): The Institutional Context: Turnout, in: Cees van der Eijk und Mark Franklin (Hrsg.): Choosing Europe? The European Electorate and National Politics in the Face of Union. Oxford, Oxford University Press, S. 306–331.

Gabriel, Oscar W. und Everhard Holtmann (2007): Ober sticht Unter? Zum Einfluss der Bundespolitik auf Landtagswahlen: Kontext, theoretischer Rahmen und Analysemodelle, in: Zeitschrift für Parlamentsfragen 38, S. 445–462.

Gschwend, Thomas (2007): Berliner Abgeordnetenhauswahlen 1979-2001: Keine Testwahlen für die Bundesebene, in: Zeitschrift für Parlamentsfragen 38, S. 531-540.

Gothe, Heiko (2007): Die rheinland-pfälzische Landtagswahl vom 26. März 2006: ‚König Kurt' erringt die absolute Mehrheit, in: Zeitschrift für Parlamentsfragen 38, S. 34–51.

Juhász, Zoltán (1993): Wahlabsicht und Ruckerinnerung: Zwei Angaben zur aktuellen Bewertung der politischen Parteien? in: Oscar W. Gabriel und Klaus G. Troitzsch (Hrsg.): Wahlen in Zeiten des Umbruchs. Frankfurt a. M., Peter Lang, S. 27–50.

Kleinhenz, Thomas (1995): Die Nichtwähler. Ursachen der sinkenden Wahlbeteiligung. Opladen, Westdeutscher Verlag.

Klos, Daniela (2003): Motivtransfer bei Nebenwahlen: Ein Vergleich wahlspezifischer und bundespolitischer Einflussfaktoren auf die Wahlentscheidung bei der hessischen Landtagswahl und der Europawahl in Deutschland 1999, in: Frank Brettschneider, Jan van Deth und Edeltraud Roller (Hrsg.): Europäische Integration in der öffentlichen Meinung. Opladen, Leske+Budrich, S. 335–359.

Marsh, Michael (2007): European Parliament Elections and Losses by Governing Parties, in: Wouter van der Brug und Cees van der Eijk (Hrsg.): European Elections and Domestic Politics: Lessons from the Past and Scenarios for the Future. Notre Dame, University of Notre Dame Press, S. 51–72.

Plischke, Thomas und Hans Rattinger (2009): „Zittrige Wählerhand" oder invalides Messinstrument? Zur Plausibilität von Wahlprojektionen am Beispiel der Bundestagswahl 2005, in: Jürgen W. Falter, Oscar W. Gabriel und Bernhard Weßels (Hrsg.): Wahlen und Wähler. Analysen aus Anlass der Bundestagswahl 2005. Wiesbaden, VS Verlag für Sozialwissenschaften, S. 484–509.

Rattinger, Hans (1998): Normalwahlanalyse monatlicher Parteipräferenzen in Westdeutschland von 1978 bis 1994, in: Max Kaase und Hans-Dieter Klingemann (Hrsg.): Wahlen und Wähler: Analysen aus Anlaß der Bundestagswahl 1994. Opladen, Westdeutscher Verlag, S. 357–390.

Reif, Karlheinz (1984): National Election Cycles and European Elections 1979 and 1984, in: Electoral Studies 3, S. 244–255.

Reif, Karlheinz und Hermann Schmitt (1980): Nine Second-Order National Elections – A Conceptual Framework for the Analysis of European Election Results, in: European Journal of Political Research 8, S. 3–44.

Schmitt, Hermann (2005a): Die Beteiligung der Deutschen an der Europawahl 2004, in: Oskar Niedermayer und Hermann Schmitt (Hrsg.): Europawahl 2004. Wiesbaden, VS Verlag für Sozialwissenschaften, S. 124–141.

Schmitt, Hermann (2005b): The European Parliament Elections of June 2004: Still Second Order? in: West European Politics 28, S. 650–679.

Schmitt-Beck, Rüdiger (2000): Die hessische Landtagswahl vom 7. Februar 1999: Der Wechsel nach dem Wechsel, in: Zeitschrift für Parlamentsfragen 31, S. 3–17.

Schoen, Harald (2000): Den Wechselwählern auf der Spur: Recall- und Paneldaten im Vergleich, in: Jan W. van Deth, Hans Rattinger und Edeltraud Roller (Hrsg.): Die Republik auf dem Weg zur Normalität? Wahlverhalten und politische Einstellungen nach acht Jahren Einheit. Opladen, Leske+Budrich, S. 199–226.

Schoen, Harald (2005): Wechselwahl, in: Jürgen W. Falter und Harald Schoen (Hrsg.): Handbuch Wahlforschung. Wiesbaden, VS Verlag für Sozialwissenschaften, S. 367–387.

Steinbrecher, Markus, Sandra Huber und Hans Rattinger (2007): Turnout in Germany. Citizen Participation in State, Federal and European Elections since 1979. Baden-Baden, Nomos.

Tufte, Edward R. (1975): Determinants of the Outcomes of Midterm Congressional Elections, in: American Political Science Review 69, S. 812–826.

Oppenhuis, Erik, Cees van der Eijk und Mark Franklin (1996): The Party Context: Outcomes, in: Cees van der Eijk und Mark Franklin (Hrsg.): Choosing Europe? The European Electorate and National Politics in the Face of Union. Ann Arbor, The University of Michigan Press, S. 287–305.

van der Eijk, Cees und Broer Niemöller (1979): Recall Accuracy and its Determinants, in: Acta Politica 14, S. 289–342.

Völkl, Kerstin (2008): Reine Landtagswahlen oder regionale Bundestagswahlen? Eine Untersuchung der Bedeutung des relativen Gewichts bundes- und landesspezifischer Faktoren auf das Abstimmungsverhalten bei Landtagswahlen. Baden-Baden: Nomos.

Völkl, Kerstin, Kai-Uwe Schnapp, Everhard Holtmann und Oscar W. Gabriel (2008): Wähler und Landtagswahlen in der Bundesrepublik Deutschland. Baden-Baden, Nomos.

Voogt, Robert J. J. und Willem E. Saris (2003): To Participate or Not to Participate: The Link Between Survey Participation, Electoral Participation, and Political Interest, in: Political Analysis 11, S. 164–179.

Winkler, Jürgen R. (2000): Die saarländische Landtagswahl vom 5. September 1999: Die CDU erhält die Macht zurück, in: Zeitschrift für Parlamentsfragen 31, S. 28–42.

Wüst, Andreas M. (2003): Stimmung, Projektion, Prognose?, in: Andreas M. Wüst (Hrsg.): Politbarometer. Opladen, Leske+Budrich, S. 83–107.

Verzeichnis der Autorinnen und Autoren

Kai Arzheimer ist Professor für Politikwissenschaft am Institut für Politikwissenschaft der Johannes Gutenberg-Universität Mainz.

Ina E. Bieber ist wissenschaftliche Mitarbeiterin der German Longitudinal Election Study (GLES) an der Goethe-Universität Frankfurt am Main.

Evelyn Bytzek ist wissenschaftliche Mitarbeiterin der Abteilung Politikwissenschaft und Koordinatorin des Forschungsschwerpunktes „Kommunikation, Medien und Politik" an der Universität Koblenz-Landau.

Marc Debus ist Professor für Politikwissenschaft mit dem Schwerpunkt Vergleichende Regierungslehre an der Fakultät für Sozialwissenschaften der Universität Mannheim.

Christina Eder ist Leiterin des Forschungsdatenzentrums „Wahlen" bei GESIS – Leibniz-Institut für Sozialwissenschaften.

Thorsten Faas ist Professor für Politikwissenschaft im Bereich „Methoden der empirischen Politikforschung" an der Johannes Gutenberg-Universität Mainz.

Alexander Glantz ist Manager im Bereich Politik- und Sozialforschung bei Ipsos, Hamburg.

Hanna Hoffmann ist wissenschaftliche Mitarbeiterin am Institut für Sozialwissenschaften der Heinrich-Heine-Universität Düsseldorf.

Sascha Huber ist wissenschaftlicher Mitarbeiter am Lehrstuhl für Politische Wissenschaft I der Universität Mannheim.

Markus Klein ist Professor für Politische Soziologie am Institut für Politische Wissenschaft der Universität Hannover.

Marion Reiser ist wissenschaftliche Mitarbeiterin am Institut für Politikwissenschaft an der Goethe-Universität Frankfurt am Main.

Katharina Rohrbach war bis Mitte 2012 wissenschaftliche Mitarbeiterin am Institut für Politische Wissenschaft der Universität Hannover.

Ulrich Rosar ist Professor für Soziologie am Institut für Sozialwissenschaften der Heinrich-Heine-Universität Düsseldorf.

Sigrid Roßteutscher ist Professorin am Fachbereich Gesellschaftswissenschaften der Goethe-Universität Frankfurt am Main.

Markus Steinbrecher ist DAAD Visiting Assistant Professor an den Abteilungen für Deutsch und Politikwissenschaft der Northwestern University in Evanston, Illinois.

Bernhard Weßels ist stellvertretender Direktor der Abteilung „Demokratie und Demokratisierung" am Wissenschaftszentrum Berlin (WZB) und lehrt Politikwissenschaft an der Humboldt-Universität.

CPSIA information can be obtained at www.ICGtesting.com
Printed in the USA
LVOW110146220613

339808LV00004B/164/P